安徽省桐城中學

— 120周年校庆 —

《桐城中学志》编纂委员会

第一主任　汪习军

主　　任　曹向东

副 主 任　周　治　方钊莹　葛　志　汪顺芳

委　　员　吴世敏　周兴广　徐艳松　李海慧

　　　　　张明霞　汪文涛　周遵峰

主　　编　罗德泉

副 主 编　王孝峰

编　　纂　胡双全　黄祥林　高习之

桐城中學志

《桐城中学志》编纂委员会 编

復旦大學出版社

本志由1964届校友肖胜利先生赞助出版

桐城中学创始人　吴汝纶先生

岛瞰桐城中学

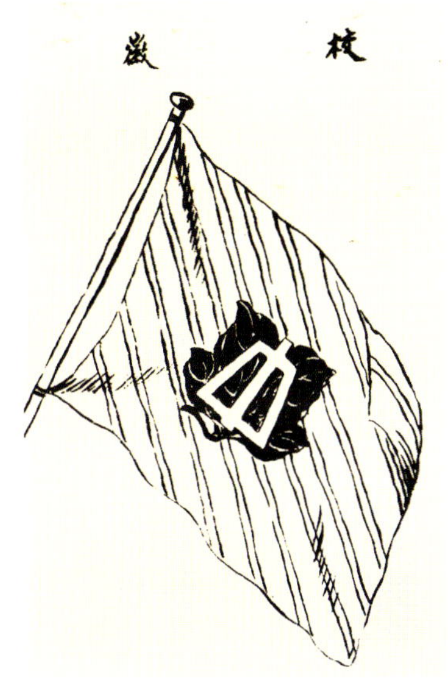

1936 年设计的校徽图案

1978—1989 年学生佩戴的徽章正背面

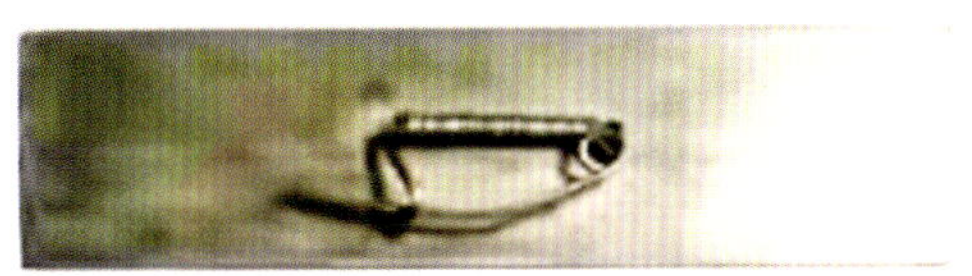

1990—1999 年学生佩戴的徽章正背面

2000 年设计的校徽图案

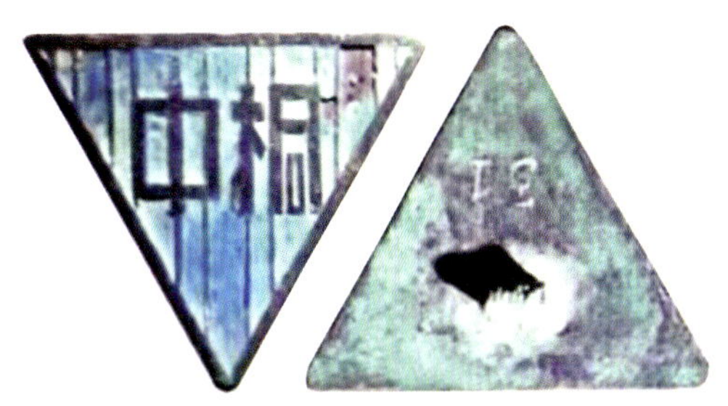

1940—1949 年徽章正背面

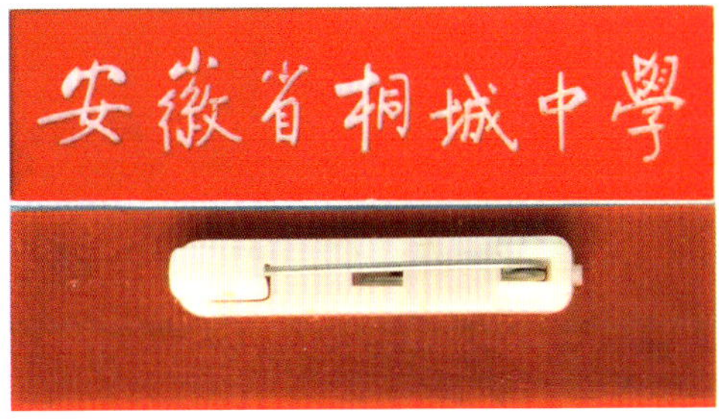

2000 年前后教职工佩戴的徽章正背面

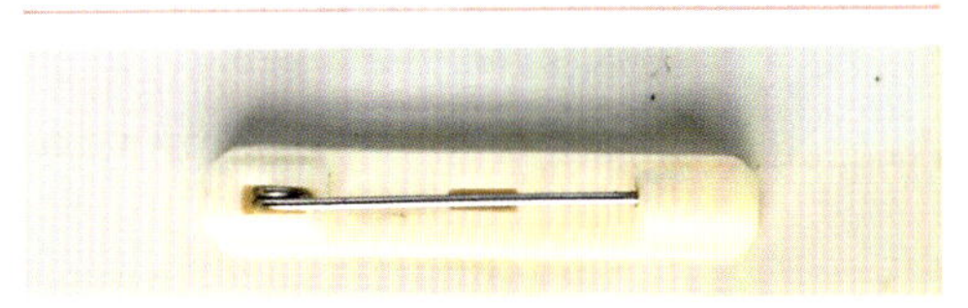

2000 年前后学生佩戴的徽章正背面

1917年创作的校歌

1924年修改的校歌

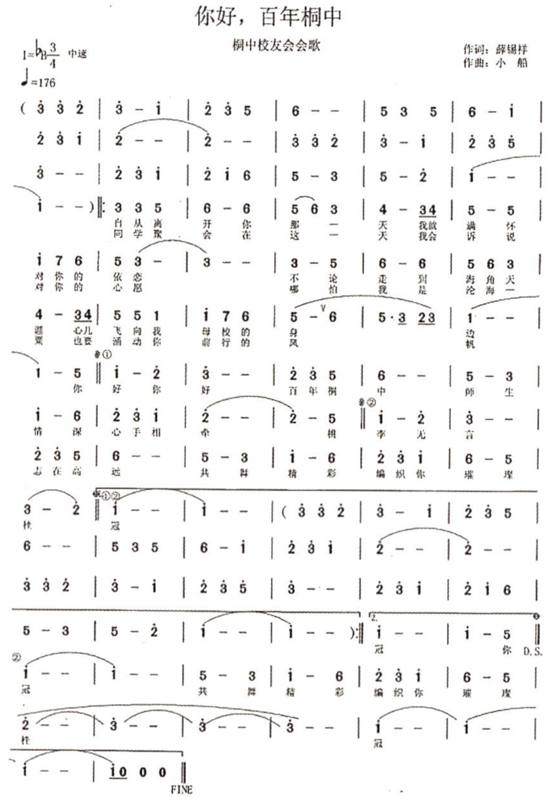

2012年创作的桐中校友会会歌

20世纪60年代的校门

20世纪90年代的校门

1998 年落成的校门

1998 年落成的校门（背面）

建于2002年的亭廊

假　山

惜抱轩与银杏树（摄于1954年）

银杏树（摄于2021年）

紫藤树

重建于2002年的钟楼

惟古禹域年萬億海外九州
環歷歷洪荒世遠文明開寶
藏興焉眾生殖種族紛紜色
其色聖哲光輝昭八極大道
為公心莫逆有園一區納萬
國縮地為圖遠可驟南北東
西恣所適善其學子大其識
整頓乾坤伊誰責

高峯入雲清流見底
集六朝人文句

校园石刻

渡江战役二野司令部旧址

左忠毅公祠

半山阁

黄镇题字的后乐亭

20世纪50年代的半月池

小五斋和桐溪塥（摄于20世纪90年代）

20世纪60年代的游泳池

农　场（摄于1969年）

2021年竣工的状元桥

建于2002年的“绝对”上联墙

建于2002年的校歌墙

修复后的桐溪塥（摄于2021年）

解放初期教室

1985年落成的教学大楼

1963年落成的图书馆

1984年落成的教研楼

2002年落成的科技大楼

2005年落成的教学主楼

21世纪初的微机室

21世纪初的生物实验室

21世纪初的物理实验室

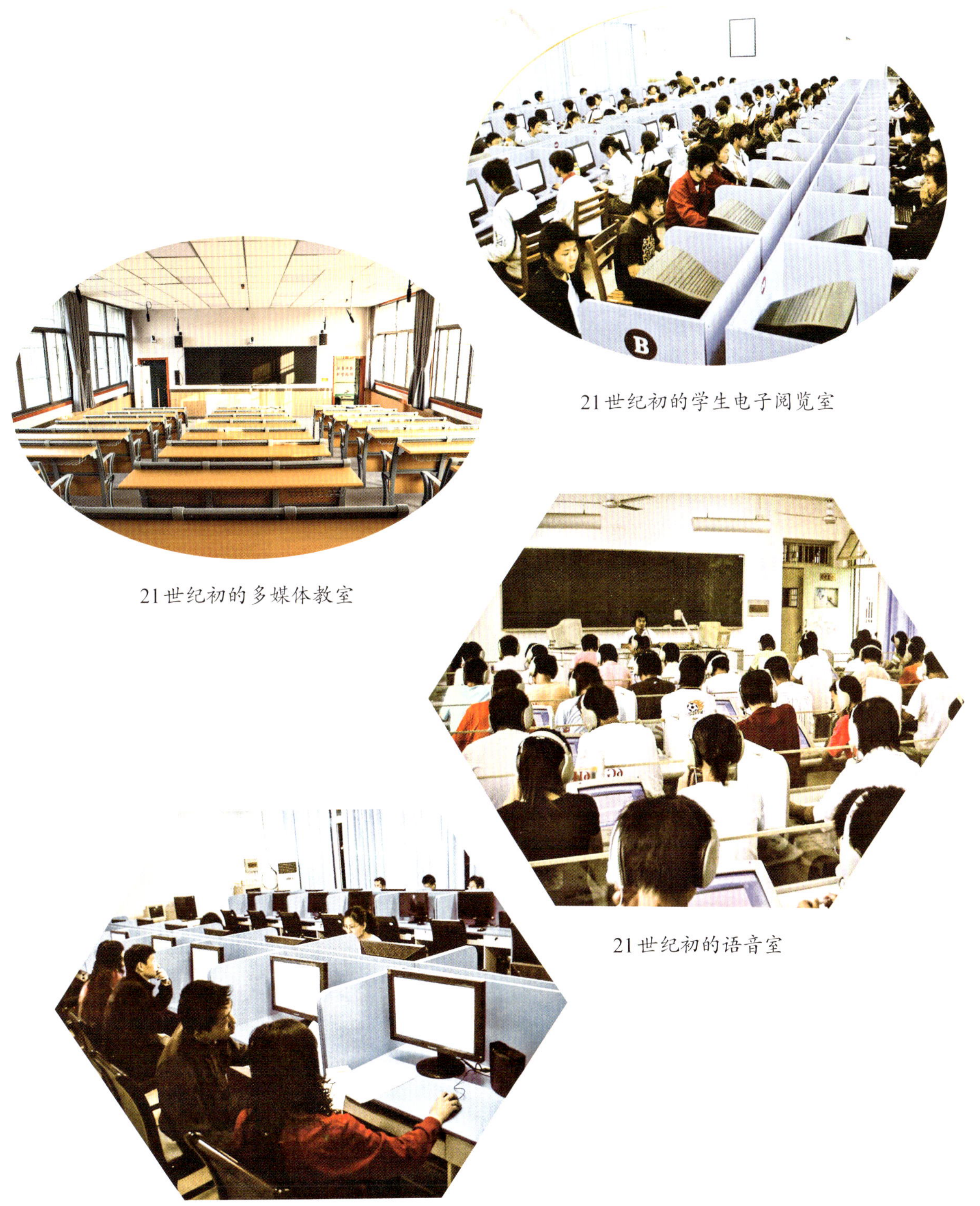

21世纪初的学生电子阅览室

21世纪初的多媒体教室

21世纪初的语音室

21世纪初的教师电子备课室

20世纪80年代学生宿舍

20世纪90年代学生宿舍

20世纪末建设的教师宿舍

21世纪初建设的教师宿舍楼

2014年建设的学生宿舍

2014年建设的师生食堂

1993年，国家教育部原副部长韦钰（右一）
来学校视察

1999年，全国政协原副主席陈锦华（前排左二）
来学校视察

2001年，海军原司令员石云生（右二）
上将来学校视察

2017年，全国人大常委会原副委员长盛华仁（右二）
来学校视察

2000年，安徽省委原副书记、
政协主席方兆祥（前排右二）来学校视察

2008年，安徽省人大常委会原主任
孟富林（左三）来学校视察

2008年，安徽省纪委原书记刘春良（前排左三）来学校视察，安庆市委原书记朱读稳（右二）陪同

2012年8月，安徽省原省长李斌（中）来校视察，
安庆市原市长肖超英（左一）陪同

2014年3月，安徽省委原常委、宣传部部长
曹征海（前排左二）来学校调研

2020年6月，桐城市原市长章周中（左一）来学校调研

2021年4月，安庆市委书记张祥安（前排右一）来学校参观渡江战役二野司令部旧址

2021年9月，中共桐城市委原书记徐雄（右一）到学校进行教师节慰问

1988年，校友、原中顾委常委黄镇（左一）来学校视察

1993年9月，校友范光陵院士（右三）来学校参观

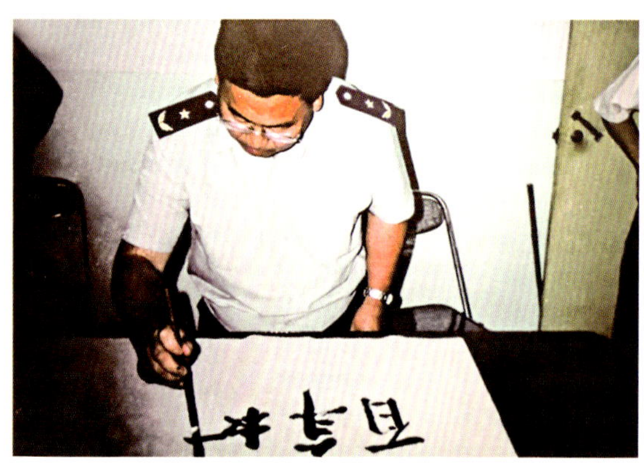

2001年，校友、空军少将曹新国来学校视察

2009年4月，校友陆大道院士（左三）一行访问学校

2010年2月，校友吴曼青院士（右三）访问学校

2012年，校友彭寿院士（右二）访问学校

2012年，校友段路明博士（右二）访问学校

2021年12月，校友杨善林院士（左二）与学校领导一行座谈交流

2012年8月，桐城中学校友会成立

2021年12月，校友联络办挂牌

2021年8月，桐城中学教育发展基金会换届会议

2021年12月，桐城中学北京校友会换届大会

20世纪90年代初，夏漱兰助学金发放仪式

2010年8月，四海助学基金发放仪式

2020年6月，李承友教育专项基金揭牌仪式

2021年2月，第九届奥锐特教师奖颁奖仪式

校友朱光潜中国社会科学院学部委员

校友孙德和院士

校友慈云桂院士

校友范光陵院士

校友陆大道院士

校友吴曼青院士

校友程和平院士

校友杨善林院士

校友方复全院士

校友彭寿院士

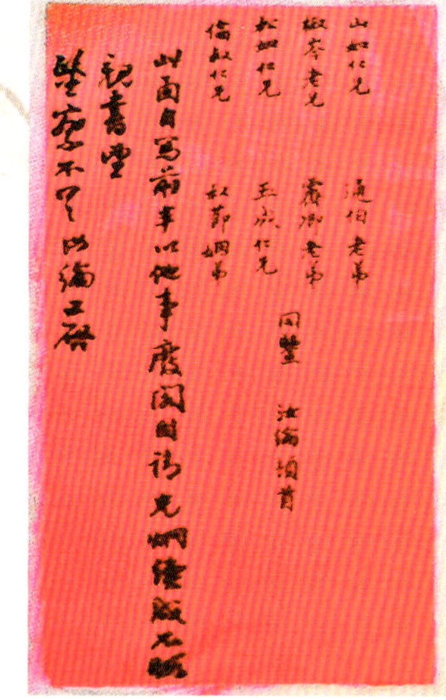

吴汝纶创办桐城学堂信函手稿

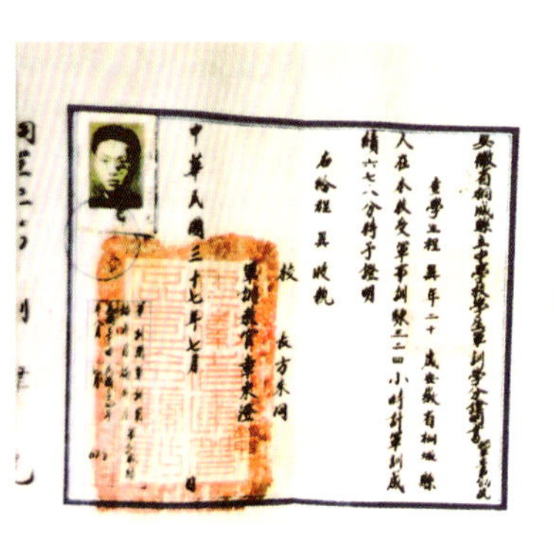

1948年学生军训学分证书

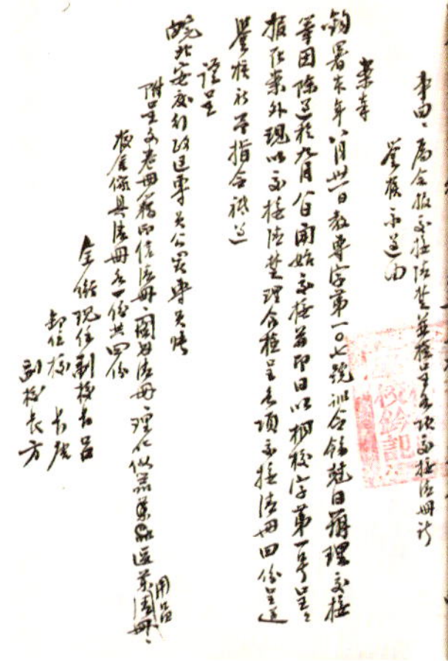

1950年有关交接文书

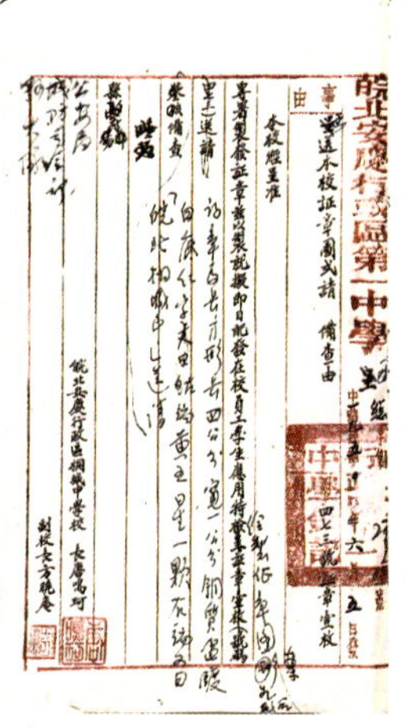

1950年有关鉴章文书

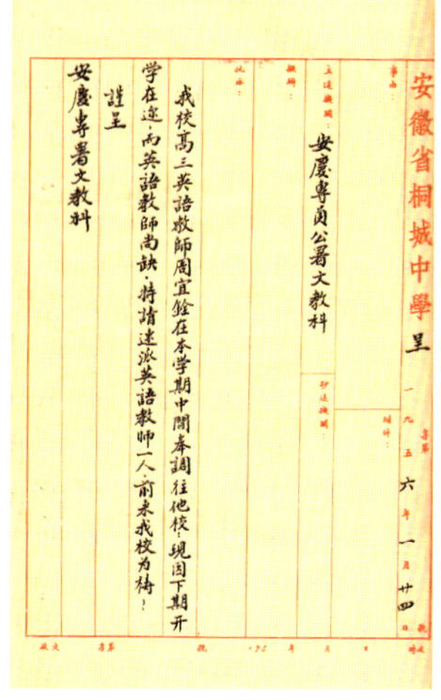

安徽省桐城中學 呈

一九五六年一月廿四日

主送機關：安慶專員公署文教科

我校高三英語教師周宜銓在本学期中間奉調往他校，現因下期开学在邇，而英語教師尚缺，特請速派英語教师一人，前来我校为禱！

謹呈

安慶專署文教科

1956年请调教师文书

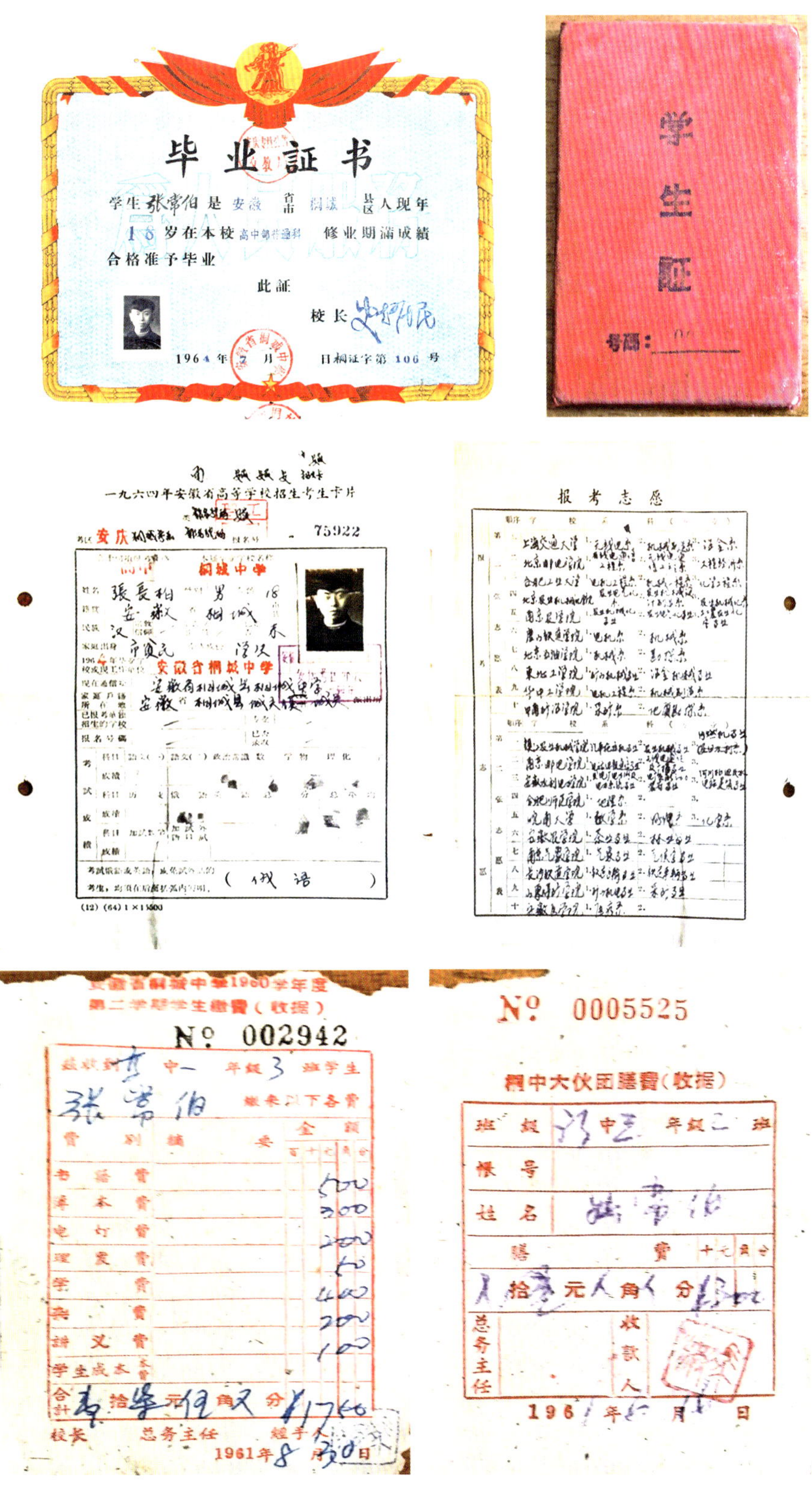

20世纪60年代毕业证书、学生证、高等学校招生考生卡片、
高校报考志愿书、缴费收据

光绪廿八年十一月
勉成國器
吴汝綸題

合東西國學问精粹陶冶而成
摯甫吴汝綸撰并書

後十百年人才奮興胚胎於此
光绪壬寅仲冬

阮仲勉先生撰聯并跋

池可浴亭可風想諸君倘遊其間當尋孔顏樂處

中益精西益博願窮邃心深造自得好成歐亞通材

憶昔肄業斯校忽忽垂二十年今忽過此校南新建圖書館北羅縣後山以爲圖園築亭池各名以義花木穠郁迥異舊觀孫君闻園苦心教育可想也爰聯勝此用書以共勉癸亥秋八月阮强撰識

與陶公所處之世若無異焉則偶登是亭念及律身謀國取法陶公足矣若夫春秋佳日弟於此流連光景或東臨桐子西北眺龍眠南望江湖田首五六年間滄桑迭變相與感念河山致新亭之泣焉則非所期也民國六年馬翊撰

愛景亭聯

無限好河山莫徒爲救國空談重效新亭名士泣

有時此游息應還念發人深省飛來投子曉鐘聲

乙丑夏既修葺愛景亭同圖師出字擇師此聯命書以張之余念斯亭之建去今殆十稔矣滬澤而沌剝毛髓食民而肥而國事日非求得如斯亭以百數十師生集之之資藉然卓立於中原者渺不可得而國民當日之義憤亦幾與近波同歸杳冥則登斯亭者宜如何啼霊努力揮戈回日乎又況終始斯亭之事者皆身世其感慨更何如哉因書以付唐生慶又葉生壽山刻之并誌之如此是歲國恥紀念後十日方侃識

马翊撰爱景亭联　方侃跋

阮强撰联并跋

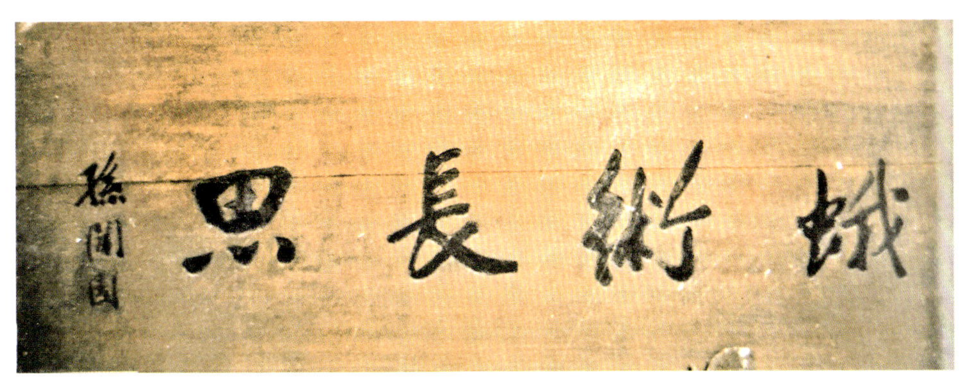

孙闻园题词

姚永概撰联　严复题跋

马其昶撰联

校友舒芜题诗

2008年7月，学校老师在新西兰学习交流

2009年10月，国际友人来学校参加亚洲诗歌节——桐城诗歌朗诵会

2010年，中美学生交流活动

2012年，新西兰学界来校参观

1999年5月，学校科技节专家报告会

2011年7月，学校组织部分学生参加北京励志修学夏令营

2017年5月，学校举办第二十三届校园文化艺术节

2020年9月，高一新生军训

2021年5月，学校团委组织团员青年在“勿忘国耻”纪念碑前开展爱国主义教育

20世纪90年代末兴建的体育场

21世纪初改造的体育场

2018年10月，学校第十一届体育节短跑赛

2021年，学校秋季田径运动会开幕式

民国九年（1920年）12月学生毕业照

1961年毕业照

1988年毕业照

建校110周年时（2012年）全体教职工合影

建校120周年时（2022年）全体教职工合影

1962年，慈昌淦老师在省数学现场会上作交流发言

20世纪80年代，老师带领物理课外兴趣小组做小发明活动

20世纪80年代，学生做化学实验

20世纪90年代，学生做物理实验

2021年智慧课堂教学竞赛

2008年11月，学校举行数学学科省级立项课题开题报告会

2017年3月，学校先进教师经验交流会上颁发证书

2012年3月，安庆市高中数学教研主题研讨会在学校召开

2020年10月，教育部高考综合改革基础条件评估座谈会在学校举行

2016年12月，中国科学技术大学“优质生源基地”签约授牌仪式在学校举行

2020年10月，学校钱学森班揭牌仪式

2021年4月，北京大学首批“博雅人才共育基地”授牌仪式在学校举行

2022年6月，国防科技大学“优质生源基地”授牌仪式在学校举行

中学百年名校论坛
授予：安徽桐城中学
中華百年名校
（2012-2014）
第二届中学百年名校论坛组委会
品牌时代国际传媒

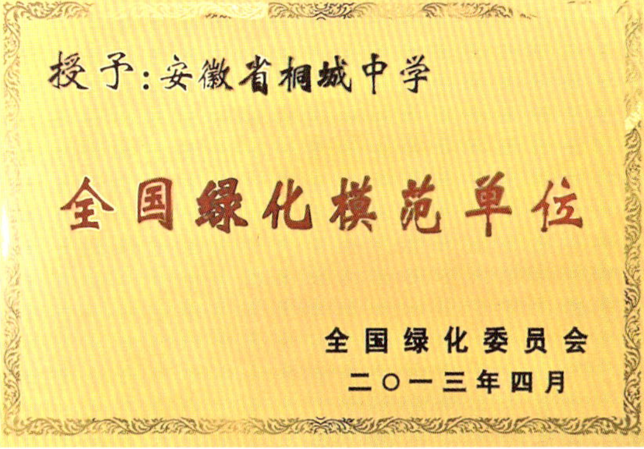

授予：安徽省桐城中学
全国绿化模范单位
全国绿化委员会
二〇一三年四月

关爱明天・普法先行
青少年普法教育活动
安徽省桐城中学
在中国关心下一代工作委员会、中华人民共和国司法部和中央社会治安综合治理委员会办公室联合主办的第三届“关爱明天、普法先行”——青少年普法教育活动中被评为“零犯罪学校”。
中国关心下一代工作委员会 中华人民共和国司法部 中央社会治安综合治理委员会办公室
二零一七年八月六日

安徽省重点高中
Key Senior High School in Anhui
安徽省教育厅
Anhui Provincial Department of Education

安徽省示范高中
Model Senior High School in Anhui
安徽省教育厅
Anhui Provincial Department of Education

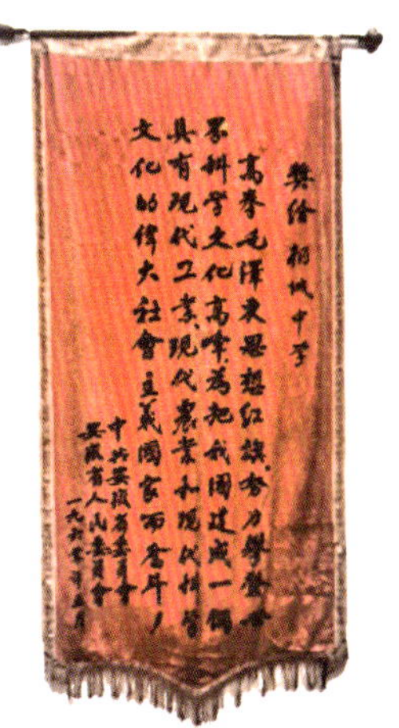

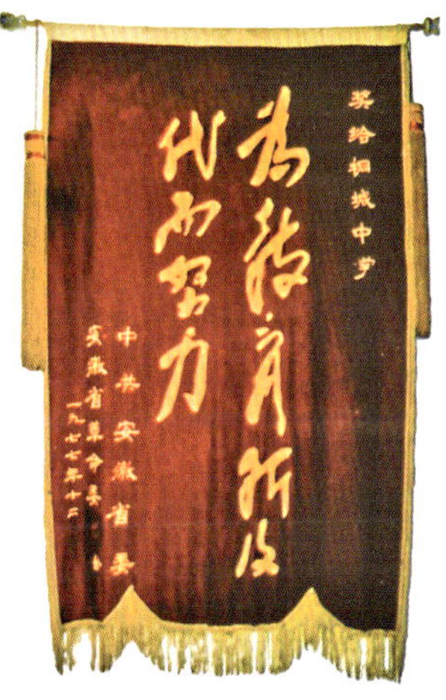

部分荣誉

安徽省花园式单位
中国植树节
3·12
安徽省绿化委員会

安徽省绿色学校
Green School
ZHB
安徽省环保局 安徽省教育厅

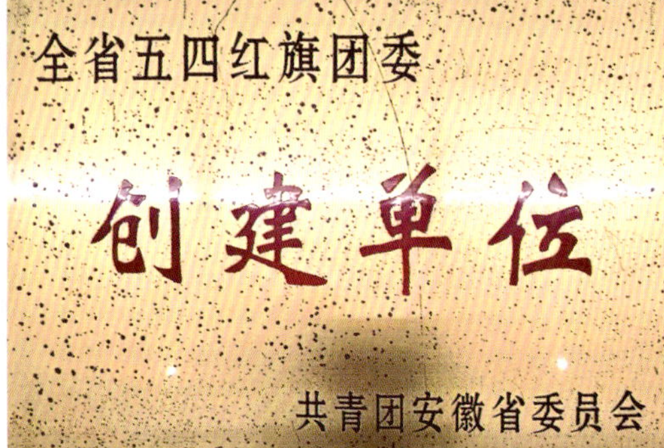
全省五四红旗团委
创建单位
共青团安徽省委员会

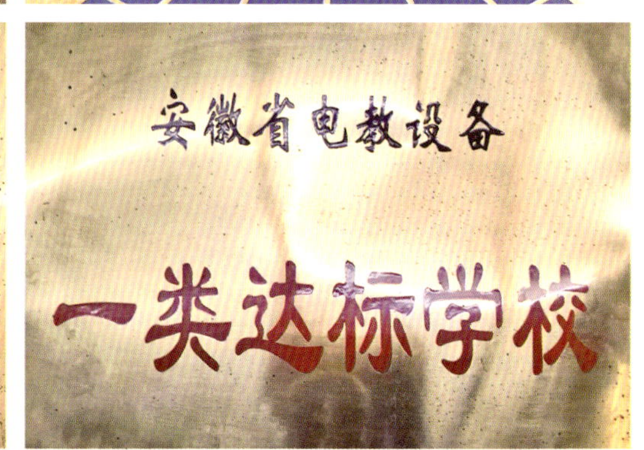
安徽省电教设备
一类达标学校

模范职工之家
安徽省总工会
二〇〇〇年十二月

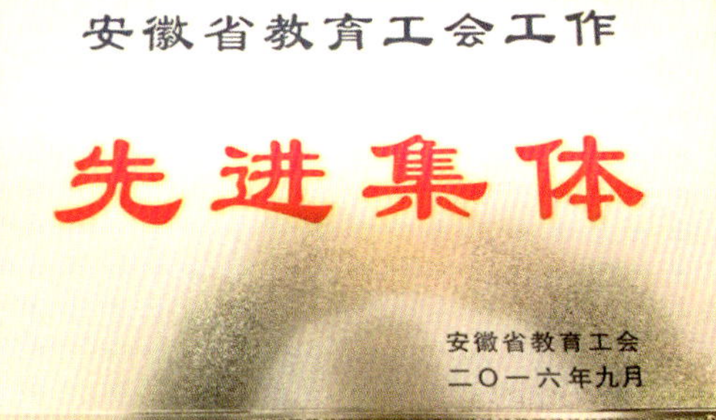
安徽省教育工会工作
先进集体
安徽省教育工会
二〇一六年九月

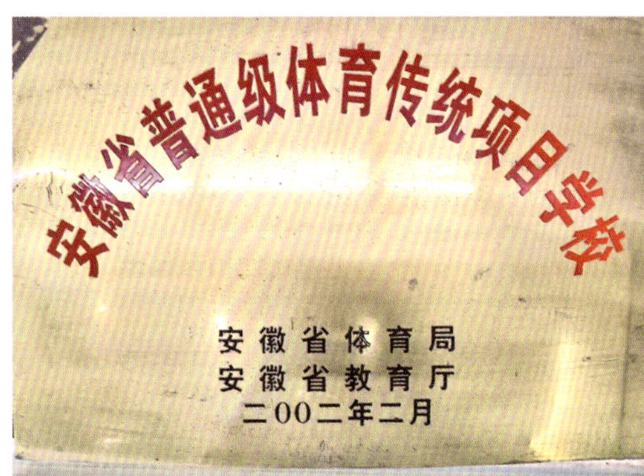
安徽省普通级体育传统项目学校
安徽省体育局
安徽省教育厅
二〇〇二年二月

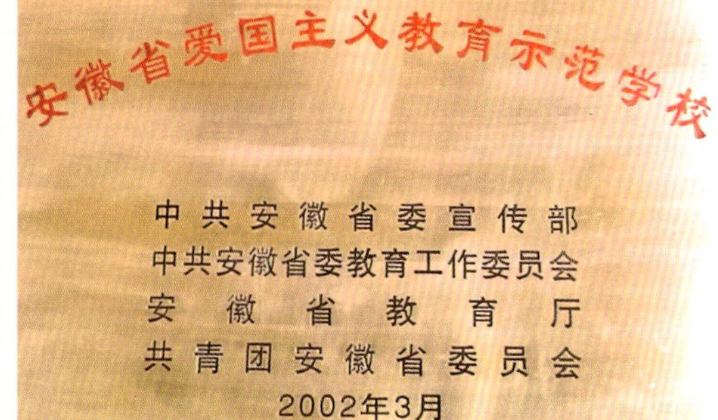
安徽省爱国主义教育示范学校
中共安徽省委宣传部
中共安徽省委教育工作委员会
安徽省教育厅
共青团安徽省委员会
2002年3月

部分荣誉

教育部司局函件

贺信

安徽省桐城中学：

值此你校建校110周年之际，谨向全校师生员工和广大校友致以热烈祝贺和诚挚问候！

桐城中学具有悠久的历史和光荣的办学传统。110年来，学校艰苦奋斗，开拓进取，为国家培养了大批优秀人才。新中国成立后特别是改革开放以来，学校认真贯彻党的教育方针，积极推进教育教学改革，形成了较为鲜明的办学特色，赢得了社会的广泛赞誉。

希望你校以校庆为契机，继承和发扬优良传统，认真落实教育规划纲要，坚持育人为本，扎实推进素质教育，积极创新人才培养模式，着力提高学生综合素质，努力建设高水平、有特色学校，为建设人力资源强国作出新的更大的贡献！

教育部基础教育二司

二〇一二年九月七日

安徽省教育厅

贺信

安徽省桐城中学：

值此你校建校110周年之际，谨向全体师生员工和校友致以热烈的祝贺和诚挚的问候！

作为一所历史名校，桐城中学一直以优良的学风、优异的办学质量、厚重的文化享誉社会。110年来，特别是改革开放以来，桐城中学秉承“勉成国器”的校训精神，坚持“改革创新、民主管理、从严治学、科研兴校”的办学理念，大力推进素质教育，不断深化教学改革，推进管理机制创新，加强现代化校园建设，取得了丰硕的办学业绩，培养了一大批杰出人才，为全省基础教育事业、经济发展和社会进步作出了积极的贡献。

希望你校以110周年校庆为新契机，深入贯彻落实科学发展观，认真实施国家和省中长期教育发展规划纲要，弘扬光荣的办学传统，全面推进素质教育，积极推进教育改革创新，切实规范办学行为，不断提高教育质量和办学水平，为国家和地方经济社会发展培养更多更好的优秀人才，为打造“三个强省”，建设美好安徽作出新的更大贡献！

安徽省教育厅基础教育处

2012年10月18日

桐城中学110周年校庆

根深葉茂

桃華李芳

北京大学周其鳳敬贺

招生办公室　电话：62770334　邮政编码：100084

贺信

桐城中学：

值此金秋时节，欣闻贵校迎来110周年华诞，谨向贵校全体师生员工和广大校友致以热烈的祝贺！

龙眠钟气，代起人豪。长期以来，贵校坚持“改革创新、民主管理、从严治学、科研兴教”的办学理念，不断深化体制改革，积极推进素质教育，办学成就卓越，栋梁之才辈出。愿贵校继续遵循“勉成国器”之校训，发扬传统，与时俱进，开拓创新，再创佳绩！

衷心感谢贵校多年来为我校输送了大批优秀学子，他们学有所用，业有所成。愿贵我两校继续加强合作，共同进步，为我国的教育事业做出更大贡献！

祝贵校110周年校庆活动圆满成功！

清华大学招生办公室

2012年10月

2002年百年校庆仪式

2022年1月，学校举行吴汝纶先生塑像移位落成仪式

学校前任领导班子部分成员
左起：吴国昌、卢声频、汪年生、彭申清、陈邦裕

学校前任领导班子部分成员
左起：彭年、洪东国、罗伟、江喆、方树生

学校现任党委班子成员
左起：葛志、周治、汪刁军、曹向东、
方钊莹、汪顺芳

《桐城中学志》编纂组成员
左起：黄祥林、高刁之、罗德泉、王孝峰、胡双全

安徽省桐城中學

— 120周年校庆 —

THE 120TH ANNIVERSARY OF THE FOUNDING OF TONGCHENG HIGH SCHOOL ANHUI PROVINCE

序　言

2022 年，是桐城中学建校 120 周年。在中国人的文化观念里，人们习惯于用甲子表达时光的更迭轮回，而桐城中学经历了两个甲子的时光的洗濯，依然青春焕发，光彩如新，它必然有着可以穿透时光的生命密码。这个密码，是桐城中学百余年来生生不息、历久弥新的内在根因，也是跋涉未来、行稳致远的信心所在；这个密码，就隐藏在风烟卷拂的往事中。为此，我们组织精干人员，编写《桐城中学志》，钩沉史迹，信实著录，在历史本相的呈现中，搜寻策动成长的生命密码。这是对历史的敬礼，也是对未来的嘱咐。

120 年的时光，桐城中学经历过怎样的沧桑，又在持守着怎样的希冀和深情。回溯过往，不能不令人心怀激荡，肃然起敬。这 100 余年，正是中国社会变化最为深巨的时期：从晚清的山河动荡，到新中国成立以来的奋发自强；从救亡图存时的惶惶奔走，到中华复兴下的俯瞰世界。风雨苍黄，洪流滚滚。而吴汝纶先师播洒在龙眠山水之隅的这颗种子，却穿过岁月的风浪，卓然壮大，成长为中华教育园林中一株常青树。有无数的故事，浮沉在时间的烟海里：漫漫长夜下的播火荒原，求取实用之学的远渡重洋，战火硝烟里的钟声不息，投笔从戎时的生死以国，“向科学文化进军”的惊世春雷，追逐星辰大海的九天巡游……一桩桩皆可奋笔疾书，荟萃出一部时光的宝典。

而今，捡拾这些散落的珠贝，自将磨洗，串线成珠，可以窥见一代代前贤后杰筚路蓝缕的艰辛、砥砺奋发的坚忍，一批批城乡少年煮灯黄卷的诚毅、激扬文字的豪迈。一个个英勇的身影，叠现在这方时空里。那些口耳相传的历史，以及矗立不言的风物，无不浸润着他们深长的希冀。当中华古国走到历史关口时，是强种立国的深深忧患，驱动着茫茫海夜里的举烛前行；当硝烟四起、浊浪滔滔时，是济时杀身的许国之情，唤起了血荐轩辕的壮志雄心；当大国竞争、风潮激荡时，是仰望星空的梦想和力作中坚的意志，铺就了诚心正意、格物致知的求索之路。历历往事，承载着经世致用的理想、放眼五洲的胸襟，以及举目河山的慷慨意气、润物无声的殷殷长情，谱写的是家国天下的深远情怀。

浩荡的历史风云，铸就了桐城中学搏击风浪的意志和肩扛大任的气魄，也是桐城中学当此之世敢立潮头、代起人豪的信念之源。百年未有的世界变局，科技创造力的无限生长，赋予人才教育新的内涵和挑战，如何培养担当未来的社会中坚成为新一代桐中人竭力以求的方向。学校正以党建为引领，围绕立德树人的根本任务，推进教育思想的变革和教育技能的提升，引领学生在人文情怀、智慧能力上做好挑战未来的准备。学校创立了吴汝纶班、钱学森班、国器班，因材施教，打造教育精英；搭建丰富多样的教育平台，创新教育形式，延展教育内涵，培育学生智慧生成的根基；联通校内外优秀的教育资源，拓宽学生视野，开阔学生胸襟，助力学生个性化成长和创造力的生成。一系列教育创举正在这座古老的校园里生根开花，那串神奇的生命密码催动着桐城中学沉稳坚实的步伐。

《桐城中学志》，记录着一代代桐中人关山跋涉的艰辛长途，承载着无数学子星辰大海的梦想和功勋报国的光荣，也是立于桐城这方人文沃土上的又一座教育丰碑。此番修志，旨在固本培元，守正创新，是对“勉成国器”训示的昭告传承，是向桐城中学一百二十年华诞的隆重献礼。

本着科学、规范、专业、精诚的原则，我们诚邀有着丰富地方志工作经验的同志担纲编写。在学校各部门通力协助下，参编人员精心研磨，数易其稿，历时近两年，而付梓成书。本书凝结了全体编纂人员的辛勤汗水，也倾注着社会各界的厚爱和关怀。在此，向所有对本书的立项、编写、校修、出版等作出贡献的单位和人员表达诚挚的感谢！

桐城中学党委书记　汪习军

目　录

凡　例

一、为迎接桐城中学建校120周年，特编纂此志，为本校首次编志。

二、以历史唯物主义和辩证唯物主义为指导，坚持实事求是原则，力求客观、真实地反映桐城中学的历史和现状。

三、上限起自学校创办之初，下限至2021年12月。重大事项延至成稿前。

四、采用章节体结构，横排竖写，力求横不缺项，纵不断线。章下设节，节下设目或子目。章、节后根据需要可设附件。

五、本志采用述、记、志、传、图、表、录等体裁。事以类从，类为一志。有所交叉，各有侧重。

六、使用规范的现代语体文记述，除引文和特殊情况外，不用第一人称。以“学校”“本校”“该校”为主语记述的，一般专指“桐城中学”。

七、除概述部分采用述评笔法外，其余采用记述笔法，客观记述，述而不论。

八、“大事记”采用编年体与纪事本末体相结合的方式记载大事要事，与各章节互为补充，互为详略。

九、历史纪年采用地方志惯用方法，清代以前采用朝代年号纪年，农历纪月日，用汉字书写，括注公元纪年。民国时期采用民国纪年，公历纪月日，用阿拉伯数字书写，括注公元纪年。桐城解放以后使用公元纪年。未注明世纪的年代，一般指20世纪的年代，如“50年代”一般指20世纪50年代。

十、本志所记地名、机构、计量单位，一般采用当时称谓。

十一、各类名称首次出现用全称，以后可用简称。

十二、本志资料来源于各类档案资料和相关书籍、文章，辅以口碑资料并加以考证，一般不注出处，参考的主要书籍资料在后记“编纂始末”中说明。

十三、本志《人物》章记载有资料可依的部分人物，入选原则是：(1) 历任学校负责人、知名教师、知名校友；(2) 省级及以上党代表、人大代表、政协委员；(3) 省级及以上表彰获得者；(4) 二级教授及以上的专家学者；(5) 正厅级及以上从政人员；(6) 正师级及以上军职人员；(7) 央企负责人及知名企业家；(8) 对桐中建设发展有突出贡献的校友。

十四、遵循“生不立传”的原则，将知名教师和知名学生分别设节“名师传略”和“著名校友传略”记载。对健在知名校友设“部分校友简介”作简短介绍。历任负责人不受此限，在职负责人只记简历，不作评述。

概　述

古县桐城，位居皖中，"抵天柱而枕龙眠，牵大江而引枞川"。明清以降，"城里通衢曲巷，夜半诵声不绝；乡间竹林茅舍，清晨弦歌琅琅"，读书为文氛围浓厚，从这里走出去的鸿儒硕辅数不胜数，人称"文章甲天下，冠盖满京华"。

120 年前，在"西学东渐"浪潮中应运而生的桐城学堂，教书育人，引领风气，由此赓续而来的桐城中学，久负盛名，享誉遐迩，成为桐城笃文兴教的靓丽名片，以致"言桐城者必先称桐城的文化教育，言桐城文化教育者，必先称桐城中学"！

01

桐城中学（简称"桐中"）位于桐城市老城区北部的公园路与北大街交汇处，背倚观野崖，南望孔子庙，西接古莲社，东傍龙眠河。校门前，历史文化名街——北大街横贯东西，与此垂直的公园路将学校与人民广场连成一体。在"丁"字形街道布局的交叉点上，兀然而立的桐城中学，宛若文化古城皇冠上的一颗明珠，璀璨夺目，光彩照人。

桐城中学创办于 1902 年，创始人是清末著名教育家、桐城派后期重要作家吴汝纶先生。当时的中国，外侮日烈，民族濒危，清政府聘任吴汝纶先生为京师大学堂总教习。赴任之前，先生满怀兴国之志，先行东渡考察，以期师人之长。其间深感国内朝政腐败，遂生弃任之念，决心回乡兴办新式学堂。光绪二十八年（1902 年），先生从日本回国后，未去京师，径往省城安庆，暂借巡抚衙门后院武备学堂一隅，创办"桐城学堂"，同时在桐城县衙旧地动工兴建校舍，俟时回迁。创办之初，步履维艰，吴汝纶先生虽已年过花甲，仍黾勉苦辛，朝乾夕惕，以"吾辈此次办学堂，有进无退，人不善换人，法不善换法，决无止息之期"的精神，逢山开路，遇水搭桥，志如磐石，无坚不摧，学堂终于得以按期开学，自己却因年事已高，操劳过度，建校不久溘然仙逝，大家严复撰联吊唁:“平生风义兼师友,天下英雄惟使君。”学界同仁继承先生遗志,1904 年将学校迁回桐城,改名为“桐城县公立中学堂”,此为安徽省第一所中学堂。

图强而生,为国育贤。120 年来,桐城中学以吴汝纶先生的“勉成国器”为宗旨,锻造“勇当大任,志在争先”的桐中精神,一代又一代莘莘学子,演绎着“书山有路勤为径,学海无涯苦作舟”的故事,终至“宝剑锋从磨砺出,梅花香自苦寒来”,从这里走出了一大批杰出校友,或以文彰,或以理显,或以政要,或以军威。中顾委原常委、文化部原部长黄镇,全国政协原副主席、农工民主党首任主席章伯钧,北平市首任市长何其巩,美学大师朱光潜,两院院士孙德和、慈云桂、陆大道,著名核物理学家疏松桂、方正知,哲学家方东美,古文论家马茂元,著名作家方令孺、叶丁易、舒芜,中共十七届中央委员、内蒙古自治区原党委书记储波,少将曹新国、张国威、程尚武等,都是桐中杰出校友的代表。高考制度恢复以后,桐中共向高等学校输送合格新生 3 万余人,其中在国内外攻读博士后、博士、硕士研究生者数千人,不少学子事业有成,成为各行各业的领军人物。民政部副部长唐承沛,中国地质调查局局长钟自然,中国工程院院士吴曼青、杨善林、彭寿,中国科学院院士程和平、方复全,中国科学院著名教授李定,物理学家段路明,著名教授琚诒光,少将毛万标,火箭专家程堂明等,都是桐中学子中的佼佼者。

风雨兼程,砥砺前行。凭着深厚的文化底蕴、淳朴的校风和出色的办学成就,桐城中学赢得了“人才的摇篮”的美誉,成为中华百年名校、全国绿化学校、中国化学奥林匹克组织工作突出贡献学校、安徽省爱国主义教育示范学校。学校曾先后 50 余次被国家、省、市、县评为先进单位,教职工中有 50 多人次获得国家、省级奖励,中央电视台、《人民日报》等新闻媒体作过专门宣传推介,中央和省、市等有关领导曾多次来校视察,对桐中办学成绩赞誉有加。

02

无园不成校,硬件是基础。

早年教育物力贫乏,为求事成,吴汝纶先生等人在安庆借房办学,所用教具也一并租借。学校迁回桐城后,又借用方氏“勺园”作短暂过渡,桐城学堂一边在借来的房舍里正常教学,一边快马加鞭促进校园落成,两年时间,桐城学堂终于有了自己的校园,结束了飘忽不定的流浪岁月。新校园由吴汝纶先生从日本邀来的早川东明先生一手设计,有礼堂、教室、自修室、寝室、饭厅、教职员室、办公室、厨房、厕所,还有操场等。校园虽然不大，但散发着全新的时代气息，今天的校园就是在此基础上发展而来，很多房屋和设施沿用至今，其中，保存完好的半山阁，飞檐翘角，造型美观，参观者对它赞不绝口，称之为“凝固的音乐”。

民国初年，学校擘画蓝图，扩充校园，将西侧的一块桑树园辟为学生实习基地，接着又几次在这里增建茅庐，增加校医室和学生接待室，建起运动场，改善校园设施结构。这个时期，学校不仅解决了师生基本用房的问题，还将目光投向校园文化建设，堆石造山，勒石为碑，刻石为柱，构木为亭，引水为溪，建造桐城公园。为建公园，校长孙闻园亲笔书写“劳动神圣”四个大字，登高而招，云集景从，从募集经费到设计施工，筹建公园一应事务，皆由桐城中学师生承担。师生们义务劳动，志愿服务，经过 3 年努力，公园建成开放，与校园连成一体，花木扶疏，流水潺潺，石柱玉立，有亭翼然。新建成的公园既满足了当时完善县城功能的需要，又是学子们晨读昏诵的好去处，因此而来的“公园路”至今仍是穿行古城的交通要道。从钓鱼台(又名跳吕台，相传当年吕洞宾从此崖跳下而得名)引龙眠河水穿园而行的桐溪塥，清净澄澈，浅吟低唱，逶迤而来，蜿蜒而去，鱼翔浅底，百鸟翔集。师生们在溪流中堆石而成“五洲地图”，并勒碑记事，宏图大志洋溢其间。公园建成后，名师阮强、马子潜先后为公园及爱景亭撰联寄语，情怀满满，期望殷殷。

新中国成立以后，桐城中学回到人民的怀抱。人民政府接管学校以后，最大程度地支持学校基础设施建设，维修校舍，增建房屋，扩大校园，添置教具，学校建设骎骎日上，校园里生机盎然。1951 年抗美援朝之际，国力维艰，桐城县政府还是将与桐城中学相邻的 26 间民房买下用作校舍，再迁出附近有关单位，腾出房屋给学校使用。此后学校相继建起教学楼、礼堂、厨房、浴室、实验楼、图书馆。1956 年社会主义改造基本完成之后，学校经历了“反右”“大跃进”“四清”等运动，但仍然坚持发展，1957 年在校园里建起教学大楼，这幢建筑至今还在作为学校行政用房。1958 年大炼钢铁时，学校也不忘扩张，把西围墙外的一片空地划进学校，接受百子堂巷屋和一些民房，这使得校园西南直抵余家湾，西北与净土莲社相毗连。1962 年，在三年困难时期，学校又建起实验楼，后为图书馆。

改革开放以后，桐城中学浴火重生，精神抖擞，基础设施建设步入发展的快车道。80 年代初期，近 3 000 平方米的崭新教学大楼拔地而起，横亘在校园中轴线上，巍峨壮观，宽敞明亮。学校辟出其中一层作为教师办公室，师生朝夕同处一楼，方便管理，利于教学。同时，学校建起 2 000 平方米的科学馆，而这也给学校带来了科学的春天。这些建筑在今天看来也许不足为奇，但是在改革开放之初，百废待兴之时，堪称大手笔。

桐城中学的基础建设不仅仅局限于教室和教学设施，“园丁”们的生活设施也摆在议事日程。80年代，学校筹措资金解决教师住房难问题，先是建起一批平房，让老师们有个立锥之地，接着创造条件建起配套教工宿舍，使居者有其屋，通过不断改善教职工的住宿条件，使他们能安居乐业，潜心教学。

21世纪以来，基础设施建设日新月异，两栋6层教学大楼、设施配套的学生公寓、标准化运动场，把校园装扮一新。同时，借校庆东风，促硬件上台阶。90周年校庆时，学校建起校史馆，重修半山阁；百年校庆时，学校建起高标准科技大楼，建成文化长廊和假山园林；110年校庆时，学校再建教学楼，再造运动场。多媒体教室、智能教室、电子备课室、电子阅览室等一应俱全。今日校园，占地面积175 201.37平方米，绿化面积50 855.1平方米。现代楼房与古朴建筑相辅相成，假山石柱与生花杂树相映成趣，“老记忆”与“新印象”相得益彰。

03

悠久的历史，良好的硬件，尚不足以构成名校的全部内涵，真正令桐城中学名噪教坛、成就百年英名的是它久盛不衰的教学质量。

学校开宗明义：“后十百年人才奋兴胚胎于此，合东西国学问精粹陶冶而成”，教学质量成为学校工作永恒的主题和立足的根本，悠悠万事，唯此为大。“中西结合，博古通今”的办学理念，使得学校很快崭露头角。1913年，安徽省要求停办全省中学，一些学校因此销声匿迹，而桐城中学堂则因办学宗旨明确，教师队伍健全，教学质量优良，办学条件完备，被破例保留下来。即使在抗战期间，桐城中学仍然不忘教学之本，1942年还受到省政府训令表彰。

新中国成立以后，以培养新中国急需人才为己任，学校狠抓教学质量，遴选名师，招收优秀学子，开齐课程、开足课时，在保持优良传统教育方法的同时，开展形势教育和爱国主义教育，激励广大学子发奋学习，早日成才，投身新中国的建设洪流。曾有校长三顾茅庐，聘请一名农村初中教师直接来桐城中学担任教导主任，学校教学质量因此明显提升。1958年，学校被评为安徽省首批重点中学；1960年，校长史耀民参加全国文教群英会(全称为“全国教育和文化、卫生、体育、新闻方面社会主义建设先进单位和个人表彰大会”)，学校获得国务院授予的“全国教育工作先进单位”奖旗，桐城中学因此群情振奋，乘势而上；1962年，学校高考本科达线率名列安徽省第一，全国第二，此后连续三年卓冠全省，步入教学质量的巅峰时期。诚如一位校友回忆所云：60 年代的桐中，每天清晨教室里书声琅琅，下午操场上龙腾虎跃，除老师外，晚上 9 点关灯，校园一片肃静，真正做到了“团结，紧张，严肃，活泼”。

1977 年，高考制度恢复，学校云过天空，返璞还淳，教学工作很快回归正轨，学校也重新成为安徽省重点中学。学校定下“三高”标准：大学本科升学率高、名牌大学录取率高、学科竞赛获奖率高，不断拉高标杆，不断挑战极限。为此，学校咬准教学质量不放松，鼓励教科研，确立教学开放日，举办优质课大赛，组织教师外出参加高考备考研讨，延聘外教，选送教师出国进修，随时掌握学生学习成绩，及时补缺补差。这些措施使得桐城中学的教育教学好戏连台，捷报频传，全省理科状元两度花开此枝，200 余人在历届高考中进入全省总分前 10 名，4 个学科的人均成绩 20 余次位居全省第一，数学高考成绩连续 12 年获全省平均分第一名，1990 年高考总成绩全省排名第一，2011 年多个班级高考升学率 100%，众多名牌高校给桐中授牌“优质生源基地”。此后，学校再寻创新路径，开办中澳班、国器班、钱学森班、吴汝纶班，实施特色教育的曙光初现，2015 年学校第一届中澳班学生 17 人同步参加澳洲高考，收到了 30 份澳洲四星以上大学的录取通知书。同时，学校以培养复合型、创新型人才为己任，鼓励学生参加学科竞赛，引导学生大胆探索，勇攀高峰。改革开放以来，在全国学科竞赛中，有 600 多人获奖，其中一等奖 70 人，在“东华杯”化学学科竞赛中，桐城中学荣获全省唯一的“四连冠”。2021 年，戴宏安荣获奥林匹克生物竞赛全国银牌奖。

名校代有名师出，教书育人著华章。长期以来，一批又一批满腹经纶、教学有方的辛勤“园丁”，汇成一股又一股磅礴之力，催动桐城中学灵气氤氲、桃李芬芳！著名作家马其昶，诗人、教育家、书法家方守敦，博学多才的姚永概，精诗文、工书法的前清秀才苏艺叔，“小状元”马子潜，朱光潜先生“得益最多的国文教师”潘季野，黑板上画地图丝毫不差的朱伯健，坚持招生标准的方来桐，国学大家马厚文，教坛名宿姚沛生，画虎名家光元鲲，学识渊博的吕宣泽，爱校如家的方不园，等等，数不胜数。这些名师，魅力四射，耀人眼目，学子们“亲其师”而“信其道”，遨游知识海洋，成就辉煌人生。如今，学校树立“大师甚于大楼”的理念，再造“学高为师”的氛围，注重教师业务培训，选送教师外出进修，鼓励教师参加教育科研，坚持集体备课，运用现代教学手段上公开课，实施“3510 工程”，让青年教师“3 年成长，5 年成才，10 年成名”，形成多层次立体式队伍结构，把素质好、学识高、有才干、有能力的中青年教师列为重点培养对象，结对拜师，提高名师培养成功率。学校拥有中学特级教师 6 人，中学高级教师 80 余人，全国模范教师 1 人，省级优秀教师 3 人，省级“教坛新星”4 人，安庆市名师团成员、

“教坛新星”、学科带头人、骨干教师 34 人。一支德艺双馨的教师队伍为学校一流的教学质量提供了可靠保证。

学校之盛在于教师之盛，教师之盛离不开高明的管理者。在 120 年漫漫征程中，桐城中学先后有 38 任主要负责人，承前启后，薪火相传，踔厉奋发，功不可没，特别是两度出任桐城中学校长的孙闻园、爱师爱生的史耀民，他们是办学理念的践行者，是桐中精神的播火者。如果说教师是这所学校的“脊梁”，那么这些校长就是学校的“灵魂”！

桐城中学教风严谨，学风纯正，名师纷至，才俊沓来，中华名校，洵非虚誉！

04

桐城中学立德树人，以文化人，使得年轻学子纷纷以报效祖国为己任，胸怀社稷，心系黎民。在历次革命斗争中，桐中学子冲锋在前，义无反顾，可歌可泣。

早在孙闻园先生任校长时，桐城中学就注重人文教育，历史上爱民如子的好官循吏，学识渊博的名家大师，坚贞不屈的仁人志士，都被列为学习的榜样。境内深受乡民爱戴的汉代大司农朱邑墓、明代“铁面御史”左光斗墓以及与校园连为一体的“啖椒堂”、明代著名科学家方以智墓、学校创始人吴汝纶墓等等，都是学校教书育人的现实教材。五四运动时期，桐城中学刻下“毋忘国耻”石碑，200 多名师生集会，宣布“国耻纪念日”，参加学生联合会和教职员联合会，组成演讲和演出团体，分赴全县各地开展宣传活动，引导桐城五乡八镇举行上万人的游行，高呼口号，声援五四运动，把知县驱逐离桐。在“六二”学潮中，桐城中学学生成立学生自治会，声讨军阀，勇斗恶顽，声援学潮，追求进步。在反对三届省议会贿选斗争中，桐城中学师生成为“澄清选举团”的主要力量，分赴各选区，监视投票，焚毁贿选选票，驱逐反动县长，弘扬正义，终于取得胜利。在声援五卅运动过程中，桐中师生又是一马当先，开展演讲，募集捐款，支持上海人民的斗争。北伐战争时期，革命思潮在桐城中学风起云涌，师生员工争相阅读革命书籍，学校建起共青团组织，并有学生加入中国共产党。一些进步学生还深入贫苦农民之中，传播革命思想，发展农民协会，开展武装斗争。抗日战争时期，百名学生报名参加“抗日学兵队”，投笔从戎，走上抗日前线。学校每日晨会，校长亲自指挥合唱《义勇军进行曲》。学校设立联络点，掩护新四军，组织救亡工作队，为抗日贡献力量。解放战争时期，学校反对国民党统治，支持共产党斗争，营救进步学生，迎接刘邓大军，迎来桐城解放。校园里，黄墙黛瓦、红柱回廊的图书馆就曾被作为二野渡江作战司令部，刘伯承、邓小平在这里亲自指挥举世闻名的渡江战役。目前这栋建筑已被列为安徽省重点文物保护单位及安庆市党史教育基地，成为永久的红色财富。桐城中学与时代同呼吸，与祖国共命运，烽火弦歌，风骨峥嵘，永垂青史。

改革开放以来，学校将德育工作放在各项工作的首位，贯彻落实《中共中央关于进一步加强和改进学校德育工作的若干意见》和《新时代爱国主义教育实施纲要》，执行《中学德育大纲》和《中学生日常行为规范》，多渠道、多途径、多形式实施德育工作。教师率先垂范，签订《师德承诺书》，根据学生的思想实际、身心发展规律以及社会发展对学生提出的新要求来确立德育内容和方法，建立德育工作网格，上好思想品德课和思想政治课，开展德育科研。在德育工作中，学校紧紧抓住爱国主义教育这一主旋律，举行升旗仪式，开展重大节日纪念活动、主题读书活动、社会调查活动、学英雄创文明班集体活动，还有道德讲堂、书画展览、文艺演出等等，形式丰富多彩且生动活泼。同时，学校注重学生养成教育，培养学生热爱劳动、讲究卫生、文明礼貌、远离网吧的良好习惯。学校加强法治教育，开展平安校园建设，使法治教育与道德教育、文化课学习、学生养成教育相结合。德育工作掷地有声，生根开花，桐城中学成为“全国零犯罪学校”。

做活校园文化文章，构筑师生精神家园。校园文化建设贯穿了办学全过程，除了吴汝纶先生亲自题写楹联匾额外，1915 年初，孙闻园校长定校训为“勤、慎、信、恕”，1943 年，朱伯健校长将校训改为“礼、义、廉、耻”，1999 年则直接定校训为“勉成国器”。1917 年，国文教师王露作校歌：“龙眠钟气，代起人豪，莘莘学子待熏陶，仰止吴公创业劳，勉成国器望吾曹，勤慎信恕，校训孔昭，精神淬砺兮，永夕永朝。”这些内容昭示着中华民族传统的美德追求，彰显了这所中华名校的办学理念。百余年来，这些非显性文化激励着一代又一代桐中学子，怀经世之志，成纬国之才，澡雪精神，精进学业。改革开放后的校园文化与时俱进，显性文化催人奋进。定期出版的校报校刊，成为师生员工激扬文字、交流沟通的良好平台；迂回曲折的文化走廊，是学子们点墨成趣、丰富知识的有效载体；保存完好的文物古迹，传承红色印记，为师生们筑起心中的文化长城。还有校园文化艺术节、科技文化节、体育节、元旦联欢会、道德讲堂、演讲比赛、专家讲座、报告会等，不一而足。校园文化建设传播真善美，弘扬正能量；凝聚精气神，形成软实力。春风化雨，润物无声，校园文化成为桐城中学翱翔九天的推进器！

05

走进新时代，启航新征程。回望过去，立足当前，桐城中学制定“十四五”规划：

以前瞻性思考、全局性谋划、战略性布局、整体性推进的方式，兼顾学校高质量发展的内涵与外延，把新发展理念贯穿在学校建设的全过程和各领域，构建新发展格局，转变发展方式，推动学校工作的质量变革、效率变革、动力变革，创造学校高质量发展、可持续发展的优良环境，把学校建设成充分适应现代教育标准和人才发展要求的先进教育基地，使之成为省内领军、国内知名、具有新时代品质的优质示范高中。

落实立德树人的根本任务，大力开展德育工作，全面提升学生核心素养，着力培养适应国家经济社会发展需要的创造性、卓越性人才。统筹学校发展的各方面因素，积极引进优质教育资源，固根基，扬优势，补短板，强弱项，实现学校教育资源的优化配置；创新管理机制，提升办学水平，树立顺应新时代新要求的优良校风、教风和学风，以开阔的视野、先进的理念、奋斗的精神，打造教育教学新境界。

坚持以教育教学为中心，建立人才培养的新模式、创造新经验。以教育教学队伍的建设为基点，优化、提升、完善教师队伍的成长道路和发展空间，潜心打造政治素质高、业务能力强、发展潜力大的管理团队和教师队伍，以名师带动名校的发展；全面推进教育现代化的进程，加快课程改革的步伐，大力开展教育科研，以先进的教育理念和创新的教育艺术创造优质课程、精品课堂，探索学校教育教学高质量发展的道路。

根据现代教育要求，加强学校软硬件建设，全面优化教育环境。以高起点高标准改进、完善现代化教育设施，优化校园布局，美化校园，营造宜学宜教的育人环境；拓宽开放视野，扩大交流渠道，丰富教育资源，延伸发展空间，以大教育的观念创造生动活泼、奋发向上的教育风尚；发挥党建引领作用，加强师德师风建设，创新领导艺术，转变服务方式，带领和团结全体师生员工，以饱满昂扬的精神共创新的辉煌。

120 年筚路蓝缕，120 年弘毅自强，120 年波澜壮阔，120 年荡气回肠！昨日桐中光芒万丈，今日桐中风华正茂，明日桐中必将更加成就骄人！

大 事 记

光绪二十五年(1899年)

3月22日,保定莲池书院山长、桐城派名家吴汝纶在致友人书信中提出创办桐城学堂的构想。

光绪二十八年(1902年)

4月,经清廷管学大臣张百熙举荐,清廷下旨委任吴汝纶任京师大学堂总教习。

5月至9月,吴汝纶赴日本考察教育,桐城青年李光炯、房秩五、方守敦等随行。

9月,吴汝纶一行从日本考察回国,未到京师就职,直接回家乡筹备建立桐城学堂。

10月7日,吴汝纶携日本友人早川东明到达安庆。

10月21日,吴汝纶草拟《开办学堂呈稿》报省府。

10月23日,租借安庆旧武备学堂房舍作为桐城学堂临时校舍。

10月,聘请日本学者早川东明为学堂教习,教授日文、法学。聘请姚永概为中文教习兼代总理学堂事务、方守敦为学堂副监督。

本年度,桐城学堂正式建立,吴汝纶任堂长,亲撰楹联和匾额:联为"后十百年人才奋兴胚胎于此,合东西国学问精粹陶冶而成",匾额为"勉成国器"。

光绪二十九年(1903年)

正月12日,学堂创办人吴汝纶先生因积劳成疾,病逝于家中,享年64岁。

正月,桐城学堂在安庆正式开学,录取正额生52名(学校津贴伙食),附取生60名(自缴膳费),共2个班。开设国文、日文、法学、经济、算学共五科。学校行政方面,设总监8人,共同主持校务;设监起居及文牍庶务会计,负责日常事务管理;实行学长制。

本年度，在吴汝纶择定的城北县衙署旧基处，动工兴建校舍，为学堂迁回桐城作准备。

光绪三十年（1904年）

正月，桐城学堂改名为“桐城公立中学堂”，学制5年。废除总监及学长制，公举马其昶为总理，主持全校各项事务，实行五职分乡制。桐城公立中学堂是近代癸卯学制下安徽省第一所中学堂。

正月，增招新生1个班。

7月，学堂从安庆迁回桐城，暂借方守敦宅居（勺园）先行上课。

8月，续招新生1个班，将1903年招收的2个班学生合并，选出20余人编为师范班。

8月，遴选房秩五、吴良驹、孙允珩、苏荫伯、史浩然、张基生6人赴日本留学，学习速成师范。

12月，日籍教师早川东明回国。

本年度，校舍建成，学生迁入新建校舍。

光绪三十一年（1905年）

7月，学堂遴选马光祖、张珽、汪仁晖、周大寿、陈树藩、黄位堃、方体华、吴宣纶、胡渭北、施普10人赴日本留学。

8月，学堂增开伦理、物理、化学、博物课程，外文改授英文。

12月，师范班张肇乾等20名学生成为学堂第一届毕业生。

光绪三十二年（1906年）

正月，设学监掌管全校教务。

正月，将上学年2个班合并为1个班，新招学生2个班，全校共3个班。

4月，姚永概为学堂撰楹联，严复为之跋。

本年度，1904年赴日本学习速成师范的房秩五等人学成归来，学堂公议借用考棚创设师范学校，以培养小学师资。

本年度，春季选派学生孙闻园到日本留学，学习理化；秋季选派杨正、朱卓英、尹桐柏赴日本留学，主修铁道工程。

光绪三十三年(1907年)

正月,将上学年新生2个班合并为1个班,同时招收新生1个班,全校共3个班。

3月,学堂在县东门外河滩上举办大规模运动会。

12月,省提督学使署委派田鲁屿来校主持毕业考试,史毅然等20名学生毕业。

光绪三十四年(1908年)

正月,招收新生1个班,全校共3个班。

9月,全体教师、学生到本省太湖县观看清政府新军秋操演习。

10月,马其昶为桐城公立中学堂撰楹联。

宣统元年(1909年)

正月,招收新生1个班,全校共4个班。

宣统二年(1910年)

12月,吴季超、高佩霞等2个班学生计57人毕业。

本年度,学制由5年改为4年。

宣统三年(1911年)

正月,续招新生1个班,全校共3个班。

正月,马其昶辞职。

2月,学堂改总理为监督。

6月,光昇任监督,驻校主持学堂工作。

9月,光昇未就职,学监张起元代行监督之职。

9月,武昌起义爆发,学堂校舍房屋被地方保卫团借用,学校提前放假。

民国元年(1912年)

1月,桐城公立中学堂改名为"桐城县立中学",学制4年,学校监督改称校长。

2月,公举孙吴任桐城县立中学第一任校长。

5月,吴振东等21人毕业。

6月,孙闻园率全校师生行至大关麻山,拜谒反清志士孙麻山先生墓。

7月，续招新生1个班，全校共3个班。

本年度，学校收回校西桑园，开设蚕桑班。

民国二年(1913年)

1月，招收新生1个班，全校共4个班。

6月，章伯钧等13人毕业。

10月，省政府下令停学办团，教育部下令取缔县立中学，桐城县立中学得以保持。

本年度，省教育厅派视学胡清澍来校视察。

本年度，学校添授手工课。

民国三年(1914年)

1月，废除五职分乡制。

5月，在学生作品中选出图画手工品数十种，送省备选参加巴拿马赛会。

6月，安庆道尹徐鼎康、视学胡文伯来校视察。

9月，孙闻园率全校师生行至椤栳尖拜谒汉代为官清正廉洁、爱民惠民的大司农朱邑墓。

民国四年(1915年)

1月，孙闻园定校训为“勤、慎、信、恕”。

1月，学校开始实行朝会制度，设服劳生，教员轮流值日。

5月9日，学校师生举行国耻纪念会，组织救国储金团。

7月，吴劲等24人毕业。

8月，续招新生1个班，全校共3个班。

9月3日，桐中学生吴侯冀等购买中国交通银行救国储金。

10月，重阳节日，全体师生前往南乡高甸拜谒吴汝纶墓，次日行至浮山拜谒方以智墓。

本年度，学校邀请赴江浙一带参观教育归来的县视学汪仁晖来校讲演。

本年度，安庆道视学周积墉来校视察。

民国五年(1916年)

1月，招收新生1个班，全校共4个班。

7月，朱光潜等33人毕业。

10月，向县署函领废枪四十支，供学生练习兵式操。

11月，县东城外大河滩举办全县学校运动会，本校学生为主体。

12月，省视学汪声应来校视察。

12月，张威等33人毕业。

本年度，学校兴建“爱景亭”。

民国六年(1917年)

1月，招收新生1个班，全校共3个班。

1月，学校附设简易师范班，学生60人。

5月，全校师生行至鲁褀山拜谒左忠毅公(左光斗)墓。

10月，定重阳日为学校成立日，召开学校建校15周年纪念会。

12月，承办全县学校学生成绩展览会。

本年度，学校国文教师王露创作校歌。

民国七年(1918年)

1月，孙闻园辞职，吴汝澄继任校长。

7月，朱宗武等30人毕业。

8月，招收新生1个班，全校共3个班。

本年度，学校规定学生每日作日记，每周交一次，由校长及学监批阅，以此培养学生美德。

民国八年(1919年)

1月，吴汝澄辞职，马翊代理校长之职。

5月，五四运动爆发，师生于5月9日“国耻纪念日”停课一天，举行示威游行，开展宣传活动，联合全县各校师生成立桐城学生联合会、教职员联合会，声援北京学生正义行动。爱国师生在校园刻石“毋忘国耻”，以示爱国之志。

8月，张润林任校长。

12月，吴锐等31人毕业。

民国九年(1920年)

1月，张润林辞职，方琛继任校长。

2月,学校招收新生1个班,全校共3个班。

12月,张致远等33人毕业。

本年度,改朝会制度为周会制度。

本年度,成立学生自治会。

民国十年(1921年)

1月,招收新生1个班,全校共3个班。

6月,省城安庆发生军阀镇压请愿学生的"六二惨案",本校师生联合桐城各校声援安庆学生的正义行动。

本年度,本校学生积极参与反对军阀贿选议员的斗争,取得反贿选斗争的胜利。

本年度,学校将桑园开辟为运动场。

民国十一年(1922年)

7月,闻履平等33人毕业。

7月,招收新制生(三年制初中)1个班,全校共3个班。

7月,方琛辞职,孙闻园再度出任校长。学校分设教务、斋务、事务、体育四部,各设主任以专其责,由校长统摄。

民国十二年(1923年)

7月,招收新制生1个班,全校共4个班。

12月,举办全县学校教育成绩展览会,本校部分学生的成绩在展览会中列入优等。

12月,旧制班吴曙东等49人毕业。

12月,安徽省视学汪雨相来校视察,为期半个月,参观了教育成绩展览会。

本年度,春季学校成立桐城县立公园筹备处,开始收集校园周围公地建筑公园。

本年度,建造图书馆楼——半山阁。

本年度,将原有校门扩建改造为楼屋,校门改向西面对运动场,运动场南面建筑短花墙,正对公园。

民国十三年(1924年)

7月,招收新生1个班,全校共4个班。

10月,重阳节,学校新图书馆落成,在新图书馆前举行22周年校庆纪念会。

12月,旧制生姚沛生等29人毕业。

民国十四年(1925年)

6月,桐城县立中学学生为声援上海五卅运动举行罢课、示威游行。

7月,新制生吴智新等42人毕业。

7月,招收旧制生甲乙两组1个班,增设高中1个班,全校共5个班。

本年度,暑假期间在新图书馆举办成绩展览会。

本年度,学校增设训导主任,与教务、斋务、事务主任合作管教。

本年度,学校与教育会、教育局、一高小学校自治所等单位合制石印机1台。

本年度,桐城县立公园建成。

民国十五年(1926年)

6月,新制生孙祥钟、黄镇等30人毕业。

7月,孙闻园辞职,方希主被任命为桐城县立中学校长,未到任,由教务主任方明溪代行校长之职。

8月,复收孙祥钟等新制毕业生为旧制4年级学生。

12月,方希主辞职,李相勖任校长。

本年度,招收新制生1个班。高中班结束停办。全校共5个班。

民国十六年(1927年)

3月,北伐军进入桐城,学校体育教师刘心如带领学生打洋鼓、吹洋号,到南门外欢迎北伐军。共产党员方兰轩吸收本校吴国华等学生加入中国共产党。

6月,旧制生孙祥钟等8人毕业。

7月,李相勖辞职,继任校长未选出,由方琛代表教育局、张起元代表教育会、朱宗武代表本校教职员组成校务维持会,主持学校工作。

8月,招收新生1个班,全校共5个班。

民国十七年(1928年)

2月,周易出任校长,改斋务主任为训育主任,筹办恢复高中。

6月,旧制生史可宗等30人毕业。

7 月，学校高中部正式成立。招收初中新生 1 个班。全校共 5 个班。

本年度，学校建立共青团支部，学生齐德高为支部书记。

民国十八年（1929 年）

6 月，旧制生施孟胥等 2 个班 62 人、新制生方源流等 46 人毕业。旧制生至此全部毕业。

7 月，招收初中新生 1 个班。高中一、二年级各 1 个班，高二年级由旧制生升入。分设文理科各 1 班。全校共 6 个班。改建习艺所（原县设纺织厂）为高中部。高初中共设 1 名教务主任，各设 1 名训育主任。

民国十九年（1930 年）

2 月，周易辞职，施普继任校长。

6 月，方佩莲等 32 人毕业。

7 月，招收初中、高中新生各 1 个班，全校共 7 个班。

7 月，施普辞职，张家翰继任校长。

民国二十年（1931 年）

6 月，学校第一届高中生毕业（理科学生施孟胥等 12 人、文科学生孙映华等 15 人）；学生姚伯将等 51 人初中毕业。

7 月，招收初中、高中新生各 1 个班，全校共 6 个班。

9 月，“九一八事变”后，桐城县立中学全体师生举行游行示威，组织宣传队，宣传抗日主张，并募捐 400 余元，汇寄东北马占山将军的抗日义勇军。

民国二十一年（1932 年）

2 月，张家翰辞职，教育局局长慈克庄代行校长职务。

6 月，高中生方源流等 16 人毕业；初中生吴起亚等 53 人毕业。

7 月，招收初中、高中新生各 1 个班，全校共 6 个班。

7 月，慈克庄任专职校长。

民国二十二年（1933 年）

2 月，慈克庄辞职，张森继任校长。

6 月，高中生方传流等 16 人毕业；初中生施有胥等 45 人毕业。

7 月，招收初中、高中新生各 1 个班，全校共 6 个班。

本年度，高中增设军事训练课，军事教官由省府下派。

本年度，教育部视察员李熙谟来校视察。

民国二十三年(1934 年)

2 月，张森辞职，方琛再次出任校长。

6 月，高中生唐骥方等 22 人毕业；初中生方寿观等 55 人毕业。

7 月，招收初中、高中新生各 1 个班，全校共 6 个班。

本年度，省教育厅决定桐城县为“桐城、庐江、舒城中学生会考区”，以桐城县立中学为试场，教育厅派员主持。

本年度，省教育厅下文停招高中生。

民国二十四年(1935 年)

3 月，经方琛不懈努力，省教育厅批示“准予高中立案”。

4 月 11 日，上学年招收的高一全班学生 46 人赴省城(安庆)集贤营地接受集中军事训练 3 个月。

6 月，高中生周家驷等 12 人毕业；初中生方桂生等 44 人毕业。

7 月，招收初中新生 1 个班，高中停招，全校共 5 个班。

本年度，教育厅举行分区会考，划庐江、桐城为一考区，以本校为试场，教育厅派员主持。

民国二十五年(1936 年)

2 月，方琛辞职，省教育厅委派吴竹其任校长。

3 月，军事委员会训练总监部颁发上学期高一年级在集贤关集中接受军事训练学生的及格证明书 43 张。

6 月，高中生王桐柏等毕业；初中生方受颐等 54 人毕业。

7 月，高中恢复招生，招收初中、高中新生各 1 个班，全校共 5 个班。

本年度，学校确定校徽，“取桐叶式，上嵌黄色中字，作钟形”。

本年度，省教育厅取缔附入本校办理的桐城县集成女子中学。

民国二十六年(1937年)

5月,高中生丁子俊等毕业;初中生方珪德(舒芜)等毕业。

7月,吴竹其辞职,省教育厅委派开济任校长。

7月,招收高中新生1个班,初中新生2个班,全校共6个班。另外成立女子初中部,招收初一女生2个班,聘请姚孟振为主任,在原集成女中上课。

本年度,中共党组织派遣马守一来桐城组织"抗日学兵队",中队部设在左公祠内,本校学生100多人报名参加,走上抗日前线。

民国二十七年(1938年)

6月28日,县城沦陷,桐城县立中学被迫停课,师生流亡。校长开济携学校田、洲产业契券以及显微镜等离开桐城赴后方,以后下落不明。学校图书、档案均先期送往黄甲铺、唐湾等地储存,损失不大。但校具、仪器损失很多。

民国二十八年(1939年)

2月,省教育厅委派孙闻园任省第二临时中学(今安庆一中)校长,借用本校图书楼,筹备建校事宜,并在黄甲铺营建校舍开学,于本校分设初中学生2个班,下学期移出。

2月,桐城县成立第一临时小学,借用本校原高中部为校舍。

12月,初中生叶梓等毕业。

本年度,省教育厅委派史化成为桐城县立中学校长,恢复办学。

本年度,春季招收旧生及新生共6个班,包括初一3个班,初二2个班,初三1个班,男女均收,为本校男女生同班上课之始。高中停招。秋季又招收初中新生3个班,全校共9个班。

本年度,学校所有课程和一切管理都注重军事性训练,所有经费都由县政府统收统支,编定预算,由学校具领。

本年度,为避日机轰炸,秋季学校在校舍北边掘建防空洞1处,冬季在城北郊毛河兔儿山桃源一带购地10余亩,建筑茅屋校舍,晴朗之日在此上课,学生卯出酉归。

民国二十九年(1940年)

12月,初中生马茂书等毕业。

春季,学校成立社教推行委员会,奉令开展社会教育工作,在校内附设民众学校一所,分成人、儿童、妇女3个班。

本年度,学校分春秋两季招收初一新生各2个班,全校共11个班。

民国三十年(1941年)

12月,初中生方农生等毕业。

本年度,春季招收高一、初一新生各1个班,全校共11个班。秋季学校附设一年制简易师范科(简称“简师”),招收高等小学毕业或同等学力者新生1个班。

本年度,学校在毛河添建女生休息室、阅览室、教室及教育用品消费合作社。

本年度,学校成立救亡工作队。学生陆少扬、陈鲁等投笔从戎,参加抗日队伍。

民国三十一年(1942年)

6月,初中生张大锦等毕业。

12月,初中生方松等毕业。

本年度秋季,史化成赴省工作,省教育厅委派教务主任吴一清代理校务。

本年度秋季,续招简易师范生。学校共11个班,其中初中9个班,高中1个班,简师1个班。学生共541人,其中男生461人,女生80人。教职员37人。

本年度,安徽省政府教育厅发布表彰桐城县立中学训令。

民国三十二年(1943年)

2月,教育厅委派张九皋出任校长。

6月,第33届初中学生毕业。

7月,张九皋辞职,教育厅委派朱伯健出任校长,改校训为“礼、义、廉、耻”。

12月,高中生高尚斌等毕业。

12月,第34届初中学生毕业。

本年度春季,招收高一新生1个班。初中仍在春秋两季招收新生。接收江苏等沦陷区学生入校学习。

本年度,学校制订《桐城县立中学学则》20条。

民国三十三年(1944年)

6月,初中生王竹和等毕业。

12月，高中生方农生等毕业。

本年度，学校于春季招收初中、高中新生各1个班。秋季，招收初中新生1个班。夏季，附设于本校的简易师范班奉令单独设立，下学期从本校移出，成立桐城县简易师范学校，校长方来同。

民国三十四年(1945年)

12月，高中生吴振洪等人毕业，由教育厅派员到校举行考试；初中生方耆寿等毕业。

本年度，学校分春、秋两季招收初一、高一新生。

本年度，选聘西班牙人丁惠如为高一甲班英文教员。

本年度，九月初九(重阳节)校庆日，朱光潜、吴锐等知名校友来校参加庆祝活动。

民国三十五年(1946年)

6月，初中生杨文进等毕业。

7月，朱宗武辞职，方来桐继任校长。

12月，高中生吴仲俭等人毕业，由教育厅派员到校举行考试；初中生范光陵等毕业。

本年度，春季招收初中、高中新生各2个班。秋季招收初中新生1个班。

本年度，学校班级从初一到高三共13个班，学生人数693人。教职人员共75人。

民国三十六年(1947年)

春，招收初中、高中新生各1个班。

7月，初中生占锦标等毕业。

9月11日，二野8旅22团与前来会师的皖西支队，在桐中操场召开连以上干部会议，数千人参加大会庆祝解放，会后成立民主县政府。

12月，高中生方秀文等毕业；初中生张国威等毕业。

本年度，学校初二学生汪谋超在全省国文竞赛中取得第1名，获得50万元奖金；初二学生吴季生在全省数学竞赛中取得第3名，获得20万元奖金。

本年度，学校组队参加安徽省第一区民国36年度运动大会，取得优异成绩。

民国三十七年(1948年)

春,招收初中新生2个班,招收高中新生1个班。

7月,高中生尹德光等毕业;初中生方振东等毕业。

本年度,方来桐辞职,吴劲继任校长。

1949年

4月15日,刘伯承、邓小平、李达等在桐城中学图书馆召开师以上干部会,传达党中央指示,部署渡江战役。

4月19日,二野司令部由舒城迁到桐城中学。

6月,高中生丁绍旺等毕业,初中生盛敦谊等毕业。

8月,人民政府接收桐城县立中学。

8月,人民政府将桐城县立中学与桐城师范合并为"皖北安庆行政区第一中学"。校长由桐城县人民政府副县长杨在选兼任,方晓庵、方来桐为副校长主持校务。

9月2日,接收桐城师范等校教具及图书仪器设备。

9月10日,全体师生参加桐城县人民政协开幕大会。

9月13日,全体师生参加预祝中华人民共和国成立大会,并排演节目上街表演。

10月1日,在学校操场设置庆典会场,热烈庆祝中华人民共和国诞生。

本学期,学校利用政府拨给的临时费对校舍进行了为期4个月的修理,改善了教学条件。

1950年

2月,上级调唐鸣珂任学校校长,方晓庵任副校长。

3月,学校派分管人员和教师代表参加皖北中等教育会议,讨论政治思想教育问题。

5月4日,学校派学生代表参加在合肥召开的皖北第一届学生代表大会、青年代表大会。

6月,学校更名为"皖北安庆行政区桐城中学"。

6月,高中生孙庆民等51人毕业;初中生汪立等77人毕业。

6月30日,学校举行毕业典礼暨庆祝晚会,颁发奖状奖品。

7月,安庆地区举办专区中学教师学习班,教师开始40多天的暑假集训。

8月,招收初中新生2个班、高中新生1个班(春秋季合并班)。全校共有11个班。

9月,县人民政府调吕宣泽任学校副校长主持校务,皖北区团委调王之宾任学校专职团总支书记。

10月13日,全校师生参加桐城县土改试点区公审恶霸大会。

11月,学校开展民主秩序周工作。

寒假,学校成立寒假工作委员会,全校师生按地区组成工作小组,分赴各地开展社会活动。

本年度,学校工读互助活动使100多名困难学生得以入学。

本年度,学校教师姚伯将被评为一等模范教师,韦德明、笪耀东被评为二等模范教师,周宜喜被评为三等模范教师。

1951年

4月,朝鲜访华代表团来桐城,到学校参观并向全校师生作报告。

6月,学校教职员工积极为捐献飞机大炮活动捐款。

7月,高中生胡建峰等55人毕业;初中生唐述械等70人毕业。

8月,暑期学校连续3次招生。

10月,安庆专署文教科长李子恒来桐城视察学校工作,召集桐城中学、桐城县初级师范学校(简称"桐师")、桐城县初级中学(简称"桐初")三校教师作报告。

本年度,学校成立教育工会。

本年度,举办春季、冬季运动会,开展春、秋两季远足活动。

1952年

2月,学校正式使用"安徽省桐城中学"校名。

上半年,在籍学生13个班,高中4个班,初中9个班。

4月,中国人民志愿军归国代表鲍奇及朝鲜人民访华代表金明炫来校访问并作报告。

7月,高中生邓国栋等29人毕业,初中生谢绳质等40人毕业。

9月,38名教职工参加省教育厅在芜湖市举办的全省中学教职员思想改造学习班。

9月,招收初一新生8个班,高一新生1个班。学校在籍学生16个班,高中3个班，初中 13 个班。

10 月 26 日，学校举行民主团结大会，桐城县委书记、政府县长及在城中小学校长、教师参加。会议旨在团结起来，办好新型的桐城中学，不辜负党和人民的期望。

10 月，学校举行建校 50 周年纪念活动。

本年度，教导处设立教学研究室，以推动教学改革；学校成立体育会，领导开展体育活动；学校成立校医室，负责学生疾病医疗、环境卫生管理、膳食工作指导等。

本年度，学生会创办《人民桐中》板报。

本年度，学校组织师生参加桐城的“三反”“五反”运动，参加农业生产义务劳动和公益劳动，组织义务劳动大队修建桐城公园和公共体育场等。

本年度，学校成立中苏友好活动委员会、基础建设委员会、寒假活动委员会。

本年度，学校撤去原有爱景亭，兴建教学楼。

本年度，桐城荣军教养院电厂承装学校电灯，约定 1953 年元月送电照明。

1953 年

7 月，高中生徐文兰等 53 人毕业，初中生 119 人毕业。

8 月，上级派中共党员马维一来校任副校长，主持全校工作。学校成立团委会，童家骥任团委书记。

下半年，在籍学生 16 个班，其中高中 4 个班，初中 12 个班。

本年度，学校成立语文、外语、数学、史地、自然科学、政常、体艺七个教研组，定期举行教学研究会，交流经验；设立各学科科代表，倾听学生对教师教学的意见。

本年度，学校制订《加强学生组织教育计划草案》《学生守则》《请假制度惩奖办法》等文件，以养成学生的优秀品质。

本年度，组织教师参加桐城县政治学校学习，加强教师的政治学习力度。

本年度，上一年营建的教学楼等基础建设工程完工。

1954 年

4 月，省教育厅厅长光昇来校视察。

7 月，高中生张启成等 29 人毕业，初中生 167 人毕业。

秋季，光昇陪同全国政协委员汪世铭来校考察。

下半年，在籍学生 18 个班，其中高中 5 个班，初中 13 个班。

10 月，学校兴建“和平堂”。

12月，学校举行教学工作交流大会，本校、桐师、桐初全体教师参加，安庆团地委城工部、桐城团县委城工部、安庆专区文教科也派员参加。

1955年

7月，高中生胡宪凯等30人毕业，其中，选送留苏预备生1人，升入高校19人，选送军校学习2人。初中生张启友等274人毕业，其中，110人升入中师(中等师范学校)和中技(中级技工学校)，12人选送赴新疆工作，9人参加本省农业厅工作。

下半年，在籍学生18个班，其中高中8个班，初中10个班。

10月，学校东边前排教学大楼落成。

本年度，奉上级指示外语课停开英语，改授俄语。

本年度，学校特别强调对初中毕业班学生进行劳动教育。

本年度，贯彻省教育厅制订的《关于中学、师范学籍管理、成绩考查、奖惩操作评定试行办法》和《工作人员须知》、《学生守则》(草案)。

本年度，奉地区通知，全体教师暑假期间集中在安庆，进行“反胡风”学习，学习后再进行备课。

1956年

4月，安徽省教育厅召开全省先进教育工作者代表会议，本校教师吴智新出席会议并发言。

4月，安徽省教育厅向各中学征集评报教师先进事例，本校教师徐家文获一等奖，慈昌淦获二等奖，吴智新和胡轶群获三等奖。

7月，高中生彭鸣皋等110人毕业，初中生崔根深等138人毕业。

暑假，学校奉地区通知，教职员在安庆集中举行肃反学习。

下半年，在籍学生17个班，其中高中10个班，初中7个班。

9月，安庆专署委派史耀民担任桐城中学校长。

9月，学校召开全校师生参加的“向科学进军”大会。

本年度，学校开始在高三学生中发展党员。

本年度，高一、初一学生操行成绩采用五级记分法。

本年度，桐中校友、安徽省政协副主席房秩五到本校参观。

本年度，语文教师吴逸生当选为桐城县人民政府副县长，数学教师慈昌淦被评为安徽省社会主义建设积极分子。

1957 年

7 月，高中生何万福等 144 人毕业，初中生杨怀志、汪年春等 205 人毕业。

下半年，在籍学生 20 个班，其中高中 11 个班，初中 9 个班。

本年度，学校先后邀请赵玉兰、章仁怀等先进模范人物来学校作报告。

本年度，从暑假开始，全体教职工参加安庆专区整风反右派学习，历时近两个月。

本年度，学校先后 3 次组织学生代表参加全体教职工的反右派斗争会议。

本年度，学校东边后排教学大楼落成。

1958 年

1 月，中共桐城县委在桐城中学举办中学教师肃反补课学习。

2 月，桐城中学向全省兄弟学校发出《争取教育事业大跃进》的倡议书。

3 月，学校制定《1958 年跃进规划》。

7 月 15 日，《安徽日报》刊登《桐中师生支援抗旱夜战乌石岗》新闻。

7 月，高中生吴福培等 93 人毕业，初中生李金胜等 153 人毕业。

下半年，在籍学生 23 个班，其中高中 13 个班，初中 10 个班。

9 月，桐中校友、中国驻印度尼西亚大使黄镇来学校参观，在校长史耀民陪同下到礼堂给师生作报告。

本年度，招收半工半读生 2 个班，以劳动为主。

本年度，学校积极开展大办钢铁的“大跃进”运动，学校师生用坩锅炼出了桐城第一炉钢，和滚珠轴承一起被选送到北京，参与“教育与生产劳动相结合展览会”展览。

本年度，在保证教育质量的前提下，学校办起了钢铁厂、耐火材料厂、炼焦厂、机械厂等，在整顿巩固的基础上，又新建了造纸厂、化肥厂、饲养厂、农场、窑厂、园艺场等。

本年度，省长黄岩来桐城中学察看炼钢设备。

本年度，数学教师张致远当选为安徽省第二届人大代表并兼任桐城县人民政府委员。

本年度，桐城中学被定为安徽省属重点中学。

本年度，学校邀请安庆地区有关学校在桐中举行体操表演赛。

1959 年

3 月，对上一年 15 名右派分子作出处理：清洗离校 13 人，另有 2 人留校劳动。

上半年，在籍学生 20 个班，其中高中 12 个班，初中 8 个班。

7 月，高中生吴法宜等 400 人毕业，初中生疏瑜等 142 人毕业。

下半年，在籍学生 21 个班，其中高中 14 个班，初中 7 个班。

10 月，学校召开庆祝会，庆祝桐城中学解放后办学 10 周年。

10 月，中共桐城县委《桐城工作》发表《悠久的历史，光辉的十年——桐城中学在阔步前进》一文。

本年度，学校制订《三年(1959—1961)跃进规划草案》。

本年度，学校按两年制和文理分科的特点办试验班。

本年度，学校在师生中开展“百日锻炼”“千分活动”等体育活动。

本年度，学校高考数学成绩居全省前列，省教育厅在学校召开数学现场会，慈昌淦主讲高中数学并代表学校数学组作典型经验交流。

本年度，学校在西围墙以外，接收费氏牛眠地空地、百子堂巷屋及数家居民房舍。

1960 年

1 月 29 日，中共安徽省委书记处书记桂林栖来学校检查工作，并与全校教师共进晚餐，欢度春节。

3 月，安庆专署教育局将桐城中学、贵池中学、太湖中学及东至中学 4 校高中毕业生集中到安庆师范复习迎考。

5 月，全县初三毕业班(桐中、天城、桐初)学生集中在桐城中学复习迎考。

6 月，校长史耀民出席在北京举行的全国文教群英会，获得邓小平题写的“教育先进单位”锦旗一面。

7 月，高中生崔甸甲等 195 人毕业，初中生胡玉堂等 139 人毕业。

9 月，安庆地委决定，桐城中学试行“五年一贯制”，从本学期开始，招收五年一贯制初一新生 2 个班，也称“大改班”。

下半年，在籍学生 23 个班，其中高中 17 个班，初中 6 个班。

本年度，校长、主任、教研组长赴省城参加大中小学万人跃进大会，荣获锦旗一面。

本年度，省教育厅在桐城中学召开全省完中校长现场会，史耀民作学校管理与教学改革的经验交流。

本年度，慈昌淦、江潮被评为安徽省劳动模范，邓国栋被评为安徽省先进工作者。

1961 年

7 月，高中生吴世华等 172 人毕业，初中生方汝筑等 67 人毕业。

下半年，在籍学生 22 个班，其中高中 16 个班，初中 6 个班。

1962 年

2 月，学校经国务院文教办公室购得 16 毫米电影放映机成套设备，为当时安徽省中学所仅有。

4 月，学校举行庆祝建校 60 周年活动，召开庆祝大会，举办校史展览，各地校友纷纷来函来电祝贺。

7 月，高中生储波等 247 人毕业，初中生刘凤英等 83 人毕业。

7 月，学校高考成绩创“双八十”佳绩：各科成绩人均分达 80 分以上，升入高校本科率达 80%以上，名列安徽省第一，居全国第二。

下半年，在籍学生 20 个班，其中高中 14 个班，初中 6 个班。

1963 年

6 月，安徽省教育厅高考招生委员会指派合肥师范学院负责在桐城中学设高考考点。

7 月，高中生胡玉堂等 246 人毕业，初中生陈所巨等 84 人毕业。

7 月，高考成绩名列安徽省第一。

8 月 1 日，学校正式取得省管部门电影放映资格证。

下半年，在籍学生 18 个班，其中高中 12 个班，初中 6 个班。

10 月，学校新建实验楼(今图书馆)竣工。

本年度，慈昌淦当选为三届全国人大代表。

1964 年

上半年，在籍学生 18 个班，其中 11 个高中班，1 个大改班，6 个初中班。

7 月，高中生叶圣球等 180 人毕业。因实行五年一贯制，没有初中毕业生。

7 月，高考成绩揭晓，桐中连续三年位居全省第一。

下半年，在籍学生 19 个班，其中高中 13 个班，初中 6 个班。

1965 年

上半年，在籍学生 19 个班，其中 10 个高中班，3 个大改班，6 个初中班。

5 月，上级调赵剑英来学校任副校长。

7 月，高中生汪年生等 180 人毕业，初中没有毕业生。

下半年，在籍学生 19 个班，其中 9 个高中班，4 个大改班，6 个初中班。

本年度，根据上级指示精神，学校开始批判片面追求升学率的思想。

本年度，秋季，“四清”工作队进驻学校，开展“点上社教”。

本年度，中华全国体育总会副主席李达上将经过桐城时来校参观。

1966 年

上半年，在籍学生 19 个班，9 个高中班，4 个五年一贯制班，6 个初中班。

6 月，因“消极对抗运动”，史耀民被撤销党内外一切职务。

6 月，中共桐城县委工作组进驻桐中。

8 月，学生成立红卫兵组织。

8 月，桐城中学“文化大革命”委员会成立，高三学生崔明旺为主任。

10 月，红卫兵奔赴全县各地开展破“四旧”运动，学校全面停课。在破“四旧”中，学校图书、文物、古迹损失惨重，图书损失 4 万余册，人文景观如梁碑亭、石柱刻、左忠毅公祠、“勉成国器”匾额等，均遭破坏。

11 月，“大串连”开始，桐中师生代表 270 人赴北京参加毛泽东第八次红卫兵检阅。

12 月，学校出现“赤旗”“铜墙铁壁”“同心干”等名目繁多的“造反兵团”，各立山头。

本年度，秋季，学校招收初一新生 4 个班计 180 人，高中停止招生。开学不久学校便停课，学生各回原籍。

1967 年

6 月，学校造反派形成“红桐中”和“新桐中”两派，彼此攻击，势不两立。教师纷纷逃离学校。

12 月 4 日晚，“红桐中”和“新桐中”两派以校园为战场，展开大规模武斗，校园围墙被炸塌，学校财物损失严重。

1968年

7月，学校招收初中新生4个班200人。

7月，工人毛泽东思想宣传队（简称“工宣队”）、解放军毛泽东思想宣传队（简称“军宣队”）进驻学校，“红桐中”“新桐中”实现大联合。

9月5日，桐城中学革命委员会（简称“革委会”）成立，教师刘国征任主任。

从本年冬起到1969年春，1966年、1967年、1968年3届高中毕业生计853人（包括大改班学生），全部下放农村，接受贫下中农再教育。

1969年

3月18日，撤销桐城中学建制，由在城的桐城初中、桐城县农业技术学校和原桐城中学合并成立“桐城县五七中学”，校址设在原桐城中学。3校合并后计有学生6个班，共300人。

5月，学校成立毛泽东思想文艺宣传队，宣传“九大”成为学校工作的中心任务。

5月，原桐中校长史耀民被宣布“解放”，作为一般群众参加学校活动。

5月，95%以上教师开始分批下放农村。

6月，县革委会派张云高来校任革委会主任，主持学校工作。

7月，学校组织教师抗灾工作队，由张云高带领，奔赴大关区抗洪救灾，历时两个月。

8月，学校招收新生6个班，共300人。

本年度，坐落在石河公社翻身大队的200余亩水田、旱地、山林作为农场划归五七中学管理使用。

1970年

2月，学校恢复高中招生。按照省委通知，高中改为2年制，初中仍为3年制。由秋季招生改为春季招生。取消升学考试制度，采取“自愿报名，群众推荐，领导批准，学校复审”的方式录取新生。毕业生实行“四个面向”：面向农村，面向工厂，面向基层，面向军队。

本年度，初中生李佳、徐京波等300人毕业。

本年度，初中招收推荐生7个班350人，高中招收推荐生2个班100人。

本年度，县革委会派吴晓华来校任学校革委会第一副主任。革委会下设政工组，组长吴福培；教革组，由副主任刘国征分管；后勤组，由副主任张晓东分管。

1971 年

本年度，学校初中招收推荐生 8 个班 400 人，高中招收推荐生 4 个班 200 人。

本年度，学校对学科进行合并，对教材内容进行精简，开设政治、语文、数学、工农业基础知识（物理、化学、动物学、植物学合并）、体艺五科。

本年度，高中生郑红等 100 余人毕业，初中生汪启勤等 300 人毕业。

1972 年

本年度，取消升学推荐制度，初中、高中新生均通过统考录取。学校招收初中生 8 个班 400 人，高中生 3 个班 150 人。

本年度，学校按照《安徽省中小学学制和课程设置（草案）》的规定，对课程进行调整，开设政治、语文、数学、物理、化学、农业常识、外语、军体、音乐 9 科。

本年度，初中毕业生高莲华等 350 人毕业。

1973 年

本年度，招收初中新生 6 个班 300 人，高中新生 5 个班 250 人。

本年度，课程增设历史科。

本年度，高中生李晨等 200 人毕业，初中生李定军等 400 人毕业。

1974 年

本年度，招收初中新生 7 个班 350 人，招收高中新生 5 个班 250 人。

本年度，高中生彭年、慈格林等 150 人毕业，初中生罗伟等 300 人毕业。

1975 年

本年度，招收初中新生 5 个班 300 人，招收高中新生 4 个班 200 人。

本年度，高中生史红旗等 300 人毕业，初中生彭寿等 350 人毕业。

1976 年

本年度，招收初中新生 7 个班 350 人，招收高中新生 5 个班 250 人。

本年度，高中生罗伟等200人毕业，初中生程群跃等350人毕业。

1977年

1月，上级调梁晋明来学校任革委会第一副主任兼教革组组长。

春季，学校招收初一新生6个班，高一新生6个班。

4月，学校恢复“安徽省桐城中学”校名。

10月，安徽省委、省革委授予桐城中学“为教育新后代而努力”锦旗一面。

本年度，慈昌淦被评为安徽省教育战线积极分子。

1978年

2月，慈昌淦当选为安徽省五届人大代表。

7月，高中生彭寿、吴杰等250人毕业，初中生徐迎春等250人毕业。

7月，杨仲林出任安徽省桐城中学第一任校长兼党支部书记；方尔文、梁晋明、张晓东任副校长；章永中任团委书记。

7月，学校设立校长办公室。

秋季，省教育厅恢复桐城中学为安徽省重点中学，并将其列为全省重点办好的七所重点中学之一。

12月，学校成立校务委员会，由其讨论决定学校重大事项。

本年度，学校改为秋季招生，使用教育部统编教材。

本年度，高中恢复在全安庆地区招生，共招收高一新生6个班275人（外县20人）；初中在城关招生，共招收初一新生3个班150人。

本年度，“文化大革命”期间下放到农村的部分教师陆续被调回本校。

1979年

1月，学校成立桐城中学工会委员会，方尔文兼任工会主席。

7月，高中生陈一恺等250人毕业，初中生钱俊等200人毕业。

暑假，安徽省语文教研会在桐城中学召开。

8月，招收高一新生6个班275人、初一新生4个班200人。

秋季，张晓东调至天城中学任副校长，慈昌淦接替张晓东任桐中副校长。

本年度，根据中央文件精神，学校实事求是地改正平反了16人的冤假错案，对其恢复名誉并妥善安置。

1980 年

7 月，高中生程和平等 300 人毕业，初中生焦舸等 200 人毕业。本届高中毕业生是桐城中学重新确定为省重点中学的首届毕业生。

7 月，学校高考升学率达 77%，名列全省重点中学第三。

8 月，学校招收高一新生 6 个班 275 人，学制改为三年；招收初一新生 4 个班 220 人。

本年度，安徽省在桐城中学召开数学现场会。

本年度，学校西边后排教学楼竣工，秋季正式启用。

本年度，桐中校友、中宣部第一副部长兼文化部部长黄镇又一次回母校视察，看望母校师生。

本年度，慈昌淦被省政府批准为特级教师。邓国栋、陈维谐、叶玲生被评为安庆地区教育先进工作者。

1981 年

1 月，慈昌淦当选为桐城县第七届人大常委会副主任。

7 月，高中生吴树新等 296 人毕业，初中生郭兵等 200 人毕业。

7 月，高考成绩揭晓，学校高考升学率达 80%，学科平均成绩超过 80 分，在全省重点中学中名列第四。

8 月，学校招收高一新生 6 个班 235 人，初一新生 2 个班 110 人。

本年度，高二年级开始试行教育部第二套教学计划，从高二开始文、理分科。

1982 年

7 月，初中生汪骏等 200 人毕业。

8 月，学校招收高一新生 6 个班 260 人、初一新生 2 个班 110 人。

10 月 25 日(重阳节)，学校举行纪念桐城中学建校 80 周年庆祝大会。

本年度，第一副校长方尔文出任桐城中学校长兼党支部书记，梁晋明、慈昌淦为副校长。

本年度，学校设校长办公室、教导处和总务处。

本年度，桐中二年制改为三年制，本年无高中毕业生。

1983 年

1 月，学校党支部改为党总支，下设行政、教学、总务 3 个支部。

2 月，日本株式会社旅行社芦田又之丞一行 32 人来校参观。

4 月，邓国栋当选为安徽省六届人大代表。

5 月，副省长杨纪珂来校检查工作。

7 月，高中生陈永清等 286 人毕业，初中生方芳等 216 人毕业。

7 月，高考成绩揭晓，学校高考升学率在全省重点中学中名列第三。

8 月，学校招收高一新生 4 个班 194 人，初一新生 4 个班 202 人。

9 月，桐中校友、中国经济研究中心秘书长骆子程回母校访问。

10 月，全国人大常委会委员、人大科教文委员会主任胡克实来校视察。

11 月，安庆行署教育局在桐城中学召开数学、物理教研会。

11 月，省教育厅、卫生厅、体委、六安行署教育局等单位十余人来校检查验收体育、卫生两个《暂行规定》的落实情况，学校被评为“良好”，并发给了合格证书。

本年度，本校学生章春芳获全国数学联赛一等奖。

本年度，语文教师杨怀志被评为安徽省优秀班主任。

本年度，学校被评为桐城县先进单位以及桐城县第二个文明礼貌月先进单位。

1984 年

5 月，学校新建科学馆大楼（今教研楼）竣工。

7 月，高中生许金明等 287 人毕业，初中生陶叶等 115 人毕业。

7 月，高考成绩揭晓，学校高考升学率达 77.78%，在全省重点中学中名列第四，学生许金明高考总分 610 分，为安徽省理科第一名。

7 月，项义发调任桐城中学校长兼党总支副书记，慈昌淦任名誉校长，邓国栋、汪年生为副校长。

8 月，安徽省教育厅原厅长王世杰来校考察。

8 月，学校招收高一新生 4 个班 200 人，初一新生 4 个班 208 人。

9 月，校友章伯钧夫人李健生来校参观访问。

9 月，省人大常委会副主任魏心一、省妇联主任应宜权来校考察。

10 月，安徽省教育厅厅长朱仇美来校检查、指导工作。

11 月，安庆行署教育局在桐城中学召开化学教研会。

本年度,学校党总支分设行政、文科、理科、后勤 4 个支部。

本年度,美国华盛顿大学副教授胡善庆给学校捐款,设立以他父亲胡以智命名的奖学金——“胡以智奖学金”。

本年度,在全国数学联赛中,本校学生周民主、张革新获省一等奖。

本年度,本校学生徐高云获全国作文竞赛优秀奖,本校学生章蔚蔚获安徽省普通话演讲竞赛一等奖。

本年度,学校被评为桐城县先进单位以及安庆地区爱国卫生先进单位。

1985 年

4 月,安徽省顾问委员会(简称“顾委”)副主任兰干亭来校视察。

7 月,高中生张革新等 264 人毕业,初中生卢小豆等 117 人毕业。

7 月,高考成绩揭晓,学校高考升学率达 82.88%,在全省重点中学中名列第二。

8 月,招收高一新生 4 个班 200 人,初一新生 4 个班 200 人。学校为增加办学经费,从本年度开始招收部分高中计划外学生,称为“代培生”,因与统招生混合编班,故也称“插班生”。同时开办补习班,招收高考补习学生。

8 月,学校英语教师江国清赴美国进修。

11 月,美籍华人胡善庆教授、胡善祥工程师来校参观访问。

11 月,全国桐城派学术讨论会在桐城举行,舒芜等 20 多位校友来校参加座谈会。

12 月,县政府发文任命卢声频为副校长。

本年度,省人大常委会副主任苏桦、省顾委副主任袁振先后来校视察。

本年度,学校被评为安庆地区教育系统先进单位。语文教师高之文被评为安庆地区教育系统先进个人,接着又被评为安徽省优秀教师。张启友被评为安庆地区 1984 年度优秀实验教师。

1986 年

3 月,学校成立教育科学研究室,举办青年教师优质课大奖赛。

5 月 22 日,全国政协安徽视察组一行 15 人来校视察。

7 月,高中生胡朝旺等 190 余人毕业,初中生 200 人毕业。

7 月,高考成绩揭晓,学校高考升学率达 78.88%,在全省重点中学中名列第四。

8 月,学校开始扩大高中招生,减少初中招生,招收高一新生 6 个班 270 人,初一新生 2 个班 110 人。

9月29日，桐城中学第一届教职工代表大会召开，张兴任工会主席。

本年度，学校党总支分设文科、理科、总务、生产4个支部。

本年度，学校被评为安徽省施行《国家体育锻炼标准》先进单位。

1987年

6月，学校新建教学大楼（今前教学楼）竣工。

7月，高中生俞林等200人毕业，初中生姚凡等214人毕业。

7月，高考成绩揭晓，学校高考升学率达82.5%，在全省重点中学中名列第三。

8月，招收高一新生7个班361人，初一新生2个班109人。

10月，省委副书记徐乐义、省委宣传部部长牛小梅等来校视察。

本年度，在全国数学联赛中，本校学生吴达荣获省一等奖。

本年度，学校党总支分设第一、第二、第三、第四、第五5个支部。

本年度，物理教师吴宗勤被评为安徽省电化教育先进工作者。

1988年

4月1日，20余名日本友人来校观光。

5月13日，桐中校友、原中顾委（中国共产党中央顾问委员会）常委黄镇第三次回母校视察，赠4万元购书费。

7月，高中生吴达荣等248人毕业，初中生杨勇等212人毕业。

8月，招收高一新生8个班421人，初一新生2个班104人。

8月，卢声频赴天城中学任校长。

10月16日，学校召开第二届教职工代表大会。

本年度，在全国数学联赛中，本校学生张东波获省一等奖。

本年度，吴良兴当选为安徽省第七届人大代表。

本年度，学校被县委、县政府评为教育工作先进集体，县教委授予本校“87—88学年度高中毕业班成绩优秀”奖状。学校团委荣获省教委、团省委、省新闻出版局颁发的“读书评书活动先进集体”奖状。

1989年

1月，学校党总支进行改选，由项义发、汪年生、王铁铸、高之文、吴明来组成总支委员会。

3月，刘伯承元帅夫人汪荣华来校访问，参观渡江战役二野司令部旧址。

4月，安庆市委书记方兆祥先后两次来校检查指导工作。

7月，高中生汤泽等270人毕业，初中生谢云飞等117人毕业。

7月，卢声频回校任主管教学的副校长。

8月，招收高一新生6个班325人，初一新生2个班115人。

10月，桐中校友、台胞吴叔厚给母校捐款3 000美元，用作奖学金。

本年度，经县编制委研究决定，学校增设政教处，教导处改为教务处，生产处改为勤工俭学处，教科室并入教务处。

本年度，学校成立德育工作指导小组，汪年生任组长。

本年度，学校获全国青少年第三届"东华杯"竞赛团体冠军，姚刚获特等奖，段路明、储昭武获一等奖；吴筱益在全国数学联赛中获一等奖，并参加郑州冬令营；段路明在全国化学联赛中获一等奖，参加中国大学冬令营；韩琪、吴秀平在安徽省高中英语竞赛中获一等奖；史渊在安徽省中、小、幼、师范学生书画作品大奖赛中获一等奖。

本年度，邓国栋当选为安庆市九届政协副主席及桐城县十届人大常委会副主任；高之文、方愈当选为安庆市十一届人大代表；杨怀志当选为安庆市九届政协委员；吴永清被评为全国优秀教师；董书亭被评为全国学校卫生工作先进个人和安徽省优秀校医；胡旺胜被评为安徽省优秀体育教师；李水清被评为安庆市先进教育工作者。

1990年

7月，高中生姚刚等350人毕业，初中生鲍胜等100人毕业。

7月，高考成绩揭晓，学校升学率和高考成绩在全省重点中学中名列第一。

8月，招收高一新生6个班270人，初一新生2个班100人。

9月，张国胜、袁翔、汪俊、汪典鹏、施立胜、包国大、刘程根、李新祥各向学校捐资5 000元。

10月，学校成立黄镇校友基金会。

12月，黄镇同志纪念碑揭幕仪式在后乐亭举行，国际友谊促进会顾问孙祥凝、安徽省委副秘书长赵培根、安徽省委宣传部原部长戴岳、安庆市人大常委会副主任李朴、桐城县委书记郑之宽等领导来校参加仪式。

本年度，教务处制订《常规管理制度二十条》。

本年度，省教委、体委命名桐城中学为第一批省级体育传统项目学校。

本年度，桐城中学成立党组，项义发任党组书记，卢声频、汪年生任党组成员。

本年度，全国数学联赛中，本校学生朱大夯、梅刚获一等奖；在全国物理联赛中，本校学生吴行知、黄海获一等奖；在“东华杯”化学竞赛中，学校获华东六省一市团体冠军。

本年度，高之文当选为安徽省第五届党代表，卢声频当选为安庆市第六届党代表。邓国栋被评为“安徽省特级教师”，张兴被评为“安庆市优秀教师”。

1991 年

1 月，学校党总支改选，由汪年生、王铁铸、陈邦裕、高之文、吴明来组成总支委员会，汪年生为书记。分设 5 个支部。

3 月 10 日，学校召开第三届教职工代表大会。

5 月，学校举行安徽省体育传统项目学校挂牌仪式。

7 月，高中生邓波等 420 余人毕业，初中生王州等 100 人毕业。

7 月，高考成绩揭晓，学校高考升学率在全省重点中学中名列第三，学生陈卫国总分 631 分，为安徽省理科第一名。

7 月，安徽省数学奥林匹克学校第二期培训班在桐城中学开学。

8 月，招收高一新生 7 个班 409 人，初一新生 2 个班 110 人。

本年度，学校在“东华杯”化学竞赛中再获团体冠军。

本年度，学校新建礼堂餐厅(今礼堂)落成并启用。

本年度，项义发被评为全国先进教育工作者；张兴被省教育工会授予“先进工作者”称号；胡旺胜被评为“安徽省体育传统项目学校优秀工作者”；吴良兴被评为“安庆市优秀教师”；王桂云被评为安庆市档案系统先进工作者。

1992 年

7 月，高中生 320 余人毕业，初中生 115 人毕业。

8 月，招收高一新生 8 个班 452 人，初一新生 2 个班 114 人。

9 月，安徽省 25 所重点中学实验室检查验收小组来校评估验收，我校实验室获 98 分，取得合格证书。

10 月 4 日(重阳节)，学校召开首次离退休教职工座谈会，听取他们意见。

10 月 4 日，学校隆重举行建校 90 周年纪念活动，召开校庆纪念会，组织师生参观校史展览，观看《人才的摇篮》纪录片，举行“人才的摇篮”文艺演唱会；邀请部分校友参加纪念活动并召开座谈会，颁发校庆纪念章，赠阅桐中 90 年编年史《勉成国器》等。

本年度，安徽省人民政府副省长杜宜瑾来校调研。

1993 年

4 月，成立中共桐城中学委员会，卢声频任党委书记（副县级），汪年生任副书记。

5 月，汪年生任校长（副县级），邓国栋任副校长（副地级）。

7 月，高中生 270 余人毕业，初中生 102 人毕业。

8 月，招收高一新生 6 个班 390 人，初一新生 2 个班 109 人。

本年度，县委组织部任命叶来应为桐中副校长（正科级），同时任命叶来应、陈邦裕、吴明来为第一届校党委委员。

本年度，本校学生王永辉、程双来、陈周俊在全国化学竞赛中获省一等奖，王永辉参加当年国家冬令营。

本年度，国家教委副主任韦钰、黄镇夫人朱霖、安徽省教委副主任金汉杰先后来校视察、访问、调研。

本年度，杨怀志当选为安徽省第八届人大代表，汪年生当选为安庆市第十二届人大代表。杨怀志被评为安徽省特级教师；汪年生、叶来应被评为安庆市优秀教育工作者；王关余被评为安庆市优秀教师。

1994 年

5 月，县政府批复，同意 1969 年划归“五七中学”的农场土地使用权归属桐城中学。

7 月，高中生 400 余人毕业，初中生 107 人毕业。

8 月，招收高一新生 7 个班 406 人，初一新生 2 个班 104 人。

本年度，学校逸夫楼落成。

本年度，学校建成教育卫星地面接收站。

本年度，校友杨宗震赞助学校 5 万元建逸夫楼微机室。

本年度，学校参加全国中学生数理化生学科竞赛，学生汪越、方兴获数学省一等奖，李东升、陈仲生获物理省一等奖。生物学科第一次参加全国竞赛。

本年度，汪年生当选为安徽省第六届党代表，张恩怀获全国中小学外语教师“园丁奖”，卢声频被评为安庆市优秀共产党员。

本年度，学校被县文明委评选为县级文明单位，被安庆市政府命名为“花园式单位”，被评为安徽省招飞先进单位，获全国青少年“祖国万岁”读书教育活动组织奖。

1995 年

1 月，学校党委进行分工：书记卢声频，副书记汪年生，组织委员叶来应，纪检委员陈邦裕，宣传统战委员吴明来，分设 5 个支部。

3 月，学校制订《桐城中学 1995—1999 年五年发展规划纲要》。

4 月，罗伟任副校长兼教务主任。

4 月 22 日，学校召开第四届教职工代表大会，潘中文任工会主席。

5 月，学校举办首届校园文化艺术节。

7 月，高中生 450 余人毕业，初中生 111 人毕业。

7 月，高考首次实行“3＋2”模式，学校高考本科达线率在全省重点中学中名列第二。

8 月，招收高一新生 8 个班 429 人，初一新生 2 个班 121 人。

本年度，安徽省人大常委会副主任卢声道来校视察。

本年度，学校参加全国中学生数理化学科竞赛，学生张强峰、万军、叶书元获省数学一等奖，并同时被选入国家冬令营集训；朱佚才、王泽芳、叶书元获省物理一等奖，其中朱佚才获一等奖第一名，被选入国家冬令营集训；彭爱民、汪明中、余志东、都林、汪阳明、吴中友获省化学一等奖，其中彭爱民入选国家冬令营集训。

本年度，卢声频被评为安庆市优秀党务工作者并当选为安庆市第七届党代表；张恩怀被评为安庆市优秀教师；王洪流获安庆市音苑园丁奖。

本年度，学校获全国“中国精神”读书教育活动组织奖、团体优胜奖；被评为安徽省贯彻《学校体育卫生工作条例》先进学校。

1996 年

5 月，方复、方同德兄弟在学校设“画家夏漱兰助学金”。

7 月，高中生 390 余人毕业，初中生 108 人毕业。

8 月，招收高一新生 6 个班 384 人，初一新生 2 个班 118 人。

本年度，400 米跑道标准田径场在后山建成并投入使用。学校对初中部教学楼进行全面维修和装饰，并建立初中生课外活动室。

本年度，全国数理化生学科竞赛，本校学生蔡青、高宗帅获省数学一等奖；蔡青被选入国家冬令营集训。

本年度，卢声频被评为安徽省优秀教师，郭道成被评为安徽省学陶师陶先进个人。

本年度，学校党委被评为安庆市先进基层党组织，学校被评为桐城市普法先进单位。

1997 年

1 月，卢声频任中共桐城中学党委书记，汪年生为副书记，罗伟、吴明来、陈邦裕为委员，党委分设 5 个支部。

7 月，高中生 400 余人毕业，初中生 108 人毕业。

7 月，高考成绩揭晓，学校本科达线率为 94%。

8 月，招收高一新生 7 个班 407 人、初一新生 2 个班 117 人。

8 月，校党委设纪律检查委员会，吴国昌任校党委委员、纪委书记。

9 月，学校第一幢学生公寓楼投入使用。

12 月，学校请著名书法家启功为桐城中学题词。

本年度，市委、市政府确定黄铺乡何畈村(后并为向阳村)为桐中的帮扶单位。

本年度，安徽省委宣传部部长杜诚来校视察。

本年度，英语教师张恩怀被评为安徽省劳动模范。

本年度，学校派卢声频、李玉龙赴京，取回启功为桐城中学新大门题写的校名和题词。

1998 年

3 月，桐城市成立桐城中学迎接省示范性高中评估验收领导小组，市委书记孙爱民任组长，市委和市政府部分领导、市有关部门领导以及桐中党政领导共 19 人为小组成员，领导小组下设办公室，汪年生为主任。

3 月，桐城中学与省炎黄文化研究会联合举办“吴汝纶与近代教育”学术研讨会。

4 月，安庆市高中历史教研会在桐城中学举行历史教学观摩课。

5 月，教务处与语文组共同主办“语文与素质教育研讨会”。

7 月，高中生 420 余人毕业，初中生 125 人毕业。

7 月，高考成绩揭晓，学校应届本科达线率为 98.6%。

8 月，招收高一新生 7 个班 422 人，初一新生 2 个班 135 人。

本年度，学校新大门楼建成，4 个标准水泥篮球场、排球场及配套设施建成并投入使用。

本年度，安徽省教委副主任徐根应、安徽省原副省长魏心一、安徽省委宣传部原部长欧远方先后来校视察。

本年度，本校学生邵小杭获省数学竞赛一等奖、梁俊获省生物竞赛一等奖。

本年度，本校教师陈玉莲当选为安徽省九届人大代表，吴春生被评为安徽省优秀教师。

本年度，学校参加“爱祖国，讲文明”歌咏大赛，获省级三等奖和市级一等奖。桐城市委、市政府授予桐城中学“先进单位”称号。

1999 年

1 月，市委组织部调彭申清任桐中党委副书记。

1 月，学校健全党政领导机构，汪年生任校长兼党委副书记，卢声频任党委书记，邓国栋任副校长，罗伟任党委委员、副校长兼教务主任，彭申清任党委副书记，吴国昌任纪委书记，吴明来任党委委员、党政办主任，陈邦裕任党委委员、总务处主任。

4 月，皖中教育联谊会在桐城中学举行数学公开课和高二英语观摩课。

5 月 4 日，桐城市委、市政府在桐城中学体育场召开五四运动 80 周年暨桐城解放、渡江战役胜利 50 周年纪念大会。

5 月，江喆任桐中校长助理(副科级)。

5 月，学校举办首届科技节，邀请安徽大学副校长韦穗教授作“机器人知识”科技报告。

7 月，高中生 380 余人毕业，初中生 110 余人毕业。

7 月，高考成绩揭晓。学校应届本科达线率为 99.6%。

8 月，为创建安徽省示范性普通高中，学校停止初中招生，扩大高中招生，招收高一新生 8 个班 447 人。

9 月，学校编辑出版《安徽省桐城中学创建省示范性普通高中材料集》。

11 月，学校举办教学开放日活动，各学科课堂教学，全天全方位向全市高中教师开放。

12 月 21—23 日，省专家评估组分别对桐中的办学条件、教育教学质量、学校管理、组织领导与教职工队伍建设等内容逐项检查、评估、打分，最终学校以高标准通过省示范高中的评估验收，正式成为安徽省示范性普通高中。

本年度，全国政协副主席陈锦华、安徽省政协副主席季家宏、安徽省委书记回良玉、安徽省政协主席卢荣景、安徽省人大常委会原副主任杜宏本先后来校视察、调研。

本年度，罗伟被评为安徽省特级教师；余金光被评为安庆市优秀共产党员；吴良兴被评为安庆市师德标兵。

本年度，学校被评为安徽省学校体育卫生先进集体、安徽省国防教育先进集体。桐城市委、市政府授予桐城中学“综合目标管理先进单位”称号。

2000 年

2 月，中共安徽省委副书记、省政协主席方兆祥来学校考察调研，省委副秘书长赵培根、省教委主任陈贤忠一同参加调研。

3 月，学校召开第五届教职工代表大会，陈邦裕任工会主席。

7 月，学校高中生 400 余人毕业离校，初中生 110 余人毕业离校。

7 月，高考成绩揭晓，学校应届本科达线率为 88.4%，学生朱丹以 670 分夺得安庆市理科第一名。

8 月，招收高一新生 10 个班 538 人。

11 月，安庆市第三届省、市重点（示范）中学田径运动会在桐城中学举行。桐城中学代表队获团体总分第一名。

本年度，学校第二幢学生公寓楼落成；将老图书馆改造、扩建成图书楼；在教学楼前建成“托起明天的太阳”雕塑一座；改造和维修田径场。

本年度，副省长蒋作君来校视察。

本年度，本校学生刘家平、汪茅、毛威、高院生、鲁叶根获省数学竞赛一等奖。学生查佳《保护龙眠河》获全国中小学生环保活动方案设计比赛中学优胜奖。

本年度，汪年生当选为安庆市第八届党代表。

本年度，学校被评为安徽省“模范职工之家”、安徽省“电教设备一类达标学校”、安庆市爱国主义教育示范学校、桐城市“高考优胜单位”、桐城市“五四红旗团委”。

本年度，学校按照“四制”改革的要求建立健全管理机构，实行校长负责制。

2001 年

2 月，校党委将第五党支部与第四党支部合并为中共桐中第四党支部。

3 月，学校启动迎百年校庆、创全国百强的“双百工程”。桐城市委、市政府成立桐城中学百年校庆筹备委员会，学校成立校庆办公室，内设宣传、联络、校园建设、会务接待 4 个组，开展筹备工作。

7 月，高中生 420 余人毕业，初中生 130 余人毕业。学校至此结束初中教育。

7 月，本年高考开始实行“3+X”模式，高考成绩揭晓，学校本科达线率为 84.4%。

8月,招收高一新生10个班585人,包括1个理科实验班。

11月22日—24日,学校承办皖中地区重点中学联谊会第十一届年会。

本年度,安徽省青少年跆拳道锦标赛在我校举行。

本年度,学校全面推行"四制"改革。

本年度,学校向黄铺乡何畈村捐款近3万元。

本年度,中国人民解放军海军司令员石云生上将、海军装备部部长金矛少将、空军少将曹新国校友先后来校视察。

本年度,彭声应被评为安徽省特级教师;盛峰获安徽省体育教师基本功大赛一等奖;王洪流被评为安徽省艺术教育先进个人;吴宗勤被评为安徽省教育技术装备工作先进工作者。

本年度,学校被评为安徽省花园式单位;被命名为"安徽省爱国主义教育示范学校";获桐城市"高考优胜单位""体育达标先进单位""人口与计划生育目标管理先进单位"等荣誉称号。

2002年

4月,中共桐城市委研究决定:江喆任桐城中学副校长(正科级)、党委委员。

7月,高中生440余人毕业。

7月,高考成绩揭晓,学校应届本科达线率为99.4%,在全省同类中学中排名第二。

8月,招收高一新生12个班764人,包括1个理科实验班。

9月,学校科技大楼竣工并投入使用。

10月4日—6日,学校举行百年校庆纪念会,包括庆祝大会、桐城经济和社会发展座谈会、校友联谊会、学术报告会、专场文艺演出会、校史展览会等。

11月,学校成立创建绿色学校领导小组,汪年生任组长。

本年度,学校向黄铺乡等贫困地区捐款近3万元。

本年度,全国人大常委会委员、致公党主席杜宜瑾来校考察。

本年度,本校学生何声卫、张鑫获安徽省高中语文竞赛一等奖。

本年度,本校教师曹向东、江国清获安徽省"教坛新星"称号。

本年度,教育部授予桐城中学"实验教学先进集体"称号;学校荣获安徽省第八届青少年爱国主义读书教育活动组织奖;学校被安庆市命名为"安庆市全民国防教育基地";学校获桐城市"高考优胜单位""十佳基层工会""献血先进集体"等荣誉称号。

2003年

1月，校党委由汪年生（副书记）、彭申清（副书记）、罗伟、吴国昌（纪委书记）、江喆（政法委员）、陈邦裕、吴明来组成，下设4个支部。

1月，为抗击“非典”（重症急性呼吸综合征，SARS），学校成立工作小组，强化学校门卫管理，实行师生健康状况晨检报告制度，积极开展校园爱国卫生活动。

2月，安徽省政协主席、省委副书记方兆祥等来校视察。

4月，学校被命名为“安庆市绿色学校”。

6月，高中生530余人毕业。

6月，从本年起，高考提前至6月7日—8日举行，高考成绩揭晓，本校17名同学被北京大学、清华大学、中国科学技术大学录取。

7月，招收高一新生16个班1 050人，包括1个理科实验班。

10月，安徽省委宣传部部长臧世凯来校视察。

11月，中共中央宣传部组织局杨晋宗来校调研党建工作。

11月，中央电视台4套《走遍中国》摄制组来校拍摄专题片。

12月，学校被命名为“安徽省绿色学校”。

本年度，学校支持黄铺乡何畈村资金1万元，用于扶贫开发。

本年度，本校学生华志敏获全国第九届青少年信息学奥林匹克联赛一等奖；郑劼获省数学竞赛一等奖；吴淏获省语文竞赛一等奖；张浩、高旸获省生物竞赛一等奖。

本年度，化学教师叶惠玲出席安徽省妇女第十次代表大会；葛志被评为安庆市优秀中学团委书记、安庆市优秀青年志愿者；数学教师姚伟章当选为桐城市第十届政协常委。

本年度，教育部授予桐城中学“《中学数学实验教材》教学实验先进集体”荣誉称号。

2004年

1月，学校成立语言文字规范化领导小组，开展安徽省语言文字规范学校的创建。

4月，学校出具安徽省语言文字规范学校《自评报告》和《总结报告》，自评总分94.5分，通过安庆市评估。

6月，高中生580余人毕业。

6 月，高考成绩揭晓，学校本科达线人数创桐中新高，在全省同类学校中位居前列。

7 月，招收高一新生 12 个班 798 人，包括 1 个理科实验班。

11 月，桐中校友、香港远航集团有限公司董事长桂四海在桐中设立“四海助学金”。

本年度，学校制订《桐城中学研究性学习实施方案》，在高一年级各班开设研究性课程，指导学生开展研究性学习。

本年度，学校向黄铺乡等贫困地区捐款 2.2 万元。

本年度，本校学生郑劼获省数学竞赛一等奖、方逸涵获省语文竞赛一等奖。

本年度，物理教师彭年被评为安徽省优秀教师；数学教师方长林获全国高中数学优秀课观摩与评比二等奖、安徽省一等奖。

本年度，学校获桐城市“高考优胜单位”称号；被评为桐城市法制示范学校；学校《清流》杂志被安徽省教育厅评为校园刊物一等奖。

2005 年

5 月，学校举办青年教师优质课大赛。

6 月，高中生 760 余人毕业。

7 月，招收高一新生 14 个班 840 余人，包括 1 个理科实验班。

8 月，教学主楼正式启用。

9 月，学校通过“安庆市文明单位”评估验收。

7 月—10 月，学校开展以“永葆先进本色，争当发展先锋，办好人民满意的桐中”为主题的保持共产党员先进性教育活动。

11 月，全国人大常委会委员、全国政协常委、中国农工民主党副主席章师明来校视察。

本年度，学校给向阳村捐资 2.14 万元。

本年度，本校学生胡浩获安徽省作文比赛一等奖。

本年度，本校教师梅万生获全省“优秀中小学德育课教师”称号；毕金芳获安庆市“德育先进工作者”称号；金汤获安庆市“优秀班主任”称号。

本年度，学校被评为安庆市文明单位、桐城市“高考优胜单位”、“四五”普法先进单位、社会治安综合治理先进单位、先进团委。

2006 年

6 月，学校第 66 届高中毕业生 1 000 余人毕业。

7 月，招收高一新生 11 个班 700 人。

9 月，高一年级全面实施新课程。

9 月，学校召开师德建设动员大会。

12 月，安庆市委任命罗伟为桐城中学党委副书记（副县级），任命彭申清为桐城中学党委副书记（副县级），江喆为副校长（副县级）。汪年生为学校督导员（正县级），罗伟主持学校工作。

本年度，桐城中学网站建立。

本年度，本校学生叶鑫、赵琪、吴中惠获安徽省作文比赛一等奖。

本年度，学校被评为桐城市“高考优胜单位”。

2007 年

3 月，学校聘请 1 名外籍教师进行英语口语教学。

4 月，新西兰国际语言学院院长来校访问，与桐中结为友好学校。

5 月，安徽省普通高中历史新课程课堂教学竞赛在桐城中学举行，本校教师陈乔珍获一等奖。

6 月，高中生 790 余人毕业。

6 月，高考成绩取得突破，连同补习生，学校二本达线人数首次突破千人大关。

7 月，中共桐城市委、市政府发贺信祝贺桐中成为桐城市首个达二本线突破千人的学校。

7 月，招收高一新生 19 个班 1 245 人。

7 月，校友彭志恩资助学校英语教师分批赴新西兰国际语言学院培训，第一批英语教师成行。

7 月，中共桐城市委常委会会议决定：将原市委党校的土地、房产以及原市委党校至西环线片的土地一并置换给桐城中学，用于桐城中学校园扩建。

8 月，洪东国调任桐中党委委员、副校长（副县级）。

11 月 28 日，市委常委会决定将桐城中学内设的党政办公室、教务处、政教处、总务处定为正科级机构，工会主席、共青团书记为正科级岗位。

12 月，校党委由罗伟（副校长、党委副书记）、彭申清（党委副书记）、江喆（副校长）、洪东国（副校长）组成，下设文科、理科和离退休 3 个支部。

本年度，学校给向阳村扶贫捐助 2.5 万元。

本年度，学校全面修订完善各项规章制度。

本年度，全国人大常委会副委员长盛华仁、教育部副部长陈小娅、重庆市政协副主席陈邦国等领导先后来校视察。中国科学院院士吴奇教授来校讲学。

本年度，本校学生许亚宾、陈冬冬获全国信息学奥林匹克联赛一等奖。

本年度，本校教师彭年获人事部、教育部授予的“全国模范教师”称号；方长林、周治被评为安庆市中小学师德先进个人。

2008 年

3 月 31 日至 4 月 1 日，安庆市教育局对学校进行教育教学视导。

5 月 14 日，学校开设“半山阁”讲坛，安庆市教育局长江兴代作首场讲座。

6 月，中国科学技术大学物理学教授程福臻做客“半山阁”讲坛。

6 月，高中生 860 余人毕业。

6 月，高考本科达线人数、高分段人数再创学校历史新高。

7 月，招收高一新生 19 个班 1 219 人。

7 月，第二批英语教师赴新西兰学习培训。

10 月 20 日，学校举办皖中地区示范高中数学观摩课。

10 月，学校举办首届体育节，项目包括学生广播操比赛、田径运动会和高二男生篮球赛。

11 月 26 日，安庆市教研室主任孙彦做客“半山阁”讲坛。

12 月 5 日，学校成功举办安庆市第五届中小学校长论坛高中分论坛。

本年度，学校给向阳村扶贫捐助 2.5 万元。

本年度，5・12 汶川地震，全校师生共捐款 6 万余元。

本年度，安徽省委常委、纪委书记刘春良，省人大常委会原主任孟富林，省教育厅总督学李明阳，安庆市委书记朱读稳、市长肖超英、副书记康正和等领导先后来校视察。

本年度，本校副校长、党委副书记罗伟当选为安庆市第十五届人大代表；本校教师张磊被评为安徽省第三届“教坛新星”；黄志武被评为安庆市优秀教师；胡双全、高良启被评为安庆市名师工作室成员；陶郑宏、高良启、苏凯、胡双全被评为安庆市先进教研个人。

本年度，学校被评为桐城市“2008 年高考优胜单位”；学校政治、语文、数学、化学 4 个教研组被评为安庆市先进教研组。

2009 年

1 月 3 日至 9 日，学校举行青年教师教学大赛。

1 月，安徽省教育厅考核工作小组来学校考察。

2 月 11 日，中共桐城市委副书记娄雪松来学校调研。

2 月 20 日，九三学社中央调研组来校调研“百名科技专家进乡村学堂讲科普”活动情况，并举行科普报告会。

3 月—8 月，校党委开展以“推进科学发展，打造优质桐中”为主题的学习实践科学发展观活动。

3 月，中央学习实践科学发展观活动领导小组李志军、安徽省委组织部副部长金春忠、桐城市委组织部部长郭家满一行先后来校检查指导学习实践活动。

4 月 15 日，学校邀请桐城市政协副主席张青来学校上专题党课。

4 月 17 日，学校食堂被评为安庆市 A 级食堂。

4 月 28 日，桐城市市长吴三九一行来学校听取校园规划情况汇报。

5 月，桐城中学网站获安庆市首届优秀教育网站评比二等奖。

5 月，中共安庆市委决定：罗伟任桐城中学校长（正县级）。

6 月，高中生 800 余人毕业。

6 月，高考成绩揭晓，本校 3 名学生被北京大学、清华大学录取。

7 月，招收高一新生 19 个班 1 125 人。

7 月，第三批英语教师赴新西兰学习培训。

9 月，学校出版《祖国万岁——庆祝中华人民共和国成立 60 周年优秀作品汇编》。

10 月 18 日，学校举行亚洲诗歌节桐城诗歌朗诵会。

11 月 16 日，学校举行皖中地区示范高中音乐观摩课。

11 月 24 日—26 日，省教科院专家组一行 20 余人来学校调研视导教育教学工作。

11 月，省教科院专家夏建华、吴儒敏做客“半山阁”讲坛，举行专题讲座。

本年度，国务院侨办副主任任启亮来校视察。

本年度，学校对口扶贫村改为唐湾镇叶湾村。

本年度，彭年获安徽省总工会授予的“安徽省劳动模范”称号；高良启获“安徽省特级教师”荣誉称号；光吉苗被评为安庆市模范教师。

本年度，学校被安徽省文明委命名为“安徽省未成年人思想道德建设示范学校”；

学校被评为安庆市文明单位；学校获“桐城市高考团体优胜单位”称号和“高考贡献奖”；学校团委荣获“2009年度基层团的工作综合考评先进团委”称号。

2010年

1月11日至20日，学校举行青年教师优质课大赛。

3月31日，学校举行师德教育报告会，邀请全国优秀教师、桐城市沙铺中学校长张太国来校作报告。

6月，高中生1 190余人毕业。

7月，桐城市教育局决定自本年秋季开始，试行由桐城中学在桐城七中领办桐城市高考辅导学校。

7月，学校第四批英语教师赴新西兰学习培训。

7月，招收高一新生20个班1 131人，全校共58个班。

8月，桐城中学上海校友会成立。

10月，彭年任桐城中学党委委员、校长助理。

10月，学校举办皖中地区示范高中化学观摩课。

11月25日，安庆市政协副主席、教育局局长童学军来学校指导工作。

本年度，国务院侨办副主任启亮来校视察。

本年度，学校捐助唐湾镇叶湾村3万元。

本年度，本校教师胡双全、苏凯、陶淑文、陶郑宏被评为安庆市先进教研个人；陶淑文获安徽省中学语文优质课大赛一等奖；何林获第六届安徽省中学思想政治优质课大赛一等奖。

本年度，桐城市委宣传部、共青团桐城市委、桐城市教育局授予桐城中学“全市青少年文明礼仪普及活动优秀组织单位”称号；学校被评为“桐城市高考优胜单位”、桐城市教育系统先进集体；学校获安庆市普通高中学业水平测试成果奖；语文组和政治组被评为安庆市先进教研组。

2011年

1月14日，《吾皖名校赋》优秀作品颁奖大会在合肥举行，桐中创作的《桐城中学赋》荣获一等奖。

2月23日，国家文物局副局长童明康一行来学校调研文物保护工作。

4月27日，教育部基础教育二司课题组刘副才一行5人来校调研。

6月,高中生1 100余人毕业。

6月,学校高考应届本科达线率为89.6%,有2名学生被北京大学、清华大学录取。

7月3日,安徽省委常委、省委政法委书记、公安厅厅长徐立全来学校调研基层平安创建工作。

7月,招收高一新生18个班985人,全校共57个班。

9月20日—21日,安庆市高中历史新课程优质课大赛在桐中举行。

12月,安庆市首批高中英语名师交流活动总结会在桐中举行。

本年度,葛志被评为安庆市优秀共青团干部。

本年度,学校获桐城市高考团体优胜奖;被评为安庆市普通高中教学水平进步奖(省示范高中)第一名;获安庆市普通高中教学质量突出贡献奖;学校离退休党支部获“安庆市五好离退休干部党支部”称号。

2012年

2月,学校国家级课题“中学感恩教育活动研究”结题,被中国科学院心理研究所评为课题成果一等奖。

2月,方树生任桐中党委委员、校长助理。

3月15日,安庆市高中数学教研主题研讨会在桐中召开。

5月,学校举办庆祝建校110周年文艺演出暨第十八届校园文化艺术节。

5月,学校举办为期一个月的校园科技文化节。

5月,校友彭志恩出资100万在学校设“奥锐特奖”。

5月,校长罗伟做客桐城新闻网,回应校园热点问题。

6月,高中生1 200余人毕业。

6月,学校高考应届本科达线率为88.3%,居全省前列。

7月,招收高一新生19个班1 093人,全校共57个班。

7月,桐城中学入选“中华百年名校”榜单。

7月,桐城市委常委会会议决定撤销桐城七中,成立桐城中学范岗分校。方树生兼任分校校长(正科级),曹向东兼任副校长(副科级)。

8月,桐城中学校友会成立,校友刘珍贵为校友会会长,罗伟为执行会长,彭年为秘书长。

8月,安徽省省长李斌来校视察。

9月,安徽省教育厅基础教育课程改革情况专项调研领导小组来校调研。

10月,学校隆重举行110年校庆纪念会,包括文艺演出、校友座谈会、建校110周年高峰论坛。

本年度,本校教师彭年被评为安徽省首届“江淮好老师”;胡双全获“安徽省特级教师”荣誉称号;陈乔珍被评为安庆市“我最喜爱的老师”;吴幸福被评为安庆市优秀班主任;周治被评为安庆市先进教研个人;齐小玮获全国第六届高中英语课堂教学优秀课展评一等奖;数学教师彭国霞当选为桐城市第十五届人大常委会委员。

本年度,全国绿化委员会授予学校“全国绿化模范单位”称号;学校获桐城市高考团体优胜奖及安庆市普通高中教学质量突出贡献奖、安庆市普通高中教学水平进步奖、安庆市第十二届运动会贡献奖;学校被评为桐城市社会帮扶工作先进单位、桐城市2011年度继续教育公需课培训管理先进单位;政治组被评为安庆市先进教研组。

2013年

1月至3月,学校与澳大利亚黑利伯瑞学校(Haileybury College)达成在桐城中学开办VCE(Victoria Certificate of Education,澳大利亚维多利亚省的证书教育)课程的框架协议,学校于秋季开设首届中澳班。

3月,学校同安徽省级文明单位桐城市地税局结为共建单位,在学校挂牌“未成年人思想道德建设共建基地”。

6月,高中生1 240余人毕业。

6月,高考应届本科达线率为86.4%。

7月,招收高一新生19个班1 047人,全校共56个班。

7月,由桐中上海校友会赞助,桐城中学中层干部高级研修班在上海华东师范大学开班,共37人参加研修。

8月,桐中校友会周年庆典暨桐城中学教育发展基金会成立大会召开,会议通过了《桐城中学教育发展基金会章程》和《桐城中学教育发展基金会财务管理制度》。

10月11日,中国台湾大华高中教育参访团来校参观、交流。

11月26日,桐城市委书记胡红兵来校考察调研。

本年度,学校捐赠叶湾村1.1万元。

本年度,湖北省高级人民法院原院长郑少三来校视察。

本年度,安庆市委常委、组织部部长王佩刚,安徽省社会科学院党组成员、纪检书记张东明,全国人大代表、省文联副主席钱念孙等专家组先后来校调研。

本年度，本校教师高良启当选为安庆市第十四届政协委员，胡双全获安庆市人民政府特殊津贴，胡红旗被评为安庆市优秀教师，王华获安徽省高中化学优质课大赛一等奖。

本年度，学校被桐城市科学技术协会（简称“科协”）命名为“桐城市科普示范学校”；安庆市委、市政府授予学校“安庆市文明单位标兵”称号；学校被评为安庆市教育先进集体；学校再获安庆市高考优胜奖；学校获桐城市中小学生安全知识竞赛优秀组织奖。

2014 年

1 月，南京中央商场（集团）股份有限公司董事、副总裁祝珺向桐城中学教育发展基金会捐款 30 万元，助力家乡教育事业。

2 月，校党委组织开展党的群众路线教育实践活动，学校渡江战役二野司令部旧址成为重要活动阵地。

2 月，中共安徽省委常委、宣传部部长曹征海，中共桐城市委副书记陆应平及市委常委、组织部部长徐金贵等先后来学校检查、指导、调研党的群众路线教育实践活动。

3 月 13 日，省教科院院长李灿丽率教科院、考试院专家组来校开展课题为“新课程实施及备考”的调研工作。

4 月 26 日，安徽省委教育工委副书记江春来校检查指导工作。

4 月，安徽省老科技协会秘书长钱铭来校调研。

4 月，桐城市委决定：彭年、方树生任桐城中学副校长（正科级），试用期一年。

6 月，高中生 980 余人毕业。

6 月，高考应届本科达线率为 91.9%，学校 3 人达北京大学、清华大学录取分数线。

7 月，招收高一新生 18 个班 1 003 人，全校共 57 个班。

8 月 22 日，省教育厅教育工委高开华副书记来校检查指导工作。

8 月，由桐中上海校友会赞助的第二届骨干教师研修班在华东师范大学开班，45 名教师参加研修、培训。

9 月，省招生考试院来校召开考试招生制度改革座谈会。

10 月 18 日，《安徽日报》刊登介绍桐城中学的文章《勉成国器》。

10 月 26 日，学校召开第六届教职工代表大会，葛志任工会主席。

11 月，安庆市教研室来学校进行英语教学调研活动。

本年度，校领导工作分工：罗伟主持全面工作并分管总务处，江喆分管办公室，彭年分管教务处，方树生分管政教处。

本年度，本校学生李季获省生物竞赛一等奖。

本年度，教学综合楼竣工并投入使用，餐厅、学生公寓楼竣工。

本年度，罗伟被评为安徽省教育系统先进工作者；汪马根被评为安庆市教育系统优秀教师；陶郑宏、方长林、方钊莹被评为安庆市先进教研个人。

本年度，学校被评为安庆市最美校园；获安庆市青少年科技创新大赛优秀组织奖；获 2014 年安庆市省级示范高中教学水平进步奖以及桐城市“2014 年高考优胜单位”称号；政治、地理教研组被评为安庆市先进教研组。

2015 年

3 月 11 日，安庆市副市长黄杰来校调研基础教育发展情况。

5 月，学校举行首届国器班自主招生考试并在招生工作结束后举行学生及家长见面会。学校于秋季正式开设理科实验班——国器班。

6 月，高中生 1 090 余人毕业。

6 月，高考应届本科达线率为 83.7%。

7 月，招收高一新生 18 个班 882 人，全校共 56 个班。

7 月，由桐中上海校友会赞助的桐中第三届骨干教师高级研修班在上海华东师范大学开班，学校 70 余名教师参加研修、培训。

11 月 25 日，安徽电影制片厂摄制组一行来学校拍摄纪录片。

12 月 13 日，国家义务教育均衡发展评估组负责人夏建军来校参观考察。

本年度，本校学生笪媛媛荣获第十届中国中学生作文大赛（安徽赛区）高中组一等奖。

本年度，学校获第十届全国少年儿童书信文化活动（桐城赛区）优秀组织奖。学校被评为桐城市《全民科学素质行动计划纲要》实施工作（2011—2015 年）先进集体。桐中清流文学社在安庆市第五届中学生社团文化节活动中被评为优秀中学生社团。

2016 年

1 月 23 日，安徽省政府教育督导委员会办公室副主任朱曙培率省教育厅检查组来校检查安全工作。

2月23日，安庆市政协副主席徐晓华来校考察调研。

2月25日，安庆市消防安全检查组来校检查消防安全工作。

3月4日，安庆市教育体育局(简称“教体局”)局长徐晓春来校检查春季开学工作，并就如何应对高考全国卷等课题进行调研。

6月，高中生1 000余人毕业。

6月，高考应届本科达线率为85%。本校学生邢前以总分690分夺得安庆市理科第一名。

7月1日，安徽省教育厅校园塑胶跑道和校服安全质量督查组来学校进行专项督查。

7月，招收高一新生17个班880人，全校共55个班。

9月2日，安徽省教育厅副厅长解平一行来校督导检查开学工作。

10月21日，安徽省教育厅学生资助工作检查组来学校检查学生资助工作。

12月5日，安徽省桐城派研究会常务理事潘忠荣做客“半山阁”讲坛，开讲《桐城文化漫谈：地灵人杰话桐中》。

本年度，本校学生王曦婷获第十一届全国中学生作文大赛(安徽赛区)高中组一等奖。

本年度，校党委深入开展“两学一做”学习教育活动，组织全体党员进村入户，开展精准扶贫活动，捐助叶湾村扶贫款9 600元。

本学年，体育教师吴东明当选为安庆市第十一届党代表；本校教师方长林获“安徽省特级教师”荣誉称号；李海慧、杨远海被评为“安庆市先进教研个人”。

本年度，学校荣获“桐城市文明校园”荣誉称号；被评为桐城市教育系统先进集体、安徽省教育工会工作先进集体、安庆市文明单位、安庆市最美校园；获安庆市第十三届运动会贡献奖；历史教研组被评为安庆市先进教研组。

2017年

2月14日，安庆市教体局副局长陈亚玲率调研组来校调研并检查春季开学工作。

4月7日，桐城市青少年科技创新大赛表彰大会在学校召开，桐城中学获优秀组织奖。

4月22日，安庆市安全生产第一巡查组来校检查校园安全工作。

6月，高中生近1 000人毕业。

6月，高考应届本科达线率为97.4%，一名学生考入北京大学。

7月，录取高一新生共17个班813人，全校共51个班。

本年度，校党委大力推进“两学一做”学习教育常态化制度化。

本年度，本校学生赵瑞琦获省信息学竞赛一等奖、李超获全国中学生生物联赛二等奖。

本年度，葛志当选为安庆市第十七届人大代表；方钊莹被评为第三届“关爱明天，普法先行”青少年普法教育全国先进个人、安庆市先进教育工作者；胡双全被评为中学正高级教师；程敏获2017年安徽省高中思想政治优秀课大赛一等奖；李新峰被评为安庆市优秀教师；程根应被评为安庆最美教师。

本年度，学校被中国关心下一代工作委员会（简称“关工委”）、司法部、中央社会治安综合治理委员会办公室（简称“综志办”）命名为“全国零犯罪学校”；被安庆市教体局与安庆市公安消防支队命名为“安庆市消防安全宣传教育示范学校”；被安庆市地震局、安庆市教体局、安庆市科协授予学校“安庆防震减灾科普示范学校”称号；被桐城市教育局评为2016—2017学年度桐城市中小学继续教育校本研修先进单位；被桐城市住房和城乡建设局授予“园林式单位”称号；荣获“2017年度空军招飞先进单位”称号；安庆市文明办、安庆市教体局授予学校为2016年度“安庆市文明校园”称号。

2018年

3月29日，住房和城乡建设部（简称“住建部”）城乡规划司国家历史文化名城专家考察组傅爽一行来校考察。

4月，中央政治局原常委、纪委书记贺国强来学校参观考察。

6月5日，桐城市市长徐雄率队来校督导高考考务工作。

6月，高中生880余人毕业。

6月，高考应届本科达线率为97.7%。

7月，招收高一新生17个班842人，全校共53个班。

8月，安庆市文明办来校检查文明创建工作。

8月，桐中停止领办桐城市高考辅导学校。

10月18日—20日，安庆市高中语文优质课大赛在学校举行。

11月，安庆市教体局总督学王建辉率队对学校进行“精准教学”专题视导和综合督导。

11月，“黄梅戏进校园”演出活动走进桐城中学。

11 月，北京大学原党委书记朱善璐来校访问。

12 月，中央政治局原常委、政协主席贾庆林来学校参观考察。

本年度，市委决定：曹向东任桐城中学副校长（保留原职级），试用期一年；周治任桐城中学副校长（保留原职级），试用期一年。

本年度，本校学生汪博文获安徽省信息技术大赛一等奖，张宇获全国中学生生物学联赛二等奖。

本年度，本校教师杨远海在第十届全国中小学公开课电视展示活动中获课堂实录一等奖；彭爱平获全国高中英语课堂教学优秀课展评二等奖；周治被评为安庆市中小学名师工作室主持人；汪浩海被评为安庆市先进教育工作者；何林被评为安庆市先进教研个人；周兴广被评为安庆市优秀教师；黄祥林被评为安庆市优秀班主任。

本年度，学校被市委、市政府评为 2017—2018 学年度综合目标考核先进单位；获 2017—2018 学年度高考教育教学质量团体优胜奖、桐城市首届脱贫攻坚组织创新奖、桐城市爱国主义读书教育活动优秀组织奖；被评为空军招飞工作先进单位、安庆市优秀学生资助工作单位、安庆市文明单位。

2019 年

1 月，安庆市教体局副局长王良宜来校检查实验室安全管理及危化物品管理工作。

4 月，学校成立高一、高二年级家长委员会，设立年级组。

6 月，高中生 880 余人毕业。

6 月，高考应届本科达线率为 98.6％。

7 月，招收高一新生 18 个班 882 人，全校共 54 个班。

7 月，中共桐城市委书记刘中汉来校调研。

8 月，学校建成心理咨询室、精品录播室、常态录播室。

10 月 17 日，省政协调研组来校作“发挥海外校友资源作用”专题调研。

11 月 27 日，中国航天钱学森决策顾问委员会主任委员钱永刚来校考察。

12 月，学校举行青年教师优质课大赛。

12 月，学校申办钱学森班获准。

本年度，学校教学区和教师住宿区分开，由此校本部成为单纯的教学区。

本年度，本校学生李卓昱获安徽省化学竞赛一等奖，俞心宇获安徽省信息技术竞赛一等奖。

本年度,罗伟被评为正高级教师;陈乔珍被评为安庆市优秀班主任;周治被评为安庆市先进教育工作者。

本年度,学校获"安徽省空军招飞工作先进单位"、"桐城市平安校园"称号;学校获中国化学奥林匹克组织工作突出贡献奖;校工会获"2018年度全市先进基层工会"称号。

2020年

2月至3月,为防控新冠肺炎疫情,学生居家学习,教师线上教学。

3月,安庆市委决定,汪习军任桐城中学党委书记,主持学校全面工作。

4月7日,高三复课,拆班上课,迎战高考。

4月9日,省督导组来校进行高三开学疫情防控工作检查。

4月25日,桐城市市长徐雄来校检查开学工作。

4月26日,学生雷腾家长雷龙舟、戴文琴向学校捐赠10 000只口罩。

4月底,高一、高二年级复课。

5月31日,学校召开第七届教职工代表大会。

6月4日,桐城市委副书记、代市长章周中来校调研。

6月10日,桐中校友、中森集团总经理李承友注入1 000万元成立"李承友教育专项基金",支持学校建设与发展。

7月12日,学校举行2020届高三毕业典礼,高中生810余人毕业。

7月,高考本科达线率为98.2%,本校学生王晶以655分获安庆市文科第一名。

7月,桐溪塥(桐城中学段)修复工程方案经市政府研究通过,学校启动桐溪塥修复工程。

8月,招收高一新生共18个班909人,全校共54个班。学校首次开办钱学森班和吴汝纶班。

9月9日,中共桐城市委书记徐雄率市四大班子领导来校开展教师节慰问活动。

9月24日,国家历史文化名城专家考察组来校检查指导工作。

10月15日,教育部高考综合改革基础条件评估座谈会在学校举行。

本年度,学校全部教室统一安装格力空调。

本年度,本校教师吴世敏被评为安庆市先进教育工作者、"安庆抗疫好人";陈礼根被评为安庆市模范教师;程根应被评为安庆市优秀班主任;汪亚萍被评为安庆市优秀青年教师;胡双全、陶淑文、万玲玲、张义、陈永生被评为安庆市先进教研个人。

本年度，学校被评为桐城市综合目标考核先进单位、桐城市高中教学质量先进单位；获“桐城市2019年度继续教育先进单位”称号；获第一届安庆市高中生生涯规划大赛最佳组织奖；语文组被评为安庆市先进教研组。

2021年

3月24日，学校先后召开2020年度民主生活会、党史学习教育动员大会。

3月，教务处组织各教研组开展“同课异构”教学活动。

4月9日，校党委书记汪习军带领学校全体党员来到渡江战役指挥部旧址，接受革命传统教育。

4月10日，安庆市委书记张祥安在桐城市调研督导党史学习教育，来校参观渡江战役二野司令部旧址。

4月15日，学校与合肥一中举行校际合作签约仪式。

4月26日，学校举行授牌仪式，成为北京大学首批历史学科“博雅人才共育基地”。

5月，学校恢复上年度暂停的校园文化艺术节、科技节，举办第二十六届校园文化艺术节、“黄梅戏进校园”演出活动、第十四届科技节。

5月13日，历史地理学家、十二届全国政协常委葛剑雄来校参观访问。

6月，高中生840余人毕业。

7月7日，学校召开七届二次教职工代表大会，审议《安徽省桐城中学“十四五”发展规划》。

7月，录取高一新生20个班901人，全校共55个班。

8月1日，学校召开建校120周年校庆筹备座谈会及桐城中学教育发展基金会换届会议，举行校友联络办公室揭牌仪式。

9月，刘伯承、邓小平居所修缮完工。

10月末至11月上旬，学校组织“智慧课堂”教学大赛暨精品课观摩研讨活动。

12月，原中国人民解放军总参谋部参谋、叶挺将军孙女叶莲老师来校作题为《从四军到新四军——叶挺的故事》专题报告。

本年度，安庆市委书记张祥安来校视察。

本年度，学校增加编制50人。

本年度，学校全部教室统一安装智慧黑板。学校在教研楼、科技大楼各建精品录播室1间。

本年度，本校学生戴宏安获全国中学生生物学奥林匹克竞赛银牌；吴浩获全国中学生数学奥林匹克竞赛安徽省一等奖；许凯获全国中学生化学奥林匹克竞赛安徽省一等奖；张智获第七届全国中学生科普科幻作文大赛决赛一等奖；毛康乐获世界华人学生作文大赛一等奖；程博获“外研社杯”全国中学生外语素养大赛安徽省初赛一等奖。

本年度，汪亚萍当选为安庆市第十二届党代表；汪向东当选为安庆市第十八届人大代表；吴幸福当选为安庆市第十六届政协委员；万玲玲当选为桐城市第十四届政协常委；周治被评为安庆市优秀党务工作者；张义被评为安庆市优秀共产党员；周兴广被评为安庆市先进教育工作者；陈乔珍、吴幸福被评为安庆市优秀教师；宋笑被评为安庆市优秀班主任；李海慧被评为安庆市优秀共青团干部；汪燕获安徽省高中生物优质课大赛一等奖。

本年度，学校被评为安庆市教育系统先进集体，学校工会获“桐城市先进基层工会”称号。

2022 年

1 月 30 日，吴曼青、彭寿院士回访母校，桐城市委副书记、市长章周中等市领导陪同。

3 月，曹向东任校长，方钊莹任党委委员、副校长，葛志任副校长。

3 月 21 日，安庆市政协主席章松来校调研指导 120 周年校庆筹备工作，桐城市四大班子领导陪同调研。

4 月，桐溪塥修复工程完工。

5 月，惜抱轩银杏树、古紫藤保护工程完工。

6 月，高中生 880 余人毕业。

6 月，高考成绩揭晓，学校本科达线率为 98.3%，2 名学生达北京大学、清华大学录取分数线，理科最高分 699 分，排全省第七名。

6 月，安庆曙光化工集团董事长余永发为学校捐款 100 万元。

7 月，学校对实验室进行全面改造升级。

7 月，校友彭志恩为学校捐款 500 万元。

7 月，校友蒋天赐为学校捐款 50 万元。

7 月，校友高宗标为学校捐款 50 万元。

7 月，校友肖胜利为学校捐款 80 万元。

8 月，校友胡为胜为学校捐款 172 万元。

8 月，对学校珍藏的名贵字画进行抢救性修复。

8 月，LED 电子屏建成。

9 月，吴汝纶纪念馆建成。

9 月，朱光潜塑像落成。

9 月，新校史馆布展完工。

9 月，惜抱轩银杏广场建成。

9 月，院士长廊建成。

9 月，二野渡江司令部旧址修缮完工。

9 月，《桐城中学》和《吴汝纶传》出版。

第一章　建制沿革

第一节　沿　　革

1902年，吴汝纶先生创立桐城学堂，亲题“勉成国器”匾额和“后十百年人才奋兴胚胎于此，合东西国学问精粹陶冶而成”楹联。

1903年初，桐城学堂在安庆开学，共2个班112名学生，学制5年。

1904年，遵照清政府部颁中学令，学校改名为“桐城公立中学堂”。下学期从安庆迁回桐城，以县治北门老县衙署及旧考棚基址为校址。

1912年，根据南京临时政府教育部《中学校令》，“桐城公立中学堂”改名为“桐城县立中学”，学制4年，每学年两个学期。原学堂堂长、监督、总理一律改称校长。

1913年，学校面临停办危机，先是省令停学办团，学校坚未奉令，经县知事请免；接着是教育部令取缔县立中学，但依赖教职员艰苦撑持，县议会多方资助，省教育厅派视学到学校复查学校设备、经费及学生成绩，各项都符合教育部规定，终于得免取缔。

1917年，学校附设简易师范班，以解决小学师资缺乏问题。

20年代中后期，桐城县立中学开始筹建高中部。1925年学校在转换学制的同时，增设高中1个班，此为学校创立高中之始，但次年停办。1928年学校呈请省政府批准，在全县收取田亩附加2分，年约4 000余元，作为高中经费。学校正式成立高中部，学制3年。1934年秋，安徽大旱，收入锐减，省教育厅下文停招高中生，1935年高中停招一年。经多方努力，1936年高中恢复招生。抗战时期，由于战争的破坏，高中一度停办，直到1941年春，学校呈省教育厅备案，获准恢复高中。

1937年，学校成立女子初中部，在原集成女中上课。

1938年6月，日军攻占桐城县城，师生流亡，学校废弛半载。

1939年春，学校奉省教育厅之令，积极筹备复学工作，办理旧生复学和新生入学手续，学校工作渐次恢复，并且彰显社会责任，开展社会教育，宣传抗日救国。

1941年，学校附设一年制简易师范科。

1949年，桐城县立中学由桐城县人民政府接收。8月，学校改名为“皖北安庆行政区第一中学”，经过整顿和改革，大量招收工农兵子弟，沿着社会主义方向前进，逐渐成为社会主义制度下的一所新型的完全中学。

1951年，学校改名为“皖北安庆行政区桐城中学”。

1952年，学校正式使用“安徽省桐城中学”校名。

1953年，学校领导出席安徽省教育厅召开的重点中学、重点师范学校会议，自此学校被列为重点配备学校之一。

1958年，学校被定为安徽省重点中学。

1959年，学校经政府同意，校园向西面扩展，校址下抵余家湾，上至净土莲社。

1960年，学校被评为省重点中学先进单位。

1966年，高中停止招生，高考取消。

1968年，成立桐城中学革命委员会。

1969年，在城的桐城初中、桐城县农业技术学校与桐城中学合并为“桐城县五七中学”，95%的桐中教师下放到农村。

1970年，学校恢复高中招生，学制2年，学生春季入学。

1977年，学校恢复“安徽省桐城中学”校名。

1978年，学校重新确定为安徽省重点中学，高中恢复在安庆地区招生，学生秋季入学。

80年代中期，学校开始招收代培生，创办高考补习班。

1999年，学校被定为“安徽省示范性普通高中”，同年停止初中部招生。

2001年，学校开设理科实验班。

2008年以后，学校经市政府同意，购得原市委党校以及党校至西环路片土地共130亩，用于校园扩建。

2010年，桐城市教育局决定从本年秋季开始，由桐城中学领办桐城市高考辅导学校。

2013年，学校开设中澳班。

2015年，开设由学校自主招生的理科实验班，命名为“国器班”。

2018年，学校于秋季停止领办桐城市高考辅导学校。

2020年，学校开设钱学森班（理科实验班）和吴汝纶班（文科实验班）。

2021年，学校成为北京大学历史学科首批“博雅人才共育基地”。

第二节　机构及负责人

解放初期，学校由人民政府接管，实行军管制。1952年，学校开始实行校长责任制，校长对学校工作全面负责。1958年，学校开始在党组织领导下开展工作。1963年，教育部《全日制中小学暂行工作条例》规定“校长是学校负责人。在当地党委和教育主管部门的领导下，负责领导全校的工作”，同时，“学校党支部对学校行政负有保证监督的责任”，桐城中学按此规定进行学校管理。1966年，学校建立革命委员会制。1978年以后，学校实行党支部领导下的校长分工负责制，学校的一切重大问题必须经过党支部讨论决定，1983年桐城中学党支部改为党总支。80年代中期，学校开始实行校长负责制。1990年，学校成立党组。1993年，学校成立党委，书记和校长分设。2000年，学校“四制改革”中明确实行校长负责制。2020年，桐城中学实行党委领导下的校长负责制。

一、校级机构及负责人

吴汝纶先生逝世后，学校设总监8人共同主持校务，他们分别是阮强、方山如、叶玉澄、柏松如、马其昶、方守彝、姚永概、李光炯。

1904年，学校废总监及学长制，设总理主持全校教育教学，统辖一切事宜，马其昶为总理。

1905—1910年，学堂组织及编制大体维持不变。学堂总理由马其昶担任，1911年春马其昶辞职。

1911年春，学校总理改为监督。6月，光昇任监督，驻校主持学堂工作，下学期未就职，由学监张起元代行监督职务。

1912年，各学堂监督、堂长，一律称校长。2月，孙闻园担任桐城县立中学第一任校长，1918年2月辞职。

1918年2月，吴汝澄任校长，一年后辞职。

1919年2月，马翊代理校长之职。同年8月，张润林继任校长，1920年2月辞职。

1920年2月，方琛任校长，1922年7月辞职。

1922年7月，孙闻园再度出任桐城县立中学校长，至1926年7月辞职。

1926年7月，方希主被任命为桐城县立中学校长。未到任，由教导主任方明溪代行校长之职。同年12月,方希主辞去代理校长职务。

1927年2月,李相勖任校长。7月,继任校长未选出,方琛代表教育局,张起元代表教育会,朱伯健代表本校教职员,组成校务维持会,共同主持学校工作。

1928年2月,周易出任桐城县立中学校长。1930年2月,周易辞职。

1930年2月,施普任校长,7月辞职。

1930年7月,张家翰任校长,1932年2月辞职。

1932年2月,教育局局长慈克庄代行校行长职务,1933年2月辞职。

1933年2月,张森任校长,1934年2月辞职。

1934年2月,方琛任校长。1936年2月辞职。

1936年2月,安徽省教育厅委员吴竹其担任校长,这是学校由教育厅直接委派校长的开始。1937年7月,吴竹其辞职。

1937年7月,开济担任桐城县立中学校长。这一年因日寇盘踞县城,学校被迫停课,师生流亡,校长开济赴后方,后不知去向。

1939年初,学校筹备恢复,史化成任校长。

1942年秋,史化成赴省工作,由教导主任吴一清代理校务。

1943年2月,张九皋任校长,同年7月辞职。

1943年7月,朱伯健任校长,1946年7月辞职。

1946年7月,方来桐任校长,1948年7月辞职。

1948年7月,吴劲任校长,直至1949年2月桐城解放。

1949年8月,桐城县立中学更名为皖北安庆行政区第一中学,学校设立校务管理委员会(为全校最高行政组织)、经济稽核委员会、公免费评议委员会、学习委员会。校长由桐城县人民政府副县长杨在选兼任,方晓庵、方来桐二人为副校长,主持校务。

1950年2月,学校校名改为"皖北安庆行政区桐城中学",唐佩璋任校长,同年8月辞职。

1950年下半年开学之初,安庆专区、桐城县人民政府调吕宣泽任副校长。

1953年8月,专署派马维一来校任副校长,主持全校工作,为桐城中学首任中共党员副校长。

1956年9月,安庆专署委派史耀民担任桐城中学校长。

1956年,桐城中学与桐城初中、桐城师范、桐城县第二初级中学(天城中学前身)成立中共桐城县中学联合支部。以后随着学校党员人数的增加,桐城中学单独建立了支部。1956年至1958年宋玲任桐中专职支部书记,后由史耀民兼任。

1965 年 5 月，调赵剑英任副校长。

1966 年 6 月初，中共桐城县委派工作组进驻桐中。当时，70%以上的教师和出身不好的学生被打成“牛鬼蛇神”，被游街批斗。校长史耀民被撤除党内外一切职务，接受批判。8 月，桐城中学“文化大革命”委员会成立，高三学生崔明旺为主任。

1968 年 7 月，军宣队、工宣队进驻学校。9 月 5 日，在军宣队、工宣队的领导下，学校正式成立桐城中学革命委员会，由教师刘国征任主任。

1969 年 3 月，学校并入“桐城县五七中学”后，程堂如、张晓东、刘国征任副主任，程堂如主持学校日常工作。

1969 年 6 月，张云高任革委会主任，主持学校工作。

1970 年，县革委会派吴晓华来学校任革委会第一副主任。

1977 年春季，恢复“安徽省桐城中学”的校名，梁晋明任学校革委会第一副主任兼教革组长。

1978 年 7 月，校革委会主任张云高调任桐城县文化局副局长，杨仲林同志出任“文化大革命”后作为省重点中学的桐城中学第一任校长兼党支部书记，方尔文、梁晋明、张晓东任副校长。

1979 年秋季，张晓东调至天城中学任副校长，慈昌淦提拔为桐城中学副校长。

1980 年 3 月，杨仲林、方尔文、梁晋明、王士宏、潘中文 5 位同志组成支部委员会，杨仲林同志任支部书记，方尔文同志任支部副书记，梁晋明同志为统战委员，王士宏同志为宣传委员，潘中文同志为组织、纪检委员。

1982 年春，杨仲林调任桐城县委宣传部任副部长，方尔文出任校长。梁晋明、慈昌淦任副校长。

1982 年 12 月，桐城中学成立党总支，由方尔文、梁晋明、王士宏、潘中文、章永中 5 位同志组成总支委员会，方尔文同志任总支书记。党总支下设行政、总务、教学 3 个支部。

1983 年，方尔文仍任校长兼党总支书记，梁晋明、慈昌淦两位同志继续任副校长。

1984 年 7 月，项义发任校长兼党总支副书记，慈昌淦任名誉校长，梁晋明调至县教育局任副局长。同年，邓国栋、汪年生两位同志为学校副校长。

1985 年 10 月，卢声频任副校长。

1987 年，项义发、卢声频、王士宏、汪年生、王铁铸 5 位同志组成校总支委员会，项义发任总支书记，卢声频任总支副书记，王士宏任纪检委员，汪年生任组织委员，王铁铸任宣传委员。

1989年初，党总支进行改选，由项义发、汪年生、王铁铸、高之文、吴明来组成总支委员会。

1989年7月，项义发继续任校长，卢声频从天城中学调回仍担任副校长。

1990年，项义发仍担任校长，邓国栋、汪年生、卢声频任副校长。项义发为副县级，卢声频、汪年生为正区级。

1990年，县委研究决定，成立中共桐城中学党组，由3人组成，项义发任党组书记，卢声频、汪年生任党组成员。年末，总支、各支部在“民评”后进行了改选，汪年生、王铁铸、陈邦裕、高之文、吴明来5人组成总支委员会，汪年生任总支书记。党总支下设5个支部，支部书记分别是王铁特、陈邦裕、高之文、吴明来、王士宏。

1993年4月，项义发调离桐中，当选为县人大常委会副主任，汪年生任校长。

1993年4月，桐城县委组织部发文，撤销桐城中学党组，设立桐城中学党委，卢声频任书记(副县级)，汪年生任副书记，叶来应、陈邦裕、吴明来为委员。

1995年4月，罗伟任副校长。

1996年12月，中共桐城中学第三届委员会产生，卢声频任党委书记，汪年生任党委副书记，罗伟、陈邦裕，吴明来3位同志为党委委员，汪仞冈为党委秘书。

1997年，学校遵照上级指示设纪律检查委员会，吴国昌调任校党委委员、纪委书记。

1998年，彭申清调任校党委副书记。增补汪仞冈、毕金芳、周治、汪浩海4人为中共桐城中学纪律检查委员会委员。吴国昌、毕金芳、周治3人组成案件审理小组，吴国昌兼任组长，毕金芳兼任纪检干事。

1999年5月，江喆任校长助理，2002年5月任副校长(正科级)、党委委员。

2006年，免去汪年生桐城中学校长职务，改任桐城中学督导员，明确为正县级，罗伟任桐城中学副校长(副县级)主持工作，江喆任桐城中学副校长(副县级)。

2006年，罗伟、彭申清任桐城中学党委副书记(副县级)。

2007年，洪东国任校党委委员、副校长(副县级)。

2007年，学校班子成员工作分工调整，罗伟主持学校工作，分管教务处、办公室工作；彭申清负责学校党务工作，分管工会、共青团、妇女事务委员会(简称“妇委会”)工作；江喆分管总务处和党委的组织、统战、政法工作；洪东国分管政教处和党委的纪检、信访、宣传以及扶贫工作。

2008年，学校党委下设3个党支部：文科党支部由葛志任支部书记，蔡长宇任组织委员，方钊莹任宣传委员；理科党支部由彭年任支部书记，毕金芳任组织委员，汪浩海任宣传委员；离退休党支部由卢声频任支部书记，陈良智任组织委员，陈彩霞任宣传委员。

2009 年 5 月，罗伟任校长。

2010 年，彭年任校党委委员、校长助理。

2010 年，学校成立岗位设置工作领导小组及办公室，组长罗伟，副组长彭申清、江喆、洪东国、彭年，成员汪仞冈、毕金芳、胡万胜、曹向东、葛志。岗位设置工作办公室主任彭年，成员汪仞冈、胡万胜、周治、曹向东、葛志。学校召开五届八次教职工代表大会，审议通过了《安徽省桐城中学岗位设置实施方案》，推进本校岗位设置改革。

2011 年，学校成立党务公开工作领导小组，组长罗伟，副组长江喆、洪东国、彭年，成员汪仞冈、胡万胜、毕金芳、周治、葛志。党务公开工作办公室主任汪仞冈（兼），成员周治、葛志、蔡长宇、汪浩海、方钊莹。

2012 年，方树生任校党委委员、校长助理。

2012 年 8 月，市教育局将原桐城七中改为桐城中学范岗分校，作为高考辅导学校，承担高考复读教学任务，接受桐中领导和管理，具有独立事业单位法人资格。桐中校长助理方树生担任分校校长，桐中教务处副主任曹向东担任管理教学工作的副校长。

2014 年，彭年、方树生任桐城中学副校长。

2014 年，校党委换届，罗伟、彭申清任副书记，江喆、彭年、曹向东、周治、葛志为委员。

2016 年，校党委换届，罗伟任副书记，江喆、彭年、曹向东、周治、葛志、汪顺芳为委员。选举新一届支部委员会，方钊莹、徐庆三、张倩 3 人为中共桐城中学文科支部新一届委员会委员，方钊莹为书记；汪浩海、田湘云、光吉苗 3 人为中共桐城中学理科支部新一届委员会委员，汪浩海为书记；钱国礼、叶辉、施爱娟 3 人为中共桐城中学范岗分校支部新一届委员会委员，钱国礼为书记；陈邦裕、孙镇、毕金芳 3 人为中共桐城中学离退休教工支部新一届委员会委员，陈邦裕为书记。

2018 年，曹向东、周治任桐城中学党委委员、副校长。

2019 年，校党委下设支部换届，文科支部委员会委员 5 人：方钊莹、张倩、段焕荣、齐小伟、程敏，方钊莹为书记，张倩为副书记；理科支部委员会委员 5 人：汪浩海、田湘云、王国庆、汪群英、杨远海，汪浩海为书记，田湘云为副书记；离退休支部委员会委员 3 人：陈邦裕、王俊、井晓华，陈邦裕为书记。

2020 年 3 月，汪习军任桐城中学党委书记。

2022 年 3 月，曹向东任校长，方钊莹、葛志任党委委员、副校长。

二、内设机构及负责人

桐城学堂创办之初，校内设监起居及文牍庶务会计，负责学堂日常后勤事务管理，监起居 1 人，即以后的训育主任。

1904 年，改监起居为舍监督，设文牍(亦称“文案”)，专管全校往来文报，并兼管簿本书籍；设庶务管理全校事务；设会计总司全校款项出入；设田租经理、洲租经理。以上各职，分乡推选，分别掌管。

1906 年 1 月，设学监掌管全校教务，改舍监为管理。

1911 年，设鉴学、舍监、庶务兼会计、田租会计、洲租会计等。

1930 年 7 月，学校设高中部、初中部、学校事务部。高中部、初中部分别设训育主任。李骧任高中部主任，刘俊民任训育主任；朱伯健任初中部主任，陈在平任训育主任；刘健农任学校事务主任。

1942 年秋，学校设有简易师范科，徐洁行任简易师范科主任。

1943 年 7 月，姚佐元任教务主任，孙君谋任训育主任，笪瑞伯任事务主任。

1944 年，吴勉生任简易师范科主任。

1945 年，刘健农任教务主任，孙君谋任高中部主任，吴见吾任初中部主任，项君毅任事务主任。

1946 年 7 月，李相珪任教导主任，章东澄任训育主任兼军事教官，疏松龄任事务主任。

1949 年 8 月，学校行政组织设教导处、辅导处、总务处，在校长领导下处理全校工作。教导处下设各科教学研究会、成绩考查委员会；辅导处下设辅导委员会(由各级级主任组成)；总务处下设修建委员会、膳食委员会。李相勖、方令完为教导处主任，姚伯将为辅导处主任，潘蕴华为总务处主任。

1950 年，李相勖任教导处主任，姚伯将任教导处副主任，伍宗儒任总务处主任。

1953 年下半年，马昆寅任教导处主任。

1956 年 9 月，马长安、顾放任教导处正副主任。

1970 年，学校革委会下设 3 个组：政工组、教革组、后勤组。政工组长吴福培，教革组由副主任刘国征分管，后勤组由副主任张晓冬分管。

1972 年，李水清任政工组长，潘中文任教革组副组长。

1978 年 7 月，设校长办公室，潘中文任秘书；梁晋明兼教导处主任；张晓东兼总务处主任。

1979年秋季，王士宏任总务处主任。

1982年春，梁晋明兼教导处主任，王铁铸、王元祥为教导处副主任。

1983年8月，邓国栋任教导处主任，李水清、王铁铸、王元祥(下半年调出)任教导处副主任，王士宏任总务处主任。

1984年7月，卢声频任校长办公室主任，潘中文任副主任；汪年生兼任教导处主任，胡佳题、王铁铸、李水清任副主任；崔根深任总务处主任，汪锡云、唐久清任副主任；王士宏任生产处主任，叶来应任副主任。

1985年7月，崔根深调出，经校长提名、校长总支联席会议决定，吴明来任总务处第一副主任；崔甸甲任教导处副主任。

1986年，学校成立教育科学研究室，经校长提名、校长总支联席会议决定，王铁铸任教科室主任、郭道成任副主任；吴明来任总务处主任；高之文任教导处副主任；叶来应任校长办公室副主任；王尔行任生产处副主任；张兴任学校工会主席；吴树新任学校团委书记。

1987年，经校长提名、校长办公会议决定崔甸甲任生产处主任。

1989年，经县编委会研究同意，学校增设政教处，教导处改为教务处，生产处改为勤工俭学处。撤销教育科学研究室，将其职能并入教务处。高之文任教务处主任，陈邦裕任政教处主任。为了加强德育工作，学校成立德育工作指导小组，副校长汪年生任组长。王俊任校办综合厂厂长。

1990年，县委宣传部任命：潘中文任校长办公室主任，吴明来任总务处主任。经校长提名，校长办公会研究决定：陈彩霞任政教处副主任，王俊任勤工俭学处副主任。

1994年1月，县委宣传部任命罗伟为教导处主任，陈邦裕任总务处主任，吴明来任政教处主任。

1995年4月，汪仞冈任校长办公室主任，彭年任副主任。潘中文任工会主席，江喆任校团委书记。

1997年8月，学校任命方世友、胡旺胜为总务处副主任。

1998年2月，江喆任政教处主任；吴明来任党委办公室主任；汪仞冈任校长办公室主任。11月，两办合并为“党政办公室”，吴明来任主任，汪仞冈(主任级)、彭年为副主任。

1999年1月，吴明来任党委委员、党政办主任，汪仞冈、彭年为副主任；江喆任政教处主任兼学校团委书记，毕金芳任政教处副主任，陈玉莲任学校团委副书记；陈邦裕任党委委员、总务处主任，胡旺胜、方世友为副主任；彭声应、郭道成任教务处副主任，郭道成兼任教科室主任，高良启、苏翔任教研员；曹向东任工会副主席；王士宏任勤工俭学处主任。

2000年7月，校党委调整二级机构领导，彭年任教务处主任；吴春生任政教处主任；胡旺胜任总务处主任；吴明来任党政办主任；陈邦裕任工会主席。

2001年3月，校党委决定：葛志任政教处副主任、学校团委书记；彭声应、曹向东、汪顺芳任教务处副主任；汪顺芳兼任教科室主任，陈玉莲任教科室副主任；周治任党政办公室副主任。5月，市委宣传部部长办公会议研究决定：王士宏任桐中总务处副主任（主任级）。

2005年10月，在民主评议的基础上，校党委任命汪浩海为教务处副主任、蔡长宇为政教处副主任、张明霞为总务处副主任。

2006年11月，经市委宣传部部长办公会议研究决定：汪仞冈任桐城中学党政办公室主任；毕金芳任桐城中学政教处主任。

2007年，根据桐编〔2007〕14号文件，桐城中学内设的办公室、教务处、政教处、总务处被定为正科级机构，共设领导职数9名，其中办公室1正1副，教务处1正2副，政教处1正1副，总务处1正1副。

2012年，方钊莹任政教处副主任。

2012年，范岗分校党支部归属桐城中学党委领导。

2014年，市委研究决定：曹向东任桐城中学党委委员、教务处主任（正科级）；周治任桐城中学党委委员、党政办公室主任（副科级）；葛志任桐城中学党委委员、工会主席（副科级）；汪浩海任桐城中学教务处副主任（副科级）；方钊莹任桐城中学政教处主任（副科级）；汪顺芳任桐城中学总务处主任（副科级）；张明霞任桐城中学总务处副主任（副科级）。

2019年1月，在民主评议的基础上，经学校党委研究决定，报市委组织部备案：汪浩海任学校教务处主任（保留原职级）；吴世敏任学校党政办公室副主任；周兴广任学校教务处副主任；徐艳松任学校政教处副主任；李海慧任学校团委副书记。试用期一年。

2021年8月，为广泛联络桐城中学校友，密切校友与母校、家乡情感，办好建校120周年校庆，经桐城市委编制办同意批准，设立桐城中学校友联络办公室，全面负责校友联络和校庆工作。

2022年3月，吴世敏任党政办公室主任，周兴广任教务处主任，徐艳松任政教处主任，李海慧任团委书记，汪文涛为工会副主席（主持工作），周遵峰为校友联络办副主任。

三、群团组织、其他组织机构及负责人

1. 工会

1979 年，桐城中学成立工会委员会，由方尔文等 12 人组成工会委员会，方尔文任主席，潘中文、陈维谐任副主席，赵伯和、卢声频任宣传委员，田鹤群、闵庚明任组织委员，江承发、方愈任文体委员，许日昇、唐述裓、黄晋硕任生活委员。

1986 年，第一届工会委员会成立，张兴任工会主席。

1988 年，第二届工会委员会成立，张兴任工会主席。

1991 年，第三届工会委员会成立，张兴任工会主席。

1995 年 4 月，第四届工会委员会成立，潘中文任工会主席。

1999 年，曹向东任工会副主席。

2000 年，桐城中学工会换届，陈邦裕、曹向东、彭年、华奎庭、王洪流、汪文涛、周治、屠先国、程玉红 9 人组成第五届工会委员会，陈邦裕任主席，曹向东、彭年任副主席，其他同志为委员；田青、徐庆竹、徐继鸣、程玉红、彭年 5 人组成本届工会经费审查委员会，彭年任主任，其余同志为委员。同年成立女教职工委员会，王桂云任主任，张明霞、高莲华任委员。王桂云列席工会委员会会议。

2007 年，根据桐编〔2007〕14 号文件，桐城中学工会为正科级岗位，设领导职数 1 名。

2014 年，桐城中学工会换届，第六届工会委员会由葛志、汪文涛、周俊、朱立凯、陈乔珍、姚远章、彭荣斌 7 位同志组成。葛志为主席，汪文涛、周俊为副主席，其余同志为委员。陈乔珍、杨月香、刘红叶、任四霞、田青 5 位同志组成新一届女职工委员会，陈乔珍为主任，杨月香为副主任，其余同志为委员。

2020 年，工会换届，第七届工会委员会由葛志、汪文涛、何达远、朱立凯、杨月香、杨远海、何林、张义、段焕荣 9 人组成，葛志任主席，汪文涛、何达远为副主席，其余同志为委员。第七届经费审查委员会由汪文涛、吴云海、王明、吴甲传、何青、张复亮、胡红旗 7 人组成，汪文涛任主任，吴云海任副主任，其余同志为委员。第七届女职工委员会由杨月香、刘红叶、任四霞、汪向东、杨婷 5 人组成，杨月香任主任，刘红叶任副主任，其余同志为委员。

2022 年，汪文涛为工会副主席（主持工作）。

2. 共青团

1928 年，桐城中学建立了共产主义青年团支部。

1930 年，学校共青团员发展至 20 余人，成立了高中支部和初中支部。

1949 年 11 月，桐城中学建立了新民主主义青年团总支，总支书记由辅导处主任

姚伯将兼任，发展团员 178 人，下设 7 个支部。

1950 年秋，皖北区团委调王之宾任桐中专职团总支书记。

1953 年，桐城中学成立新民主主义青年团委员会。

1986 年，吴树新任校团委书记。

1994 年，毕金芳任校团委书记。

1995 年 4 月，江喆任校团委书记。

2000 年，葛志任校团委书记。

2007 年，根据桐编〔2007〕14 号文件，桐城中学团委为正科级岗位，设领导职数 1 名。

2019 年，李海慧任校团委副书记，2022 年任团委书记。

3. 关工委

2012 年，学校设关工委，名誉主任卢声频，主任洪东国，委员陈邦裕、吴国昌、陈良智、葛志、方钊莹，葛志兼办公室主任。

2013 年，吴国昌任桐城中学关工委常务副主任。

2017 年，学校调整关工委组成人员，调整后的关工委名誉主任卢声频，主任葛志，常务副主任吴国昌，委员方钊莹、汪文涛、陈邦裕、孙镇，办公室主任方钊莹(兼)。

2020 年，学校调整关工委组成人员，调整后的关工委名誉主任卢声频，主任葛志，常务副主任吴国昌，委员方钊莹、徐艳松、周兴广、吴双七、盛龙、储亚琼、陈邦裕、王俊、井小华，办公室主任方钊莹(兼)。

4. 校友会及基金会

2012 年 8 月 11 日，桐城中学成立校友会，召开成立大会暨桐城中学校友会第一届理事会第一次全体会议。会议通过《桐城中学校友会章程》和《桐城中学校友会选举表决方法》；确定刘珍贵为会长，罗伟为执行会长，马自应等 17 人为副会长，彭年为秘书长。铜陵等地校友为校友会成立提供了启动资金。

2013 年 8 月 8 日，安庆市桐城中学教育发展基金会成立，选举产生了第一届理事会，张文明为理事长，彭年为执行理事长，马自应等 11 人为副理事长，周治为秘书长，汪舵海为监事长。刘珍贵、李承友、张文明、张松林、王小朋、索索、陆跃进、何金生、祝珺、熊政治、陈一恺、史和生、胡国富等校友，以及上海、合肥、南京等校友会和安庆开发区关工委为基金的成立提供了启动资金。

2017 年 7 月 30 日，在山东青岛举行校友会换届大会。选举产生了桐城中学校友会第二届理事会，刘珍贵连任会长，马自应等 10 人为副会长，彭年为秘书长，张革新、陆跃进、王小朋、汪建设等校友为会议提供了赞助。

2019 年 8 月 16 日—17 日，在江苏南京召开桐城中学校友会工作会议，总结校友会工作，对下一步工作作出安排，本次会议由南京校友会承办。

2020 年 6 月 10 日，李承友教育专项基金会成立，校友李承友、刘珍贵、严桂夫、戴勤、张文明、胡先泽、汪明，桐城市市长章周中、宣传部部长洪长久、副市长张文芳及桐城中学全体党政管理人员、老书记老校长代表、师生代表，共计 200 余人参加仪式。

2021 年 8 月 1 日，召开桐城中学教育发展基金会换届选举大会，产生了第二届理事会、监事会等机构及组成人员。蒋天赐为理事长，彭年为执行理事长，王小鹏等 10 人为副理事长，杨莉为秘书长，吴雄光为监事长。

附 1：

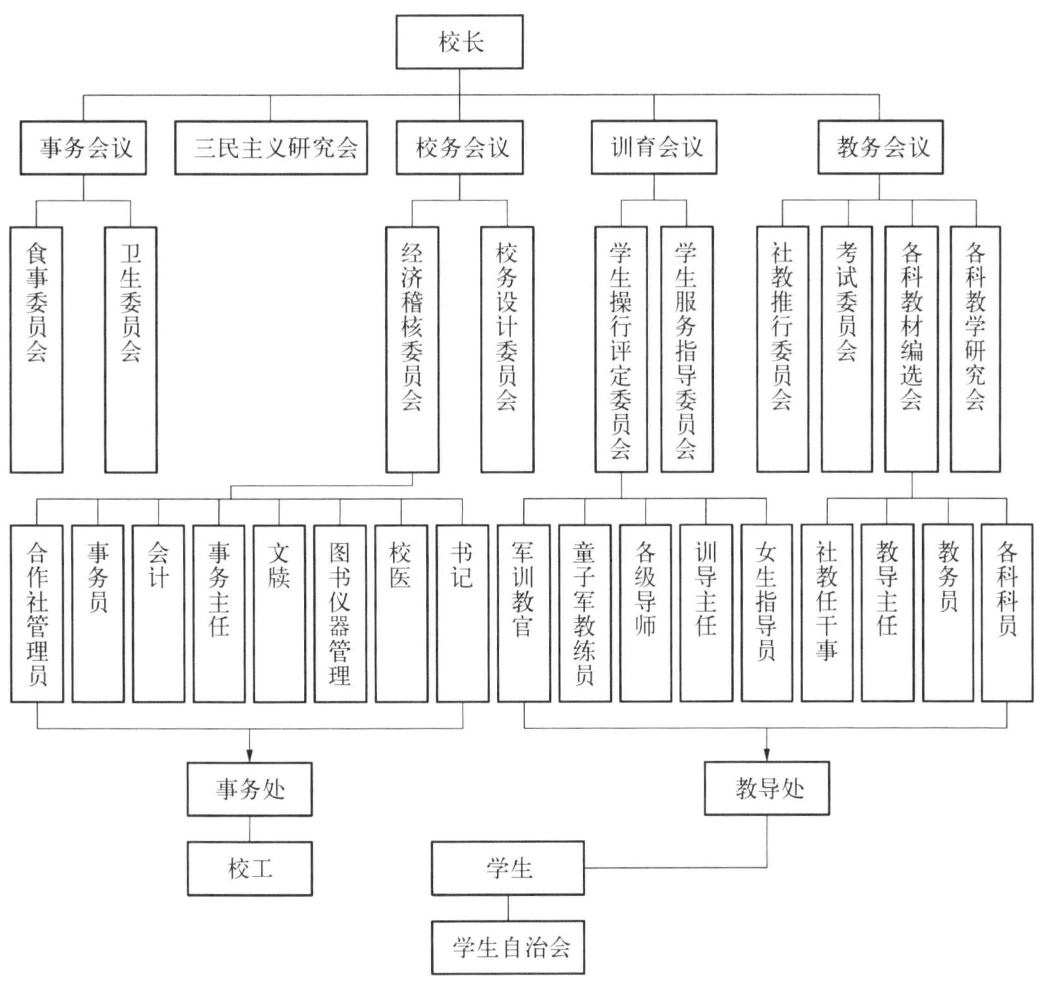

桐城县立中学行政组织系统图示(1912 年)

附 2：

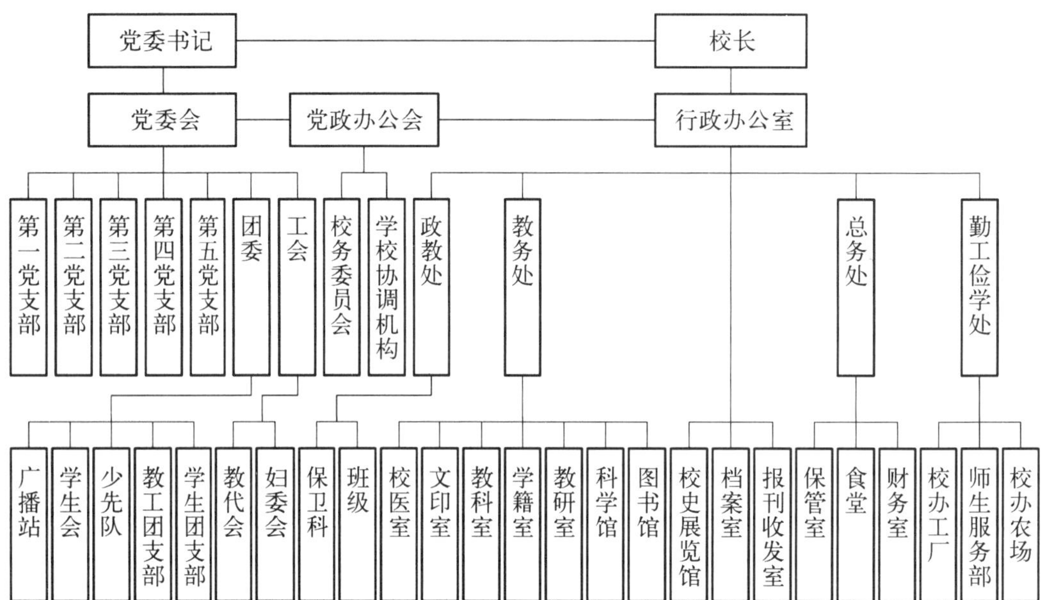

安徽省桐城中学党政机构设置图示(1993 年)

第二章　教职工

第一节　教职工队伍

截至2021年年底，学校共有在职教职工225人，离退休教职工101人。

一、教师队伍

2021年3月，桐城市人力资源和社会保障局（简称“人社局”）核定学校编制：高级教师99人，中级教师111人，初级教师38人。

吴汝纶先生在日本考察期间，聘请“学兼东西”的日本学者早川东明为学堂教习，早川先生在学堂两年，教授日文、法学、经济等课程，并参与学堂的规划设计，工作认真负责，深受学生欢迎。此外，他本人还著有《和汉语法新编》。

学校创办初期，由于规模较小，在校学生不多，教职工人数也有限，专任教师只有10多人。为解决师资力量不足问题，学校曾多次选派本校毕业生出国留学，以期学成后回国来校任教。孙闻园曾被选派至日本，在日本弘文学院博物科学习理化课程，毕业回国后，于1912年担任桐城县立中学（桐中前身）首任校长兼教员。在他任期内，学校发生了巨大变化。1905年，本校毕业生施普被选派到日本早稻田大学师范部理化科学习，毕业后回校担任教员和校长。在学校早期教员中，傅绍说也曾毕业于日本弘文学院理化科。

马其昶担任学堂总理期间，特别重视延聘名师，千方百计“罗致各方名师”，如浙江夏次岩、湖南刘时皆、怀宁葛温仲、寿州斐书田、颍州杨希悦等人，都名重一时。此举为学校后来历任领导所遵循。民国时期，桐城县立中学一如既往，十分重视教员的选聘工作。一方面，学校经常在本校或其他中学的毕业生中选聘少量优秀学生充实教师队伍；另一方面，每年都在全国范围内的大学及专科学校中选聘毕业生担任教员，有时还选聘留学生来校任教。1934 年，学校共有教职员 30 人，其中，国外专科以上学校毕业的 4 人，国内高等师范毕业的 6 人，国内大学本科毕业的 5 人，国内专科学校毕业的 4 人。40 年代，学校的绝大部分教员都受过大学教育或专科教育，并有在其他学校任教的经历，具有较高的学识水平和丰富的教学经验。1942 年，全校教职员共 36 人，大学或专科学校毕业的有近 20 人。1943 年，全校教职员共 52 人，其中 36 人毕业于大学本科、师范院校或专科学校。1944 年，全校教职员共 47 人，毕业于大学或专科学校的有 30 人。1945 年，学校还选聘了西班牙人丁惠如（桐城县天主堂神甫）为高一甲班英语教员。1947 年，全校 38 名教职员中有 28 人大学或专科学校毕业，同时，学校选聘前清秀才唐尔炽为教员。

新中国成立后至今，一大批胸怀教育理想的高校毕业生被选聘到学校任教。

50 年代，史耀民任校长时，特别注重教师的选拔，采取上下结合、内外结合“两条腿走路”的办法，广泛吸纳人才。一方面到省教育厅和高等学校，选拔有志于从事教育事业的优秀毕业生；另一方面，内部挖潜，就地选才，从本校高中毕业生中挑选拔尖学生，就地培养，留校任教。新中国成立初期，学校组建了 108 名师德高尚、业务过硬、甘于奉献的教师队伍（时称“一百零八将”）。

“文化大革命”前期，桐城中学所引进的教师都是省内一些师范类院校的优秀毕业生，他们大部分来自皖南大学（安徽师范学院、安徽师范大学前身）或合肥师范学院（1958 年由安徽师范学院部分专业和合肥师专合并而成的以文科为主的高等师范学院，后并入其他高校）。仅 1960 年，时任桐中校长的史耀民到省教育厅中学教育处，一次性要来江道宗、章钟涛、侯逸、李冬云、金仕仁、沈为道、胡祖育 7 名当年安徽省高校优秀毕业生，充实了桐中的教师队伍。

“文化大革命”期间，由于受“左”倾思潮影响，学校被迫解散（成立“桐城县五七中学”），一大批教师或受到批判，被遣返回乡；或下放至农村学校继续革命。还有许多教师被下放到本县其他一些学校，其中高传明、陈维谐、王铎、刘建中、李素萍等老师下放至石河高中，朱益群老师下放至金神高中，高之文老师下放至孔城高中，陈友三老师下放至高桥初中，金仕仁老师下放至毛河初中，李冬云老师下放至白马初中。而倪清泉老师回到原籍怀宁金拱中学，方不圆老师回到枞阳浮山中学。

1977 年全国恢复高考，桐中百废待兴，教师奇缺。1978 年 9 月，“文化大革命”期间被迫下放的一大批教师相继回到桐中工作，如高传明、陈维谐、刘建中、王铎、李素萍、朱益群、陈友三、高之文等。有的教师出于当时全县教育发展的需要，像李冬云、金仕仁等，前往新成立的桐城县第二中学任职。倪清泉老师调任石河高中，方不圆老师留在浮山中学。

自80年代初期至今，学校教师来源渠道比较广泛：有直接选自师范大学的优秀毕业生，也有从桐城当地中学选聘的优秀教师。近些年来，学校从全国六所重点师范大学或省内外其他高校选聘优秀毕业生，他们中的大多数都具有研究生学历。

这期间，也有教师调出的，如丁红棣调往广州市第六中学，李蓉调往杭州市第二中学，张恩怀、叶宝珍先后调往南京航空航天大学附属中学，吴春生调往深圳市翠园中学，赵东明调往安庆一中。方世友去了深圳一家教育机构，方长林应聘至上海复兴中学。还有一些青年教师，出于各种原因调出桐中或改行从事别的工作。

目前，一线课任教师的学历100%达标。近些年来，学校又选聘优秀硕士研究生40余人充实教师队伍，为学校高质量的发展进行必要的人才储备。

在现任教师中，正高级教师1人，特级教师2人，高级教师80余人。其中，获"全国模范教师"称号者1人，获省"优秀教育管理工作者"称号者1人，获省"优秀教师"称号者2人，获省"教坛新星"称号者4人；安庆市名师工作室主持人3人；安庆市教坛新星、学科带头人、骨干教师等共50余人。一支德艺双馨、乐教善教的教师队伍为学校一流的教学质量提供了可靠保证。

二、职工队伍

桐中办学之初，教师和职工人数都较少。1911年，学校有职员6人：校长1人，监学1人，舍监1人，庶务兼会计1人，田租会计1人，洲租会计1人。他们管理经营着学校。

后来，学校办学规模扩大，学生增多，教员人数也有所增加，但职员人数变化不大。1937年，学校教职员共有26人，其中在10名职员中，增加了图书管理员、仪器管理员和校医等。1947年，学校教职员共有38名，其中12名为职员，除一般会计、出纳、办事员外，新增了庶务组长、注册组长和女子指导等。

新中国成立后，学校规模进一步扩大，教师人数剧增，但职员人数基本维持在10余人上下。

50年代后期，出于天灾等多种原因，全民进入大饥荒时期，桐中也不例外。为解决学校师生温饱问题，时任校长史耀民组织师生在学校农场(现桐中公寓楼所在地)开荒种地。当时农场职工不多，只有场长高尚斌一人负责农场的日常生产安排；另有在反右派斗争中被打倒的几个老师，临时充当农场职工，负责照管几十亩菜地。当时，学校每个班级每周都安排两节劳动课，劳动课的实验基地就是这片农场。每到“学农”时间，各班学生便在班主任带领下到学校农场给蔬菜施肥浇水捉虫子。为使蔬菜长得更好，产量增加，学校还专门请来一个叫张国胜的技术员，负责蔬菜种植的技术指导。在师生们的努力下，农场菜地年年丰收，不但保证了桐中师生的日常生活供应，还接济了一些兄弟单位。

1966 年，学生停课闹革命，学校农场无人管理，不解自散。那几十亩蔬菜地后被当时的毛河人民公社收回。

1969 年，桐城中学、桐城农业技术学校、桐城初中三校合并，成立“桐城县五七中学”。为落实毛主席“五七指示”精神——“学生也是这样，以学为主，兼学别样，即不但要学文，也要学工、学农、学军”，在当时县革委会的支持下，学校将原石河公社翻身大队一块近山的田地辟为农场（今西郊公园西北处），作为学农基地。当时那片土地约六七十亩，种植有水稻、油菜、小麦等农作物。农场由戴先明负责，另请几名临时工协助管理。每逢种植或收获时节，学校师生全员出动，抢种抢收。平时施肥、除草等事务，也大都由本校学生在劳动课时进行。恢复高考制度以后，劳动课不再是学校主要课程，学校农场自行荒废，后被政府收回。农场职工也自行解散。

除校办农场外，1969 年，学校还在北大街左公祠内办有校办工厂。工厂有职工 10 余人（主要是教师家属），时任厂长储德昆，负责校办工厂的主要事务。其余如会计、出纳、实物保管员等，由其他职工兼任。校办工厂主要生产电动机和民用喇叭。当时，由于电机质量较高，销量很大，校办工厂为桐中的可持续发展提供了一定的资金支持。

1987 年，桐中校办工厂又增办印刷厂，主要印制学生簿本和学校办公用表等，时任厂长王俊。到 2002 年，印刷厂承包给私人而移出校内。

80 年代中后期，学校成立科技馆和生产处，储德昆调至科技馆工作，王俊任生产处主任并接任校办工厂厂长职务，负责校办工厂的日常管理与运营。后崔甸甲接任生产处主任，负责校办工厂的工作，再后来叶来应分管校办工厂。

学校成立科技馆，馆长先后由张启友、刘培生、吴宗勤、许葆青、汪东红担任。

桐中成立之初，由于规模不是很大，教学管理与后勤管理等事务由教务主任和庶务主任负责。解放后，随着办学规模的逐渐扩大，后勤事务也日益增多，为保证教育教学工作的顺利进行，学校成立了教务处与后勤处（后更名为总务处）。80 年代后期，教务处除教务主任、副主任各 1 人外，又增设有教科室主任 1 人。此外，教务处常设学籍管理员 1 人，负责教务的勤杂人员若干人。后又成立文印室，配员 3 到 5 人，负责试卷、讲义的印制。

总务处常设主任、副主任各 1 人，会计 2 人，出纳 2 人，实物保管员 1 人，勤杂人员若干人。现任主任汪顺芳，副主任张明霞。

桐中自办学之始便有食堂，从 1902 年到 2007 年，为广大师生提供了温暖而实在的物质保障。即使是三年困难时期，因为有校办农场与学校食堂，没有一个师生饿肚子。

2007 年，学校食堂实行市场化运作，原桐中食堂解散。食堂正式职工被派往学校其他部门，其余的临时工、家属工等下岗分流。

60 年代初，桐中有一支自己的放映队。当时电影放映机是稀罕物，由于桐中办学特色与办学成绩在全国影响甚大，国务院有关部门特批桐中购得一台 35 毫米的放映机，丰富了桐中师生的业余文化生活。每逢周末放电影，学校师生就早早地坐到放映大厅——和平堂里。正式放映前，放映员张启友还把学校各学科组提供的复习资料制成幻灯片，放给同学们看，帮助同学们复习功课。

表 2-1　宣统三年(1911 年)桐城中学教职员一览表

职员表					
职　务	姓　名	字号	籍贯	履　　历	通　讯　处
校长	吴汝澄	守一	桐城	清廪贡生、分发陕西任用知事	署内竹叶亭吴宅
监学	傅绍悦	若崖	桐城	日本弘文学院理化科毕业	枞阳转罗昌河
舍监	王书臣	船星	桐城	安徽优级师范博物科毕业	枞阳李公聚店
庶务兼会计	刘昌炎	伯舒	桐城		陡岗坂晓棚刘公和转
田租会计	房桂林	堃甫	桐城	清附生	
洲租会计	钱廷和		桐城		
教员表					
教　务	姓　名	字号	籍贯	履　　历	通　讯　处
修身	吴燕贻	翼侯	桐城	清附生	向阳门内陆家井
国文	马　翊	字潜	桐城	清附生	城隍庙西后街
国文	刘道潘	价夫	桐城	清附生	青草塥横街裕生和转

续 表

教员表					
教　务	姓　名	字号	籍贯	履　　历	通　讯　处
国文	吴　廷	勉卿	桐城	清附生	
国文	李应瑞	则网	桐城	安徽省立第一师范毕业	枞阳陈怡发转
修身兼历史地理	张肇干	健甫	桐城	安徽优级师范历史科毕业	庐江罗昌河张万盛转
数学	伍启生	安	桐城	安徽优级师范理化科毕业	孔镇鲍恒发店
英文	王　均	宰如	江苏吴县	南洋公学土木工科毕业	苏州胥门朱家园
英文	苏彭年	伯周	桐城	湖南明德中学毕业 雅里大学堂肄业	
博物	傅绍悦	若崖	桐城	日本弘文学院理化科毕业	枞阳转罗昌河
理化	施　普	括干	桐城	日本早稻田大学师范部理化科毕业	孔镇齐转
数学图画	吴选青	亮丞	桐城	安徽高等学堂毕业	枞阳钱桥吴永丰
法制经济	张国维	涤民	桐城	安徽法政学堂毕业	
体操	伍　健	强民	桐城	南京高等师范体育科毕业	
音乐	汪汉源	朗溪	桐城	桐城法政学校及安徽陆军体育会高等科毕业	枞阳陶公祠国民学校转

表 2-2　民国十五年(1926 年)统计的桐城县立中学教职工名单(历年)

姓　名	字	籍贯	职　　务	姓　名	字	籍贯	职　　务
阮　强	仲勉	本邑	总监兼教员	张润林	雨生	本邑	校长兼教员
姚永概	叔节	本邑	总监兼教员	王　观	泮庭	本邑	职员
方　涛	山如	本邑	总监	陈英锐	淡如	本邑	职员
柏延桢	嵩如	本邑	总监兼教员	方望皋		湖北	教员
孙　吴	闻园	本邑	校长兼教员	裴书田		寿州	教员

续　表

姓　名	字	籍贯	职　　务	姓　名	字	籍贯	职　　务
朱少波			教员	黄　文		怀宁	教员
姚孟振	慎思	本邑	职员兼教员	吴南岩	振卿	本邑	职员
马振理	叔文	本邑	教员	吴锡藩	少坡	泾县	教员
杨以真	鹤崖	本邑	教员	章家祚		铜陵	教员
马　翊	子潜	本邑	职员兼教员	吴洞芳		本邑	职员兼教员
夏　斌	揖扬	江苏	职员兼教员	马光晔	克载	本邑	职员
包秉坤	子清	湖南	职员	张起元	望之	本邑	教员
光　昇	明甫	本邑	教员	齐果然	和甫	本邑	职员
王汝宇	遐光	江苏	教员	朱孝源	抱诚	本邑	职员
莫宝勋	伯筹	江苏	教员	孙佩三		芜湖	教员
谭鼎芬		湖南	教员	伍旭然	慎如	本邑	教员
吴大洪	德武	本邑	教员	伍启生	又明	本邑	教员
苏颖达	阴伯	本邑	教员	吴复振	健吾	本邑	职员兼教员
叶　芬	佳生	本邑	职员	姚　莰	农卿	本邑	职员兼教员
张　维		江苏	教员	姚百琴	子培	本邑	教员
苏行均	艺叔	本邑	教员	柯叶丞	文园	本邑	教员
吴一桂	肖刚	本邑	职员	吴鹏举	翼云	本邑	教员
周教敷		湖南	教员	左世才	阁巢	本邑	教员
徐　斐		江苏	教员	王之道	心斋	本邑	职员兼教员
唐光瑨		湖南	教员	洪金寿	兰泉	泾县	教员
徐明谔		湖南	教员	吴千里	君昂	本邑	教员
方体华	子琴	本邑	职员兼教员	汪汉源	郎溪	本邑	教员
宋鼎元	墨卿	本邑	教员	傅绍说	若岩	本邑	职员兼教员

续　表

姓　名	字	籍贯	职　　务	姓　名	字	籍贯	职　　务
苏彭年	伯周	本邑	教员	李　挽	释荃	本邑	职员兼教员
吴聘来	洛卿	本邑	教员	潘念祖	幼先	铜陵	教员
钱家鼎	湘帆	本邑	教员	白思训	仲尹	本邑	职员兼教员
夏　葵	向辰	本邑	职员兼教员	阮尚严	景舜	江苏	教员
周　熙	缉庵	本邑	教员	李相因	士闳	本邑	职员兼教员
吴选青	亮丞	本邑	教员	慈克庄	浩然	本邑	教员
章文烈	皖青	本邑	职员兼教员	李竹子		江苏	教员
王　均	宰如	江苏	教员	汪仁刚	毅先	本邑	教员
王　露	秋如	江苏	教员	阎楷模	静斋	本邑	职员
江三灏	澄白	本邑	职员兼教员	林家枢	耀北	福建	教员
伍　建	强民	本邑	职员兼教员	章其佩	子佩	本邑	教员
钱德泽	延和	本邑	职员	汪　恕	一吾	本邑	教员
刘则柯	先黎	六安	职员兼教员	方庭实	伯秀	本邑	教员
李松龄	伯乔	本邑	教员	方来桐	伯徐	本邑	教员
张国维	涤民	本邑	教员	任　筏	渡迷	舒城	教员
史简南	瑀璐	本邑	职员兼教员	方乐天		本邑	教员
吴季超	逸生	本邑	教员	方守彝	伦叔	本邑	总监
吴祖楫	逖江	本邑	教员	李德膏	光炯	本邑	总监
苏　乔	叔乔	本邑	教员	中锡麒	玉澄	本邑	总监
李振中	少庚	本邑	教员	马其昶	通伯	本邑	总监
左镇东	蔚然	本邑	教员	吴汝澄	守一	本邑	校长兼教员
叶　溱	汶滨	本邑	职员	方　琛	意瑰	本邑	校长兼教员
方时晋	孝旭	本邑	教员	史推恩	恕卿	本邑	职员

续　表

姓　名	字	籍贯	职　　务	姓　名	字	籍贯	职　　务
早川新次		日本	教员	汪仁晖	佛耀	本邑	教员
解崇辉	晓云	江苏	职员兼教员	薛凤昌	公侠	江苏	教员
濮礼和	惠臣	江苏	教员	秦　琨	剑候	本邑	职员
杨　弼			教员	吴　珽	勉卿	本邑	教员
吴廷佐	少耕	本邑	职员	史赞元		本邑	教员
杨椿年		本邑	教员	吴宣沦	叔云	本邑	教员
夏　屿	次崖	浙江	教员	祝松年	锡吾		教员
刘经翼	时阶	湖南	职员	胡孔麟	仲山	贵池	职员
房宗岳	秩五	本邑	职员兼教员	谢家鹄	季翔	无为	职员兼教员
胡秉钧	衡卿	江苏	教员	孙允珩	楚白	本邑	职员
杨炳照	碧山	湖南	教员	宋振鸿	芦聪	本邑	职员兼教员
宣　猷	子宜	江苏	教员	黄访石		本邑	职员
石人进		江苏	教员	陈树芳	贡兰	英山	教员
金润生	韵仙	本邑	教员	翟竹樵		泾县	教员
陈　钧	振华	寿州	教员	张肇乾	健甫	本邑	教员
盛　瑞		湖南	职员兼教员	苏方卿		本邑	教员
何以界	玉山	本邑	职员	张象朱	恕庵	本邑	职员兼教员
杨嘉成	仙畴	江苏	教员	钱叶林	切阳	本邑	职员
都如昫	喜亭	本邑	教员	李兆庆	吉安	太平	教员
李德群		湖南	职员兼教员	张意周	云生	本邑	教员
夏士华	栗良	江苏	教员	唐尔炽	汝梅	本邑	教员
李丙炎	和中	本邑	教员	张家骝	子驹	本邑	教员

续 表

姓　名	字	籍贯	职　　务	姓　名	字	籍贯	职　　务
金承祚	斡臣	全椒	教员	储启元	趣园	潜山	教员
许　鼎	治士	本邑	教员	张星垣	光庭	本邑	教员
光世则	克傅	本邑	职员兼教员	光世铎	泗傅	本邑	教员
吴燕贻	翼候	本邑	职员兼教员	史国辅	绍法	本邑	教员
刘炎昌	伯舒	本邑	职员	李五弼	炽荃	寿州	职员兼教员
王　光	子立	本邑	教员	余有林	伯桴	宿松	教员
潘　田	季野	本邑	教员	朱集成	理臣	本邑	教员
薛维英	臣	本邑	教员	桑克勤	逸卿	江苏	教员
房桂林	堃甫	本邑	职员	李先正	保衡	湖北	教员
胡　塍	受白	江苏	教员	方寿衡	篁石	本邑	教员
方　闻	炯夫	本邑	教员	吴　劲	仲候	本邑	职员兼教员
齐　韶	子洵	本邑	职员	柯传爵	列五	湖北	教员
刘道藩	价夫	本邑	教员	王炳荣	仁则	庐江	教员
李应瑞	则纲	本邑	教员	刘念曾	耀之	本邑	职员
章　曙	叔度	本邑	教员	方　侃	林辰	本邑	职员兼教员
许晏靖	士澄	本邑	教员	王熙昌		江苏	教员
施　普	括泉	本邑	教员	刘植培	树德	本邑	教员
章其焕	练甫	本邑	教员	朱　宽		本邑	教员
方　佺	晓舲	本邑	教员	朱宗武	伯健	本邑	教员
殷　耀	学樵	本邑	职员	张其杰	汉英	全椒	教员
许裔炎	绶南	本邑	教员	李莘垣		本邑	职员
徐　祚	幼圃	怀宁	教员				

表 2-3　民国二十六年(1937 年)桐城中学教职员一览表

姓　名	籍　贯	年龄(岁)	职　　务	通　信　地　址
张家翰	桐城	53	校长	城内北后街
李　骧	浙江永嘉	33	高中部主任兼文科教员	浙江永嘉县蒲州
刘俊民	江西万载	33	高中部训育主任兼数理化教员	江西宜春县南门敬教公所汉口戴家巷永泰恒王滋记庄
朱宗武	桐城	33	初中部主任兼高初中史地教员	汤家沟石溪镇
陈在平	旌德	32	初中部训育主任兼高初中生物教员	宣城城内
刘健农	桐城	38	事务主任兼初中地理图画手工教员	
方晓庵	桐城	31	高初中党义、高中政治经济、初中国文教员	城内双井方宅
方　琛	桐城	54	高中文科教员	东门外孙家衖口
方孝旭	桐城	47	高初中国文教员	城内勺园
童仲贤	湖北汉阳	28	高初中英文教员	上海法大马路紫来街新沙商号
慈克庄	桐城	37	高中英文教员	
吴亮新	桐城	30	初中英文教员	城内县法院后身
沈新芷	英山	30	高初中数理教员	
张先任	桐城	31	高初中数学教员	东门外洪庄
刘心如	桐城	37	高初中体育教员	
王钟石	桐城	34	初中音乐手工教员	城内商会斜对面王宅
傅绍悦	桐城	52	款产管理员	罗昌河
张启源	桐城	59	文牍员	城内钱尚书院张宅
范其菜	桐城	32	会计员	天林庄邮局
查子佑	桐城	42	洲租管理员	
李希尧	桐城	25	图书管理员	枞阳安凤岭曹后泰转
张承弼	桐城	49	仪器管理员	南门内小花园

续 表

姓 名	籍 贯	年龄（岁）	职 务	通 信 地 址
阎楷模	桐城	45	书记员	圣庙内城乡小学校间壁阎宅
方 超	桐城	37	书记员	北门内长街七号
李宗亮	桐城	25	书记员	北城外小陶朱郕范宅
姚厚甫	桐城	59	校医	大王庙西间壁

表 2-4 民国三十一年（1942 年）桐城县立中学教职工名单

姓 名	性 别	年龄（岁）	籍 贯	职 务
孙君谟	男	41	桐城	训导主任兼特教劳作教员
周之江	男	34	湖南浏阳	军训教官
刘心如	男	47	桐城	童子军团长兼体育教员
徐慎之	男	44	桐城	副主任导师兼史地教员
宋君达	男	37	桐城	级导师兼国文历史教员
史怀文	男	39	桐城	级导师兼物理化学教员
倪渐义	男	41	桐城	级导师兼英语教员
徐洁行	男	34	桐城	简师科主任兼英语算学教员
伍义明	男	58	桐城	算学教员
汪发先	男	54	桐城	会计兼算学教员
周碧山	男	44	桐城	国文历史应用文教员
姚佐泗	男	35	桐城	国文教员
黄子骥	男	43	桐城	数学物理教员
吴保苍	男	30	泾县	社教主任干事兼地理生物卫生教员
方晓庵	男	41	桐城	国文历史教员
殷任甫	男	53	桐城	国文教员
刘世骅	男	28	桐城	公民教员

续　表

姓　名	性　别	年龄(岁)	籍　贯	职　　务
方鸿寿	男	28	桐城	图画劳作教员
史凤和	男	48	桐城	博物教员
徐士慧	女	22	桐城	女子指导兼音乐教员
张望之	男	72	桐城	文牍员
唐缉熙	男	37	桐城	图书馆员兼统计员
阎静齐	男	58	桐城	教务员
汪傅濛	男	45	桐城	教导助理员
李相文	男	30	桐城	事务员
唐荆白	男	39	桐城	事务员
徐馥骝	男	42	桐城	书记
方经华	男	47	桐城	书记
任笑指	男	58	桐城	书记
姚季国	男	29	桐城	书记
史　试	男	49	桐城	合作社管理员
徐文敏	男	36	桐城	书记
孙巨川	男	60	桐城	中医
程亦鸣	男	30	桐城	西医

表 2-5　民国三十六年(1947 年)桐城中学教职员一览表

姓　名	年龄(岁)	性别	籍贯	职　务	学　　历	经　　历
方来桐	50	男	桐城	校长	国立武昌高等师范外语系毕业	曾任省县公私中等学校教务主任、训育主任暨教员二十年以上
李相珪	40	男	桐城	教务主任	日本北海道帝大农学院卒业	曾任安徽大学农学院讲师、省立霍邱农业职业学校校长及省立七中、安徽省立第一甲种农业学校教职员

续 表

姓　名	年龄（岁）	性别	籍贯	职　务	学　　历	经　　历
章东澄	32	男	桐城	训育主任兼训教官	中训团党政班毕业	曾任教官、助教、青年团书记等职
疏松龄	38	男	桐城	事务主任	安徽省立安庆高级中学师范科毕业	曾任各小学校长、教员十年以上
璩镜潭	34	男	桐城	军训助教	中央陆军军官学校步兵科毕业	曾任陆军第十四军上尉参谋暨炮兵连长等职
刘心如	53	男	桐城	一五八九团团长	中国体育学校暨上海童子军训练班毕业	曾任省立高中一中、二中、四中、三师、四师、五师、一工、怀中、东南中学、桐中等校体育教员及童训团长
刘　恕	40	男	桐城	党训教练	中国体育专科毕业	曾任中等学校童训处体育十五年以上
盛祖庆	35	男	桐城	导师	武汉大学中文系毕业	曾任四川嘉定职中、省立工职七中教员
吴宗来	28	男	桐城	导师	安徽省立安徽学院数理系毕业	曾任省立霍山师范数理教员
姚沛生	41	男	桐城	导师	国立武昌大学毕业	曾任桐中三育、省立二中一分校、省立工职等校教员
汪传据	34	男	桐城	导师	本校高中毕业	曾任私立笃山中学教员
光德升	31	男	桐城	导师	国立浙江大学化学系毕业	曾任贵州省立蜀南中学、清潭中学教员
施孟胥	34	男	桐城	导师	国立武汉大学毕业	曾任陕西省立蒲城中学、安徽省立女职、国立二中、八中、边疆各校教员，国立华侨二中教务主任兼数理教员
吴镇东	38	男	桐城	导师	国立中央大学商学院毕业	曾任本校英语教员、国立八中高中部教员兼出纳主任
方叔文	46	男	桐城	导师	安徽省立第五师范毕业	曾任安徽省中小学校教材编委会编导，省立工程师范、县立简师、私立浮山、笃山等校教员
乔国璋	37	男	桐城	导师	安徽省立安庆高级师范科毕业	曾任怀宁中学事务主任兼教员、简师班主任兼本校教员

续　表

姓　名	年龄（岁）	性别	籍贯	职　务	学　　历	经　　历
唐雨梅	70	男	桐城	教员	前清增生	历任芜湖安徽公学、桐中、芜湖女师、北平中国大学、奉天同潭中学、罅山中学等校教员
唐家祯	31	男	桐城	教员	国立西北大学外语系毕业	曾任国立七中高中英语教员
唐　棣	32	男	桐城	教员	武汉大学毕业	曾任昆明国际无线电台资讯台工程师
方源流	35	男	桐城	教员	国立武昌大学毕业	曾任省立陵酒乡师、六中、二中，立煌工钱局女中，安庆专师，私立菁华等校教职员
徐伯书	35	男	桐城	教员	中央干部学校研究第一期毕业	曾任广西柳州中学、安徽私立天柱中学、景路中学教职员
刘　泉	36	男	桐城	教员	安徽大学文学院教育系毕业	曾任私立三育、私立天柱、省立二中、蚌埠中学等校教员
吴见吾	42	男	桐城	教员	安徽大学中国文学系毕业	曾任省立宣城师范、省立五中、七中文史教员，私立宏实、私立孟侠名校教职员
马光昌	34	男	桐城	教员	安庆高级中学毕业	曾任私立菁华、笃山、孟侠、桐中，县立简师各校教员
孙祥真	34	男	桐城	教员	上海私立震旦大学毕业	曾任省立二中孟侠等校教员
方鸿寿	34	男	桐城	教员	上海美术专科学校毕业	曾任本校三育、桐中、女中、菁华中学等校教员
郑仲翊	47	男	桐城	校医	安徽省立第一师范学校毕业	曾任上海市私立乐华中学、江苏省立上海中学、安徽省私立宏实等校教员、校医、铨叙部登记备用
刘霞辉	32	女	湖北黄陂	女子指导	南京音乐专科学校毕业	曾任安庆第五小学教员二年、桐城中小学教员二年
吴淑英	34	女	桐城	会计	安庆女职毕业、军委会战干团政治组二期结业	曾任皖立临中——立煌抗捐处、当涂县立职业会计员，立煌、当涂、桐城等县科员

续 表

姓 名	年龄（岁）	性别	籍贯	职 务	学 历	经 历
倪有琛	39	男	桐城	文书组长	本校毕业	曾任县立小学教员、校长，桐城县政府国民教育视导员督学等职
汤世杰	37	男	桐城	出纳组长	财政部田赋整理人员训练班安徽会所结业	曾任无为太湖货检处太转望（“太湖转运望江”的简称，太湖、望江为县名）及叠合产销税所望江田赋及田粮处会计、皖保安团中尉军需
张莲荪	28	男	桐城	庶务组长	皖二临中高中毕业	曾任小学数学教师四年
汪传蒙	45	男	桐城	注册组长	安徽省立第二甲种农校本科毕业	曾任县立第二小学职教员
阎静齐	63	男	桐城	办事员	本校毕业	曾任本校职员二十余年
董树宾	36	男	桐城	办事员	安徽江淮中学毕业	曾任县府科员税务局税务员等职
朱雀桥	34	男	桐城	办事员	浮山中学毕业、本县蚕友训练班毕业	曾任南演义笔石、林各乡中心小学教员
方学文	30	男	桐城	办事员	皖七中毕业、皖团团第九期毕业	曾任潜山田赋管理处管理员、本县县政府水利督导员及乡镇小学教员等职
徐复骝	50	男	桐城	办事员	安徽省立农业学校本科毕业	历任本校书记十七年

表 2-6　2001 年桐城中学教职工情况一览表

姓 名	职 称	职 务	姓 名	职 称	职 务
汪年生	中学高级	校长、校党委副书记	吴春生	中学一级	政教处主任
彭申清		党委副书记	王士宏		总务处副主任
吴国昌	中学一级	纪委书记	彭声应	特级教师	教务处副主任
陈邦裕	中学一级	工会主席	汪顺芳	中学高级	教科室主任 教务处副主任
汪仞冈	中学高级	党政办副主任	毕金芳	中学高级	政教处主任

续　表

姓　名	职　称	职　　务	姓　名	职　称	职　　务
方世友	中学一级	总务处副主任	彭　年	中学高级	教务处主任
沈文刚	中学一级	语文教研组副组长	胡旺胜	中学一级	总务处主任
苏　翔	中学高级	曾任语文教研组组长	周　治	中学一级	党政办副主任
李　佳	中学高级	语文教师	曹向东	中学一级	教务处副主任
刘盛磊	中学高级	语文教师	陈玉莲	中学一级	教科室副主任
何古奇	中学一级	语文教师	葛　志	中学一级	团委书记
赵东明	中学一级	语文教师	汪文涛	中学一级	语文教研组组长
吴幸福	中学一级	语文教师	杨怀志	特级教师	语文教师
方震眩	中学二级	语文教师	张　骏	中学高级	语文教研组组长语文教师
汪浩海	中学一级	数学教研组副组长	吴国庆	中学高级	语文教师
崔甸甲	中学高级	数学教师	刘　瑜	中学高级	语文教师
刘和权	中学高级	数学教师	方桂平	中学一级	语文教师
程玉红	中学高级	数学教师	江宏生	中学一级	语文教师
彭国霞	中学一级	数学教师	袁有年	中学一级	语文教师
程荣富	中学一级	数学教师	姚伟章	中学高级	数学教研组组长
方长林	中学一级	数学教师	崔新国	中学高级	数学教师
姚国凡		数学教师	汪　胜	中学高级	数学教师
丁红棣	中学高级	英语教研组组长	金　汤	中学高级	数学教师
邓国栋	特级教师	副校长	郑鲁根	中学高级	数学教师
罗　伟	特级教师	副校长	光吉苗	中学一级	数学教师
江　喆	中学高级	副校长	方义和	中学一级	数学教师
吴明来	中学一级	党政办主任	向　宁	中学二级	数学教师

续 表

姓 名	职 称	职 务	姓 名	职 称	职 务
杨月香		数学教师	陶正宏	中学一级	政治教师
桂从明	中学一级	英语教研组副组长	黄祥林	中学高级	历史教研组组长
徐京波	中学高级	英语教师	黄百年	中学一级	历史教师
江国清	中学高级	英语教师	胡 杰	中学二级（中学一级教师资格）	历史教师
吴义志	中学一级	英语教师			
张明霞	中学一级	英语教师	胡邦彦	中学高级	地理教师
程国义	中学一级	英语教师	吴东明	中学一级	体艺教研组组长 体育教师
汪向东	中学二级	英语教师	阮芳潮	中学一级	美术教师
操 萍	中学二级	英语教师	盛 峰	中学一级	体育教师
吴雄光	中学一级	物理教研组副组长	胡新民	中学高级	英语教师
王光余	中学高级	物理教研组组长	包群崧	中学一级	英语教师
方泽民	中学一级	物理教师	徐来顺	中学一级	英语教师
杨春林	中学一级	物理教师	高宗祥	中学一级	英语教师
李新峰	中学一级	物理教师	朱立凯	中学一级	英语教师
吴 杰	中学高级	化学教研组组长	程根应	中学二级	英语教师
叶惠玲	中学高级	化学教师	汪和根	中学高级	物理教研组组长
姚远章	中学一级	化学教师	杨积胜	中学高级	物理教师
陈昌旺	中学一级	化学教师	方树辉	中学高级	物理教师
祁庆安	中学二级	化学教师	华奎庭	中学一级	物理教师
徐庆竹	中学高级	生物教研组组长	彭荣斌	中学一级	物理教师
汪应青	中学二级	生物教师	任四霞	中学二级	物理教师
蔡长宇	中学一级	政治教研组组长	高良启	中学一级	化学教研组副组长

续　表

姓　名	职　称	职　　务
屠先国	中学一级	化学教师
占真玲	中学一级	化学教师
汪马根	中学二级	化学教师
田庆锁		化学教师
宋月琴	中学高级	生物教师
周　俊	中学二级	生物教师
汤传应	中学高级	政治教师
梅万生	中学一级	政治教师
胡玉堂	中学高级	历史教研组组长 历史教师
陈乔珍	中学二级	历史教师
徐继鸣	中学高级	地理教研组组长
曹华胜	中学一级	地理教师
王洪流	中学高级	音乐教师
夏西文	中学一级	体育教师
田湘云	中学二级	体育教师
吴章进	中学二级	美术教师
李玉龙	中学二级 教师资格	职员
郜庆慧	中学三级	职员
徐庆三	职员	保卫干事
方淑媛	中学二级 教师资格	职员
唐　杰		职员
李若松	中学一级	语文教师兼教务员
高莲华	中学二级 教师资格	职员
徐冬青	中学二级 教师资格	职员
刘培生	中学高级	科学馆馆长
赵晓惠	中学高级	实验教师
赵敬奎	中学一级	微机教师
姚上村	中学二级	微机教师
王　俊	高级技工 （中学二级 教师资格）	实验教师
余金光	副研究馆员	图书馆馆长
华翠兰	中学高级	图书管理员
梅耕云	中学二级	图书管理员
李　永	主管护师	校医
史再新	中学二级	职员
田　青	中学二级	出纳
邱凌云	高级技工	电工
姚南山		职员
王曙光	高级技工	厨工
刘五四	高级技工	厨工
陈李生	高级技工	厨工

续 表

姓 名	职 称	职 务	姓 名	职 称	职 务
胡良文	初级技工		许葆青	中学二级	实验教师
刘顺元	高级技工		叶天慈	中学三级	实验教师
王桂云	档案馆员	校办室干事	曹福满	中学高级	图书管理员
江道顺	中学一级 教师资格	职员	许巧云	助理馆员	图书管理员
马茂萱	普工	保卫科长	吴庆平	主管护师	校医
孙 镇	中学高级		叶百玲	会计师	会计
汪 流	中学三级	职员	琚梅花		职员
袁桂发		教务员	井小华	助理经济师	职员
唐家宏		职员	姜锁柱		职员
周学文	中学二级 教师资格	职员	叶爱春		职员
冯宪远	普工		吕召开	高级技工	厨工
吴宗勤	中学高级	电化教学教师	姚晓云	高级技工	厨工
许春林	中学一级	实验教师	王 明	中级技工	
王振华	中学一级	实验教师	杨建军	高级技工	

表 2-7 2001 年桐城中学离退休教职工情况一览表

姓 名	职 称	职 务	姓 名	职 称	职 务
吴祚宁	中学高级	地理教师	慈昌淦	特级教师	桐城中学名誉校长、原副校长,安徽省数学学会会员、中学数学学会副理事长
王铁铸	中学高级	原教科室主任			
部志义		职工			
方光辉		教务员	徐捷先	中学高级	英语教师
时先德	中学高级	语文教师	叶玲生	助理会计师	职员
陈维谐	中学高级	数学教师	方 愈	中学高级	物理教师

续　表

姓　名	职　称	职　　务	姓　名	职　称	职　　务
汪炳国		职员	卢声频	中学高级	原桐城中学党委书记
徐克来		职员	汪国成		职工
刘化民	中学高级	英语教师	马光昌		英语教师
吴爱春	中学一级	语文教师	赵伯和	中学一级	原语文教研组副组长
张晓东	中学一级	原副校长	王光福		工人
陈友三	中学高级	原桐城中学工会副主席	刘俊生	中学高级	语文教师
储德昆	中学一级	实验老师	朱益群	中学高级	英语教师
彭鸣皋	中学高级	数学教师	江　潮	中学一级	音乐教师
张南生	中学一级	数学教师	吴世法	中学一级	地理教师
叶湘生	中学一级	出纳	高尚斌		职员
吴震川	中学高级	语文教师	王宜信		厨工
王福英	主治医师		金宜辛	中学高级	数学教师
江承发	中学高级	原桐城中学工会副主席	包瑞华	中学一级	数学教师
黄千华	中学高级	原总务处副主任	陈　希	中学高级	化学教师
陈翠华	小学高级	职员	李素萍	中学高级	政治教师
董书亭	副主任医师	校医	张　兴	中学高级	原桐城中学工会主席
雷合林	中学高级	语文教师	林祖年	中学高级	原体艺教研组组长
张启友	中学高级	原科学馆馆长	陈彩霞	中学高级	原政教处副主任、语文教师
刘定邦	中学高级	生物老师	高之文	中学高级	原教务处主任
吴良兴	中学高级	数学教师	高传明	中学高级	原语文教研组组长
方阳生	中学一级	教务员	汪锡云		原总务处副主任
唐久清	中学一级	原总务处副主任	唐述祴	中学高级	原生物教研组组长
田鹤群	中学高级	英语教师	王尔行	中学高级	原生产处副主任

续　表

姓　名	职　称	职　　务	姓　名	职　称	职　　务
潘中文	中学高级	原校办主任	吴永清	中学高级	原语文教研组组长
姚杰吾	中学一级	图书管理员	陈良知	中学高级	原政治教研组组长
吴翠华	中学一级	数学教师	郭道成	中学高级	原教务处副主任
王启玉	中学高级	物理教师	史本贵	中学高级	数学教师
胡淑和	中学一级	图书管理员	黄晋硕	中学高级	语文教师
李水清	中学高级	原教务处副主任	汪年春	中学高级	原政治教研组副组长

表 2-8　2021 年桐城中学教职工情况一览表(截至 2021 年年底)

序号	姓　名	性别	职务或职称	部　门
1	汪习军	男	党委书记(副处级)	党政办公室
2	曹向东	男	副校长、高级教师	
3	周　治	男	副校长兼党政办主任、高级教师	
4	吴世敏	女	党政办副主任、一级教师	
5	田湘云	女	高级教师	
6	张　倩	女	一级教师	
7	王国庆	男	高级教师	
8	段焕荣	男	地理教研组组长、高级教师	
9	周遵峰	男	高级教师	
10	王曙光	男	高级技工(三级)	
11	陆淑婉	女	新入职	
12	葛　志	男	工会主席、团委书记、高级教师	工会、团委
13	李海慧	男	团委副书记、一级教师	
14	张　泓	女	一级教师	

续 表

序号	姓 名	性别	职务或职称	部 门
15	方钊莹	男	政教处主任、高级教师	政教处
16	徐艳松	男	政教处副主任、高级教师	
17	徐庆三	男	保卫科科长、二级教师	
18	唐 杰	男	高级技工(三级)	
19	盛 峰	男	高级教师	
20	盛 龙	男	一级教师	
21	储亚琼	女	二级教师	
22	汪浩海	男	教务处主任、高级教师	教务处
23	周兴广	男	教务处副主任、一级教师	
24	汪 流	男	二级教师	
25	周学文	男	一级教师	
26	徐冬青	女	二级教师	
27	胡良文	男	二级教师	
28	梅万生	男	高级教师	
29	吴双七	男	高级教师	
30	何达远	男	化学教研组组长、高级教师	
31	杨远海	男	物理教研组副组长、一级教师	
32	汪央莲	女	高级教师	
33	汪东红	男	科学馆馆长、一级教师	科学馆
34	赵敬奎	男	高级教师	
35	王振华	男	一级教师	
36	姚上村	男	高级教师	
37	叶天慈	男	一级教师	
38	刘夫诚	男	一级教师	

续　表

序号	姓　名	性别	职务或职称	部　门
39	朱仁宝	男	一级教师	科学馆
40	张复亮	男	高级教师	
41	王　明	男	图书馆馆长	图书馆
42	桂从明	男	高级教师	
43	汪群英	女	一级教师	校医室
44	汪顺芳	男	总务处主任、高级教师	总务处
45	张明霞	女	总务处副主任、高级教师	
46	田　青	女	出纳、二级教师	
47	刘五四	男	高级技工(三级)	
48	刘　晖	男	高级教师	
49	徐　祺	男	高级教师	
50	吴幸福	男	语文教研组组长、高级教师	语文组
51	胡红旗	男	语文教研组副组长、一级教师	
52	汪文涛	男	高级教师	
53	沈文刚	男	高级教师	
54	何古奇	男	高级教师	
55	方桂平	男	高级教师	
56	江宏生	男	高级教师	
57	方震眩	女	高级教师	
58	袁有年	女	高级教师	
59	黄志武	男	高级教师	
60	苏　凯	男	高级教师	
61	陶淑文	女	高级教师	
62	胡双全	男	正高级教师	

续　表

序号	姓　名	性别	职务或职称	部　门
63	张付红	女	一级教师	语文组
64	赵　平	女	一级教师	
65	张道玲	女	一级教师	
66	王栋仁	男	一级教师	
67	杨剑兵	男	一级教师	
68	程金玲	女	一级教师	
69	汪亚萍	女	一级教师	
70	汤琼花	女	一级教师	
71	方　瑜	女	一级教师	
72	吴艳艳	女	一级教师	
73	孙阳青	女	一级教师	
74	王银平	女	一级教师	
75	方晓丽	女	高级教师	
76	黄　晨	女	二级教师	
77	俞　钰	女	新入职	
78	吴云海	男	数学教研组组长、高级教师	数学组
79	李　季	男	一级教师	
80	姚伟章	男	高级教师	
81	崔新国	男	高级教师	
82	光吉苗	男	高级教师	
83	金　汤	男	高级教师	
84	程玉红	男	高级教师	
85	彭国霞	女	高级教师	
86	郑鲁根	男	高级教师	

续 表

序号	姓　名	性别	职务或职称	部　门
87	程荣富	男	高级教师	数学组
88	方义和	男	高级教师	
89	向　宁	男	高级教师	
90	姚国凡	男	高级教师	
91	杨月香	女	高级教师	
92	方赛春	男	高级教师	
93	余　浩	男	高级教师	
94	朱　峰	男	二级教师	
95	丁西平	男	一级教师	
96	张国飞	男	一级教师	
97	王思思	女	一级教师	
98	张勤勤	女	一级教师	
99	吴美玲	女	一级教师	
100	费先浩	男	一级教师	
101	尹黎明	男	一级教师	
102	金　黎	男	一级教师	
103	汪婷婷	女	一级教师	
104	刘登洋	男	一级教师	
105	姚小畏	男	一级教师	
106	黄　林	男	高级教师	
107	朱立凯	男	英语教研组组长、高级教师	英语组
108	汪向东	女	英语教研组副组长、高级教师	
109	高宗翔	男	高级教师	
110	江国清	男	高级教师	

续　表

序号	姓　名	性别	职务或职称	部　门
111	包群崧	男	高级教师	英语组
112	吴义志	男	高级教师	
113	程国义	男	高级教师	
114	程根应	男	高级教师	
115	王李芳	女	高级教师	
116	严　丽	女	一级教师	
117	万玲玲	女	一级教师	
118	宋　笑	男	一级教师	
119	齐小玮	女	一级教师	
120	李　志	男	一级教师	
121	魏晓明	女	一级教师	
122	郑　伟	男	一级教师	
123	彭爱平	女	一级教师	
124	朱　玉	女	一级教师	
125	朱婷婷	女	一级教师	
126	杨　娟	女	一级教师	
127	张翠婷	女	二级教师	
128	方淑文	女	二级教师	
129	邱丹丹	女	一级教师	
130	黄存义	男	高级教师	
131	鲍加琪	女	二级教师	
132	汪　璐	女	二级教师	
133	许沁杨	女	新入职	
134	章有莉	女	新入职	

续　表

序号	姓　名	性别	职务或职称	部　门
135	彭荣斌	男	物理教研组组长、高级教师	物理组
136	吴雄光	男	高级教师	
137	方泽民	男	高级教师	
138	方树辉	男	高级教师	
139	华奎庭	男	高级教师	
140	杨春林	男	高级教师	
141	李新峰	男	高级教师	
142	任四霞	女	高级教师	
143	洪瑞敏	男	一级教师	
144	刘锦彬	男	一级教师	
145	程　俊	男	一级教师	
146	曹小凤	女	一级教师	
147	杨　龙	男	一级教师	
148	谢柏东	男	一级教师	
149	李　亚	男	一级教师	
150	郭　晖	男	二级教师	
151	汪天龙	男	高级教师	
152	许　娴	女	二级教师	
153	孟玉洁	女	二级教师	
154	黄　鹏	男	二级教师	
155	邬宗双	男	化学教研组副组长、高级教师	化学组
156	姚远章	男	高级教师	
157	高良启	男	高级教师	
158	屠先国	男	高级教师	

续　表

序号	姓　名	性别	职务或职称	部　门
159	占真玲	女	高级教师	化学组
160	陈昌旺	男	高级教师	
161	汪马根	男	高级教师	
162	祁庆安	男	高级教师	
163	田庆锁	男	高级教师	
164	杨　婷	女	一级教师	
165	王　华	女	一级教师	
166	徐婷婷	女	一级教师	
167	胡风英	女	高级教师	
168	刘成茂	男	一级教师	
169	王　蕾	女	一级教师	
170	陈丽娜	女	一级教师	
171	刘可林	男	一级教师	
172	王士杰	男	高级教师	
173	张　义	男	生物教研组组长、一级教师	生物组
174	陈永生	男	生物教研组副组长、一级教师	
175	周　俊	男	高级教师	
176	汪应青	男	高级教师	
177	李友志	男	高级教师	
178	裴　建	男	一级教师	
179	赵　敏	女	一级教师	
180	钱伶俐	女	一级教师	
181	汪　燕	女	一级教师	
182	王悦琴	女	一级教师	

续　表

序号	姓　名	性别	职务或职称	部　门
183	开桃莹	女	高级教师	生物组
184	查玉婷	女	一级教师	
185	陈兰平	女	一级教师	
186	房　芳	女	一级教师	
187	叶　飞	男	高级教师	
188	章秀秀	女	二级教师	
189	刘　莉	女	新入职	
190	刘春欣	女	新入职	
191	何　林	男	政治教研组组长、一级教师	政治组
192	陶正宏	男	高级教师	
193	蔡长宇	男	高级教师	
194	程　敏	女	一级教师	
195	王阿霖	女	一级教师	
196	陈礼根	男	高级教师	
197	金文友	男	高级教师	
198	周美芳	女	二级教师	
199	陈远柱	男	历史教研组组长、一级教师	历史组
200	黄祥林	男	高级教师	
201	陈乔珍	女	高级教师	
202	方道木	男	一级教师	
203	吴婷婷	女	一级教师	
204	何　青	男	高级教师	
205	鲍海飞	男	二级教师	
206	项　楠	女	新入职	

续　表

序号	姓　名	性别	职务或职称	部　门
207	刘红叶	女	一级教师	地理组
208	张　燕	女	一级教师	
209	李　吉	男	一级教师	
210	华德武	男	二级教师	
211	胡安玲	女	一级教师	
212	叶群怀	男	高级教师	
213	蒋丽君	女	二级教师	
214	劳后红	男	体艺教研组组长、一级教师	体艺组
215	吴东明	男	高级教师	
216	夏西文	男	高级教师	
217	张　磊	女	高级教师	
218	吴甲传	男	一级教师	
219	王双娈	女	一级教师	
220	李　娟	女	一级教师	
221	施发桂	男	一级教师	
222	田　歆	女	一级教师	
223	朱宝玉	男	一级教师	
224	倪恒玉	男	二级教师	
225	向华发	女	新入职	

表 2-9　桐城中学离退休教职工名单

(截至 2021 年年底)

姓　名	职务	职　　称	姓　名	职务	职　　称
王铁铸	干部	高级教师(5)	金贻莘	干部	高级教师(7)
王光福	工人	高级工	包瑞华	干部	一级教师(10)

续 表

姓　名	职务	职　　称	姓　名	职务	职　　称
李素萍	干部	高级教师(7)	王　俊	工人	高级工
储德昆	干部	一级教师(10)	井晓华	干部	助理经济师
彭鸣皋	干部	高级教师(7)	吴国昌	干部	高级教师(7)
王尔行	干部	高级教师(7)	姚晓云	工人	高级工
黄干华	干部	高级教师(7)	李　佳	干部	高级教师(5)
吴翠华	干部	一级教师	叶惠玲	干部	高级教师(5)
王启玉	干部	高级教师(7)	毕金芳	干部	高级教师(5)
刘定邦	干部	高级教师(7)	姜锁柱	工人	普工
陈良智	干部	高级教师(7)	汪仞冈	干部	高级教师(5)
郭道成	干部	高级教师(7)	方淑媛	干部	二级教师(11)
史本贵	干部	高级教师(7)	阮方朝	干部	一级教师(8)
黄晋硕	干部	高级教师(7)	徐来顺	干部	一级教师(8)
汤传应	干部	高级教师(7)	姚南山	干部	无职称
刘　瑜	干部	高级教师(7)	洪东国	干部	副处
刘顺元	工人	高级工	吴国庆	干部	高级教师(5)
叶百龄	干部	一级教师(10)	曹华胜	干部	高级教师(6)
胡玉堂	干部	高级教师(7)	彭　年	干部	高级教师(5)
王关余	干部	高级教师(7)	李　永	干部	一级教师(8)
胡新民	干部	高级教师(7)	郜庆慧	干部	二级教师(11)
张　骏	干部	高级教师(7)	罗　伟	干部	正高级教师(4)正处
刘培生	干部	高级教师(7)	李若松	干部	高级教师(6)
华翠兰	干部	高级教师(7)	叶爱春	干部	二级教师(12)
汪年生	干部	高级教师(7)	胡邦彦	干部	高级教师(5)
陈邦裕	干部	一级教师(10)	叶湘生	干部	一级教师(10)

续　表

姓　名	职务	职　　称	姓　名	职务	职　　称
汪炳国	工人	高级工	琚梅花	干部	科员
徐克来	工人	高级工	江道顺	工人	普工
陈　希	干部	高级教师(5)	孙　镇	干部	高级教师(7)
林祖年	干部	高级教师(7)	王洪流	干部	高级教师(7)
陈彩霞	干部	高级教师(7)	马茂萱	干部	初级政工师
王福英	干部	一级教师(10)	苏　翔	干部	高级教师(5)
江承发	干部	高级教师(7)	徐京波	干部	高级教师(7)
姚杰吾	干部	一级教师(10)	吕召开	工人	高级工
董书亭	干部	高级教师(7)	许春林	干部	一级教师(8)
张启友	干部	高级教师(7)	彭申清	干部	副处
吴良兴	干部	高级教师(7)	宋月琴	干部	高级教师(5)
方阳生	干部	一级教师(10)	胡万胜	干部	一级教师(8)
唐久清	干部	一级教师	唐家宏	干部	无职称
卢声频	干部	高级教师(7)	杨建军	工人	高级工
汪年春	干部	高级教师(7)	汪和根	干部	高级教师(5)
胡淑和	干部	一级教师	余金光	干部	高级教师(5)
程翠华	干部	高级教师(7)	徐继鸣	干部	高级教师(5)
杨怀志	干部	高级教师(7)	吴宗勤	干部	高级教师(5)
史再新	干部	二级教师(12)	冯宪远	工人	普工
刘和权	干部	高级教师(7)	许巧云	干部	二级教师(11)
吴庆平	干部	一级教师(10)	李玉龙	干部	一级教师(10)
梅耕荣	干部	二级教师(12)	许葆青	干部	二级教师(11)
汪　胜	干部	高级教师(7)	徐庆竹	干部	高级教师(5)
王桂云	干部	一级教师(10)	吴　杰	干部	高级教师(5)
邱林云	工人	高级工			

第二节　教 师 培 训

学校历来重视教师培训工作。1916年，孙闻园先生任校长期间，南京高等师范学校设立体育专修课，学生修满两年即可毕业。学校闻讯即选派伍健老师前往学习，以此储备本校体育师资。

新中国成立后，桐中教师培训工作基本上是按“以老带新”的方式进行。“文化大革命”前17年，凡是到学校任职的青年教师，无论来自何处，也无论学历层次多高，入职后的第一年，都必须跟在相应学科的老教师后面学习，是谓“拜师”。这期间，徒弟跟在师傅后面听课，帮助师傅批改作业，在师傅的指导下撰写教学笔记，跟师傅一起研究教材、研究教法、研究课堂等。经过一年的摔打磨炼，这些青年教师熟悉了教材，也熟悉了课堂，掌握了基本的教学方法，可以独当一面上讲台授课了，此时，学校还要组织相应学科的教师一起去听课、评课。经过大家一致认可后，这些青年人才能走上讲坛，成为真正的人民教师。

那时，还没有独立的教育科研部门，也没有专门的教师培训中心，教师培训基本上是以个人自我进修为主、岗位学习为辅的方式进行。尤其在史耀民任校长期间，乘着“向科学进军”的强劲东风，古老的桐中校园，无论老教师还是新教师，人人以刻苦学习、努力创新为荣，个个争当教学的先锋、研究的巨子。尽管当时物质条件极其低下，但全体教师学习、教学双管齐下，以学促教，以教促学，创造了辉煌的教育教学业绩，受到党中央的表彰。

改革开放以后，学校教师的培训工作基本上是在上级教育主管部门的组织安排下进行。特别是进入新世纪后，随着一轮又一轮的课程改革，教师培训工作非常频繁，几乎是常态化。为此，学校出台了“青蓝工程”与“3510”培养计划，即要求青年教师拜师结对，向老教师学习，并力争“3年成长，5年成熟，10年成名”。此外，学校还制订了《桐城中学教师校本研修计划》，并成立了校本研修工作指导小组，有计划地推进校本研修工作。

校本研修以学科组为单位，聚焦核心素养，深化教育教学方式改革。其目的是：通过对课程标准的解读，帮助教师了解课程改革的方向及其对教师的要求，提高教师对课程标准的认识水平，使教师了解课程标准的教育理念和基本要求并掌握课本的内容设置；以发展学生的核心素养为重点，从实践层面提高广大教师执行课程标准的能力，帮助教师提升课堂教学的有效性及创造性地解决教育教学问题的能力。校本研修的主要形式：学校专题会议、学科组专题会议、读书研讨、先进教师公开课及经验交流、教学技能展示活动、优质课大赛、论文发表、课题研究等。在彭志恩及众多上海校友资助下，2007 年至 2009 年，学校英语组 10 余人先后赴新西兰培训学习。2014 年至 2016 年，学校分三批组织所有学科教师到华东师范大学参加培训学习。学校教师培训工作有条不紊，渐序推进。

第三节　职 称 管 理

为推动教育事业健康有序发展，1986 年，中央职称改革工作会议召开，并组建中央职称改革领导小组，各领域职称改革全面启动。同年，国家教育委员会转发中央职称改革领导小组《中小学教师职务试行条例》，标志着中小学教师职称制度的正式确立。文件对中小学教师的职务类别、评审办法进行了详细的规定，实施了专业技术职务聘任制，为各类学校开展教师评价和考核提供了法律和制度依据。2006 年，人事部印发《事业单位岗位设置管理试行办法》及其实施意见，使中小学教师职称制度进入规范化的轨道。在上级部门政策的推动下，中小学教师职称制度在全国各地区纷纷建立，并逐步发展成为教师队伍建设的关键制度。

经过 20 多年的探索，中小学教师职称制度存在的评价标准不合理、评价机制不完善、与事业单位岗位聘用制度衔接不够等问题逐步显现，成为阻碍教师队伍建设的重要因素，改革的呼声也愈发强烈。2009 年，人力资源和社会保障部（简称“人社部”）、教育部印发《关于深化中小学教师职称制度改革试点的指导意见》，主要围绕体系构建、评价标准、评价机制等开始了中小学职称制度改革工作。

2015 年至今，中小学教师职称制度改革全面实施。2015 年 9 月，人社部、教育部联合印发《关于深化中小学教师职称制度改革的指导意见》，以健全制度体系、完善评价标准、创新评价机制、实现评聘衔接为核心举措，在全国范围内推动中小学教师职称制度改革。2016 年和 2017 年，全国各地区按照新的政策要求开展了职称评审工作。

在桐中，教师的职称评定工作完全是在党和国家的相关政策指导下、在上级教育主管部门和人社部门的具体规定下进行。职称评定严格按照国家的政策、标准、方法来操作。

随着时代的发展，教师职称评定的标准、要求与方法也在不断改革中。80年代初期，教师职称评定基本上是依据学历、资历等条件，由学校直接推荐，上级主管部门认定即可，对教师教学科研能力与成果等要求不高。90年代后期，教师的职称评定分两步走：先是取得相应资格，即由符合条件的教师个人申报，提供评审材料（主要是备课笔记、听课笔记、教学成绩以及教科研材料等），待上级主管部门组织评审后认定其相应资格；再是应聘，即学校根据当地人社部门下发的文件，结合本校教师职称结构比例情况，确定应聘人员。从21世纪初到2010年，教师职称评聘工作基本上遵循先评后聘、评聘分开的原则，即教师个人先取得相应的资格（如高级教师、中级教师等），再由学校根据实际情况聘任，由人社部门发给聘书。此后至今，教师评聘工作得到改革，由原来的先评后聘、评聘分开改为评聘结合，即学校根据教师结构情况向当地人社部门提出聘任申请，人社部门在核准该校教师职称的实际名额后，再下发文件，准许该校若干教师申报相应职称。当教师通过职称资格认定后，学校即行聘任。目前教师职称评定工作，除要走上述程序外，教师本人还得参加安庆市教育部门组织的考评课（说课或上课）。

为使教师职称评聘工作能够最大程度地调动教职工的工作积极性，学校根据历史与现实状况，在考核内容、程序以及职务内晋级方面，作出比较细致的规定。考核内容含德、能、勤、绩、廉五个方面。

自职评工作开展以来，学校每年都有近10名教师评上高级职称，10多人评上中级职称。每年职称评定人数多少，是根据学校实际在岗教职工人数的总数以及不同职称教职工退休人数的多少共同决定的。2021年，有20余名教师通过了高级教师的评定工作，有26名教师通过了中级教师的评定工作。

第四节 名 师 工 程

学校自创办以来，一直重视名师和名师队伍建设。

办学伊始，学校即聘任日籍教师早川东明先生到桐城中学堂执掌教鞭，教授日文、法学、经济等课程。

此后，学校在办学经费极其短缺的情况下，仍资助马光祖、孙闻园等一大批优秀学子赴日留学，学成后回母校任职，孙闻园先生两次出任校长。孙校长在任职期间，秉承前辈的“延聘名师，造就名师”的传统，十分重视教师质量。他一方面四处选聘有真才实学的教师，另一方面注重培养本校的教师。他先后从外地选聘了太平县的李兆庆、全椒县的金承祚、泾县的洪金寿，江苏的胡塍、王均、王露等多位名教师，其中许多是留学生，如王均毕业于南洋公学土木工科。同时他还重视教师的培训工作，1916年，南京高等师范学校设立体育专修课，学生修满两年即可毕业，学校会同县教育会选送伍健前往学习，以此储备本校体育师资。

桐中自创办至新中国成立前，各科教师皆为名师。他们或是本地教育之精英，或是来自他乡的学术名流。

新中国成立后，随着教育事业的发展，全国各地大力兴办学校，教师普遍缺乏。在学校办学规模较新中国成立前扩大很多的情况下，为使教育教学质量不受影响，几任学校领导都把打造一支高素质的教师队伍作为学校的中心工作来抓，其中史耀民是典范。

史耀民系军人出身，在担任桐中校长期间，视学校的教导处为部队的参谋处，重视教学工作，关心师资队伍。他亲自跑高校，跑省厅，在每年的高校毕业生中挑选品学兼优的学生到桐中任教，极力在校内营造浓厚的学术氛围，鼓励教师勤于学习，勤于研讨，互相切磋，取长补短，使“知识会餐”常态化，并使之成为学校教育教学研究的一大特色。在物质极度贫乏的年代，史耀民校长始终把教师的冷暖放在心上。他把学校农场办得红红火火，使师生们的生活得到很大改善。他尤其关心青年教师，把他们的恋爱、婚姻放在心上，并自甘做他们的红娘，为他们牵线搭桥，让他们成家立业。每当青年教师结婚办喜事时，学校总是出资承办。在他的引领和推动下，桐中教师队伍稳定，名师辈出。老一辈如姚沛生、张致远、慈昌淦、余一贯、陈维谐、方不圆、吴智新、方愈、朱益群、陈玉玲、马光昌、吴祚宁、倪清泉等，是各学科的领军人物；新一代如王铁铸、周悦、朱长久、金诚睿、李杏林、徐定玲、石刚年、刘乐乡、朱桃园、胡志强、沈为道、李素萍、章征文、陈光熙、方世民、金宜辛、李冬云、凤良仪、马云生、陈希、佘世恒、金惠莉、王元祥、施国新、刘化民、陈友三、金仕仁、刘永昌、刘建中、章钟涛、江道宗、唐述裓、王铎、路晃、林祖年、江承发等，都是各学科的精英、骨干。

1999年，国务院颁发了《面向21世纪教育振兴行动计划》，提出“实施‘跨世纪园丁工程’，以提高教师队伍素质”的口号，要求“重点加强中小学骨干教师队伍建设”。为此，学校制定了《桐城中学名师工程实施意见》，实施“名师工程”，以名师群体带动教师群体，从而建立一支高素质的教师队伍。

学校坚持把提高思想道德素质放在教师队伍建设的首位。教师不仅要教好书，还要育好人，各方面都要为人师表，要有良好的师德。多年来，学校建立了一套完善的政治学习制度，坚持双周星期三晚各教研组集中开展政治学习，引导大家学习党的路线、方针、政策等。在开展政治学习的过程中做到三个结合：集体学习与自我学习相结合，学政治与讲风格、讲纪律、讲奉献相结合，理论学习与解决实际问题相结合。通过学习，广大教师更加热爱祖国，热爱教育事业，热爱桐中，以“勉成国器”为己任，修德敬业，务实创新。

学校坚持把提高业务素质作为教师队伍建设的根本，要求教师在职进行岗位进修，以应对21世纪的科技进步和社会发展。学校要求教师要不断调整知识结构，改进教学方法和教学手段，树立终身学习的思想，做到边教边学，不断“充电”。学校除单周星期三晚开展以教研组为单位的业务学习外，还利用寒暑假组织安排教师参加计算机培训、普通话培训、新教材培训以及继续教育学习等，加强专业理论知识学习和实践，提高教师现代化教育理论素养，使他们掌握现代化教育科学知识、方法和手段，并用来指导教学实践、教学改革和教学研究。学校积极倡导岗位练兵，坚持“三定”（定时间、定内容、定主备人），“五统一”（统一教学内容、统一教学进度、统一作业、统一考试、统一阅卷）的备课制度，加强团结协作，培养并发挥个人专长；通过开展“公开课”“示范课”“优质课”等活动，互相听课，互相学习，共同切磋，做到优势互补；通过教学开放日与外出交流学习等方式，提升教师的综合素质；通过强强联合，与合肥一中、湖南省四大名校等开展深度合作，以促进教师的专业成长。学校要求青年教师结对拜师，向老教师学习，通过老教师的传、帮、带，促进青年教师成长。学校积极鼓励教师撰写教育教学论文，鼓励他们著书立说，以此提高学识水平和业务能力。为此，学校采取奖励措施：凡在省级以上刊物发表的文章和出版社出版的书籍，都付以一定的稿酬。近20年来，教师发表论文500多篇，出版专著30多部。此外，开展评教评学活动，定期听取学生意见，注重教学信息反馈，以此促进教师教育教学水平的提升，促进教师的成长。

学校坚持把培养名师作为教师队伍建设的目标，积极为青年教师成长引路子、搭台子、扶梯子、压担子，使他们逐步成为合格教师、骨干教师、名牌教师。不少青年教师通过参加各级各类的“大比武”，在诸如优质课大赛、教学论文评比、演讲比赛、说课竞赛、“教坛新星”评比竞赛、学科带头人评选等活动中脱颖而出。自80年代初特级教师评选以来，学校已有8人荣获“安徽省特级教师”称号。目前，学校有正高级教师2人，高级教师80余人，全国优秀教师及先进工作者4人，省级优秀教师及先进工作者11人，省“教坛新星”4人，市“教坛新星”8人。在省级以上学术机构担任理事或常务理事的 4 人，安庆市学科带头人 9 人。

坚持引入竞争机制，努力优化教师队伍。从 90 年代以来，学校有不少老教师相继离、退休。而随着办学条件的改善，学校规模逐渐扩大，教师队伍呈现青黄不接的局面。为了充实教师队伍，解决新老“代谢”的问题，学校面向社会，本着公正公平公开的原则，率先以“竞教”的方式录用了一批年轻有为、成绩突出的骨干教师。市委、市政府和教育主管部门对此予以充分肯定，并向本地区其他学校推广。2001 年，学校推行“四制”改革，以编制为依据，实行公开竞争、双向选取、择优上岗。引入竞争机制，有益于教师队伍建设，也有益于名师的发现与培养，学校逐渐形成了“人人有动力，人人有目标，人人有作为，人人争创新”的局面。

表 2-10　桐城中学荣获安庆市委、市政府及以上部门表彰的教师一览表
（包括离退休及调出教师）

姓　名	荣誉类别	获取时间	授予单位
慈昌淦	安徽省社会主义建设积极分子 安徽省劳动模范 安徽省教育战线积极分子 安徽省特级教师	1956 年 1960 年 1977 年 1980 年	安徽省教育厅 安徽省人民政府 安徽省教育厅 安徽省人民政府
邓国栋	安徽省先进工作者 安徽省特级教师	1960 年 1990 年	安徽省教育厅 安徽省人民政府
吴永清	全国优秀教师	1989 年	教育部
项义发	全国先进工作者	1991 年	教育部
董书亭	全国学校卫生工作先进个人 安徽省优秀校医	1989 年 1989 年	教育部 安徽省教育厅
江　潮	安徽省劳动模范	1960 年	安徽省人民政府
杨怀志	安徽省优秀班主任 安徽省特级教师	1983 年 1993 年	安徽省教育厅 安徽省人民政府
高之文	安徽省优秀教师	1985 年	安徽省教育厅
卢声频	安庆市优秀党务工作者 安徽省优秀教师	1995 年 1996 年	中共安庆市委 安徽省教育厅
郭道成	安徽省学陶师陶先进个人	1996 年	安徽省教育厅
彭声应	安徽省特级教师	2001 年	安徽省人民政府

续　表

姓　名	荣誉类别	获取时间	授予单位
彭申清	安徽省先进扶贫工作者 全国优秀党务工作者 安徽省优秀基层党委书记	1993 年 1996 年 1996 年	安徽省人民政府 中共中央组织部 中共安徽省委
洪东国	安徽省先进工作者	2006 年	安徽省人大
汪　胜	安徽省“七五”建功者奖章	1987 年	共青团安徽省委
王洪流	安徽省学校艺术教育工作先进个人	2001 年	安徽省教育厅
胡万胜	安徽省优秀体育教师 安徽省体育传统项目学校优秀工作者	1988 年 1991 年	安徽省教育厅
吴宗勤	安徽省电化教育工作先进工作者 安徽省教育技术装备工作先进工作者	1987 年 2001 年	安徽省教育厅
余金光	安庆市优秀共产党员	1999 年	中共安庆市委
彭　年	安徽省优秀教师 全国模范教师 安徽省劳动模范 安徽省首届江淮好教师	2004 年 2007 年 2010 年 2012 年	安徽省教育厅 国家人事部、教育部 安徽省总工会 安徽省教育厅
罗　伟	安徽省“七五”建功者奖章 安徽省特级教师 安徽省教育系统先进工作者 安徽省教育系统先进工作者	1987 年 1998 年 2014 年 2015 年	共青团安徽省委 安徽省人民政府 安徽省教育厅 安徽省教育厅
曹向东	安徽省“教坛新星” 空军招飞先进个人	2002 年 2019 年	安徽省教育厅 东部战区空军政治工作部 安徽省高等学校招生委员会
吴春生	安徽省优秀教师	1998 年	安徽省教育厅
张恩怀	全国首届中小学英语教师园丁奖	1994 年	教育部
江国清	安徽省“教坛新星”	2002 年	安徽省教育厅
胡双全	安徽省“七五”建功者奖章 安徽省“教坛新星” 安徽省特级教师 市政府特殊津贴	1987 年 2002 年 2012 年 2014 年	共青团安徽省委 安徽省教育厅 安徽省人民政府 安庆市人民政府
程国义	安徽省优秀教师	1989 年	安徽省教育厅

续　表

姓　名	荣誉类别	获取时间	授予单位
高良启	安徽省特级教师	2009 年	安徽省人民政府
梅万生	安徽省优秀中小学德育课教师	2005 年	安徽省教育厅
周　治	安庆市优秀党务工作者	2021 年	中共安庆市委
方长林	安徽省特级教师	2015 年	安徽省人民政府
方树生	安徽省优秀教师	2008 年	安徽省教育厅
方钊莹	第三届“关爱明天、普法先行”青少年普法教育全国先进个人	2017 年	中华人民共和国司法部
张　磊	安徽省“教坛新星”	2008 年	安徽省教育厅
张　义	安庆市优秀共产党员	2021 年	中共安庆市委

第五节　外籍教师

吴汝纶先生创办桐城中学堂前，曾于 1902 年 5 月赴日本考察教育，历时 3 个多月，从长崎到京都，考察了日本各级各类学校，对日本的教育体制、教学管理、教学内容和教学设施，认真询问，详细记录。

桐城中学堂建成初期，学校便聘请日籍教师早川东明先生担任学校日文、法学、经济等课程的教学。桐中现存最古老的建筑——桐城中学堂藏书楼（半山阁），就是在中国古建筑基础之上吸收日式建筑风格建造而成，楼上依山墙而建阁，其窗棂皆雕饰以方格。且校园里遍植樱花树，冬去春来，樱花烂漫，日籍教师在此教学、生活，虽身处异邦他乡，而不觉过分孤独；纵有思乡之念，却能常睹家乡风物。

1904 年 12 月，早川东明先生回国。其在校两年，工作认真负责，著有《和汉语法新编》。先生临别前，学生多赠以诗歌，彰其工作实绩，表达怀念之情。

1945 年，学校选聘西班牙人丁惠如（桐城县天主堂神甫）为高一甲班英语教员。

此后一直到 21 世纪初，桐中再无延聘外籍教师。

进入新世纪，随着中国改革开放领域的扩大，教育改革也如火如荼。2013 年，学校与澳大利亚维多利亚州联合办学，是谓“中澳班”。所开课程除国内普通高中课程外，还增开了澳洲教育部门规定的赴澳洲留学必考的几门课程。9 月，中澳班正式开课。从那时至今，先后有 7 名来自澳大利亚、美国、加拿大的外籍教师为我校中澳班学生授课，主要教授英语课程。

外籍教师来桐中后，即与学校签订合同。合同明确聘方和受聘方的义务，聘方(桐中)向受聘方(外籍教师)介绍中国的法律、法规，向对方提出工作要求，对其工作进行指导、检查与评估，并向对方提供必要的生活与工作条件及配备合作共事人员，按时向对方支付工作报酬。同样，受聘方必须承诺遵守中国法律，不干预中国的内部事务，努力完成工作任务，保证工作质量。

外籍教师在校期间，须提供由国家有关外事部门颁发的护照。工作任务完成后，向学校提出离职申请，待同意后方可离职出境。

截至目前，学校共延聘 7 位外籍教师。

第三章　学　生

第一节　招生与毕业生

学校创办之初名为中学堂，培养初中生。1928 年，学校增设高中部，成为完全中学。1958 年，学校成为安徽省重点中学。1999 年，学校成为安徽省示范高中，不再招收初中生。2021 年，学校共有高中教学班 55 个，在校学生 3 000 余人，在常规教学班外开设有国器班、钱学森班、吴汝纶班、中澳班。截至 2021 年，学校共培养初中毕业生 87 届，高中毕业生 81 届。

1902 年，桐城学堂开学后，以培养济世人才为宗旨，招收“文理畅雅”“识解通明”的学生进行教育培养，5 年毕业。学校第一年招生录取正额 52 名（由学校给予津贴伙食），附取生 60 名（自缴膳食），共计两个班级。

1904 年 8 月，学校续招 1 个班新生，共 3 个班学生。学校将第一年招的两个班学生进行合并，并按照年龄大小、智力优劣、家庭环境、个人志愿及社会需要等方面因素，从中选出 20 余人，编为师范班，培训师资，一年半毕业，分配各地担任教师工作。

1905 年 12 月，师范班张肇乾等 20 人毕业，这也是桐城公立中学堂成立以后的第 1 届毕业生。

1906 年，合前两班为 1 个班，新招学生 2 个班，全校共计 3 个班。

1907 年 1 月，将上年新生两班合为 1 个班，又继续招收新生 1 个班，共计 3 个班。12 月，第 2 届学生史毅然等 20 人毕业。

1908 年 1 月，继续招收 1 个班新生，全校共计 3 个班。

1909 年（清宣统元年）1 月，学校继续招收新生 1 个班，全校共计 4 个班。

1910 年 12 月，吴季超、高佩霞等第 3 届两班学生共计 57 人毕业。

以上各届毕业生学制均为 5 年，自是年以后，学制全部改为 4 年。

1911年1月,继续招收1个班新生,全校共有3个班。

从1912年到1922年,学校招生规模较前期无重大改易。

1922年,教育部颁布新学制,采用美国的"六三三"学制,即小学6年,初中3年,高中3年。桐城县立中学开始部分招收新制班,新旧学制并存。1929年6月,最后一届旧制生毕业,旧制班从此结束。

1925年7月,桐城县立中学在转换学制的同时,又增设了高中1个班,逾年停止。

1928年2月,周易校长履新之时,以恢复高中为急务,四处奔走,积极筹办,经费由全县田亩附加二分,年约4 000元,呈准省府定案,学校高中部正式成立。

1929年秋季,高中部开始招收一、二年级新生(二年级由旧制生升入),分设文理科。

民国初期,学校的班级编制仍沿袭旧制,保持3—4个班建制,教职员20人左右。经过30多年的发展,到40年代,学校的班级编制最多时已达11个班,教职员也增至四五十人。

招生具体情况如下:

1912年(中华民国元年)3月,第4届学生吴振东等21人毕业。7月续招新生1个班,全校共3个班。新生班按照甲种实业学校规程办理,改为蚕桑科4年毕业,预科1年,本科3年,因收回校西桑园,园中有桑树百株,开辟学校桑园数处,以供学生实习之用。

1913年1月,招收新生1个班,全校共4个班。6月,第5届学生方侃等13人毕业,同时蚕桑预科毕业,因教材缺乏仍改为普通中学班。

1915年7月,第6届学生吴劲、疏达等24人毕业。8月续招新生1个班,共3个班。同年,在桑园新造7间茅庐,和旧有5间茅庐共为教员室之用,原有的教员室改为接待室、成绩室、课外作业研究室。

1916年1月,招收新生1个班,共4个班。7月,第7届学生叶瑛等33人毕业,12月,第8届学生张威等33人毕业。

1917年1月,招收新生1个班,共3个班。因本县小学缺乏师资,同年1月,经县教育会议决,学校附设简易师范班(1班60人),一年毕业。

1918年7月,第9届学生朱宗武等30人毕业。8月续招新生1个班,共3个班。

1919年12月,第10届学生吴锐等31人毕业。

1920年2月,招收新生1个班,共3个班。12月,第11届学生范其棻等33人毕业。

1921年1月,续招新生1个班,共3个班。

1922年7月,第12届学生闻履平等33人毕业。续招新生1个班,全校共3个班。

1923 年 7 月，招收新制学生 1 个班，班级增至 4 个班。12 月，旧制班吴曙东等 49 人(第 13 届)毕业。

1924 年 7 月，续招新生 1 个班，为“三三”制初中，全校共 4 个班。12 月，旧制班姚沛生等 29 人(第 14 届)毕业。

1925 年 6 月，新制生王定邦等 42 人(第 15 届)毕业，此届为本校新制生毕业之始。7 月，招旧制生甲乙两组，添设高中 1 个班，全校共 5 个班。

1926 年 6 月，新制生孙祥钟、黄镇等 30 人(第 16 届)毕业，高中班结束，下期停办。8 月，复收孙祥钟等新制毕业生为旧制四年级学生，招收新生 1 个班，全校共 5 个班。

1927 年 6 月，旧制生孙祥钟等 8 人(第 17 届)毕业。8 月，招收新生 1 个班，学校共 5 个班。

1928 年 6 月，旧制生史可宗等 30 人(第 18 届)毕业。7 月，积极筹办恢复高中，成立高中部。同时招收初中新生 1 个班，全校共 5 个班。

1929 年 6 月，旧制生施孟胥等两班 62 人、新制生方源流等 46 人(第 19 届)毕业，旧制至此结束。7 月，招收初中新生 1 个班，高中一、二年级(二年级由旧制生升入)各 1 个班，分设文理科各 1 个班，全校共 6 个班。改建习艺所为高中部。

1930 年 6 月，张佩莲等 32 人(第 20 届)毕业。招收高初中新生各 1 个班，全校共 6 个班，学生人数 332 人，教职员 34 人。

1931 年 6 月，高中理科学生施孟胥等 12 人、文科学生孙映华等 15 人(第 1 届)高中毕业。姚伯将、叶丁易、王衡等 51 人(第 21 届)初中毕业。7 月，招收高初中新生各 1 个班，全校共 6 个班。

1932 年 6 月，方源流等 16 人(第 2 届)高中毕业，吴起亚等 53 人(第 22 届)初中毕业。7 月，招高初中新生各 1 个班，全校共 6 个班。

1933 年 6 月，方传流等 16 人(第 3 届)高中毕业，施有胥等 45 人(第 23 届)初中毕业。7 月，招收高初中新生各 1 个班，全校共 6 个班。

1934 年 6 月，唐骥方等 22 人(第 4 届)高中毕业，方寿观等 55 人(第 24 届)初中毕业。7 月，招高初中新生各 1 个班，全校共 6 个班。本年高中 3 个班，初中 3 个班，学生共 304 人，教职员 30 人。

1935 年 6 月，周家驷等 12 人(第 5 届)高中毕业，方桂生等 44 人(第 25 届)初中毕业。7 月，高中停招，仅招初中新生 1 个班，全校共 5 个班。

1936 年 6 月，王桐柏等(第 6 届)高中毕业，方受颐等 54 人(第 26 届)初中毕业。是年高中恢复招生。7 月，招收高初中新生各 1 个班，全校共 5 个班。以前，县集成女子中学经费不足不能成立，名义上附入本校办理。学生毕业已数次，本年省教育厅取缔继办。

1937 年 5 月，丁子俊、方受观、朱哲等（第 7 届）高中毕业，方珪德（舒芜）、马茂炯、甘保义、李慕尧、张家莱等（第 27 届）初中毕业。暑假，招收高中新生 1 个班，初中新生 2 个班，全校男生共 6 个班。另成立女子初中部，招收初一女生 2 个班。

1938 年，日本帝国主义侵略日甚，五六月间，日寇先用飞机向县城轰炸、扫射，居民陆续入山避寇，县政府向黄甲、唐湾一带转移。6 月 28 日，县城沦陷，日寇盘踞，学校停课，师生流亡，校具损失殆尽，学校废弛半载。

1939 年春，校长史化成奉省教育厅指令，积极筹备开学工作，以图恢复。在经费一文不名的情况下，借财经委员会之款办理旧生复学与新生入学的手续，招收旧生及新生共 5 个班，男女均收，是本校男女同学之始，男女学生开始同班上课。是年秋，又增招初中新生忠、诚、信 3 个班，因受战事影响，本年高中停招，全校共 8 个班。这年寒假，叶梓、汤世贤、郭嘉一、李福生等（第 28 届）初中毕业。同年 2 月间，省教育厅派孙闻园任省立第二临时中学（今安庆一中）校长，借本校图书馆楼，筹备建校事宜，并在黄甲铺营建校舍开学，分设初中学生 2 个班于本校，下期移去。2 月间，县成立第一临时小学，借用本校高中部为校舍。这一年，学校所有课程适应本省战时需要，一切管理，注重军事性的训练。

1940 年，学校分春秋两季招收初一新生各 2 个班，全校初中共 11 个班。12 月，高连昌、马茂书，方配元等（第 29 届）初中毕业。同年春季，学校奉命在校内附设民政学校 1 所，分成人、儿童、妇女三班，每期学生不下六七十人。

1941 年春，因各方失学青年的要求，学校呈省教育厅备案，获准恢复高中，开始招收高一新生 1 个班，另招初一新生 1 个班。同年秋，为培养初等小学教师，以适应抗战时期小学师资的需要，经县行政会议议决，学校附设一年制简易师范科，招收新生 1 个班，招收高等小学毕业或同等学力者，全校共 7 级 11 个班。12 月，方农生、王传生等（第 30 届）初中毕业。

1942 年，学校仍分春秋两季招生。6 月，张大锦等（第 31 届）初中毕业。12 月，方松等（第 32 届）初中毕业。同年秋，继续招收简易师范班学生 1 个班，本年学校共 11 个班，其中，初中 9 个班，高中 1 个班，简师班 1 个班，学生共 541 人，其中男生 461 人，女生 80 人，教职员 37 人。

1943 年 6 月，第 33 届初中学生毕业。12 月，学生高尚斌等（第 8 届）高中毕业，第 34 届初中学生毕业。

1944 年春，招收高初中新生各 1 个班。6 月，王竹和等（第 35 届）初中毕业。同年夏，附设于本校的简易师范班，奉命单独设立。自下学期起，简易师范班从本校移出，成立桐城县立简易师范学校。同年秋，招收初一新生1个班。12月，方农生、王传生、吴振武等（第9届）高中毕业。

1945年，学校分春秋两季招收高一、初一新生。12月，吴振洪、章桂生、方子健、朱钧、叶松等（第10届）高中毕业；方耆寿等（第36届）初中毕业。

1946年春，学校招收高初中新生各2个班。6月，杨文进、蔡声和、刘国柱、许国胜、章玉麟等（第37届）初中毕业。同年秋，招收初一新生1个班。12月，吴仲俭、吴昌炎等（第11届）高中毕业。范光陵、叶起凤、叶效平、叶竺僧等（第38届）初中毕业。学校班级从初一到高三，共13个班，学生人数已达693人，其中男生657人，女生36人。教职员工75人，其中专职教师6人，兼任教师29人，职员40人。

1947年，招收许自强等高一新生1个班，初一新生刘建武、张启成、汪德庆等1个班。7月，张国威、黄壮达、占锦标等（第39届）初中毕业。12月，方秀文、苏东可、左克庵等（第12届）高中毕业。截至1947年暑假，学校共有学生10个班，其中，高中5个班，初中5个班；学生人数552人，其中女生16人；教员专任23人，兼任5人，职员15人。

1948年，招收何平伯、胡效伯、施立言等高一新生1个班，招收陈伟、光士瑜、徐文灿等初一新生2个班。同年6月，尹德光、吕轩述、张家久、朱永皓、李耀华、余必汶等（第13届）高中毕业；方振东、方敏、江鲲池、汪谋超、吴秀生、叶遐龄等（第40届）初中毕业。到6月止，学校共有11个班，其中，高中6个班，初中5个班；学生共607人，其中女生8人，专任教员6人，兼任教师24人，专任职员37人。7月，盛敦谊、邓国栋、吴震川等（第41届）初中毕业；丁绍旺、罗光启、李中华、章玉麟、范开平等（第13届）高中毕业。至此，从学校创办至今，已有41届初中生毕业，13届高中生毕业。

新中国成立前的30多年时间里，虽屡经战乱影响，学校班级、人数仍不断增加，办学规模仍不断扩大，为学校后期的发展奠定了良好的基础。

1949年2月28日，桐城全境解放，桐城民主县政府成立，桐城县立中学由民主县政府接管。在继承悠久历史、发扬优良校风的基础上，学校经过整顿和改造，成为社会主义制度下的一所新型完全中学。

新中国成立以后，人民当家作主，生活改善，对文化生活的要求也越来越高，希望子女入学读书的愿望也越来越强烈，要求进桐城中学读书的人也越来越多，因而桐城中学规模不断扩大，教师队伍不断充实，班级人数不断增加。

1949年，学校工作人员编制共49名。班级设置11个班：高中5个班，初中6个班。学生563人。

1950年上学期，由于刚刚解放，县内正在进行土地改革，除了部分学生入学缴费困难，还有不少学生家长思想上有顾虑，对子女入学持观望态度，导致2月28日开学时，入学上课仅有350人。学校及时采取措施，发动师生组织开学动员队，分赴全县各地做家长的思想动员工作。学校通过调查访问，解说谈心，打通家长思想，对有经济困难的学生，通过互助互济办法解决缴费困难；一时无法解决学费的学生，采用灵活缴费办法，如由商店担保、教师担保、同学担保，尽快办理注册手续，以争取早日上课。对那些特困生，家庭无力解决学费的，学校就提早评议公费或免费，使可以享受公费或免费的学生及时入学。由于工作及时、到位，到4月上旬，学生入学人数增至415人，最后注册人数533人，原来计划开7个班，后又增设3个班，共计10个班。

1950年下学期，招收初一新生2个班(友爱、勤劳)，高一新生1个班(春秋季合并班)，全校在籍学生11个班：高中学生209人，初中学生321人，合计530人。

1951年，暑期连续三次招生：(1)参加专区联合招生；(2)在本县与桐城乡村师范学校、桐城联合中学联合招生；(3)续招插班生。高中新生2个班，初中新生3个班。本年上半年在籍学生12个班：高中5个班，学生159人；初中7个班，学生334人，共493人。下半年在籍学生14个班：高中5个班，学生102人；初中9个班，学生366人，共468人。

1952年上学期，在籍学生13个班：高中4个班，学生108人；初中9个班，学生356人，共464人。下学期在籍学生16个班：高中3个班，学生132人；初中13个班，学生674人，共806人。上学期招收2个初一春季班，后奉上级指示取消春季班，规定本期开学经过编级测验，采取上升、下降办法处理。又奉令接收枞阳部分学生转入本校高二、高三，作为插班学生。

1953年上学期，在籍学生16个班：高中3个班，学生132人；初中13个班，学生661人，共793人。下学期在籍学生16个班：高中4个班，学生167人；初中12个班，学生614人，共781人。

1954年上学期，在籍学生16个班：高中4个班，学生167人；初中12个班，学生611人，共778人。下学期在籍学生18个班：高中5个班，学生220人；初中13个班，学生615人，共835人。

1955年上学期，在籍学生18个班：高中5个班，学生215人；初中13个班，学生675人，共890人。下学期在籍学生18个班：高中8个班，学生364人；初中10个班，学生566人，共930人。

从1956年到1965年，十年间经历了多次政治运动，经济困难大。客观地说，这一时期未必是教育发展的最佳时期，然而学校在这十年，获得长足发展，取得骄人成绩，创造出“桐中品牌”，成为安徽省教育战线上的一面旗帜，成为一所享誉省内外的名副其实的重点中学。

由于形势发生变化，学校的招生工作也相应发生很大变化。

1958 年 2 月，学校招收半工半读生 2 个班，普通班以文化课学习为主，半工半读班以劳动为主。学校采取“两条腿”走路方针，多快好省地培养各种人才。

1960 年下学期，学校进行五年一贯制的改革试点，招收初一新生 2 个班。

此后，随着形势的变化，招生规模和方式也相应发生变化。从 50 年代中期至 1966 年前，学校开始面向全专区招生，高中班级开始增多，初中班级相对减少，在校学生突破千人。

1966 年，桐中高中停止招生，初中招收 4 个班级 180 人，开学不久便各回原籍。原有在籍学生 19 个班，其中高中 9 个班，五年一贯制 4 个班，初中 6 个班，共 853 人。

1968 年 7 月，初中招生 4 个班。本年冬到 1969 年春，1966、1967、1968 三届高中毕业生共 853 人(大改班学生算高中毕业生)。

1969 年桐城中学建制撤销，成立县五七中学。

1970 年起，学校按省教委通知要求，高中改为两年制，初中仍为三年制。高中、初中均由秋季招生改为春季招生。取消升学考试制度，采取“自愿报名，群众推荐，领导批准，学校复审”的方式录取新生。本年，初中毕业 6 个班约 300 人，全部实行“四个面向”，即面向农村、面向工厂、面向基层和面向军队。初中招收推荐生 7 个班，共 350 人；高中招收推荐生两个班，共 100 人。

本年寒假，初中毕业 6 个班，仍实行“四个面向”。高中毕业 2 个班。初中招收推荐生 8 个班 400 人，高中招收推荐生 4 个班 200 人。

1971 年，招收初中 8 个班。

自 1972 年起，取消升学推荐制度，高中、初中均通过统考录取。

1972 年，初中毕业 7 个班，高中没有毕业班。初中招生 8 个班，高中招生 3 个班。

1973 年，初中毕业 8 个班，高中毕业 4 个班。初中招生 6 个班，高中招生 5 个班。

1974 年，初中毕业 6 个班，高中毕业 3 个班。初中招生 7 个班，高中招生 5 个班。

1975 年，初中毕业 7 个班，高中毕业 5 个班。初中招生 5 个班，高中招生 4 个班。

1976 年，初中毕业 7 个班，高中毕业 5 个班。初中招生 7 个班，高中招生 5 个班。

1977 年 4 月，废除“桐城县五七中学”的校名，恢复“安徽省桐城中学”校名。同年 11 月，停止 10 年的高考制度恢复。这年春季招收高一、初一新生各 6 个班。

1978年秋季，高中恢复从全地区招生，学制为2年，招收高一新生6个班，共275人，其中外县学生1个班。

从1980年起，学制改为3年。随后，学校办学规模不断扩大。到1981年，学校高中共有22个班。为解决高考落选考生的升学问题，学校又办了3个补习班。

自80年代后期开始，学校高中规模逐步扩大，初中规模相应缩小。由于桐中教育教学质量不断提高，高考升学率连年位居全省前列，校誉日隆的同时，要求进入桐中读高中的人也就越多。县政府和上级教育主管部门为满足人民群众的要求制定相关政策，批准桐中招收部分择校生，保持统招生高中4个班编制不变。

1984年，高中14个班，初中10个班，共1 214人。

学校从1985年开始招收60名择校生（当时称"代培生"），与统招生一起混合编班，以后逐年略有增加。1986年至1987年，有高中14个班，初中10个班，在校学生1 216人。

进入90年代，初中每年只招2个班，高中除招统招生4个班外，另招择校生150人。高中编制一般在24个班，初中6个班，全校30个班，在校学生人数达1 600余人。

根据省教委文件精神，为争创省级示范高中，学校于1998年9月停止招收初中生，2001年7月桐中最后一届初中生毕业，为桐中第86届初中毕业生。

1999年12月，学校通过高标准验收成为省级示范高中，从此桐城中学进入一个新的发展时期。

进入新世纪，随着办学规模的扩大和办学条件的逐步改善，学校招生规模也在不断扩大。至2010年前后，学校每年统招高一新生800人左右，择校生150人上下，总数近千人。每年毕业生人数与招生人数相当。

2013年，学校与澳大利亚维多利亚州联合办学，中澳班开始招生，每届招生30人。

为更好选优培尖，自2015年始，学校开始面向全市招收90名国器班学生。

自2020年始，学校进行招生改革，首次增招钱学森班（理科实验班）和吴汝纶班（文科实验班），每班招生45人。

第二节　班级管理

桐城学堂创立之初的班级管理模式是学长负责制。学校将学生分东、南、西、北、城五乡，遴选出5人为学长，城乡学长马子潜、南乡学长吴守一、东乡学长房秩五、西乡学长宋卢初、北乡学长光昇(光昇后入南京高等学堂,改由吴梦雏担任)。5 人学长近似学生自治会组织。

1912 年民国初年,孙闻园被选为桐城县立中学的首任校长。在班级管理上,以训育为主,实行严格主义,即在生活、学习等方面严格要求学生。学校在礼堂悬挂放大的吴汝纶先生遗像,以此缅怀先辈,激励后学。

1913 年,学校在训育方面由严格主义渐渐趋于随机辅导主义,即根据学生日常生活、学习的状况随机进行辅导。

1914 年,学校由随机辅导主义渐改为自治指导主义,即班级管理以学生自治为主,教师指导为辅。

1915 年,学校在班级管理上纯取自治指导主义。班上悬定校训“勤、慎、信、恕”,揭示格言,举行朝会。每晨课前十分钟,师生围立校园,行礼唱歌毕,约略训话。为力扫旧中国读书人鄙视体力劳动的坏风气,学校建立了服务生值日制度,规定各班轮流,每班派学生打扫校园,在校园内灌溉花木,培养学生的劳动习惯。此外还设服务生 1 人,整洁校园环境。

此后至 1920 年,学校在班级管理上,基本上是以自治指导主义为主。

自 1920 年始,班级管理实行纯自治主义,各班成立自治会,学生以自治会为核心,对班级进行各方面的有效管理。

为使班级管理更加有效,学校制定了《桐城县立中学学则》,主要在教学科目、教学标准、教材内容以及教学评价与教学管理等方面进行具体而细致的规定。

新中国成立后,各班设班委会,各年级设级委会,以各级委会为基础成立学生会,下设学习、生活、文娱、劳动、政治五个组。学校班级管理渐趋科学化、规范化。

80 年代初,学校成立政教处,强化班级管理。为使学生能够在德、智、体几方面全面发展,学校还制定了《桐城中学学生守则》。

进入新世纪,随着教育形势的变化以及学校招生规模的不断扩大,班级管理难度越发增大。学校在教研组之外成立了高一、高二、高三各年级组和各个年级的家长委员会,帮助学校管理学生。为使学生能够做到自律自强,学校还印制了《桐城中学学生遵守校纪校规承诺书》,一式两份,一份存学校政教处,一份学生自留。同时制定《桐城中学学生日常行为规范》(简称《行为规范》)。

在班级管理上,桐城中学一直坚持班级值周制度,通过值周,加强学校常规管理,培养学生良好的行为习惯和自我管理能力,实行班级目标管理,强化班级育人功能,营造健康向上的氛围,促进良好校风、学风的形成,实现教学质量、学生素质的全面提高。每个班轮流值日一周，依次循环。从本周星期日晚上 6:40 分开始到下周星期六下午 3:45 分结束。全面检查、管理学生日常行为，监督各班认真执行《行为规范》。

此外，学校还制订了《班主任工作管理条例》，共有 5 章 14 条，以此明确班主任的地位和作用、任务与职责。

各班亦根据本班具体情况，不断创新班级管理模式，如在对《桐城中学学生守则》的具体内容进行细化的基础上，制订《桐城中学学生一日常规》《桐城中学××班学生日常操行评分细则》等。

为规范学生的日常行为，培养他们良好的学习、生活习惯，提高他们的人格修养，有的班级还以评分的形式对学生每天的日常操行——学习、生活等方面进行管理。评分由班干部和学生共同进行，评分结果载入学生个人德育档案，并以此为依据，确定学生操行等级，将它作为评先评优的重要参考。

为发挥优秀学生的模范作用，学校制定了《桐城中学优秀学生干部、三好学生等评选标准与办法》。

第三节　学 生 组 织

办学之初，5 乡学长即为学生组织。

1920 年，学校在学生中成立自治会。每逢新历年，学生自治会组织为期 2 天的化装讲演团，开展演讲活动。抗战时期，学校组织成立学生服务指导委员会，做好抗战时期的服务工作，尤其侧重于兵役宣传工作。为此，学校组织学生成立兵役宣传队，深入农村开展工作。

1940 年春季，学校奉命成立社教推行委员会，并设有民众学校，民众学校内的民众服务处均由学生担任，下设问字、代笔、赠邮三部，为民众服务。其间，学校各班都成立了讲演队。利用休假日，社教干事率领两个班的讲演队，到附近各乡镇向民众宣传兵役、工役、生产等法令，讲演国内外重要时事，向民众解释保民大会、国民月会的意义，并协助军队工作及开展防空演习。学校还经常会同民间教馆等机关团体，开展社会调查，慰问抗日将士。

1949 年秋季，根据民主集中制原则改组学生自治会，在各年级设级会，以级会为基础成立学生会，下设学习、生活、文娱、劳动、政治宣传 5 组。学生会干部由学生民主选出，在校长、教导主任和级任导师领导下负责学生工作。

1955 年,按本年教育部颁发的《中等学校学生会组织条例》规定,由学生代表大会选举学生委员 7 至 15 人不等,任期一年。学生委员会设主席 1 人,副主席 1 至 2 人,下设宣传、文娱、体育、生活等部。主席和部长在委员中推选产生。在班主任指导下,协同班上团组织团结全班同学,努力学习,遵守纪律,组织班内值日,保持教室整洁,动员和组织班级学生积极参加班内和全校性的文体、劳动、政治宣传活动以及社会工作。

1972 年后,恢复学生委员会,但组织不健全,未能有效发挥作用。

1984 年,学校产生第 5 届学生委员会,此后每届任期 3 年。学生委员会主要工作是协助学校领导和班级教师开展勤奋学习、努力提高教育质量的活动;鼓励学生关心国内外时事,组织学生参加一定的社会活动;依据学生特点,开展丰富多彩的课余文体活动。

随着教育的发展,学校的学生组织不断诞生,最为著名的是成立于 1986 年 9 月 20 日的清流文学社。清流文学社中的"清流",源自校园名胜石柱刻上的"高峰入云,清流见底"。清流者,喻做人要磊落光明,感情纯真;喻行文有源头活水,渠清流澈。因当时学校尚未购进打字印刷设备,文学社期刊《清流》只能用蜡纸刻写后油印。2002 年,《清流》复刊,改为电脑排版印刷。2015 年,桐中清流文学社被评为安庆市优秀中学生社团。

在"清流"流淌校园之际,学校又一学生组织——半山记者站应运而生。"半山"得名于桐中最古老也最具有特色的建筑——半山阁。半山记者站主要任务是采访校园内发生的新闻或故事,这些新闻故事大多在学校广播站播出。

进入新世纪,学校的学生社团如雨后春笋,方兴未艾。目前,桐中学生自行组织的社团除清流文学社、半山记者站外,还有主流音乐社、风行篮球社、第舞感舞蹈社、观山绘画社、后乐志愿者协会等 22 个学生社团。这些社团,均有专业教师指导开展工作。

第四节 学 科 竞 赛

新中国成立前夕,从 1937 年开始,省教育厅开始举办中等学校学生毕业竞赛。竞赛分国文、英文、数学三科,参加竞赛的学生由各校自行选拔,其竞赛科目由学生自己选择,参加一科或一科以上均可,但每班不得超过 3 人。毕业竞赛每学年举行一次,全省分芜湖、安庆、蚌埠、屯溪、宣城、六安等 9 个赛区,分别同期举行,后来,省教育厅将毕业竞赛改为学业竞赛,其他年级学生均可参赛。1947 年,学校初二学生汪谋超，在全省国文竞赛中取得第一名，并获得 50 万元奖金；初二学生吴季生，在全省数学竞赛中取得第三名，获得 20 万元奖金。

1977 年恢复高考制度后，我国基础教育逐步走向正轨，为发现和培养专业人才，教育部以及各省组织的学科竞赛逐步进入常态化。

1983 年，全国数学联赛，学校多名学生获一等奖。

1984 年，全国数学联赛，学校多名学生获二等奖。

1985 年，全国数学联赛和省地理联赛，学校多名学生获二等奖。

1986 年，全国数学联赛，学校多人获二等奖。

1987 年，全国数学联赛，学生吴达荣拔得头筹，获一等奖。

1988 年，全国数学联赛，学生张东波获一等奖，多人获二等奖。化学、物理联赛，多人获三等奖。

1989 年，全国数学联赛，学生吴筱益获一等奖，并参加了国家在郑州举办的冬令营，后又被保送至中国科技大学；有 9 名同学分别获二、三等奖。在全国化学联赛中，学生段路明获一等奖，并参加了国家在中国科学技术大学举办的化学冬令营，后被保送至中国科学技术大学；有 8 名同学分别获二、三等奖。在省语文英语学科竞赛中，有多名学生获一、二等奖。

1990 年，全国数学联赛，学校共有 21 人获奖，占全省获奖人数十分之一，占安庆市 41%，其中一等奖 2 人，二等奖 6 人。全国化学联赛，共有 12 人获奖。全国物理联赛，共有 9 人获奖。难度很大的力学竞赛，也有 6 人获奖，其中一等奖获得者黄海参加了华东地区的复赛。

1991 年，全国数学联赛，学校有 7 人获奖。全国物理联赛，有 5 人获奖。全国化学联赛，有 33 人获奖。在第八届“东华杯”竞赛中，学校再夺团体冠军。

1992 年，全国化学联赛，学校有 15 人获奖，其中二等奖 9 人，三等奖 6 人。

1993 年，全国数理化学科竞赛，学校有 50 余人获奖，其中数学获奖者 20 人；有 3 人获全国化学竞赛一等奖。

1994 年，学校组织学生参加全国数理化生学科竞赛，有 40 余人获得前三名，其中有 2 人获得全国数学竞赛一等奖，2 人获得全国物理竞赛一等奖。是年，本校第一次参加全国生物竞赛，有 8 人获奖。

1995 年，全国中学生数理化学科竞赛，学校有 67 人获奖，其中有 3 人获数学一等奖，3 人获物理一等奖，6 人获化学一等奖；有 5 人被选入国家冬令营，参加全国数、理、化决赛。

1996 年,在全国数理化学科竞赛中,学校有 15 人分别获安徽赛区一、二、三等奖,其中,学生蔡青代表省队赴杭州参加全国中学生数学决赛。

1997 年,全国中学生数理化学科竞赛,学校有 31 人获奖。

1998 年,全国中学生数理化生学科竞赛中,学校有 21 人获奖。

1999 年,全国中学生数理化生学科竞赛中,学校有 24 人获奖。

2000 年,生物竞赛,3 人获全国三等奖;数学竞赛,5 人获省一等奖。

2002 年,信息学奥赛,1 人获全国一等奖。

2003 年,信息学奥赛,1 人获全国一等奖;数学竞赛,1 人获省一等奖;化学竞赛,2 人获省一等奖。

2004 年,数学竞赛,1 人获省一等奖。

2007 年,信息学奥赛,3 人获全国一等奖。

2014 年,化学竞赛,1 人获省一等奖。

2016 年,生物竞赛,3 人获全国三等奖。

2017 年,生物竞赛,1 人获全国二等奖,2 人获全国三等奖;信息学(技术)竞赛,1 人获省一等奖。

2018 年,生物竞赛,1 人获全国二等奖,8 人获全国三等奖;信息学(技术)竞赛,1 人获省一等奖。

2019 年,生物竞赛,9 人获全国三等奖;化学竞赛,1 人获省一等奖;信息学(技术)竞赛,1 人获省一等奖。

2021 年,生物竞赛,1 人获全国银牌;化学竞赛,1 人获省一等奖;数学竞赛,1 人获省一等奖。

表 3-1 恢复高考以来桐城中学学生获省二等奖以上的竞赛成绩一览表

学科	时 间	姓 名	获 奖 情 况
数学	1989 年	吴筱益	入选奥林匹克竞赛国家冬令营
	1994 年	汪越	
	1995 年	张强峰、万军、叶书元	
	1996 年	蔡青	
	1983 年	章春芳	省一等奖
	1984 年	周民主、张革新	

续 表

学科	时 间	姓 名	获奖情况
数学	1987年	吴达荣	省一等奖
	1988年	张东波	
	1989年	吴筱益	
	1990年	朱大夯、梅刚	
	1994年	汪越、方兴	
	1995年	张强峰、万军、叶书元	
	1996年	蔡青、高宗帅	
	1998年	邵小杭	
	2000年	刘家平、汪茅、毛威、高院生、鲁叶根	
	2003年	郑劼	
	2004年	郑劼	
	2021年	吴浩	
	1984年	张跃林、朱峰	省二等奖
	1985年	方斌、苏本如	
	1986年	陈雪松、姚钧、程永茂、张声涛	
	1987年	黄海、宋龙生	
	1988年	黄栋、叶雄兵	
	1989年	张晓海、范石松	
	1990年	刘红、储成桂、吴行知、方翰、邓波、何宗应	
	1991年	曹利华、魏明山、汪丽红、周吴杰、赵高峰	
	1992年	李龙彪、孙永清	
	1993年	胡中桥	
	1994年	叶书元、汪名怀、龙冬庆、朱震	
	1995年	张文俊	
	1997年	金立新	

续 表

学科	时 间	姓 名	获奖情况
数学	1998 年	包先春、王劲生	省二等奖
	1999 年	柴劲松、倪庆、朱丹、汪丽丽、朱卫卫	
	2000 年	张彦、汪立鹏、邵劲松、江胜杰、汪宏	
	2005 年	江飞	
	2008 年	余彦永、程磊	
	2010 年	都昌发	
	2011 年	袁敦胜	
	2013 年	王志胜	
	2014 年	汪永涵	
	2016 年	叶京	
	2017 年	何悸惟、吴优、徐畅	
	2018 年	王骏、朱侃萦、汪奥杰	
	2019 年	汪博文、洪志芃、胡政、李哲然、江紫弦	
	2020 年	俞心宇、丁鹏杰、姚晗	
物理	1995 年	朱佚才	奥林匹克竞赛国家冬令营
	1990 年	吴行知、黄海(力学)	省一等奖
	1994 年	李东升、陈仲生	
	1995 年	朱佚才、王泽芳、叶书元	
	1990 年	黄海、邓涛(力学)	省二等奖
	1992 年	韦震宇	
	1993 年	陈春羲、王旺苗	
	1994 年	江宝根	
	1995 年	陈竹林、余志东	
	1997 年	王健	

续　表

学科	时　间	姓　　　名	获奖情况
物理	1998 年	包先春	省二等奖
	2008 年	程锐	
	2010 年	吴瑞	
	2011 年	孙平	
	2012 年	童新、陈才	
	2013 年	王芳、朱志广、王志胜	
	2014 年	盛琳腾	
	2015 年	邢前、黄一学、周琪琪	
	2019 年	项首彦、宋书扬	
	2020 年	宋书扬、徐文蕊	
化学	1990 年	段路明	奥林匹克竞赛 国家冬令营
	1993 年	王永辉	
	1995 年	彭爱民	
	1989 年	“东华杯”团体冠军;特等奖：姚刚	
	1990 年	“东华杯”团体冠军	
	1991 年	“东华杯”团体冠军	
	2021 年	戴宏安	全国化学竞赛银牌
	1989 年	段路明、储昭武(“东华杯”)	省一等奖
	1993 年	王永辉、程双来、陈周俊	
	1995 年	彭爱民、汪明中、余志东、都林、汪阳明、吴中友	
	2019 年	李卓昱	
	2021 年	许凯	
	1989 年	吴筱益、姚刚、桂新胜	省二等奖
	1990 年	邓涛、桂新东、项尚林、杨顶柱	

续 表

学科	时 间	姓 名	获奖情况
化学	1991 年	华新海、陈建明、徐飞、程鑫	省二等奖
	1992 年	吉英明、石拓、张国忠、张斌、李高健、石云、占忠亮	
	1994 年	潘尚可、陈平	
	1995 年	朱铁才、张强峰、汪平平、孙蔚然、王军	
	1996 年	蔡青、何志伟、王根明、李伟	
	1997 年	尹朝阳	
	2008 年	朱巍	
	2010 年	黄新锐	
	2011 年	张俊、汪李平	
	2012 年	童新、谢焕玉、何巍	
	2013 年	方正	
	2014 年	胡勇进	
	2015 年	程圣	
	2016 年	夏瑶、黄存晖、李翔菲、汤小路	
	2017 年	江玉龙、汪帆、李江峰、越瑞琦、杨斌、李万春、吴越	
	2018 年	文康明、曾青云、王彬、汪宝田、陈赵安、杨震	
	2019 年	金天旸、文康民、刘勇、李闵旻、彭佳辉、项黎明、汪奕、曾青云	
	2020 年	陈萌、姚晗、汪晓东	
语文	1984 年	徐高云	全国作文比赛优秀奖
	2015 年	笪媛媛	第十届全国作文竞赛一等奖
	2016 年	王曦婷	第十一届全国作文比赛一等奖

续 表

学科	时 间	姓 名	获奖情况
语文	2015—2016年	都洋岚、陈宇、汪絮、余志威、张琦、张翼辰、都嘉玮、孙无暇	全国作文比赛二等奖
	2017年	汪宗鹏、徐亚、王植、胡程霞、凤羽娴	
	1984年	张蔚蔚(演讲)	省语文竞赛一等奖
	2016年	胡月、刘健、张琦、张文涛、陈永奇、徐帆、高文旻、肖瑶、戴泽骄、方明明、周江龙	全国作文比赛三等奖
	2017年	殷成果、徐帆、方郑丽、张池、汤正申、盛锦森、齐昕	
	1989年	韩正奎	省语文竞赛二等奖
	2002年	何声卫、张鑫	省语文竞赛一等奖
	2003年	吴淏	省语文竞赛一等奖
	2003年	黄煌	省作文竞赛一等奖
	2004年	方逸涵	省语文竞赛一等奖
	2005年	胡浩	省作文比赛一等奖
	2006年	叶鑫、吴中惠	省作文比赛一等奖
	2002年	王昕	省作文比赛二等奖
	2003年	张文萍	省作文比赛二等奖
	2006年	赵琪	省作文比赛二等奖
	2017年	胡程霞	省作文比赛二等奖
英语	1999年	刘辉、胡俊、余莉	全国中学生英语能力竞赛三等奖
	1989年	韩琪、吴秀平	安徽省中学生英语能力竞赛一等奖
	1984年	韩琪(初中)	安徽省中学生英语能力竞赛二等奖
	1989年	汪青松	
	2019年	汪曙光、徐文静、开钰馨、李瑞	

续　表

学科	时　间	姓　　名	获奖情况
生物	2017 年	李超	全国二等奖
	2018 年	张宇	
	2021 年	戴宏安	国家银牌
	2016 年	李翔菲、高雅文、江雨春	全国三等奖
	2017 年	童云、周婧	
	2018 年	丁涛、方勇、高尚、夏宇航、高晶晶、王骏、杨震、项黎明	
	2019 年	华婼冰、黄勖成、徐俊飞、李畅、唐国梁、汪宝田、项黎明、汪天健、汪金鹏	
	2000 年	何廷贵、尤双全、章小换	
	1998 年	梁俊	省一等奖
	2003 年	张浩、高暘	
	2014 年	李季	
	1997 年	张长庆	省二等奖
	1999 年	叶明、张旭东、杨波	
	2005 年	刘海伟、张裕民、汪飞	
	2008 年	程锐	
	2013 年	朱志广、王芳、王志胜、刘振宇	
	2014 年	陶烁、完颜潇阳	
	2015 年	李修远、胡中取、金涵	
	2016 年	方超、夏瑶	
	2017 年	吴越、许方婷、张宗呈、查婧楠	
	2020 年	戴宏安、汤文建、陈萌、汪雨千、蒋日灵、华若冰、郑子杰、蒋成、占大为、江瑛、胡一暾、张家睿	
历史	1984 年	汪桂平	省二等奖

续 表

<table>
<tr><th>学科</th><th>时 间</th><th>姓 名</th><th>获 奖 情 况</th></tr>
<tr><td>地理</td><td>1985 年</td><td>张更义、方泽永</td><td>省二等奖</td></tr>
<tr><td rowspan="5">书画作品</td><td>1990 年</td><td>史渊、叶盛婷</td><td rowspan="3">省一等奖</td></tr>
<tr><td>2003 年</td><td>魏鹏程、吴慧芬、赵敏、朱永康、马明锐、章江、潘虹、方尤启、胡明星</td></tr>
<tr><td>1990 年</td><td>张亚丽</td></tr>
<tr><td>2003 年</td><td>程晨、吴飞、徐刚、方晗、胡娟娟</td><td rowspan="2">省二等奖</td></tr>
<tr><td>2006 年</td><td>陈晔</td></tr>
<tr><td>体育征文</td><td>1990 年</td><td>黄学进</td><td>省一等奖</td></tr>
<tr><td rowspan="2">科技创新大赛</td><td>2016 年</td><td>黄一学</td><td rowspan="2">省二等奖</td></tr>
<tr><td>2020 年</td><td>汪加倍、叶可</td></tr>
<tr><td>Noip 联赛</td><td>2016 年</td><td>赵瑞奇</td><td>省二等奖</td></tr>
<tr><td rowspan="3">信息学奥赛</td><td>2002 年</td><td>郑劼</td><td rowspan="3">全国一等奖</td></tr>
<tr><td>2003 年</td><td>华志敏</td></tr>
<tr><td>2007 年</td><td>许亚宾、陈冬冬</td></tr>
<tr><td rowspan="8">信息学（技术）</td><td>2017 年</td><td>赵瑞琦</td><td rowspan="3">省一等奖</td></tr>
<tr><td>2018 年</td><td>汪博文</td></tr>
<tr><td>2019 年</td><td>俞心宇</td></tr>
<tr><td>2003 年</td><td>时晨</td><td rowspan="5">省二等奖</td></tr>
<tr><td>2004 年</td><td>李曙光、张天松</td></tr>
<tr><td>2006 年</td><td>许亚宾</td></tr>
<tr><td>2018 年</td><td>李伟、姚路明</td></tr>
<tr><td>2019 年</td><td>张林</td></tr>
</table>

注：本表所列均为教育行政部门所举办的竞赛与奖励情况

附：学科奥林匹克竞赛（简称“奥赛”）优秀指导教师名录（部分）

刘和权　安徽省数学奥赛优秀指导教师（1987 年）
　　　　国家数学冬令营优秀指导教师（1989 年）
　　　　安徽省数学奥赛优秀指导教师（1994 年）
杨积胜　安徽省力学竞赛优秀辅导教师（1987 年）
崔藕珠　安徽省力学竞赛优秀辅导教师（1987 年）
罗　伟　全国“东华杯”竞赛优秀指导教师（1989 年）
　　　　全国化学竞赛优秀指导教师（1993 年）
汪　胜　安徽省数学奥赛优秀指导教师（1994 年）
彭　年　安徽省物理奥赛优秀教练员（1995 年）
汪顺芳　安徽省物理奥赛优秀教练员（1995 年、1997 年）
方泽民　安徽省物理奥赛优秀指导教师（1995 年）
李　蓉　安徽省化学奥赛优秀指导教师（1995 年）
方树辉　安徽省物理奥赛优秀指导教师（1995 年）
彭声应　安徽省数学奥赛优秀指导教师（1996 年）
程玉红　安徽省数学奥赛优秀指导教师（1997 年）
徐庆竹　安徽省生物奥赛优秀指导教师（1998 年）
高良启　安徽省化学奥赛优秀辅导教师（2016 年）
祁庆安　安徽省化学奥赛优秀辅导教师（2016 年）
汪马根　安徽省化学奥赛优秀辅导教师（2016 年）
姚上村　安徽省信息学奥赛优秀指导教师（2017 年、2018 年、2019 年）
杨　婷　安徽省化学奥赛优秀指导教师（2019 年）
盛　龙　安徽省数学奥赛优秀指导教师（2021 年）
刘可林　安徽省化学奥赛优秀指导教师（2021 年）
陈永生　生物奥赛国家银牌优秀指导教师（2021 年）

第五节　社 会 实 践

桐城中学自创办以来，就十分重视学生的社会实践活动。

创办之初，学校即安排学生在课余时间开展生产劳动，每年在校园后山种山芋，在山下种菜，入冬时腌白菜百缸。如偶遇灾荒，可保师生无虞。民国初年，孙闻园任校长，学校除开设有修身、国文、历史、地理、数学、英语、博物、理化、图画、法制、经济、体操、音乐13门课程，对学生进行科学、文化、品德、艺术等教育外，还要求学生参加劳动，积极投身社会实践活动。为此，学校建立了服务生值日制度，规定各班轮值，每天派学生打扫校园，整洁校园环境，在校内园圃灌溉花木，培养学生的劳动习惯。学生课余练习拳术、球技，强身健体。课外作业大都是社会实践，而且是分组进行。学生分成园艺、采集、讲演、音乐等研究会开展社会实践活动，各科教员给予指导，其中以园艺部最有成绩。孙闻园校长还经常利用寒暑假，带领学生上山采集植物标本。

1916年，学校将课外作业改设游艺会，内分园艺、图画、博物、辩论、柔术、击球等部。其中，园艺部育蚕得丝60两(第二年得丝150两)。同年10月，向县署函领废枪40支，学生练习兵式操，除学习一些军事技能外，更是为长远计，以应国家之急需。

自1920年起，学校在学生中设立自治会，每逢新历年，学生组织化装讲演团到附近乡镇讲演两天，融入社会，启发民众，了解社会。

1923年春季，学校附设桐城县立公园筹备处，因公园位置接近本校，公园建设由学校筹划。孙闻园校长自始至终参与募集经费、设计施工、勘地布置等多项工作，并亲自率领全校师生开辟学校旁的荒地，整修桐溪塥，栽花植树，经过3年努力，建成桐城县立公园。学校在公园内设置了世界、中国、安徽省和桐城县的地理模型，使师生在课余之时，徜徉公园，广增地理知识。孙校长在公园假山亲手题写“劳动神圣”四个大字，教育师生热爱劳动。

1925年，桐城县立公园建成，学校特规定服劳生每日服务完校务后，前往公园担任导游，指导游人游园。学校还组织学生在学习之余学习藤、木工技艺，自制地理挂图。这年暑假，学校在新图书馆开办社会实践成果展览会，学生课余制作的各种藤木工作品既美观也实用；学生动手绘制的中国分省、世界分国等挂图，精美完备，可用作教材。

学校还指导学生学习生产劳动技能。在校本部划定隙地两片，并在郊外的新校舍旁开辟耕地数亩，作为学生生产劳动学习区，分区指导栽植桐、漆、棉、麻、豆、麦、蔬菜等，按时兴工，计人授工，并结合学习农艺。学校分期分组指导学生制造肥皂、墨水、粉笔、蜡烛、药棉、防毒面具等，并与简易化学工艺学习相结合。

抗战时期，学校还结合当时的形势，组织学生服务指导委员会，指导学生做好抗战时期的服务工作。学校尤其注重兵役宣传工作，组织学生成立兵役宣传队，深入农村开展兵役宣传工作，同时指导学生学习防空、防毒、救护、警卫等知识。

为培养学生的社会责任感和社会工作能力，学校每年还组织学生到附近的乡镇，指导民众实践新生活规律、国民公约，指导民众卫生。学校还指导学生组织民众戏剧社、歌咏团和防护团，活跃民众生活。为做好民众的宣传工作，学校组织学生定期出版《铜钟壁报》。壁报分文字、图画两种，文字壁报每周出版两期，图画壁报每月出版一期，内容涉及战讯等多方面。学校每班都组织了讲演队，利用休假日，社教干事率领两个班的讲演队，到近郊各乡镇向民众宣传兵役、工役、生产等法令，讲解国内外重要时事，向民众解释保民大会、国民月会的意义，并协助军队工作及防空演习。学校还经常会同民间教馆等机关团体，开展社会调查活动，慰问抗日将士。

新中国成立后，学生的社会实践活动与时俱进。

1956 年至 1957 年，为使学生将课堂上所学到的物理、生物、化学、数学、制图、地理等知识运用于生产、生活实践中，使学生获得运用科学知识的技能，学校组织师生到工厂、农场、农业社参观学习；校内还辟有实验园地，设置金工室、木工室、实验室等，培养学生实际操作能力，增强他们的社会实践智慧。

1958 年，学校贯彻“教育必须为无产阶级政治服务，必须同生产劳动相结合”的方针，一方面加强思想教育，一方面组织师生参加校内外劳动，大炼钢铁，大力兴办工厂和农场等。

“文化大革命”期间，学校教育教学活动虽不能正常进行，但这一时期的学生社会实践活动却开展得有声有色。学校除组织毛泽东思想文艺宣传队经常上山下乡，到工厂、农村宣传演出外，还组织学生到学校农场学农、到工厂学工。学工学农是这一时期学生参加社会活动的常态。

改革开放以来，学校教育教学走上正轨，狠抓教学质量成为学校的主旋律，因此，学生的社会实践活动数量有所减少，规模也有所缩小。但即便如此，学校仍坚持组织学生参加各种类型的社会实践活动，如学雷锋小组走上街头服务民众；在假日或一些重大节日，学校团委、学生会组织学生走街串巷，进行普法宣传、消防宣传等；每年清明节，学校组织学生祭扫革命烈士陵园，对学生进行红色基因教育；重阳节或其他节假日，学校组织学生到敬老院慰问孤寡老人等等。学生的社会实践活动因时因地不拘形式随时进行。

此外，各班根据学校部署，或根据各班社会实践活动开展的需要，利用寒暑假或节假日，组织学生到附近的工厂、农村参观学习，调查民情，了解农村留守儿童的学习和生活情况，调查乡村水资源和土地资源的污染情况，水利工程、道路交通情况以及民风、乡风等。

自2007年始，本着自主自愿的原则，校团委组织学生利用暑假至北京大学、清华大学等名校开展丰富多彩的夏令营活动，以开阔视野，激发斗志。

2021年8月，学校在东部新城国家级开发区的国家质检中心设立学生劳动教育基地。同年11月，又一劳动教育实践基地揭牌仪式在桐城市双溪村村部举行。

第六节 助　学

桐中自开办以来，就有助学传统。

1905年7月，学校资助学生马光祖、张珽、汪仁晖、陈树藩、黄位堃、方体华、吴宣纶、胡渭北、周大寿、施普十人赴日本留学，补助津贴费每人每年100元，并明确要求他们学成回国，为本校尽义务。1906年春季，学校又选派并资助学生孙吴(闻园)到日本留学，学习理化；秋季又选派资助学生杨正、朱卓英、尹桐柏(一名寿松，字秀峰)赴日本留学，主修铁道工程，并明确要求他们学成回国以充实本校师资，或供社会各种专才之需要。

1912年，学校更名为"桐城县立中学"，随着办学规模的不断扩大，招收的学生也越来越多。桐中学子中，不乏寒门子弟。为使他们安心学习，顺利完成学业，学校以减免学杂费的方式，对他们提供力所能及的资助，直至解放前夕。学校对学生的关心不拘形式，学生郑诚(原名郑发应)因品学兼优且家境贫寒，被安排住在校长室外间，课余兼做服务生，免除学杂费用，该生后来走上抗日前线，解放后从事文化工作，1960年在《安徽文学》发表剧本《婆媳会》，是解放后桐城县第一个在省级刊物发表的戏剧作品。

新中国成立后，学校招收的学生大多数为工农家庭子弟。他们中有许多学生家境困难。为此，学校实行人民助学金制度，为贫困家庭学生减免或部分减免学杂费用，并提供一定数量的助学金，帮助他们完成学业。其时，国民经济状况并不太好，学校教育经费也是捉襟见肘，尽管如此，根据上级政策，学校仍然从有限的经费中拿出一部分，以资助困难学生。

在助学金的发放上，学校不搞"一刀切"，而是根据每位受助同学的家庭实际情况，在班级全体同学民主评议的基础上，将受助同学的助学金等级评定为甲、乙、丙等，每个等级发放的助学金款额不同，根据家庭实际情况进行评定，每年发放一次，每个班级受助学生人数三五个、十多个不等。这种助学模式一直持续至21世纪初。

进入21世纪,国家对家庭困难学生的帮扶力度在逐渐加大,方式也在改变。凡在学校有正式学籍且家庭经济困难的应届在校生,均可享受免学费高中教育,学校将对其免除公办普通高中阶段教育学费,免除标准按照物价部门核定的公办普通高中学费标准来确定。这些家庭经济困难的学生主要包括:建档立卡家庭经济困难学生、低保家庭的学生、残疾学生、享受特困救助家庭学生。实施资金由市财政部门负责统筹,并列入年初财政预算,以保障学校教育教学活动的正常开展。

2010年以后,学校助学力度逐年加大,资助的方式也由过去单一的校内资助发展为校内资助与校外资助相结合的方式。

为搞好资助工作,学校成立安徽省桐城中学学生资助工作领导小组,组长由学校主要领导担任,其他领导为副组长和成员。

为使资助资金做到"来有源,去有径",学校出台资助资金财务管理制度,建立资助资金专户,实行独立核算,分账管理;并严格执行国家有关法律、法规和财务规章制度,以确保资助资金专款专用。

资助项目主要有高中国家助学金、高中免学费、校内资助资金、社会资助等。

高中国家助学金的受助对象为普通高中全日制有正式学籍的在校家庭经济困难学生,包括建档立卡家庭经济困难学生、孤残学生、父母丧失劳动能力的学生、少数民族贫困学生、烈士子女、参核参试家庭学生、单亲贫困家庭学生、农村绝对贫困和低收入家庭学生以及因突发事件导致家庭经济困难的学生。高中国家助学金主要资助受助学生的生活费开支。资助标准为每生每年3 000元、2 000元、1 000元不等。学校平均每名学生每年2 000元。

享受高中免学费的学生,是指在学校正式注册学籍的建档立卡家庭和低保家庭的在校就读的学生。免学费标准为每生每年1 700元。

校内资助资金指的是学校每年从事业收入总额中提取5%作为资助的资金。专款专用,它主要用于学校家庭经济困难学生代管经费、校内奖学金、助学金和特殊困难学生生活补助等开支。

校外资助主要是一些社会资助,它是由一些经济效益好的民营或私营企业出资,资助困难学生。一般情况是,企业与被资助的困难学生结对后,企业定期(每年或每三年一次性给付)给受助者提供一定的学习或生活费用。有考取北京大学、清华大学以及其他"985""211"等一流大学的贫困生,企业还将为受助者提供大学4年学习和生活的全部费用。

为帮助桐中学子勉成国器，桐中许多杰出校友纷纷出资设立各项奖学金，奖励成绩优秀的桐中学子。比较著名的有桂四海奖学金、胡以智奖学金、夏簌涵奖学金等。近年，桐中南京校友会设立“南京国器班奖”，专门奖励学校国器班的杰出学子。

为使各项资助项目做到公平、公正，学校资助工作领导小组在资助评审过程中实行“三审两公示”制度，即在受助人提出资助申请后，班委会对受助对象的家庭经济具体情况进行审理，然后在班级公示。此阶段工作完成后，各班将受助学生的受助申请、家庭经济状况证明材料等集中交到学校，由学校资助工作领导小组牵头组织再审。这期间，学校领导和班主任将对受助学生逐个家访，深入了解受助学生家庭状况，对受助学生提交的各项资料进行严格审查，以使各项资助资金的发放经得起政策和舆论的检验。审查结束后，学校将对所有受助学生进行公示。最后报上级审批。学校对每年所有受助学生的各项资料进行专档管理。国家教育部、人社部，省教育厅、人社厅以及市有关部门不定期到校检查资助工作。

学校受助学生人数逐年增多。2019 年，受助总人数 712 人，资助总金额 1 449 800 元，其中高中国家助学金发放金额 997 500 元，高中免学费发放金额 188 900 元，校内资助资金发放金额 223 400 元，人均受助金额 1 980.06 元。2020 年，受助总人数 826 人，资助总金额 1 678 995 元，其中高中国家助学金发放金额 1 146 500 元，高中免学费发放金额 249 050 元，校内资助资金发放金额 283 445 元，人均受助金额 2 032.68 元。2021 年，受助总人数 925 人，资助总金额 2 069 450 元，其中高中国家助学金发放金额 1 315 500 元，高中免学费发放金额 250 750 元，校内资助资金发放金额 503 200 元，人均受助金额 2 237.24 元。

第四章　教　学

第一节　教 学 管 理

光绪二十九年(1903 年)正月，桐城学堂于省城安庆正式开学，吴汝纶先生之后，阮强任学堂总监，与方山如、叶玉澄、柏松如、马其昶，方守彝、姚永概、李光炯等 8 人共同主持校务，校内设监起居及文牍庶务会计，负责学堂日常后勤事务管理。5 名学长协助学校管理。

1904 年，遵照清政府部颁中学令改名“桐城公立中学堂”，废总监及学长制，公举马其昶为总理，主持全校教育教学，统辖一切事宜。

桐城公立中学堂是“癸卯学制”后我省第一所中学堂。从此，学堂在体制管理与教学实施上逐步走向规范化和正规化。

1904 年 1 月 13 日(清光绪三十年十一月二十六日)，清政府公布了由张之洞、荣庆、张百熙主持重新拟定的一系列学制系统文件，包括《学务纲要》《各学堂管理通则》《奏定蒙养院章程及家庭教育法章程》《奏定初等小学堂章程》《奏定高等小学堂章程》《奏定中学堂章程》《奏定高等学堂章程》《大学堂章程》等，统称《奏定学堂章程》。这是中国近代由中央政府颁布并首次得到实施的全国性法定系统，该学制因制定颁布于旧历癸卯年，故又称“癸卯学制”，较此前由张百熙主持制定的“壬寅学制”更为系统详备。

1905 年，学堂总理由马其昶担任，学堂组织及编制大体与前年相同。秋季开学，学校增开伦理课程，其目的就是根据《论语》《孝经》之旨趣，“授以人伦道德之要领，一在坚其敦尚伦常之心，一在鼓其奋发有为之气。尤当示以一身与家族朋类国家之关系，勉以实践躬行，不可言行不符”(出自 1904 年《奏定中学堂章程》)。这一年，学校积极筹集经费，购置理化仪器、药品等三百余种，博物标本等百余种，另外加购图书数十种。

此后至 1911 年春间，马其昶先生一直担任学堂总理，管理学校教学、后勤等一应事务。其间，他一方面千方百计地“罗致各地名师，如浙江夏次岩，湖南刘时皆，怀宁葛温仲，寿州裴书田、颍州杨希悦”等人(出自《桐中百年》)，另一方面积极添置图书、仪器、标本等教学设备，改善办学条件。

1912 年 2 月，公举孙闻园担任桐城县立中学第一任校长。此后至 1949 年解放前夕，桐中共有 20 任校长，大部分校长直接进行教学管理。

在教学管理上，学校坚持以德育为本，采取管理与训导相结合的方法。管理多属消极干涉的直接裁制的方法，训导多属积极指导的间接裁制的方法。学校根据事情的轻重缓急善为运用，以达到养成道德习惯，以期把学生纳入正轨的目的。实践中既注意方法的适当，也注意内容的精良，特别强调教师要为人师表，为学生树楷模，以期收到不令而行、不赏而动、不罚而成的效果。学校以校训为标准加以训育，具体做法有如下 4 种。

(1) 训话。包括全体训话和个别训话。全体训话是由教职员利用周会、庆祝日、纪念日等机会实行。个别训话没有一定的时间，在教职员遇偶发事件时实施。

(2) 揭示。利用适当时期，揭示相当的中外名论和格言对学生进行教育。

(3) 作业。每个教师设立服劳生，全校设有服劳生、食事会和值周值日干事监督学生的学习、卫生、交际，以养成勤敏有序的习惯，并辅以其他各种课外实习。

(4) 成绩考查。利用种种机会，由教职员随时考查学生的品性行为，记录到训育簿上，会同考核情况，奖优惩劣。

为强化学校教学管理，切实提高教育教学质量，学校还采取了一系列办法和措施，涉及学生的思想精神、学科教学、体格训练、生产劳动和特殊教学方面。

在思想精神方面，以实施三民主义教育为最高原则，以使学生思想皆能正确，品行皆能纯正，生活均能刻苦，体格均能健全，文武合一为目标。逢每周星期一上午、总理纪念周及每日升降旗时，学校对学生进行训导，由校长、教务主任、训育主任、各级导师、军训教官、童子军团长等讲述总理遗教，报告国内外形势，或其他精神讲话。平时利用机会，或个别谈话，分别予以训迪。启发学生的正确思想，坚定他们的信念，诱导他们守纪律、崇公德的自觉性和爱国急公的情绪，使他们的行为合乎中国童子军训练要求达到的“智、仁、勇”三字之宗旨。

学校实施导师制，全校 7 级 11 个班，各级均设有导师，每日下午课余，导师指导学生自修作笔记、日记，使学生学业方面有所进益，并随时注意指导学生言论、行为，以期纳入正轨。上操或出队，导师全体参加，辅助军事教官及童子军教练员，实施军训管理和童训。学校制订了相应的操行考核及奖惩制度。凡学生早起、升旗、早操、课堂、饭堂、课外活动、自修、沐浴、就寝、出队等一切日常生活方面，均制订操行考核表，由训导主任及导师、军事教官、童子军教练员分别加以考核。以是否守纪、学业勤惰、服务勤怠、公德表现为奖惩标准，并规定以奖状、奖章、奖金或以训、诫、警告、记过等条例来实施。

在学科教学方面，各学科每周教学时数分配、教学标准与教材编选，悉遵教育部的规定，尤注意选取发扬民族意识、民族道德与国防生产有关的教材，以适应时代的需要。担任该科的教师，或另提参考，或加用图解，或应用实行以便使学生全部了解所学内容；或令学生勤做习题，教师详加批改；或令学生随堂笔记，教师随时调阅，以此督促学生学习。每日规定师生 8 小时读书工作，无课则各级计时自修，由级任导师指导。注重平时考问，严格月考、期考，以求得教学的进展。为加强教学管理，学校还制定了《桐城县立中学学则》(简称《学则》)，以便广大师生对照执行，《学则》涉及教学、训育、考查、奖惩等多方面内容共 20 条，给学生确立了较为严格的标准。

在体格训练方面，学校每日除早操升旗后举行健身操及跑步外，下午分别举行各项田径运动，或爬山、游泳等；并制有各位学生运动成绩检查表，以反映学生平时运动成绩，体育教员均逐项记载于表上，以求达到“全能运动”“人人运动”两大目标。

在桐城县立中学的发展过程中，学校不断探索教育教学规律，不断改进教育教学方法，努力提高教育教学质量。在广大教职员的共同努力下，经过不断地摸索、改进，到抗战胜利，学校已初步建立了比较完备的教育教学管理体系，学校管理更加科学，更加规范。

新中国成立后，学校的教学管理与时俱进。其主要特征是：严格执行党的教育方针，根据国家教育部和省市教育主管部门的相关要求，结合桐中实际情况，开展教学管理工作。学校管理更加制度化，更加具体化。

1976 年 10 月，粉碎“四人帮”后，学校教学工作结束了十年动乱时期的无序局面，开始走向正轨。翌年 8 月，党的十一大召开，学校教育教学工作在动员全国人民建设社会主义现代化强国的号角声中，迎来春天！

1977 年，高考制度恢复，学校根据县文化教育局(简称“文教局”)的要求，确立以教学为中心、按部颁新的教学大纲和课时计划，开齐课程，开足课时。各年级各科使用国家统编教材，教师们认真备课，努力提高课堂教学质量。县文教局制订了《学籍管理办法》《成绩考查办法》《课堂常规(草案)》《教师教学守则》等，由此使得学校的教学管理有规可循,走向规范。

1979年,学校成立了政治、语文、数学、理化、自然、体艺等教研组,以加强各学科的教学管理,并定期开展教研活动。是年,县召开教育工作会议,对各高中教学提出“三控制”:控制学时,不搞加班加点;控制课外作业量,不加重学生负担;控制教学制度,不煮夹生饭。还对教学工作提出了“四不要”:不要突击抓毕业班;不要因考设课;不要偏离教材,盲目搞“补充题”;不要引导学生猜题押宝。在具体教学过程中,学校严格落实县教育工作会议精神,教学管理工作迈上新的台阶。

1981年上半年,县文教局加强高中教研工作,提倡在端正教风的前提下,自创教学风格,立足“双基”,驾驭教材,切实掌握课程中点与面、纵与横、重与轻、易与难、实与活、讲与练的关系,做到融会贯通,得心应手。学校作为全县高中的排头兵,各教研组闻声而动,研究课堂教学的方式方法,研究教学内容,教学工作呈现出生机勃勃的大好局面。

1983年,县教育局领导带领教研室人员来学校视导,在如何提高教学质量的问题上,达成共识:全面发展,因材施教,根据基础,提高质量,培养能力,发展智力,在教与学之中,着重发展学生自学能力。根据这一共识,学校继续强化教学管理工作,教学研究热火朝天,教学质量阔步向前。

在坚持集体备课的基础上,学校有计划地组织示范教学、观摩教学、学科竞赛等活动,使教师的教学能力在互相切磋中得到提高。

示范教学每学期举行一至两次,以各学科为单位进行,大多以中青年教师骨干教师为授课人。根据授课教师当时所教授的学科内容,先确定课题,由授课人先行备课;在此基础上,以各备课组为单位对所备内容进行推敲、打磨、优化,最终形成较为完善的教学方案,最后由学校发开课通知,在规定时间和处所,学科组全体教师参加听课、评课。在此过程中,授课教师和听课教师都能得到学习和提升的机会。

观摩教学与示范教学的方式、过程大致相同,只是每学期举行的次数不定,少则三五次,多则七八次。它是向全校教师开放的、不受学科限制的一种教学研究活动。

学科竞赛分两种情况:一是学校自行组织的,旨在提高学生学科兴趣、培养学科特长的学科竞赛,由各教研组分头组织实施;二是由上级教育主管部门组织的,旨在选拔学科拔尖人才的学科竞赛。当时,学校组织的学科竞赛主要是第一种情形。

示范教学、观摩教学、学科竞赛等活动的有序开展,不仅活跃了学校的教学氛围,提升了教师的教学、教研能力，更是极大地提高了学生的学习兴趣，发展了他们的学科特长。

1990 年，为进一步强化教学管理，学校又完善了“集中备课”“教学信息反馈”“学科讲座”“分层管理、分类指导”“听取学生意见”“业务学习”等 12 项制度。

1992 年，县教育委员会(简称“教委”)要求各高中坚持全面贯彻党的教育方针，注重全面提高教育质量，通过强化以教学为中心的各项管理，促进学生德、智、体、美、劳诸方面全面发展。为此，学校进一步端正办学方向，“五育”齐抓，面向全体，既上好必修课，也上好选修课。同时，学校净化育人环境，师生思想境界和校容校貌发生深刻变化，教育质量有了进一步提高。

在教学领域，1992 年前后，学校不断进行探索和试验，总结出“精通教材，了解学生，精讲多练，讲练结合”的新经验。“精讲”指坚持“少而精”的原则，在熟透教材、深入了解学生、踏实细致备课的基础上，做到明确概念，突出重点，讲透难点，力求用明白准确生动的语言，把教材内容讲清楚。在“精讲”基础上“多练”，“精讲”和“多练”是教与学的结合，不仅要把学生教懂教会，还要指导学生练熟练活，会运用，会操作，会实践。“多练”包括课内练、课外练、口头练、书面练。内容要“少而精”，不搞题海战术，不打疲劳战。

1996 年，市教委要求各高中持之以恒地抓好教育教学管理，向管理要质量，向管理要效益。学校根据实际情况，狠抓教师的教学基本功过关，利用每单周星期三的业务学习时间，以集体备课、优质课评比和教育教学经验总结为抓手，追踪各学科发展的最新成果，使教师能够拓展更新知识，扩大教学视野。

1997 年，学校倡导“教无止境，学无止境”的教学思想，把教育科研作为学校发展的战略思想，鼓励教师积极投入教育教研活动，从而解决好“爱教”与“会教”之间的矛盾等问题；鼓励教师撰写教育教学论文，做学者型的教师。

进入 21 世纪，学校教学管理与新一轮课程改革同步推进。学校实行党组织领导下的校长分工责任制，设校长办公室、教导处、总务处。教学人员就学科性质划分为政治教研组、语文教研组、数学教研组、理化教研组、外语教研组、自然教研组和体艺教研组。并设有校卫生室，负责师生的卫生保健，定期组织师生进行体格检查，建立学生体格检查档案。

学校建立以教学为中心的管理体制，根据《中教条例》(《全日制中学暂行工作条例》与《全日制小学暂行工作条例》合称《中小学教育条例》，简称《中教条例》或《小教条例》)规定，全面安排教学、劳动和放假时间，保证学生全年有 9 个月时间学习功课，教师有六分之五以上的时间用于教学业务。并明确提出教师的主要任务是教书育人、搞好教学，学生的主要任务是学好功课。学校领导深入教学第一线，分工到各教研组和年级，同师生一起讨论研究教学问题。团委会、学生会，围绕“教学中心”和“三好”目标，开展“学科竞赛”“智力测验”“作业展览”“三好生”评比等活动。总务工作坚持为教学服务，当好“先行官”，保证教学用品提前或按时供应，尽力改进教学设备。实验室、图书室均有专人负责管理，随时掌握和了解有关学科实验情况、图书购置和借阅意见，充分发挥其为教学服务的作用。

每学期开学前，学校都安排一定的时间，发动全体教职工，集中对前一段教学工作认真总结，讨论制订学校教学工作计划，合理安排思想教育、生产劳动和总务工作，然后各教研组、各学科备课组根据学校计划，从本组本学科实际情况出发，安排教学进度和教学研究活动，真正做到了“学期有计划，每周有安排”。并在期终考试以后，普遍发动教师认真检查教学计划落实完成情况，提出后一阶段工作的改进意见。

为完善教学管理，学校先后出台了一系列规章制度，如备课制度、听课制度、上课制度、作业批改制度、考试制度、业务学习（继续教育）制度、校本研修制度、教研制度等，这些制度的建立，对教师的教育教学以及学校教育科研等方面起到全方位推动作用。

为使教学管理更加科学化，以切实提高教学质量，办人民满意的教育，学校从教学计划管理、教学过程管理、教学质量管理和教学监控管理等方面出台一些措施，制定相关细则。

附：

一、教学计划管理

（一）制订教学计划

学校在每学期开学初，要求各教研组依据新的课程标准制订教研组活动计划和备课组活动安排。教授毕业班的各学科备课组，还要认真学习考试大纲，制订复习计划。

学期结束，各教研组须向学校提交工作总结，说明本学期教学计划的落实情况，反思教学中存在的问题，并对改进教学工作提出预想。

（二）坚持“三定”备课

教师备课必须写出授课计划和授课方案。各备课组每周至少集体备课一次，要求“三定”，即定时间、定内容、定主备人，以期突破教学重点和难点。

（三）做到“五个统一”

即统一教学内容，统一教学进度，统一作业布置，统一教学测试，统一阅卷评卷。

（四）坚持听课制度

学校要求：任课教师每学期听课不少于10节，青年教师不少于15节；有教师职称的行管干部，每学期听课不少于15节，兼课干部不少于10节；校领导每学期听课不少于10节，且是推门听课。听课均须有详细的听课笔记和评价意见。

（五）坚持“开放日”制度

学校每学年举办一次“教学开放日”，借此促进教师教学能力的提升，发挥学校的示范作用，扩大与兄弟学校在教学领域的相互交流。

二、教学过程管理

学校重视教学过程的管理，从备课到上课，从作业布置到教学辅导，在不同时期曾有不同的具体要求。经过一代又一代教师对此过程的实践、反思和总结，学校数学组教师率先总结出教学过程中要“深、清、精、勤”的“四要”原则。具体如下。

（一）备课要深

教师首先要研读教材，吃透教材，在备课这个环节中，对教学内容的思考要达到一定的深度，力求做到“深入”——对教学的重点与难点成竹在胸，对教学内容中知识要点的前后关联要能够了然于心，通盘把握。

（二）讲课要清

教师的课堂教学，对知识要点的讲授，要做到条理清晰、表达清楚，来龙去脉条分缕析，有理有据，绝不拖泥带水，含混不清，甚至模棱两可。力求通过教学，使学生对相关内容或要点在第一时间内就能够获得具体、清晰且深刻的印象。

（三）作业要精

教师布置作业，应围绕教学内容进行。且不以量多为原则，力求精要。所布置的作业，不仅能够帮助学生巩固所学内容，而且能启迪和发展学生思维，让他们触类旁通，从而感受到学习的乐趣。

（四）辅导要勤

教师要勤于辅导。针对不同程度的学生和不同的问题，采取不同的辅导方式，比如集体辅导与个别辅导、释疑辅导和提升辅导（竞赛辅导）相结合等。

三、教学质量管理

教学质量是学校的生命线。为不断提升教学质量，学校制定了相关制度，采取许多有效措施。主要有如下三项。

（一）测试评估制度

高一年级每学期举行期中、期末两次考试，高二年级实行段考制度，高三年级实行月考制度。近些年来，学校根据实际情况和需要，灵活对待考试制度，且与周边县、市相关学校举行联考，以期检测评估更加科学、有效。

（二）教学信息反馈

学校每学期每个年级要召开1—2次学生座谈会，进行问卷调查，了解学生对各学科教学的意见和建议。高三年级后期，学校每两个月召开一次班情分析会。分析会以班级为单位进行，由各班班主任牵头组织，学校领导和各班科任教师参加。分析会上，班主任向学校领导和科任教师通报班级整体情况以及个别学生的特殊情况，科任教师向学校领导和班主任通报本学科的基本情况以及存在的问题。针对问题，老师们精心分析，提出对策，只要是有利于学生的好的建议，学校领导当场拍板。

（三）教学研究制度

学校始终将教研兴校当作一项战略来抓，并出台相关激励政策，鼓励教师开展课题研究和校本研修，不断提升教师的专业水平。同时，学校注重教研组建设，要求各教研组常抓青年教师培养、省市优质课大赛、市级先进教研组评比等各项活动，以此促进教师的专业成长，为教学质量的不断提升提供可靠的软实力。

四、教学监控管理

学校中心工作是教学，教学的重点工作是教学的常规管理，是教学过程的监控。

（一）落实常规教学

首先，在思想上让广大教师充分认识到，“缺乏常规的教学，质量底线必将失守”，“把常规做到极致就是创新，把创新做成常规就是文化”。

其次，在备课、授课、作业、测试等方面，对教师工作的质量及时了解，及时反馈，以期改进。

（二）强化质量监控

落实推门听课制度，及时了解教师的教学情况；利用现代通讯技术对课堂教学实行动态监控；定期检查教师的备课和作业批改情况；坚持教学信息反馈制度，对学生和家长的意见和建议认真研究，及时反馈和调整；抓好测试和评估工作，测试结果力求准确，分析评估细致科学。

第二节 学 制

光绪二十九年(1903年),桐城中学堂执行清政府颁定的“癸卯学制”,学生5年卒业。宣统三年(1911年)后,桐城中学堂修业年限改为4年,学生入学年龄16周岁以下。桐城中学堂学生多为廪监生,少数是高等小学毕业生。学堂毕业生可直接升入高等学堂本科,少数未毕业者进预科。

民国时期学制发生变化。1911年,中华民国政府在南京成立。1912年9月,教育部颁布《中学校令》。其中第八条规定“中学修业年限定为四年”。按民国元年南京革命临时政府教育部规定:(1) 从前各学堂监督、堂长,应一律称校长。(2) 每年分两个学期。旧历2月到暑假为第一学期;暑假后开学到1月底为第二学期。(3) 中学校均为4年毕业。

民国元年(1912年),桐城县立中学遵照南京临时革命政府教育部公布的中学校令,规定学生修业年限为4年。

民国十一年(1922年)后,初中、高中修业年限各为3年,分春、秋两季招生。原旧制一律改为新制,年级不变,修满旧制三年级课程者,可参加毕业考试。

1917年,为解决本县小学师资缺乏问题,学校附设一简师班,其学制为1年。根据部颁课程标准,结合本校实际,开设课程主要有公民、体育、卫生、国文、历史、地理、自然、图画、音乐、教育概论、教材及教育心理学、算学、学校行政、基层行政等21门。简师班注重教育课和实习,学生在校外寄宿,另请管理员指导。

1922年,中华民国政府颁布了《学校系统改革令》,实行“新学制”(壬戌学制),规定中学学制为6年,分初、高级,各3年。桐城中学遵照执行。这个学制一直沿用到新中国成立前的1949年。

新中国成立后,学校沿用旧制。1960至1965年,桐城中学每年招收五年一贯制新生2个班。1968年,初中修业年限被改为2年,高中暂维持3年。1970年,依据省教育厅通知,初中修业年限恢复为3年,高中学制改为2年,并自当年起,改秋季始业为春季始业。根据“学制要缩短,课程要精简”的精神,按照上级教育部门的指示,学校对学科进行了合并,对教材内容作了精简,开设了政治、语文、数学(由代数、几何、三角合并)、工农业基础知识(由物理、化学、动物学、植物学合并)、体艺五科。

自1970年起,学校按省教委通知,将高中改为两年制,初中仍为三年制,高中、初中均由秋季招生改为春季招生。学校取消升学考试制度,采取“自愿报名,群众推荐,领导批准，学校复审”的方式录取新生。本年暑期，初中毕业 6 个班，约 300 人，全部实行“四个面向”，即面向农村，面向工厂，面向基层和面向军队。同时，初中招收推荐生 7 个班，计 350 人；高中招收推荐生两个班，计 100 人。本年寒假，初中毕业 6 个班，仍实行“四个面向”；高中毕业 2 个班。初中招收推荐生 8 个班，400 人；高中招收推荐生 4 个班，200 人。1971 年招收初中 8 个班。

1972 年秋，学校为落实教育部“以学为主，兼学别样，上好社会主义文化课”的指示精神，按照《安徽省中小学学制和课程设置（草案）》的规定，对课程进行重新调整，开设政治、语文、数学、物理、化学、农业常识、外语、军体、音乐 9 科。1973 年，又增设历史课。在开门办学、学工学农方面，学校实行校外学工基地与校办工厂相结合，校外学农基地与校建农场相结合的方式。设立工农兵讲师团教学制，定期给学生讲课。在“主学”与“兼学”的时间安排上，每学期文化课 16 周，学工 1 周，学农 1 周，考试 1 周，节假日 1 周，全学期计约 20 周。每周文化课与学工学农穿插进行，尽可能做到时间分配合理。自 1972 年到 1976 年“四人帮”倒台，学校教学基本按以上安排实行，学军以年级为单位，组织野营拉练，每学期 1 次，时间 1 周左右。

1978 年，学校改春季始业为秋季始业。当年在校的各年级学生一律延长半年学习时间，并从起始年级使用全国统编教材。

1980 年秋，学校高中部由 2 年制恢复为 3 年制。

1999 年，桐城中学被命名为“安徽省示范高中”。同年，学校初中部停止招生。

第三节　课程设置

光绪二十九年（1903 年），桐城中学堂开设国文、日文、法学、数学 4 门科。光绪三十一年（1905 年）秋，增设伦理、物理、化学、英文等科。教材多自选自编，一般来自古籍和外国教科书。光绪三十二年（1906 年）后始有部编教科书。宣统元年（1909 年），桐城中学堂文科以读讲经、中国文学、外国语、历史、地理为主课，英文、算学、博物、理化、法制、理财、图画、体操为通习课；理科以外国语、算学、物理、化学、博物为主课，修身、读讲经、中国文学、历史、地理、图画、手工、法制、理财、体操为通习课。

民国元年（1912 年），学校课程设修身、国文、英文、历史、地理、博物、物理、化学、法制、经济、图画、乐歌、体操等科。

1919 年，英文每周加 2 课时，博物每周加 1 课时。

民国十一年(1922年),学校改课时制为学分制。初中毕业生须修满180分。开设课程有社会(包括公民、历史、地理)、言文(包括国文、英文)、算学、自然、艺术(包括图画、音乐、手工)、体育(包括生理卫生)。

民国十八年(1929年),省教育厅训令,军事训练课须修满两年6学分。此后,学校按课程暂行标准,初中开设党义、国文、英文、历史、地理、自然、生理卫生、图画、音乐、体育、工艺、职业科目、党童军等课程,总学分180分;高中开设课程增加数学、物理、化学、生物、军事训练等,共150学分。自民国二十一年(1933年)开始,课程设置上,党义改为公民,增加道德修养、政治法律、社会经济等内容;初中英文为三年必修课;初中自然科分为植物、动物、物理、化学等,工艺改为劳作科。

民国二十八年(1939年)3月,教育部约集各省教育厅厅长会商,并先后征集专家意见,制订新的课程计划,民国二十九年(1940年)2月修正公布。

民国二十九年(1940年),学校按规定开设公民、国文、数学、体育、物理、化学、历史、地理、劳作、图画、音乐等科,初中增设童子军、博物、生理卫生等科,高中增开军训、英文、生物、矿物等科。初高中每周教学时数31课时。

初级中学、高级中学及国民教育师资短期训练班的教学科目及各学期每周教学时数列表如下所示。

表4-1　初级中学教学科目及各学期每周各科教学时数表
(民国二十九年二月修正公布)

<table>
<tr><th colspan="2" rowspan="2">时数　学期
科目</th><th colspan="2">第一学年</th><th colspan="2">第二学年</th><th colspan="2">第三学年</th></tr>
<tr><th>第一学期</th><th>第二学期</th><th>第一学期</th><th>第二学期</th><th>第一学期</th><th>第二学期</th></tr>
<tr><td colspan="2">公民</td><td>1</td><td>1</td><td>1</td><td>1</td><td>1</td><td>1</td></tr>
<tr><td colspan="2">体育</td><td>2</td><td>2</td><td>2</td><td>2</td><td>2</td><td>2</td></tr>
<tr><td colspan="2">童子军</td><td>2</td><td>2</td><td>2</td><td>2</td><td>2</td><td>2</td></tr>
<tr><td colspan="2">国文</td><td>6</td><td>6</td><td>5</td><td>5</td><td>5</td><td>5</td></tr>
<tr><td colspan="2">算学</td><td>3</td><td>3</td><td>4</td><td>4</td><td>4</td><td>4</td></tr>
<tr><td rowspan="4">自然科学</td><td>博物</td><td>4</td><td>4</td><td></td><td></td><td></td><td></td></tr>
<tr><td>卫生生理</td><td></td><td></td><td>1</td><td>1</td><td>1</td><td>1</td></tr>
<tr><td>化学</td><td></td><td></td><td>3</td><td>3</td><td></td><td></td></tr>
<tr><td>物理</td><td></td><td></td><td></td><td></td><td>3</td><td>3</td></tr>
</table>

续　表

时数＼学期 科目	第一学年		第二学年		第三学年	
	第一学期	第二学期	第一学期	第二学期	第一学期	第二学期
历史	2	2	2	2	2	2
地理	2	2	2	2	2	2
劳作	2	2	2	2	2	2
图画	2	2	2	2	2	2
音乐	2	2	2	2	2	2
选修时数	3	3	3	3	3	3
每周教学总时数	31	31	31	31	31	31

以上表格说明：

1. 选习时数各学年均分甲乙两组。每周均各 3 小时，第一年甲组国文科 2 小时，历史科 1 小时，乙组英语科 3 小时；第二、第三两学年，甲组公民科 1 小时，职业科 2 小时，乙组英语科 3 小时。

2. 自然科学采用混合教学，如采用分科教学时，博物科内容除动植物外，须略及地质与矿物学大要。

3. 历史、地理两科教学总时数内，约以本国历史、地理各占三分之二，外国历史、地理各占三分之一。

4. 体格训练除体育科、童子军科及早操或课间操外，每周须有课外运动及童子军演习共 3 小时。

5. 生产劳动训练除劳作科及职业科外，每周须有课外实习 3 小时。

6. 女生之劳作以家事与农工艺训练各占一半为原则。

7. 各年级每周平均须有 2 小时为战时后方服务之训练。

8. 各科教学时间之排列须力求合理化，即国文、算学、科学、公民、历史、地理等科须排列于最有效之时间（如上午 8 时至 11 时，下午 2 时至 3 时），又体育、童子军、劳作等科有课外活动及演习者，其时间混合编配，每一教学活动时间分别酌量延长至 1.5 小时或 2 小时。

表 4-2　高级中学教学科目及各学期每周各科教学时数表

（民国二十九年二月修正公布）

时数＼科目 学期		公民	体育	军事训练或家事看护	国文	外国语	算学	生物	矿物	化学	物理	历史	地理	劳作	图画	音乐	每周教学总时数
第一学年	第一学期	1	2	3	5	5	4	3				2	2	2	1	1	31
	第二学期	1	2	3	5	5	4	3				2	2	2	1	1	31

续 表

学期 \ 科目 时数		公民	体育	军事训练或家事看护	国文	外国语	算学	生物	矿物	化学	物理	历史	地理	劳作	图画	音乐	每周教学总时数
第二学年	第一学期	1	2	3	4(2)	5(1)	3(2)			4(1)		2	2		1	1	31
	第二学期	1	2	3	4(2)	5(1)	3(2)			4(1)		2	2		1	1	31
第三学年	第一学期	1	2	3	4(2)	6(1)	3(2)		1		4(1)	2	2				31
	第二学期	1	2	3	4(2)	6(1)	3(2)		1		4(1)	2	2				31

以上表格说明：

1. 自第二年起分为甲乙两组，甲组第二、三学年每周算学为 5 小时(其程度与旧标准之算学课程内容相等)，化学、物理各为 5 小时，国文 4 小时，外国语第二年 5 小时，第三年 6 小时；乙组第二、三年算学为 3 小时，化学、物理各为 4 小时，国文 6 小时，外国语第二年 6 小时，第三年 7 小时。

2. 各校得视地方情形自第三年起酌设简易职业科目(如商业簿记、会计、统计、应用、文书、打字、农艺、合作社等)。前项选习甲乙科目之学生得免习第三年各该组增习时数，而就所设职业科目中选习一种或二种。

3. 女生劳作应注重家事科目，自第二年起，各校应酌设家事科目备二年级或三年级女生于甲乙组增习时数内改习家事科目。

4. 体格训练除体育科、军事训练及早操或课间操外，每周须有课外运动 3 小时，军事训练科及家事看护科中应注重救护工作。

5. 各年级每周须有 2 小时为战时后方服务训练。

6. 各科教学时间之排列须力求其合理化，即国文、算学、科学、外国语、公民、历史、地理等科须排列于教学最有效之时间(如上午 8 时至 11 时，下午 2 时至 3 时)。

表 4-3 桐城县立中学各科教学时数预计表

(民国二十九年二月)

时间 \ 科目 \ 时数 \ 班级		春初一	秋初一	春初二	秋初二	初三	各科时数总计(共九班)
上午	公民	1	1	1	2	2	12
	国文	6	6	6	6	6	54
	算学	5	5	5	5	5	45
	历史	3	3	3	3	3	27

续 表

时间	科目（时数/班级）		春初一	秋初一	春初二	秋初二	初三	各科时数总计（共九班）
上午	地理		2	2	2	2	2	18
	英语		4	4	4	5	5	41
	应用文		1	1	1			6
	自然	生理卫生			1	1		4
		博物 植物动物	3	3			1	12
		化学			3	3	2	15
							4	4
下午	体育及童子军		3	3	3	3	3	27
	劳作		2	2	2	2		16
	音乐		1	1	1	1	1	9
	图画		1	1	1	1	1	9
	特殊教学		1	1	1	1	1	9
总　计			33	33	35	35	35	

桐城县立中学根据省教育厅训令，依据部颁标准，高中采用甲组课程计划，确定了相应的教学科目和教学时数。初中及简易师范科的课程，依据部颁课程计划，并结合本校实际，作了相应的调整，学校课程安排如下表所示。

表 4-4　桐城县立中学简易师范科课程表

科　　目	第一学期时数	第二学期时数	备　　注
三民主义	1	1	
公民	1	1	
体育	2	2	
军事救护(女) 训练(男)	2	2	学术各一

续　表

科　　目	第一学期时数	第二学期时数	备　　注
卫生	1	1	部定无
国语及注音字母	1	1	部定有
国文	3	3	有应用文二点在第二学期，部无厅有应用文一点
历史	2	2	部厅均有
地理	1	1	部厅均有
农工艺	2	2	一时实习厅称劳作一时授课
自然	1	1	第一学期博物 第二学期理化
图画	1	1	
音乐	1	1	
教育概论	2	2	部称原理
教材及教育心理学	2	2	
童军教育	1	1	部原定二时在一学期授完
算学	3	3	部无
学校行政	2	2	即厅称乡镇保施法
基层行政	1	1	部称地方自治
兵役法规	1	1	
实习	4	6	
总　　计	35	37	

表 4-5　桐城县立中学各级每周上课时数及科目统计表

每周时数 级别 科目	高三	高二	高一	简师		初三		初二	初一
				上	下	下	信恕	上	忠诚
国文	6	6	6	4	4	6	6	6	6
算学	5	5	5	3	3	5	5	5	5

续 表

每周时数 级别 科目	高三	高二	高一	简师		初三		初二上	初一忠诚
				上	下	下	信恕		
英语	5	5	5			5	5	4	4
公民	1	1	1	2	2	1	1	1	1
历史	2	2	2	2		2	2	2	2
地理	2	2	2		2	2	2	2	2
物理	3					3	3		
化学		3						3	
生物			3						
军训	3	3	3	3	3				
童训				2	2	2	2	2	2
教育学						1	1	1	
生理卫生				1	1		1	1	
农村经济						2	2		
地方自治				1	1		1	1	
体育	2	2	2	2		2	2	2	2
音乐	1	1	1	2		1	1	1	1
教育概论				3					
教育心理				3					
教学法				3					
自然				1					
劳作				1		1	1	1	1
学校行政				2					
实习				2					
博物									4
每周教学总时数	30	30	30	37	37	33	34	33	30

表 4-6 一年制简易师范教学科目及每学期每周教学时数表

科目/时数/学期	三民主义	公民	体育	军事训练军事救护（女子）	卫生	国语及注音符号	应用文	历史	地理	农工艺及实习家事及实习（女生）	音乐	教育通论	教育行政	教材及教学法	教育心理	测验及统计	童军教育	地方自治	农村经济及合作	实习	每周总时数
第一学期	1	1	2	3（3）	2	1		2		3（3）	1	2		3	2	2	2	2	2	4	36
第二学期	1	1	2	3（3）			2		3	3（3）	1		2	3	2	2		2	2	7	36
备注	包括三民主义及孙文学说	包括新生活运动纲要、国民精神总动员纲要及其实施			包括学校卫生、公共卫生医药常识		包括各种应用文体及公文大要	注重我国疆域沿革、民族扩展、文化政治社会之演进百年国际	注重我国国防形势抗战地理交通建设物主情形疆域情形本省乡土地理		注重民族意义之陶冶及民众歌咏指导	见部颁课程标准	同	同	同	同		包括地方自治开始实行法地方自治法规乡保行政代政经济文化警卫参议制度		第一学期注重乡保行政及地方建设学校教导去参观与学习	

新中国成立后，学校开设的课程有所变更。

1949 年，初中政治教材有《新人生观》《学习方法与思想方法》《中国革命与中国共产党》;高中增开《论青年修养》《新民主主义论》。

1950 年，初中开设的课程有政治、语文、数学、化学、物理、历史、地理、外语、体育、音乐、美术，一、二、三年级全年教学时间分别为 1 160、1 240、1 200 教时。高中开设的课程有政治、语文、数学、生物、化学、物理、历史、地理、外语、体育、音乐、美术、制图，各年级全年教学时间均为 1 200 教时。

1952 年，初中政治讲授《中国革命常识》，高中为《社会科学基本知识》《共同纲领》。初中生物设植物学、动物学、生理卫生，高中讲授“人体解剖生理学”和“达尔文理论基础”。

1954 年，初中停开英语，高中改设俄语。

1956 年，将语文改为汉语和文学两科，翌年高中取消汉语课。

1961 年至 1963 年，学校全年教学时间为 39 周，初高中均开设政治、语文、外国语、数学、物理、化学、生物、历史、地理、体育等科。每周上课 32—34 课时。高中政治按年级分设《道德品质教育》《社会发展简史》《中国革命和建设政治常识》《经济常识》《辩证唯物主义常识》。

“文化大革命”期间，学校曾一度取消外国语、历史、地理、生物等课程，物理、化学两门课程为工业基础知识课所代替，政治课以毛泽东著作为主要教材。

1977 年，初三、高二增设农技课。

自 1978 年始，教学秩序逐渐恢复正常。初中、高中开设课程有政治、语文、数学、外语(英语)、物理、化学、生物等，每周教学时间为 29 教时。

1979 年，恢复历史、地理两门课的教学，政治课初中为《政治常识》，高中为《辩证唯物主义常识》。

1982 年，学校在全县首先执行《安徽省全日制六年制中学教学计划(试行草案)》，初中开设的课程有语文、数学、外语、政治、音乐、美术、劳动、班会，初二增开物理课，初三增开化学课，停授生物课，每周 33—34 教时。高中必修课有政治、语文、数学、物理、化学、外语、历史、地理、生物、体育等，高三文科班停开物理、化学、生物课，理科班停开历史、地理课。各年级教学时间每周 30—34 教时。

1990 年，教育部又颁发了《现行普通高中教学计划调整意见》，学校遵照执行，开设政治、语文、数学、外语、物理、化学、生物、历史、体育、劳动技术、社会实践活动等课程。

此后，教育部在江西、山西、天津“两省一市”试验的基础上，根据第三次全国教育工作会议精神，修订并完善了《全日制普通高中课程计划（试验）》。省教育厅颁发了《关于做好普通高中新课程方案试验工作的通知》，桐城市教委〔2000〕080号文件转发了省教育厅通知，并要求各高中明确如下精神。

新课程方案的出台，是深化普通高中教育改革，推动普通高中全面实施素质教育的重要步骤。它规定高中应开设思想政治、语文、外语、数学、信息技术、物理、化学、生物、历史、地理、体育与健康、艺术（音乐、美术）、综合社会实践13项课程。新课程计划规定普通高中的课程由必修课和选修课组成。必修课设有思想政治、语文、数学、信息技术、外语、物理、化学、生物、历史、地理、体育与健康、艺术（音乐、美术）、综合实践活动课程。必修课是为学生打好共同基础开设的，对于提高学生基本素质，培养学生终身学习的能力和适应社会生活的能力，促进学生个性的健康发展，起着十分重要的作用。各高中必须高度重视所有必修学科课程，做到开齐门类，开足课时。

新课程方案中的选修课设有数学、信息技术、物理、化学、生物、历史、地理7门课程，以及学校根据学生兴趣要求和发展需要所开设的课程。选修课是在必修课的基础上，为拓宽和增强学生有关学科领域的知识和能力开设的，允许学校为满足学生多样发展的需要，创造条件开设灵活多样的选修课。学生可以根据个人志向、兴趣和需要自主选择学习。除此之外，学校还开设研究性学习课程、校本课程和中澳班课程，以满足学生个性化学习的需要。

新课程方案规定教学时间为全年52周：教学时间40周；假期（包括寒、暑假，节假日和忙假）10至11周；机动时间1至2周。

每学年40周的时间安排：高一、高二年级每学年上课35周，复习考试3周，社会实践和劳动技术教育2周；高三年级每学年上课26周，复习考试12周，社会实践和劳动技术教育2周。每周按5天安排教学，周活动总量34课时，每课时45分钟。高中各科教材所编选的内容，旨在进一步提高学生的思想道德品质、文化科学知识、审美情趣和身体心理素质，培养学生的创新精神、实践能力、终身学习的能力和适应社会生活的能力，促进学生全面发展，为高一级学校和社会输送素质良好的合格的毕业生。

进入21世纪，为适应新课程改革的需要，各学科组在学校统一安排下，开发了研究性学习课程和一些校本课程。

2013年，学校与澳大利亚维多利亚州联合办学，中澳班正式对外招生。所开课程除国内普通高中课程外，还增开了澳洲教育部门规定的赴澳洲留学必考的几门课程。

第四节　教　　材

桐中办学初期，开设的课程有：读经、算学、词章、中外史学、中外地理、外国文、经济、博物、物理、化学、体操、图画等。教材多自选自编，一般来自古籍和外国教科书。光绪三十二年(1906年)后始有部编教科书。

民国时期，所用教材大多是由国民政府教育部或省教育厅指定的教材，少量教材由本校教师编写。

新中国成立后，学校使用的教材基本上是由教育部组织编订的各学科统编教材。"文化大革命"期间，教育受到强烈冲击，受害最深。其间，很多学校停课。桐中虽未完全停课，但教学不再正常化，使用的教材也不尽相同。学校曾一度取消外国语、历史、地理、生物等课程，物理、化学课为工业基础知识课所代替，政治课以毛泽东著作为主要教材。以前使用的部编教材，基本停用。所开课程如政治、语文、数学、物理、化学、农技等，大都是由省教育厅组织编写的教材，分量不足，这样一直延续到1978年。

1978年，教学秩序逐渐恢复正常。初中、高中开设课程有政治、语文、数学、外语(英语)、物理、化学、生物、体育等。1979年，恢复历史、地理课教学，政治课初中为《政治常识》，高中为《辩证唯物主义常识》。1982年，学校在全县首先执行《安徽省全日制六年制中学教学计划(试行草案)》，初中增开音乐、美术、劳动、班会等课程。

这期间，学校各年级各学科使用的教材大多是部编教材，少量是省编教材，如音乐、美术、劳动等课程。

此后，教育逐渐走向正轨。学校使用教材也越来越规范，除少数学科外，主要学科如语文、数学、物理、化学、生物、英语等，都是部编教材。

进入21世纪，随着新课程改革(简称"课改")的逐步推进，课程设置与教材使用也随之发生变化，学校使用的教材也随着新课改的变化而变化。

2006年，在新一轮课改全面铺开的大背景下，学校增开通用技术课程。所用教材为刘琼发主编、由广东基础教育课程资源研究开发中心编著、由广东科技出版社出版。其主要内容有：《技术与设计1》(必修1)、《技术与设计2》(必修2)；《电子控制技术》(选修1)、《建筑及其设计》(选修2)、《简易机器人制作》(选修3)、《现代农业技术与绿色食品》(选修4)等。

2006 年，安徽省全面实行新课改。高中各学科教材有所变动。数学使用的是人教社 A 版教材，英语使用的是北师大版教材，其余各学科均使用人教社统编教材。除语文外，其他学科教学内容变化不大。

2014 年 3 月 30 日，教育部印发《关于全面深化课程改革落实立德树人根本任务的意见》(教基二〔2014〕4 号)。以此为标志，最新一轮的课程改革在全国各地铺开。与之配套的，是教材的改革。同其他学科相比，语文教材变化最大。其突出表现是，它更加突出学生语文核心素养发展的需要，即在语言的构建与运用、思维的发展与提升、审美的欣赏与创造、文化的传承与理解等方面着力培养学生的"关键能力"。

2020 年秋季，学校全面使用由人教社编著出版的新教材。

近几年，学校组织精干力量，编写了富有特色的校本教材，如语文组的《新议论文写作教学范文选粹》《美学下嫁》，数学组的《立体几何知识读本》，英语组的《基于主题词汇的美文阅读与欣赏》等。

第五节　教 学 质 量

从 1912 年至 1949 年，在 30 多年的发展过程中，学校在各方面都取得了优异的成绩，多次受到表彰与嘉奖。

1913 年，省令停学办团，桐城中学因办学成绩突出，经省视学检查，免于停办。

即使在抗战期间，桐城县立中学对教育教学也常抓不懈，取得了很大成绩。1942 年 12 月 12 日，安徽省政府教育厅发布训令，对桐中给予表彰。训令说："查该校本学期办理情形，业经派员视察在案，兹拟呈报到厅，因予核示如此：(一) 该校校长吴一清力疾从公，服务精神可嘉。(二) 教导主任兼国文教员方筱庵批改学生作文颇清晰，其余教员于所任课务颇能胜任愉快。(三) 英、算均有练习本，各班学生日记教师亦批阅认真。(四) 各项表簿齐全，行政尚有系统。以上各节殊堪嘉慰。"

从 1937 年开始，省教育厅开始举办中等学校学生毕业竞赛。竞赛分国文、英文、数学三科，参加竞赛的学生由各校自行选拔，其竞赛科目由学生自己选择，参加一科或一科以上均可，但每班不得超过 3 人。毕业竞赛每学年举行一次，全省分芜湖、安庆、蚌埠、屯溪、宣城、六安等 9 个赛区，分别同期举行。在竞赛中，桐城县立中学毕业生取得了优异的成绩。后来，省教育厅将毕业竞赛改为学业竞赛，其他年级学生均可参赛。

学校在体育方面也取得过优异成绩。1944 年，因战时物资困乏，运动器材不足，桐中篮球运动落后，对外竞争屡屡失利，本年高二学生组织“经纬”球队，刻苦训练，球艺甲于在校各级，并以警卫队为小队，多次参加包括第二临时中学（简称“二临中”）及城内各校在内的篮球比赛，屡获冠军。

1947 年，学校组队参加了安徽省第一区三十六年度运动大会，取得了优异成绩。学生金弼汶以 2′26″3 的成绩获得男子组 800 米第 1 名，以 5′4″的成绩获得 1 500 米第 2 名；魏吉庆以 1.47 米的成绩获得男子跳高第 3 名；校男子接力队以 1′53″2 的成绩获得 800 米接力赛第 1 名；女生王秀云以 1.10 米的成绩获得女子跳高第 2 名；伍世荣以 13.8 米的成绩获得女子铅球掷远第 4 名。其中金弼汶同学代表第一区参加全省运动会。

新中国成立以后，桐中的教育教学质量更是有大幅度提高。

1958 年，学校被评为安徽省首批省属重点中学。

1959 年，随着整个形势发展，学校领导把注意力集中在教学上。在确保常规教学有序进行外，在教学改革方面，切实抓好试验班，为学制改革摸索经验，打好基础。试验班的教学计划按两年制和文理分科的特点制定。理科适当增加数理化课时，减少史地课时；文科适当增加文史课时，减少理化课时。毕业班在毕业前五周结束新课，做出全面复习计划，以便全面加工，重点补救，确保高考取得好成绩。工农业生产压缩规模，减少劳动时间，重点办好机械、造纸、化肥三个工厂，其余砍掉；扩大附属农场，以现有的 80 亩田地划分 4 个作业区，分片包干管理，主要利用课余时间大量种植蔬菜，做到吃菜自给，改善师生生活。同时在师生中开展“百日锻炼”“千分活动”的体育锻炼活动，大操场又恢复了往日龙腾虎跃的景象。本年度还制定了《三年（1959—1962）跃进规划》，全文 30 条，主要侧重教育教学质量的提高，努力把桐城中学办成一所名副其实的省重点中学。

本年度，桐城中学高考再创佳绩，特别是数学成绩在全省位居前列，安徽省教育厅在桐中举行数学现场会，全省各地完全中学均派三位数学老师出席，教育厅主要领导出席了会议。慈昌淦老师代表桐中数学组做典型经验交流。这是解放后桐中第一次举办这样大规模的会议。会议开得非常成功，反响热烈，桐中的教学经验受到与会者一致好评，得到各级领导的充分肯定。桐城中学声誉远播，士气大振。师生同心，形成合力，鼓足干劲，力争上游，成为当时师生们的共同心声。

1960 年，是桐中人感到骄傲的一年。是年春，桐中校长、主任、教研组长赴省城参加全省大中小学万人誓师大会，荣获锦旗一面。夏季，桐城中学出席省文教群英会以后，又光荣地出席北京全国文教群英会，校长史耀民前往参加，捧回由邓小平亲自题写的“教育先进单位”奖旗一面。冬季，省教育厅在桐中召开全省完全中学校长现场会，史耀民代表学校作了学校管理与教学改革的经验交流，至此桐中名声大振，声誉与日俱增。

1962 年，桐城中学高考成绩再创辉煌，高考各科人均成绩达到 80 分以上，高考本科达线率为 80%以上，被称为“双八十”，名列安徽省第一，居全国第二，仅次于福州一中(简称“福中”)。下半年，学校提出口号——“学福中，赶福中，争取再上北京!”桐城中学赢得了广大人民群众的赞誉和信任，家长以自己的孩子考入桐中为荣，认为“桐城中学是大学预科班，是保险柜”。桐城中学成为家长们最满意、最放心的学校。从此，桐中名扬海内外，桐中老师的社会地位也大大提高，受到了人们的普遍尊敬。这一年恰逢桐中 60 周年校庆，各地校友纷纷来函来电祝贺并赠送纪念品。黄镇校友寄来《长征画册》，朱光潜先生寄来自己的著作，房秩五先生赠送贺诗。学校举办校史展览，召开庆祝大会，极为隆重热烈。全体师生备受鼓舞，信心倍增，决心锦上添花，更上层楼。

1962 年，省教育厅高考招生委员会指派合肥师范学院负责在桐中设高考考点，是为桐城县第一次有高考考场。

1962 年至 1964 年，高考本科达线率在全省“三连冠”。

改革开放以来，学校教学质量仍然保持全省领先位置。

1980 年，学校被重新定为省重点中学后的第一届高中毕业生参加高考，升学率为 77%，位列全省重点中学第三位。政治、数学、物理等单科成绩为全省第一名，语文单科成绩为全省第三名。1981 年，学校高考升学率达 80%，学科平均成绩达 80 分以上，为全省重点中学第四名。1983 年，学校高考升学率在省重点中学中位列第三。学生章春芳获全国数学联赛一等奖。1984 年，学校高考升学率为 77.78%，在全省重点中学中位列第四。学生许金明高考总分 610 分，为全省理科状元。是年全国数学联赛，学生周民主、张革新获一等奖，张跃林、宋峰获二等奖，赵红卫获三等奖。

1985 年，学校高考升学率为 82.88%，共 213 人被录取，在全省重点中学中名列第二。全国数学联赛，学生方斌、苏本如获二等奖，张明烈获三等奖。省地理联赛，学生张更义、方泽永获二等奖。1986 年，学校 180 人参加高考，142 人被录取，在全省重点中学中排名第四。同年全国数学联赛，学生陈雪生、姚钧等 4 人获二等奖，赵志宏等 7 人获三等奖。全国物理联赛，学生舒兴盛等 2 人获三等奖。1987 年，学校 195 人参加高考，160 人被录取，录取率为 82.5%，在省重点中学中名列第三。是年全国数学联赛,学校有 7 人获奖,其中吴达荣获一等奖。全国中学力学竞赛,学生程小龙获三等奖。

自高考恢复后至 1987 年,数学组在时任副校长慈昌淦、邓国栋的带领下,数学高考成绩连续 11 年获全省平均分第一名。

1988 年,全国数学联赛,本校学生张东波获一等奖,黄栋、叶雄兵获二等奖;化学联赛,吴雷获三等奖;物理联赛,李季等 3 人获三等奖。

1989 年,学校高考升学率在全省重点中学位列第六。全国数学联赛,学生吴筱益获一等奖,并参加了国家在郑州举办的冬令营,后又被保送至中国科技大学;张晓海、何鑫等 9 人分获二、三等奖。全国物理联赛,学生吴筱益等 5 人获奖。全国化学联赛,学生段路明获一等奖,并参加了国家在中国科学技术大学举办的化学冬令营,后被保送至中国科学技术大学;姚刚等 8 人分获二、三等奖。省语文竞赛,学生韩正奎获二等奖;省高二英语竞赛,学生韩琪、胡秀平获一等奖,汪青松获二等奖。

1990 年,学校高考升学率在省重点中学中位列第一。文科的数学、地理、外语,理科的政治、数学、物理 6 个学科成绩,在安庆市获第一。物理、化学两个学科各有 1 名学生得了满分,1 名学生生物成绩为全省之冠。同年,全国数学联赛,学校共有 21 人获奖,占全省获奖人数十分之一强,占安庆市 41%,其中一等奖 2 人,二等奖 6 人。全国化学联赛,共有 12 人获奖。全国物理联赛,共有 9 人获奖。难度很大的力学竞赛,也有 6 人获奖,其中一等奖获得者黄海参加了华东地区的复赛。

1991 年,学校高考升学率在省重点中学中位列第三。高考成绩 600 分以上的有 7 人,其中陈卫国 631 分,为全省理科第一名。学校理科数学高考成绩在全省列居首位,文科数学、政治,理科数学、物理、化学、生物、政治 7 个学科的人均成绩在安庆市排名第一。同年全国数学联赛,本校学生曹利华等 7 人获奖。全国物理联赛,学生周红春等 5 人获奖。全国化学联赛,学生陈健民等 33 人获奖。在第八届“东华杯”竞赛中,学校再夺团体冠军。

1992 年,全国化学联赛,学校 15 人获奖,其中二等奖 9 人,三等奖 6 人。

1993 年,学校进一步端正办学方向,“五育”齐抓,教学质量有了进一步提高。是年高考升学率在省重点中学中位居第六。参加全国数理化学科竞赛的学生有 50 余人获奖,其中数学获奖者有 20 人,王永辉等 3 人获全国化学竞赛一等奖。

1994 年,全校参加高考人数为 780 人,493 人被录取,录取率为 63%,各学科高考人均成绩在全省的名次为:文科数学第一,历史第四,地理第五;理科数学第三,化学第二。所有参考学科在安庆市均为第一或第二。本年度学校参加全国数理化生学科竞赛有 40 余人获得前三名，其中有 2 人获得全国数学竞赛一等奖，2 人获得全国物理竞赛一等奖。是年，本校第一次参加全国生物竞赛，有 8 人获奖。

1995 年，本校高考报名人数为 226 人，达线数为 207 人，本科达线率为 91%，名列全省重点中学第二。同年，全国中学生数理化学科竞赛，本校有 67 人获奖，其中有 3 人获数学一等奖，3 人获物理一等奖，6 人获化学一等奖；有 5 人被选入国家冬令营，参加全国数、理、化决赛。

1996 年高考，学校有 300 多人进入本科院校，有 6 人被保送至名牌大学。同年，全国数理化学科竞赛，学校有 15 人分别获安徽赛区一、二、三等奖，其中，学生蔡青代表省队赴杭州参加全国中学生数学决赛。

1997 年高考，学校有 607 人达线，其中 345 人达本科线，应届毕业生升学率达 94%。同年，全国中学生数理化学科竞赛，本校有 31 人获奖。

1998 年高考，学校有 304 人达本科线，应届毕业生本科达线率为 98.6%。全国中学生数理化生学科竞赛，本校有 21 人获奖。

1999 年，学校致力于实施“名师工程”，着力提高教师素质。当年高考，本校有 330 人达本科线，其中 178 人达重点院校线，应届本科达线率为 99.6%。同年，全国中学生数理化生学科竞赛，本校有 24 人获奖。

进入 21 世纪，桐中更加注重科研兴校战略，鼓励教师积极投身教育科研工作，促进教育教学质量的快速提升。2001 年，学校有 366 人达本科线，48 人总成绩超过 600 分，重点大学达线率为 70.1%；2002 年，有 589 人达本科线，其中达重点院校线的有 379 人，600 分以上的有 97 人，在全省 70 多所省级示范高中中高考成绩名列第二。

随着新课程改革的逐步推进以及新的高考制度的施行，学校教学质量稳定攀升；随着高等院校招生规模的扩大，高考升学人数和升学率也在不断增加和提高。自 2016 年以来，学校高考升学率接近 100%，其中一本达线率超出 90%。自恢复高考制度以来，学校考取北京大学、清华大学的学生已达数百人；有近千人次在全国或省级以上学科竞赛中获奖。

“后十百年人才奋兴胚胎于此”，吴汝纶先生当年的殷切期望，而今已变成现实。100 多年来，桐城中学为全国各类高校输送了 3.4 万多名合格新生，他们中有近 2 000 人已取得博士、硕士学位，有 10 人成为中国科学院或工程院院士。其他还有革命家、外交家、科学家、文学家、艺术家和企业家。在国内外各行各业中，桐中学子建功立业，声震海内，誉满全球。

第六节 教学改革

桐城中学自创办以来，教育教学改革从未停止。其改革并未限于教学求知，更在于教学做人。所有教学改革，均围绕“立德树人”而展开。

清末，学校创办初期，教学沿袭书院及私塾先生讲、学生听的注入式教学方法。

1904年，遵照清政府部颁中学令，学校改名为“桐城公立中学堂”，开设的课程有：读经、算学、词章、中外史学、中外地理、外国文、经济、博物、物理、化学、体操、图画等。教学方法仍是讲演式和注入式。

民国初年，孙闻园任校长，大力提倡新学，使学生接受新知识，扩大知识面，适应时代发展的需要。学校实行教学改革，调整课程设置，开设了修身、国文、历史、地理、数学、英语、博物、理化、图画、法制、经济、体操、音乐13门课程。

从1912年至1949年，学校教育教学改革不断推进，从未停止。

1913年，学校在训育方面由严格主义渐渐趋于随机辅导主义。学科开设在上年的基础上添授手工课。

1914年，学校在训育方面由随机辅导主义，渐渐改为自治指导主义。在国文教学中，注重字课，每天令学生各写大小字若干张，并送到学监处批阅；英文注重背诵。

所谓“严格主义”，即在课程开设上注重学生的全面发展；在教育管理上，对学生进行严格的纪律约束，规范学生的言与行；在学生的发展上，注重学生的内外兼修——既有强健的体魄、丰厚的知识，更有崇高的理想、积极的追求。

所谓“随机辅导主义”，指的是在实行“严格主义”的基础上，在教育的过程中，针对不同学生的不同兴趣、爱好与潜能，随机采取积极的引导和辅助措施，使之向真、善、美的方向更好地发展。

所谓“自治指导主义”，即在学生全面“自治”的前提下，学校及教员对其进行适当地“指导”，使其更加自我觉悟，以至能够自我发展。

1915年，学校在训育方面纯取自治指导主义。悬定校训曰：“勤、慎、信、恕”，揭示格言，举行期会，培养学生道德情操。学校建立服务生值日制度，规定各班轮值，打扫校园，灌溉花木，培养学生劳动习惯。全体教职员，更是以身作则，激励感化学生，使学生自觉养成社会生活的好习惯和互助精神。学业考查注重平时成绩，规定教员在学习自修时轮流值日监视，以资补教；学生有疑难问题，老师及时解答。体育在正课外加授早操，课余练习拳术、球技。学生以分组形式进行课外作业，学生分成园艺、采集、讲演、音乐等研究会，各科教员给以指导，其中以园艺部最有成绩，孙闻园校长还经常利用寒暑假，带领学生上山采集植物标本。

1916 年，教学内容没有大的变动，只是将课外作业改设游艺会，内分园艺、图画、博物、辩论、柔术、击球等部。其中，园艺部育蚕得丝 60 两（第二年得丝 150 两）。同年 10 月，学校向县署函领废枪 40 支，学生练习兵式操。

1917 年，为解决本县小学师资缺乏问题，学校附设一简师班。师范班课程全部按简易师范科科目设置，注重教育课和实习；学生在校外寄宿另请管理员指导。本年在考查学业成绩方面有所变革，规定（三民）主义、英语、算学三科成绩有不及格者随时降级。

1918 年，校长易人。学校规定学生每天作日记，教职员积极指导，每周交一次，由校长及学监批阅，以此培养学生种种美德。从这年起，学生暑假增加假期作业，教员给予多方指导，学生大获裨益。

1920 年，训育上取自治主义，学生设立自治会，改朝会为周会；教学上取自学辅导主义，各种教材多有改进。国文与英文教学注重读写。学校在新历年组织学生进行演讲。

1922 年，孙闻园再次接任校长，学校在教育教学方面有了新的变化。在训育方面，采取积极的指导主义，力求避免消极的干涉；在周会以外，多设训话机会，力行身教。在教学方面，旧制班课程保持原状，但对英文课和数学课加重教材分量，多方训练。新制班采用新学制课本。国文课仍为选读。

1923 年，学生的课外作业，增设了英文、文学等研究会。同时，将周会改为讲演会或辩论会，注重对学生能力的培养。学校为帮助学生顺利升学，上学期，教职员组织开办了补习班，专收高等小学毕业生，补习国文、英文、数学，半年为期，为升学作预备。此举持续多年，为本地学生升学备考创造了有利的条件。

孙闻园校长在重视科学教育的同时，也注重劳动教育。1923 年，学校修建桐城公园就是一次重大的教育改革。改变单纯的课堂教学，培养学生的劳动意识与技能，于德、智、体都有益处。

1924 年，学校在设立各项服务生以外，添设服务生 1 人，每天从全校学生中选派轮流值日，专司全校卫生事宜。

1925 年，桐城县立公园建成，学校认为自身有指导游人的义务，特规定服务生每日做完校务后，前往公园指导游人。这年暑假，学校在新图书馆开办成绩展览会。在艺术方面，以各种图画和藤木工作品为最优，且多实用；在地理方面，绘制有中国分省、世界分国等挂图，制作精美完备，可用作教材。

1926年，学校在德育、智育、体育、美育等方面都有所改革。

德育方面，学校采取管理与训导相结合的方法，以道德习惯的养成为目的。

智育方面，学校以教授为枢机，教学以使学生一一掌握所学的学科知识并能应用于实际为归宿，在让学生如何掌握知识、如何运用知识的问题上，学校一方面改进教法，一方面注意教材的选择。在教法上，坚持以学生为本位，采取自学辅导的方法来教学。课前重预习，课后重复习，直观教学的教具力求完备，学理教学的学说力求圆满，论理教学先演绎后归纳，期望学生“食古能化”，中西结合，达到思想独立、应用有方的境界。但教学仅限于课堂则难以收效，因此，学校要求给学生安排一定的课外作业。课外作业分研究、实习两项。研究分国学、英语、数理、艺术四部，学生根据自己性之所近，力所能及自行组合。实习则是将课本学习用于实践，如种植、手工等科目。研究与实习均由教师分别加以指导。

体育方面，学校认为体育是德育、智育之母，开设体育课有明确的目标：一是锻炼学生体格，使机体充分发育；二是激发学生的国家观念及民族意识；三是培养学生的公民道德，发扬团结精神；四是训练学生生活上及国防上的基本技能；五是养成学生注意卫生的习惯和态度。学校体育工作从养护、锻炼两个方面实施。养护方面，主要抓学生的饮食、起居、防疫和医治。锻炼方面，一抓课内正操，每周2小时；二抓晨操，早晨6点起床后，同至操场以身材高矮列队，导师点名，举行升旗典礼及训话，后进行20分钟的运动，并由体育教员监督。学校还在课余积极开展各种球类田径运动，并且不定期组织远足旅行。

学校在抓好德育、智育、体育三方面工作之外，十分注重美育。在进行乐歌、图画、手工、体操等学科教学时，坚持以美学为中心；在进行国文等学科教学时，也运用美的性质来教导学生，提高学生审判真善美与假恶丑的能力。学校经常举办图画、音乐、文艺等形式的集会、展览，自画、自编、自演、自唱，使学生同乐相观，以此增进学生美的兴味。学校还意识到环境对学生的美育作用，校舍的建筑、校具的布置、校课的陈列，无不力求雅纯整洁。此外，学校还精心经营校园中的花木虫鱼，力求尽善尽美，营造一个宁静幽美的育人环境。

1940年春，为保证抗战工作的顺利进行，国民政府在全国范围内推行以在校学生为主体的对民众进行抗战思想教育与抗战服务教育为一体的社会教育活动（简称

“社教”)。为响应政府号召,学校奉命推行社教工作,成立了社教推行委员会,由社教主任、干事具体负责此项工作。学校在校内附设了一所民众学校,教材遵照省教育厅颁布的内容,由本校各级学生分抄散发,并由他们轮流担任教员。在民众学校内还设有民众服务处,分设问字、代笔、赠邮三部,由本校学生担任各部工作,为民众服务。学校图书馆内也设有图书阅览室,陈列图书报纸及战时小册子,共计 200 余种,每日开放,观者颇多。

通过教学改革培养学生的社会责任感和社会工作能力,学校组织学生开展社教工作。他们组织戏剧社、歌咏团和防护团,出版壁报,向民众进行抗战宣传。社教工作,作为当时学校教育教学工作的一部分,成为这一时期教育教学改革的一个特色。

新中国成立以后,随着课程设置和教材的变化,学校开始注意探索新的教学方法。以课堂教学为主,以课外、校外活动为辅。每班分成若干小组进行课前准备、讨论,晚自习时每小组提出具体意见,由授课教师作总结。自然科学课程注重实验教学,每讲一单元,教师作一次实验报告。学校还实行集体备课制,研究改进教学方法,变“填鸭式”教学为启发式教学。

1952 年,学校成立教学研究室,举行观摩教学活动。同时,学校组织学习普希金、凯洛夫教育理论,遵循五大教学原则——直观性、自觉性、系统性、巩固性、量力性,积极改进课堂教学结构,实行“五段教学法”(课堂教学的五个环节,即组织教学、检查旧课、传授新知、巩固新知、布置作业)。

1953 年,学校以教研改革促进教学改革,成立了语文、外语、史地、数学、自然科学、政治、体艺教研组。同时,学校还与桐城师范、桐城初中成立了政治常识、语文两个校际教研组,每周活动 3 小时,交流经验,提高教学质量。

1954 年,在上级教育主管部门的要求下,学校进行以教学内容为中心的教学改革,教师备课在教研组组织下进行。学校要求教师对课程深入钻研,按照教学大纲要求,抓住教材重点、难点和特点,并做到科学知识和实际运用相结合。9 月,地区召开中学校长会议,会议要求教师深入钻研教材内容,结合学生实际进行教学,并总结教学经验,举行校际教学经验交流会。当年寒假,学校教师集中在校备课,写好课时计划,提前备好 3 至 5 周课程。

1955 年,学校在县文教科的指导下,利用寒假给学生补缺补差,并对毕业班采取全面加工、重点补救的办法,让学生全部毕业。同时,学校要求教师按教学大纲及精简课程的知识,确定教学时数,订立教学计划,写好教学笔记,授完一章或一节后,整理写出授课过程与细节。课堂教学要求教师讲解透彻清楚,注意复习巩固,克服抄笔记、抄讲义和随意拖堂现象。同时，减少考试次数，增加平时考查，注重日常观察。此外，学校还组织文艺、园艺、农艺、科学仪器、标本、模型制造、音乐舞蹈和美术工艺等课外活动小组，开展多种多样的课外活动。

1956 年至 1957 年，课堂教学实行因地制宜、因时制宜、因材施教的方法，注重培养学生独立思考能力。同时，学校通过物理、生物、化学、数学、制图、地理等教材中基本生产技术内容，阐明科学原理在生产实际中的应用，使学生获得运用科学知识的技能。学校还组织师生到工厂、农场、农业社参观学习，校内还辟有实验园地，设置金工室、木工室、实验室等，培养学生实际操作能力。

1958 年，学校贯彻“教育必须为无产阶级政治服务，必须同生产劳动相结合”的方针，一方面加强思想教育，一方面组织师生参加内外劳动，大炼钢铁，大力兴办工厂和农场。

1961 年后，学校教学转向抓“双基”——基础知识和基本技能训练。课堂教学提倡精讲多练，充分保障教师备课和批改作业时间，以及学生读书与完成作业时间，强调打牢语文、数学、外语三个学科的基础。

1962 年，学校分学科建立备课小组和教研组，坚持教研组集体办公制度和教学交接班制度。

自 1963 年始，学校先后贯彻“中学五十条”、毛泽东春节讲话和“七・三”指示，努力减轻学生负担。在教学中注重运用启发式、少而精和学以致用原则，初步改变满堂灌、作业多、考试频繁的不良现象。同时，学校在重点班级进行教学改革试验，减少考试次数，对政治、数学、外语、高中物理和化学等科，只举行期末考试，语文以平时作文评定成绩，其他学科成绩以平时考察为主。

1977 年后，随着高考制度的恢复，学校的教学改革基本上与国家的教育改革同步进行。课程设置、教材选用、教学方法、教学研究等方面的改革，与上级教育主管部门的要求高度一致。进入 21 世纪后，国家启动新课程改革，践行“五育并举”的教育方针。随着教育形势和任务的变革，学校的教学改革主要从学校的性质出发，以课堂变革为重点，努力适应新教材、新高考，在努力提高教学质量、为高一级学校输送更多的优秀的新生上做足功课，下足功夫。

随着信息技术和网络技术的普及和运用，进入 21 世纪后，学校教学改革的重点是课堂多媒体技术的运用。目前，多媒体技术和网络技术的设备遍及校园的每个角落，为教师的备课、上课和在职研修，提供了极大的便利，同时也为课堂的进一步变革，提高课堂教学效率提供了不竭的信息支持。

第七节　教学研究

学校创办初期即开展教学研究，与教学改革相伴而行，相得益彰。孙闻园担任校长期间，一方面注意教材的选择，一方面注意教法的改革。经过教学研究，学校在教学方法上逐渐摈除注入式和讲演式教学方法，坚持以学生为本位，采取自学辅导的方法来组织实施教学。

新中国成立以后，随着课程设置和教材的变化，学校教学研究及时跟进。50 年代，学校成立教学研究室，作为开展教学研究的专门机构，定期组织观摩教学，总结教学经验，探索教学方法，运用于教学实践。各班还建立课代表制度，吸收课代表参与教研组活动，教学相长，成效明显。

80 年代，新教材、新教法、新媒体、新手段接踵而至，教学研究的气氛十分浓厚。各教研组根据本组学科特点和教学实际情况，以问题为导向，进行教学研究。学校还制定了“三定备课”制度，即定时间、定内容、定主备人。教研组组内一人主讲，多人参与研讨，主题性强，针对性强，效果良好。

教师们或将自己研究的心得或成果形成文字，刊发于专业期刊；或申报各级各类教育科研课题，进行专项研究，以期解决相关问题，促进教育教学的良性发展。

90 年代，皖中地区示范高中联谊会成立。这个以安徽省老牌重点中学为会员成立的联谊会，每年由各会员学校轮流坐庄对教育教学热点、难点问题进行研讨，反响很大。桐中曾主办联谊会年会，也派出相关学科教师出席在他校举行的联谊会，分享自己的经验，学习别人的长处，以此促进教育教学研究工作的开展。

进入 21 世纪，新课程改革如火如荼，学校的教育教学研究轰轰烈烈地开展。各学科组每年积极申报各级课题，藉此促进教学研究工作。在继续教育和校本研修活动中，教师教学研究积极性更是高涨。据不完全统计，自 2000 年以来，学校各学科教师教学研究的成果或经验刊发于专业期刊的就有 250 余篇，出版专著近 50 部，省市级（含以上）立项科研课题 30 余个，省市级（含以上）优秀获奖论文近百篇，教师参加国家、省、市优质课大赛获奖数十人次。

值得一提的是，经过长期的教学实践，90 年代中期，桐中数学组总结出“四要”教学基本原则，即“备课要深，讲课要清，作业要精，辅导要勤”。“深”“清”“精”“勤”这“四要”，后来迅速推广到学校各学科教学管理和教学实践中，并被推广到省内外许多学校。

语文组在课题研究中，总结出“课堂五字教学法”，即“导—知—悟—赏—究”。它从文本解读的角度，将教师的教与学生的学统一为一体，既体现了课堂教学流程的有序性，又体现出文本解读的立体性。借助“课堂五字教学法”，学校许多年轻教师得到迅速成长，在省市优质课大赛中取得优异成绩。

为检测教育教学研究的成果，学校于近年开展青年教师优质课大赛活动。这项活动每年举行一次，学校将活动中的优秀选手，推荐到市参加优质课评选。许多青年教师在比赛中脱颖而出，迅速成长。

各教研组积极开展省、市级课题研究，有多项课题顺利结题。多人被评为“安庆市先进教研个人”，语文组、数学组、英语组、化学组、政治组被评为“安庆市先进教研组”。胡双全、高良启、周治被聘为“安庆市名师工作室主持人”，多人被评为安庆市学科带头人。

2018 年 10 月，安庆市教体局对我校教育教学工作进行专项视导。领导和专家进课堂，查作业，听汇报，与学生、教师座谈，认为我校教育教学工作扎实有效，具有示范引领作用。

表 4-7 桐城中学教师于省级以上刊物(CN 刊号)发表论文及出版专著情况统计表(部分)

姓　名	作　品　名　称	刊物/出版社	时　间
汪年生	《热力学第一定律教学随记》补记	安徽教育	1983 年 3 月
王元祥	热力学第一定律教学随记	安徽教育	1983 年 1 月
卢声频	注重信息反馈，搞好教学管理	安徽教育咨询	1991 年 3 月
	逃出题海，跳出苦海	中小学教育管理	1993 年 11 月
	跳出题海迎高考	安徽日报	1994 年 4 月 7 日
	简论教育的产业性质及市场	安徽省发展战略研究	1995 年 6 月
	加强学校党建工作，建设高素质的教师队伍	安徽教育咨询	1997 年 9 月
江　喆	高中英语手册	安徽教育出版社	1996 年
	高三英语语法·习惯用语	中国致公出版社	1998 年
	名师导学解难(英语)	宇航出版社	1999 年
	高三英语百问百答	北京邮电大学出版社	1999 年

续　表

姓　名	作　品　名　称	刊物/出版社	时　间
吴明来	古老学府新风貌	体育报	1984年2月22日
	桐城中学体育工作越做越好	安徽体育报	1984年6月30日
	学校扩建体育场，体育课怎么上	安徽体育科技	1989年2月
汪仞刚	政治常识的三教复习	政治教育	1992年2月
	挖掘选择题的题眼	政治教育	1993年2月
周　治	挖掘货币中教育因素	政治教育	1996年8月
	渗透发散思维，推进素质教育	中学政治教学参考	2000年6月
	结合经济常识教学，贯彻基本道德规范	中学政治教学参考	2002年9月
	一道高考政治选择题的思考	中学政治教学参考	2007年8月
	打造名校文化精品	教育文汇	2011年2月
	“六尺巷”中天地宽	教育文汇	2011年3月
	社会调查是开展研究性学习的有效形式——以桐城左忠毅公祠的调查研究为例	教师	2011年6月
	转化“问题学生”有妙方	教育文汇	2011年7月
	同样的知识点，不一样的理解——从不同角度认识几个哲学知识点	中学教学参考	2013年6月
	对一道政治选择题的思考	青苹果	2013年10月
	课堂教学延伸有讲究	教育文汇	2013年5月
	跳出案例教学的运用误区	中学政治教学参考	2014年4月
	课堂教学出现意外时	教育文汇	2014年9月
	正视课堂意外，优化教学资源	中学政治教学参考	2015年1月
	让社会主义核心价值观融入经济生活课堂	思想政治课教学	2015年3月
	以社会调查为载体培育核心素养	安徽教育科研	2018年7月

续 表

姓 名	作 品 名 称	刊物/出版社	时 间
陈玉莲	吴汝纶与桐城中学(合著)	安徽教育报	1999年5月
	高中语文复习步步高	北京宇航出版社	1998年
	父子宰相家训(点注)	安徽大学出版社	1999年
方世友	地理课堂教学改革的几点思考	安徽教育	1999年8月
刘培生	高一化学精确指导(合著)	石油工业出版社、东北朝鲜民族教育出版社	1999年
	唾液淀粉酶对淀粉的消化作用实验的改进	实验教学与仪器	1999年10月
吴宗勤	黑白反转幻灯片制作	电化教育	1985年1月
	也谈小型照相机拍室外团体照	大众摄影	1985年12月
	PTC自保式热保护器	家用电器	1996年5月
	电子开关有源话筒扩展器	中学科技	1998年3月
	空调器的制冷量、制热量的来历和含义	物理教学	1999年7月
余金光	也谈中学各科教学法、教学参考书的分类方法	图书馆杂志	1987年8月
	中学图书馆藏书建设四题	中小学图书情报世界	1996年12月
	书刊登录的作用与方法	中小学图书情报世界	1997年12月
曹福满	英汉双解中学英语词组(合著)	安徽教育出版社	1988年
	中学英语词语手册(合著)	安徽教育出版社	1993年
汪文涛	妙笔写“无声”	中学语文园地	1998年7月
	信马由缰说“虚实”	语文学习	2021年6月
	中学文言文学习指要(合著)	安徽教育出版社	1995年
	青少年古文读本·高中分册(合著)	安徽教育出版社	1998年
	想象力的二度训练	语文教学与研究	2001年冬高考专号

续 表

姓 名	作 品 名 称	刊物/出版社	时 间
沈文刚	现代文阅读训练及解题指导	学语文	1996 高考专号
	青少年古诗文读本·高中分册(合著)	安徽教育出版社	1998 年
	人才的摇篮(合著)	安徽教育	1999 年 9 月
张 骏	一个独特的艺术形象	安徽日报	1999 年 6 月
	艺术项链上一颗熠熠生辉的明珠试析《聊斋志异》中的乔女形象及其美学价值	名作欣赏	1999 年 7 月
杨怀志	古文辞类纂评注(合著)	安徽教育出版社	1992 年
	高中文言文评注	安徽教育出版社	1994 年
	不宜为古人代言	中学语文教学	1999 年 11 月
	一代文章,千秋风义	哲学大视野	1998 年
	吴汝纶与桐城中学(合著)	安徽教育报、古籍整理	1999 年 5 月
	皖籍名人马茂元	安徽日报	1998 年
	桐城派殿军	古籍整理	1999 年
	二姚一马的人品文品	学术百家	1999 年
	明宫奇冤(长篇历史小说)(合著)	安徽文艺出版社	1988 年
	桐城派名家评传(合著)	安徽人民出版社	2001 年
曹向东	世界历史第二册教案	人民教育出版社	2002 年
	中国近代史教案(合著)	人民教育出版社	2003 年
	桐城,我可爱的家乡(合著)	安徽少年儿童出版社	2003 年
刘盛磊	幽情别趣诗中来——以诗促教的点滴体会	全球汉诗研究论文汇编	2001 年 6 月
何古奇	从高考试题看现代文的高考对策	语文报	1998 年 总第 249 期
	高考优秀作文选评	语文学习	1998 年 10 月
	余音绕梁的苔衬之美	安徽日报	1998 年 7 月 15 日

续 表

姓 名	作 品 名 称	刊物/出版社	时 间
方桂平	中考发散思维(语文)	中国水利出版社	2000 年
	境由心造,意与境浑	语文教学之友	2002 年 5 月
赵东明	高二语文精确指导	石油工业出版社、东北朝鲜民族教育出版社	1999 年
袁有年	小议《项链》的主题	语文教学与研究	1999 年 12 月
汪 胜	恒等式 A＝2R/2R＊A 与一类不等式的证明	数学函报	1985 年 4 月 7 日
	谈谈高中数学复习与学生知识结构的完善	中学数学教学	1989 年 2 月
胡新民	英汉双解中学英语词组(合著)	安徽教育出版社	1988 年
	初级英语语点释疑	科学普及出版社	1991 年
	简明高中英语语法(编著)	中国致公出版社	1996 年
	高中英语测试与纠错(必修一)	测绘出版社	2012 年
江宏生	青少年古诗文读本・高中分册	安徽教育出版社	1998 年
张明霞	同步学典	北京教育出版社	1999 年
	高中英语手册(合著)	安徽教育出版社	2000 年
杨积胜	素质教育给启发式教学带来新的定位	安徽教育	1998 年 10 月
吴 杰	高一化学精确指导(合著)	石油工业出版社、东北朝鲜民族教育出版社	1999 年
高良启	初三化学精确指导(合著)	石油工业出版社、东北朝鲜民族出版社	1999 年
	高三化学精确指导(合著)	石油工业出版社、东北朝鲜民族出版社	1999 年
	引指学生拟好解题之纲	数理化学习	1998 年 11 月
	“查”、“找”、“排”——复杂有机物同分异构体书写的“三字经”	中学理科参考资料	1998 年 12 月
	约里奥・居里的远见卓识	中学生理化报	2001 年 1 月

续 表

姓 名	作 品 名 称	刊物/出版社	时 间
高良启	与能量相关的理、化、生综合试题的解析	数理化学习(高中版)	2002 年 7 月
	化学教学中创新能力的培养	化学教育	2001 年 2 月
蔡长宇	发散思维同步训练(合著)	中国水利出版社	1999 年
	思想政治课中学生创新能力的培养	中学生时事政治报	2011 年 8 月
	当代教师的情怀	现代信息教育	2013 年 3 月
	引入信息技术,打造高中思想政治课高效课堂	中小学教育	2020 年 9 月
陶正宏	中考指南	中国水利出版社	1999 年
	发散思维同步训练(合著)	中国水利出版社	1999 年
	防止课堂提问的"贵族化"倾向	思想政治课教学	2001 年 7—8 合刊
	关于思想政治课课堂辩论的两点思考	思想政治课教学	2001 年 11 月
	研究性学习"六忌"	政治教育	2001 年 12 月
	对研究性学习的哲学透视	考试报	2001 年 11 月 16 日
	来自动物世界的哲学启示	中学政治教学参考	2014 年 5 月
	生活与哲学有待商榷的几个问题	中学政治教学参考	2014 年 11 月
梅万生	发散思维同步训练(合著)	中国水利出版社	1999 年
	思想政治课应重视学生批判精神的培养	安徽教育科研	2002 年 6 月
黄百年	如何正确分析评价历史事件	中学历史教学参考	1998 年 6 月
慈昌淦	高中数学讲座(合著)	安徽教育出版社	1984 年
王铁铸	没有体育的教育是"残废教育"(合著)	中国体育报	1989 年 3 月 27 日
吴春生	警惕"尖子生"的心理负效应	安徽日报	1993 年 5 月 30 日
	走出家庭教育的"误区"	安徽教育报	1993 年 6 月 13 日
	"另类"词语流行原因浅析	语文教学与研究	2000 年 9 月

续 表

姓 名	作 品 名 称	刊物/出版社	时 间
吴春生	“模糊”：文学语言的魅力	语文教学与研究	2000 年 12 月
	培养探究性学习能力	教育文汇	2001 年 4 月
	如何培养学生的审美趣味	语文教学与研究	2001 年 1 月
	教师要重视探究性学习	中小学管理	2000 年 11 月
高之文	浅谈课堂教学的设计	中学语文教学	1983 年 2 月
	导之以兴，授之以趣	语文教学通讯	1984 年 6 月
	创设激发兴趣的情境，开展多种多样的课外活动	中学语文教学	1984 年 12 月
	谈中学语文教学中的美点	安徽教育学院学报	1988 年 3 月
林祖年	如何给学生布置寒假体育作业	安徽青年报	1988 年 1 月 19 日
高传明	词素相同词序不同的同义词	安徽教育	1983 年 12 月
	桐城派的教育思想	安徽教育	1986 年 5 月
	努力培养学生读写听说能力	中学文科	1988 年 8 月
	桐城派的源流	文史知识	1989 年 1 月
	高考阅卷的启示	人民日报	1991 年 9 月
	有钱难买幼时贫	少年文史报	1992 年 8 月
	显示人物心灵的透视镜	写作导报	1994 年 10 月
	“善读”杂谈	人民日报	1994 年 12 月
	学语文无捷径有方法	中学语文教学	1995 年 9 月
	高中语文新题型解析	新疆教育出版社	1993 年
朱益群	英汉双解中学英语词组(合著)	安徽教育出版社	1988 年
雷合林	鲁迅《丧仪散记》和巴金《永远不能忘记的事情》异同浅析	中师函授	1985 年 6 月
	《段太尉逸事状》的叙事艺术	中师函授	1986 年 12 月
	《雷雨》助读三题	中师函授	1987 年 3 月
	有物有序的《狱中杂记》	教师进修指导	1988 年 6 月

续　表

姓　名	作　品　名　称	刊物/出版社	时　间
吴永清	古文辞类纂评注(合著)	安徽教育出版社	1992年
郭道成	用美塑造“现代人”	教育科学研究	1987年2月
	没有体育的教育是“残废教育”(合著)	中国体育报	1989年3月
	要形成岗位成才观念	教育与职业	1989年6月
	对课堂教学的反思	安徽教育	1989年8月
	教法改革刍议	安徽教育	1989年12月
	关于初中教育的几点意见	安徽教育	1989年10月
	没有创造的教育是“病态教育”	行知研究	1990年3月
	桐城中学强化管理机制	安徽教育	1990年11月
	家庭教育思想应改革	安徽教育	1990年11月
	要精心扶植社会主义的“幼苗”	中国教育报	1991年12月7日
	应落实计算机文化教育	安徽教育	1992年10月
	学校教育要为素质教育服务	中国教育报	1997年1月11日
	跳出题海迎高考	安徽日报	1995年5月
	注重信息反馈,搞好教学管理	教育咨询	1991年3月
	教育产业性质及其潜在市场	教育咨询	1991年3月
王　铎	因陋就简,因地制宜进行生物直观教学	安徽教育	1984年6月
李　蓉	高二化学精确指导(合著)	石油工业出版社	1999年
彭荣斌	等效思维——一种有效的思维方式	青苹果	2002年11月
胡双全	《失街亭》教学思路设计	语文教学通讯(A)	2003年3月
	让学生伴着诗歌成长	教育文汇	2004年7月
	春天,我们去看海子	语文学习	2005年5月
	中学语文“感悟式”教学研究课题简介	语文教学通讯(A)	2005年9月
	失分有限,“伤心”不再——2006年安徽高考语文大阅读题的设题分析	学语文	2006年5月

续　表

姓　名	作　品　名　称	刊物/出版社	时　间
胡双全	2007安徽高考作文命题误区	学语文	2007年5月
	再说《荷塘月色》的主题	中学生阅读(教研版)	2007年7月
	作文的“底气”	中学生	2007年8月
	让语文之花尽情绽放——“中学语文主体性发展教学模式研究”简介	中国多媒体教学学报	2008年2月
	探寻语文课的立体魅力	中国多媒体教学学报	2008年4月
	论证的思维方向(合著)	语文学习	2008年5月
	“我以我心荐轩辕”——写出自己的真情来	中国多媒体教学学报	2008年6月
	开放论证思维,提高指导水平	天津教育	2008年8月
	以经典文本为依托,构建立体高效的古诗教学范式(合著)	中学语文教学	2008年9月
	“面朝大海,春暖花开”——从海子和海子诗歌而来	中国多媒体教学学报	2008年10月
	语文课要教出情趣和智慧	语文教学研究	2009年9月
	培养问题意识,推进主体教学	语文教学研究	2010年1月
	立体解读:文本解读的至高境界	语文教学通讯(A)	2010年4月
	大山与河流——寄语新课改下的语文教师	中国多媒体教学学报	2011年3月
	例谈高考作文理性思维能力培养	中国多媒体教学学报	2011年5月
	教之有物,教之有序——反思新课标下的语文课堂教学	语文教学研究	2011年8月
	我们该有怎样的教材意识	语文教学研究	2011年12月
	如何解读《雨巷》的主题——由现代派诗歌的基本特征谈起	中学课程辅导·教师通讯	2013年3月
	从“豆腐西施”到“画图圆规”	语文教学研究	2015年10月
	为书信作文点赞	语文教学通讯	2015年9月

续　表

姓　名	作　品　名　称	刊物/出版社	时　间
胡双全	新课程背景下学生主体能力培养的行动研究	语文教学研究	2016 年 12 月
	材料作文如何审题立意——例谈立论思维及其一题多解	中学语文	2018 年 6 月
	突破文体束缚,灵活选择教学	语文教学研究	2018 年 7—8 合刊
	《拿来主义》教学实录及感言	语文教学通讯	2019 年 7 月
	中学语文审智教育概述(合著)	中学语文	2019 年 11 月
	国家利益至上——谈 2020 年全国Ⅰ卷作文题立意	中学语文教学参考	2020 年 8 月
	语文快速解题	海南出版社	1994 年
	青少年古诗文读本(合著)	安徽教育出版社	1998 年
	发散思维同步训练(初二语文)	中国水利出版社	1999 年
	发散思维同步训练(高二语文)	中国水利出版社	1999 年
	高考古诗词鉴赏题库(合著)	中华书局	2005 年
	无敌高中要点双拼·语文 VS 英语(合著)	外文出版社	2009 年
	新课程议论文写作实验教本(合著)	上海教育出版社	2009 年
	语文要点 VS 写作要点	新世界出版社	2013 年
	文化随笔散文选读	北京教育出版社	2013 年
	跨越高考	安徽师范大学出版社	2018 年
	中学生审智教育读本	北京时代华文书局	2020 年
苏　凯	最温暖的教育	人民教育	2007 年 8 月
	以经典文本为依托　构建立体高效的古诗教学范式(合著)	中学语文教学	2008 年 9 月
	浅谈“个性化解读文本”中教师的地位和所扮演的角色	语文教学之友	2010 年 3 月
	摒弃机械的“知人论世”法	语文月刊	2015 年 6 月

续　表

姓　名	作　品　名　称	刊物/出版社	时　间
苏　凯	源头既清，波澜自阔——对中学语文教学"无根化"问题的思考	语文月刊	2016 年 2 月
	鞭挞时弊，神完气足——戴名世《邻女说》赏读	语文月刊	2017 年 6 月
	《我善养吾浩然之气》同课异构教学谈	学语文	2018 年 4 月
	供材料作文"沙滩上的毕加索画像"写作导引	语文月刊	2022 年 5 月
刘　晖	高中语文教学如何渗透人文教育	青少年日记·教育教学研究	2019 年 2 月
	开展议论文教学，培养思维能力	语数外学习(高中版)	2019 年 4 月
方震眩	论周作人文艺思想对废名的影响	安徽文学	2018 年 11 月
	无粉无墨敢登场，有情有感能陈传承	文化产业	2019 年 8 月
陶淑文	语文课要教出情趣与智慧(合著)	语文教学研究	2009 年 9 月
	在思辨中知人论世	中学语文教学	2010 年 5 月
	深度解读当于无疑处质疑	中学语文教学	2010 年 4 月
	且思且行在主体性教学之中	中学课程辅导·教师通讯	2012 年 12 月
	材料作文如何审题立意——例谈立论思维及其一题多解(合著)	中学语文	2018 年 6 月
	中学语文审智教育概述(合著)	中学语文	2019 年 11 月
周遵峰	关注留守学生心灵，协力营造和谐校园——桐城市第七中学留守学生工作之路	才智	2012 年 3 月
	高中古诗词教学中美学教育渗透	教育	2016 年 7 月
	审美教育在高中语文文学名著阅读教学中的渗透研究	中国教工	2021 年 5 月
胡红旗	翻转教学视阈下高中语文教学中的价值观引导——以《大铁椎传》为例	新课程	2017 年 5 月

续　表

姓　名	作　品　名　称	刊物/出版社	时　间
张道玲	如何拓展学生的阅读视野	语文天地	2018 年 2 月
汪浩海	高中数学核心素养的养成路径	科普童话	2019 年 10 月
光吉苗	试论类比法在高中数学教学中的应用	数学学习与研究	2018 年 10 月
	巧方法，妙拓展——一道安徽解几题的探究	中学数学	2020 年 9 月
方义和	初值试探敲门砖　构建递推见直章	数学学习与研究	2018 年 10 月
向　宁	试论高中数学微课的教学方法	教育考试与评价	2020 年 1 月
方赛春	新课改下高中数学教学中的问题及对策	数学学习与研究	2019 年 6 月
丁西平	浅谈高中数学如何实行创新教学方法	当代教研论丛	2018 年 11 月
王国庆	试论高中数学核心素养与“问题—互动”教学	安徽教育科研	2020 年 7 月
	高中数学概念教学中核心素养培养策略探究	考试周刊	2019 年 4 月
姚国凡	浅谈如何提高高中数学课堂教学的有效性	当代教研论丛	2019 年 3 月
	浅析如何对高三数学学困生的复习进行有效指导	天天爱科学(教学研究)	2020 年 7 月
余　浩	抛物线相交弦的新结论	中学数学	2007 年 6 月
	例析函数思想在数列问题中的应用	中学生数理化（学习研究）	2018 年 9 月
	高中数学课堂中探究性学习的困惑与思考	数学学习与研究	2019 年 9 月
吴云海	浅谈高中数学教学中学生抽象概括能力的培养	当代教研论丛	2018 年 10 月
	正切函数有关性质的应用	中学生数理化（学习研究）	2018 年 9 月
费先浩	高中数学课堂教学核心素养的提升途径管窥	中学生数理化（教与学）	2019 年 11 月
张勤勤	浅谈对高一新生学习数学的思考	读写算	2013 年 7 月
李　季	探讨高中数学立体几何解题技巧	数学学习与研究	2018 年 11 月

续 表

姓 名	作 品 名 称	刊物/出版社	时 间
	高中数学核心素养的渗透教学探究	中学生数理化	2019年11月
朱立凯	新课标下的高中英语阅读教学策略	英语画刊	2020年2月
葛 志	思维导图在高中英语作文教学中的应用研究与实践	魅力中国	2020年5月
汪向东	现代英语课堂教学的探索和反思	中学课程辅导	2010年10月
	微课在高中英语教学中的应用研究	校园英语	2017年8月
	浅谈英美文学在高中英语教学中的渗透	英语画刊	2019年2月
	高考英语写作全要素(合著)	复旦大学出版社	2019年
吴义志	高考英语写作全要素(合著)	复旦大学出版社	2019年
彭爱平	高考英语写作全要素(合著)	复旦大学出版社	2019年
朱婷婷	高考英语写作全要素(合著)	复旦大学出版社	2019年
刘言梅	高考英语写作全要素(合著)	复旦大学出版社	2019年
邱丹丹	论新课程标准下多媒体技术和英语教学的结合	中学生导报·教学研究	2018年第43期
	基于英语核心素养下的高中英语阅读课教学探索	新生代 New Generation	2019年9月
万玲玲	高中英语写作教学须培养的三种意识	中学生英语	2019年10月
宋 笑	英语时文阅读在高中英语阅读教学中的运用研究	英语画刊	2017年8月
	高中英语写作教学课堂有效性策略研究	中学生英语	2020年11月
朱 玉	文化教学参与英语阅读教学的路径	中学生英语	2020年10月
齐小玮	2009年高考试题(安徽卷)中的定语从句分析	考试周刊	2009年8月
	高中英语写作教学中对过程写作的巧妙应用	教育教学	2017年8月
	如何提高高中英语早读课的效率	中学生英语	2019年1月

续　表

姓　名	作　品　名　称	刊物/出版社	时　间
张　泓	思维导图在高中英语说明文教学中的应用	中学生英语	2020 年 6 月
郑　伟	思维导图在高中英语阅读教学中的运用	教育考试与评价	2020 年 8 月
黄存义	借助核心素养,优化高中英语教学	英语画刊	2019 年 9 月
	探讨体裁教学法在高中英语写作教学中的应用	英语画刊	2020 年 3 月
李　志	试论情境教学在高中英语语法教学中的运用	英语画刊	2020 年 9 月
王李芳	解析高中英语阅读课中批判性思维培养途径	英语画刊	2019 年 11 月
杨　娟	提升高中英语词汇教学有效性的措施探讨	中学生英语	2021 年 2 月
杨远海	Ar—Xe 体系势能曲线和光谱研究(合著)	安徽师范大学学报(自然科学版)	2010 年 4 月
	论物理奥赛培训现状及提升策略	新校园	2013 年 1 月
	气垫导轨法验证动量守恒定律的实验改进	中学物理	2015 年 2 月
	如何在高中物理教学中培养学生的类比思想	课程教育研究	2018 年 2 月
	高中物理教学中形象思维能力培养途径探究	高中数理化	2019 年 3 月
程　俊	核心素养下的高中物理教学策略探究	中学生数理化	2019 年 12 月
	探讨高中物理教学中培养学生解题能力	试题与研究	2019 年 4 月
洪瑞敏	借助趣味实验,激活物理课堂	新教育时代杂志	2020 年 11 月
	高中物理解题研究中挖补法的有效应用	数理化解题研究	2021 年 12 月
杨　龙	如何在高中物理课堂中有效实施分层教学	中学生数理化	2021 年 5 月
田庆锁	浅谈如何培养学生的化学微粒观	高中数理化	2019 年 2 月
	探讨高中化学探究性实验的教学策略	中学生数理化(教与学)	2019 年 2 月

续 表

姓 名	作 品 名 称	刊物/出版社	时 间
胡风英	关于分子结构与性质的核心点探析	中学化学	2019 年 8 月
	高中化学之盐类的水解教学探究	中学化学教学参考	2020 年 2 月
陈永生	遗传计算题中的范围确定	中学生物学	2017 年 10 月
	水的知识高效突破	教学考试	2018 年 4 月
	常见生物实验基本操作及易错点归纳	实验教学与仪器	2018 年 9 月
	例析设未知数在生物解题中的应用	教学考试	2019 年 2 月
裴 健	多对等位基因独立遗传问题的解决方法	中学生物教学	2019 年 1 月
开桃莹	如何提高生物课堂教学效率	新课程教育与研究	2010 年 9 月
	从“猜题”导向解题——浅谈一类遗传题的解题方略	高考	2019 年 1 月
张 义	核心素养理念下高中生物教学质量提升策略浅谈	高考	2019 年 1 月
	高中生物学教学中培养学生科学思维的策略	试题与研究	2020 年 9 月
叶 飞	高中生物教学中“支架式教育”的运用研究	新教育时代	2018 年 12 月
	高中生物课堂中教学情景的创设	中小学教育	2020 年 9 月
赵 敏	高中生物课中培养学生兴趣的策略研究	试题与研究	2018 年 6 月
尹黎明	问“课”哪得清如许，为有“深度学习”来——以“圆锥曲线”为例	数学学习与研究	2021 年 9 月
陈兰平	浅谈核心素养之生命观念在高中生物教学中的渗透	中国教工	2021 年 9 月
查玉婷	浅析高中生物教学的有效性	中小学教育	2021 年 8 月
	高中生物实验教学存在的问题与对策	科教创新与实践	2021 年第 36 期
叶天慈	《观察植物细胞的质壁分离和复原》实验的改进	实验教学与仪器	2002 年 1 月

续　表

姓　名	作　品　名　称	刊物/出版社	时　间
何　林	开发“三大课程资源”，提高哲学教学实效	考试周刊	2016 年 3 月
	我眼中的“立德树人”理念——以高中政治为例（合著）	中学政史地	2019 年 7 月
	实现高中政治教学生活化的教学策略研究（合著）	中小学教育	2020 年 2 月
陈礼根	“互联网＋”视域下高中思想政治探究性教学模式探析	高考	2018 年 7 月
程　敏	我眼中的“立德树人”理念——以高中政治为例（合著）	中学政史地	2019 年 7 月
	实现高中政治教学生活化的教学策略研究（合著）	中小学教育	2020 年 2 月
何　青	优化课堂讨论　提高教学实效	中学现代教师教学	2012 年 10 月
	开展历史课堂活动课，提高历史教学有效性	才智	2014 年 1 月
徐　祺	浅议情境教学法在高中历史教学中的实施策略	高考	2019 年 7 月
田湘云	我的呼啦圈教学	教育文汇	2008 年 5 月
	我教第三套广播体操《舞动青春》	教育文汇	2010 年 10 月
	体育课上学“感恩”	教育文汇	2017 年 4 月
刘夫诚	利用信息技术改革课堂教学的创新分析	数码世界	2018 年 5 月
刘红叶	运用遥感培养中学生的地理空间认知能力	中学历史地理教与学	2011 年 8 月
	被蓝色海水环绕的干旱大陆（合著）	中学地理教学参考	2014 年 9 月
	新经济环境下高中地理教材改革后图像系统特点与典型	经济师杂志社	2018 年 8 月
王双娈	拓展性训练在高中体育篮球教学中的实践探究	灌篮	2021 年 2 月
朱仁宝	高中化学教学中落实核心素养的路径	中学生数理化	2021 年 6 月
倪恒玉	灵活施教，让体育课堂彰显魅力	教育研究	2022 年 1 月

续 表

姓　名	作　品　名　称	刊物/出版社	时　间
陈远柱	西方文明源头——古希腊罗马	中学生政史地	2022 年
吴婷婷	融合方能贯通——高中历史教学必须重视学生的深层思维	中学教工	2021 年

表 4-8　桐城中学教师获省二等奖以上论文一览表
（部分）

姓　名	论 文 题 目	获奖名称	奖　次	颁奖单位	获奖时间
曹向东	军阀割据局面的形成和资本主义的短暂发展	安徽省高中历史教学论文奖	一等奖	安徽省教育科学研究所（已更名为“安徽省教育科学研究院”）	1996 年
胡双全	例谈多媒体技术在语文教学中的运用	中国教育学会信息技术论文大赛奖	三等奖	中国教育学会	2002 年
胡双全	主体性教学需要个性化阅读	安徽省高中语文教学论文奖	二等奖	安徽省教育科学研究院	2006 年
罗　伟	有机药物制备——阿司匹林制备的设计与实践	中国化学研究会教学论文奖	二等奖	中国化学研究会	2007 年
罗　伟	化学教学如何转向素质教育	安徽省高中化学教学论文奖	二等奖	安徽省教育科学研究院	2007 年
田庆锁	浅谈新高考下如何提高化学复习质量	安徽省高中化学教学论文奖	一等奖	安徽省教育学会	2009 年
胡风英	犹抱琵琶半遮面，千呼万唤始出来——揭开 FE(OH)2 面纱的案例研究	安徽省高中化学教学论文奖	二等奖	安徽省教育科学研究院	2011 年
周　治	构建高品位校园文化，促进学校高质量发展	安徽省高中政治教学论文奖	二等奖	安徽省教育学会	2022 年
陶淑文	创新文本解读方法，落实语文核心素养	安徽省高中语文教学论文奖	二等奖	安徽省教育学会	2022 年
杨　娟	以图导学，复习备考中落实英语学科核心素养	安徽省中小学教学论文奖	二等奖	安徽省教育厅	2022 年

表 4-9　桐城中学省级以上课题研究情况一览表
（部分）

主持人	获 奖 名 称	级别	获奖时间	备　　注
罗　伟 胡双全 毕金芳	中学感恩教育活动研究	国家级	2012 年	中国科学院一等奖
胡双全 陈信怀	中学语文主体性发展教学模式研究	省级	2009 年	安庆市优秀教科研成果一等奖
胡双全 苏　凯	中学议论文写作训练模式研究	省级	2013 年	安徽省优秀教科研成果二等奖
陶正宏 蔡长宇	高中政治课程哲学教学资源开发与应用研究	省级	2013 年	安庆市优秀教科研成果一等奖
黄祥林 陈乔珍	新课程背景下历史课堂教学有效性研究	省级	2013 年	
汪浩海 方长林	促进新课程实施的高中数学课堂教学评价方式研究	省级	2013 年	
徐继鸣 段焕荣	中学地理课程情感态度价值观三维目标的细化研究	省级	2013 年	
江　喆 张明霞	英语学习自主评价策略建构研究	省级	2013 年	
汪顺芳 彭荣斌	课堂教学中探究性实验教学研究	省级	2014 年	
胡双全 陶淑文	中学语文审智教育专题研究	省级	2020 年	安庆市优秀教科研成果一等奖

表 4-10　桐城中学教师获省优质课大赛二等奖及以上情况一览表
（部分）

姓　名	获 奖 名 称	级　别	获奖时间	备　注
盛　峰	安徽省第二届中小学体育教师教学基本功比赛	一等奖	2001 年	
徐艳松	第三届全国高中青年数学教师优质课大赛	三等奖	2006 年	

续 表

姓　名	获 奖 名 称	级　别	获奖时间	备　注
陈乔珍	安徽省高中历史优质课大赛	一等奖	2007 年	
张　磊	安徽省第五届中小学音乐录像课比赛	二等奖	2008 年	录像课
陶淑文	安徽省高中语文优质课大赛	一等奖	2008 年	
段焕荣	安徽省高中地理优质课大赛	二等奖	2009 年	
何达远	安徽省高中化学优质课大赛	二等奖	2009 年	
何　林	安徽省中学思想政治优质课大赛	一等奖	2010 年	
李　季	安徽省青年教师数学优质课大赛	二等奖	2011 年	
邬宗双	安徽省青年教师化学优质课大赛	二等奖	2011 年	
张　倩	安徽省青年教师历史优质课大赛	二等奖	2011 年	
李海慧	安徽省高中地理优质课大赛	二等奖	2011 年	
齐小玮	第六届全国高中英语课堂教学优秀课展评	一等奖	2012 年	录像课
王　华	安徽省高中化学优质课大赛	一等奖	2013 年	
王思思	安徽省高中数学优质课大赛	二等奖	2013 年	
杨　婷	安徽省中学化学优质课大赛	二等奖	2015 年	
吴世敏	安徽省高中语文优质课大赛	二等奖	2016 年	
程　敏	安徽省中学思想政治优质课大赛	一等奖	2017 年	
吴美玲	安徽省高中数学优质课大赛	二等奖	2019 年	
汪　燕	安徽省高中生物优质课大赛	一等奖	2021 年	
程金玲	安徽省高中语文优质课大赛	二等奖	2021 年	录像课
田　歆	安徽省高中体育与健康优质课大赛	二等奖	2021 年	

第八节　奖　　教

在不同时期桐中对教师的奖励政策与方式有所不同。学校创办初期至解放前夕，教师教育教学成绩无论多么出色，学校除了口头表彰外，并未有实际的经济利益或物质奖励。

解放后，学校对教育教学成绩突出的教师奖励，也以精神奖励为主，物质奖励为辅。从新中国成立之初到1966年前，凡是受到学校或上级主管部门乃至人民政府奖励的教师，会收到一张奖状，有时外加一个纪念品（如瓷缸、毛巾、肥皂、笔记本等）而已。对于成就特别巨大的教师，学校向人民政府申请，给予该教师提升一级或两级工资的奖励。

改革开放后，学校对教师的奖励方式发生变化，除请求上级主管部门或当地人民政府给予教师一定的荣誉称号外，还给予他们一定的物质奖励（主要是奖金）。

2012年秋，桐中1990届校友彭志恩（上海奥锐特实业有限公司总经理）在母校设立“奥锐特教师奖”，首批注入资金100万元人民币作为专项基金，以奖励桐中高考成绩优秀的教师。从该奖项设立至今，桐中先后有数十位教师获得过“奥瑞特教师奖”。彭志恩、杨国斌还多次资助桐中英语教师赴新西兰学习，以提高英语教师的教学水平。

2019年，桐城市文化教育发展基金会成立。该基金会每年为全市高、中考成绩优秀的教师和学生颁发数额不等的奖金，学校有不少高考成绩优秀的教师和学生获得过此项奖金。

2020年，校友李承友注资1 000万，成立“李承友教育发展基金会”，以奖励在教育教学中成绩突出的桐中教师。

多年来，学校也自筹资金，奖励高考成绩优秀的学科教师。其奖金发放数量在不同时期有不同的政策和算法。

为鼓励教师潜心教学研究，近些年来，桐城中学上海校友会出资设立东方明珠奖，以奖励在教育教学和教育科研中取得成绩的优秀教师。

2019年，学校出台高考奖励方案。设高考总分省排名奖、普通文科班一本达线率考核奖、普通理科班一本达线率考核奖、普通文理本科达线率奖、超员奖、国器班高考奖、清华北大奖等奖项。同时，学校对获得全市“教学质量团体优胜单位”的相关人员和获得安庆市级优质课大赛一等奖或省级优质课大赛奖的教师，也给予一定的奖励。

第五章 高 考

第一节 措 施

民国时期，桐城中学主要以初中教育为主，1925 年始招高中学生。当时，虽有不少学生参加高等学校的招生考试，但那时学生少，且考试基本上由各高校自主组织进行，因而高考成绩的社会关注度不高。但自新中国成立以来一直到 20 世纪末，由于学校办学思想端正，教育教学思路清晰，办学行为规范，教学方法科学有效，加上全体师生同心同德，共同努力，高考成绩在省内一直名列前茅。

50 年代末、60 年代初期，学校高考成绩连创辉煌：高考各科成绩人均达到 80 分以上（各科满分 100 分），升入高校本科率达 80%以上，被称为“双八十”，多年位居安徽之首。1962 年，学校高考成绩仅次于福州一中，位居全国第二。时任校长史耀民在学校日常管理工作中，礼贤下士，虚心学习，知人善任，尊重人才，较好地执行党的知识分子政策，营造了一个较为轻松的政治环境和积极向上的教学环境，调动了教职工的积极性，使学校各方面工作形成一股巨大的合力，创造了十年辉煌。

在物质极度缺乏的年代，学校始终把教师生活放在心上，校领导经常找县委领导和相关部门给教学成绩突出、家庭经济困难的老师加工资，校长还时常从自己微薄的工资中掏出钱来，买米、买肉、买鞋子，送到困难职工的家里，教师与校领导连心，甘愿奉献，在不知不觉中锻造了一支高素质的教师队伍，推出了一大批名师，成为学校教学质量攀升的重要因素。

学校爱护学生，关心每一个学生的成长，是五六十年代的主流师生关系，校长史耀民能随时叫出每一个同学的名字，且知道每一个同学的家庭住址、经济状况等。有的同学一时无钱缴学费，他就自己先垫上或者干脆代缴；有的学生不能及时交粮、交餐火费，他就通知后勤处先拖欠一下；有的学生因身居大山之中，天雪路滑不能担柴买米交伙食费而停学在家，他就亲自上门将学生接到学校，再为他垫上伙食费。

学校重视教学管理，请求县委将桐城初中的陈宗南老师调进桐中任教导主任，从本校教师中选拔慈昌淦老师担任副主任。前者是管理教学的行家里手，后者是深孚众望的名师，且他们二人工作责任心极强，让他们主管学校教学工作，走的就是名师治校的路子。同时，学校重视教研组的建设，教研组长一般都由德高望重、学识丰富、教学效果好的名师担任。教研组长不仅要在自身教学工作方面，且处处、时时、事事都要作出表率，起模范带头作用，而且还要了解全组教师的教学情况，组织听课，查阅老师备课笔记，辅导青年教师等。学校定期召开教研组长会议，汇报老师们的教学情况，如果哪个组里老师教学出了问题，教研组长要拿出对策，及时解决。学校通过教研组、学生代表座谈会，考察每一位教师的教学责任心、课堂教学水平、课后作业批改和教学效果等，全面评价每一个教师。

1956 年秋，学校召开了一次由全校师生参加的隆重的“向科学进军”大会。这次大会鼓舞人心，激发了师生读书治学的热情。各班代表登台讲话，表示要努力学习，发奋有为，决心为社会主义建设事业攀登科学高峰。特别是青年教师，在大会上发言后，纷纷制订学习规划：专科毕业的通过自学或函授，3 年要达到本科生的水平；本科毕业的要通过自学达到研究生的水平。当时，读书治学在桐中蔚然成风。有名望的老教师也不甘寂寞，自告奋勇地表示，利用课余时间不定期举办读书报告会或专题知识讲座；学生和青年教师踊跃参加，称之为“知识会餐”。每逢“会餐”之时，学校常常出现学生骑窗口、趴窗台听讲课的动人场面。每天下午课外活动时间，学校阅览室座无虚席，同学们争相拥挤在借书处的窗口，管理员要花很大的力气维持秩序，要求学生依次排队借书。每当借了一本称心的书，同学们便情不自禁地欢呼雀跃。学校通过开展各种活动，不断掀起读书的热潮，即使在“大跃进”的日子里，同学们要参加炼钢炼铁等重体力劳动，身体劳累，但总要随身带几本书，有课内的，有课外的，稍有休息时间，他们就打开书本认真研读。这一时期，教师诲人不倦，学生学而不厌，成为桐中校园的主旋律。

为防止高考出现“跛腿”现象，教导处采取“高三把关制”，让那些教学水平高、教学效果好的老师上高三第一线。但这样做有利也有弊：一方面一些老师长期在高三第一线，对身体不利；另一方面，长期处于第二线（高二）、第三线（高一）的老师上不了高三，会挫伤他们的自尊心，使其失去自信心，甚至不思进取，这些都不利于桐中的发展和教育教学质量的提高。为提高学校教师整体教育教学水平，使每一位老师都能独当一面挑大梁，学校提倡教师之间相互学习，能者为师，不耻下问，改进教学方法，提高业务水平。如语文教研组，针对部分青年教师古典文学底子不厚的问题，在教导处安排下，请古典文学修养深厚的姚沛生老师带徒弟开讲座。姚老师针对中学古典文学教学的实际，结合青年语文教师古文教学的情况，自编了一套教材，供青年教师学习，并定期进行严格的考核测试，评定成绩，这一举措使青年教师古典文学水平得到很大提高。一些老教师在教学上趋于守旧，教学方法保守，教学模式单一，习惯于满堂灌，课堂气氛沉闷；而青年教师却勇于改革，敢于尝试，在教学方法上灵活创新，因而课堂气氛活跃，教学效果显著。于是，教导处就组织观摩教学，召开由教师和学生参加的联合座谈会，这使许多老教师受到启发，并开始向青年教师学习，积极主动地改进教学方法，进一步提高自己的教学水平。

学校在教学上激励教师，在政治上关心教师，在生活上照顾教师，在困难时刻保护教师。学校关心积极要求入党的教师，尽力培养他们，为他们入党创造条件。学校对教师要求很严，如果有人在工作中出了问题，虽然批评是严厉的，但处理时却十分慎重。三年困难时期，物质匮乏，缺吃少喝，许多机关干部都实行“低标准，瓜菜代”，一日三餐能吃饱肚子就非常满足了。但桐中却是另一番景象，教师吃食堂包伙，一日三餐，不仅吃得饱，而且吃得好，有素有荤。学校农场生产的蔬菜、粮食和肉食，完全做到自给。学校为晚上加班的老师准备夜餐，一律免费。对一些德高望重的老师，另有糖、肉、蛋等特殊供应。

学校提出口号：向45分钟课堂教学要质量。提高课堂教学质量的关键在教师。学校要求教师备课要“吃透两头”，不断改进教学方法，提高教学效果。所谓“两头”，一是教材，二是学生。学校明确要求教师要认真钻研教材，精通教材内容，分清重点和难点；重点要讲透，难点要讲清，不能主次不分面面俱到；对学生要了解清楚，摸清学生的知识底子，做到心中有数；讲课要有针对性，做到有的放矢，同时要提高讲课的艺术性和课堂教学语言的准确性和生动性；运用启发式教学，师生共同活动，彻底改变“先生讲，学生听”的被动局面；布置作业要少而精，不搞题海战术，力求收到举一反三、触类旁通的训练效果；尽量少占用学生课外活动时间，减轻学生负担。所有这些，都对教师提出了更高更严的要求。

桐中的教师们没有辜负学校领导的希望，他们用自己的实际行动将口号变成事实。他们除了每个人苦练内功外，还积极主动地开展教学研讨活动，群策群力，充分发挥集体智慧，发扬团队协作精神，取长补短，相互促进，共同提高。为了获得最满意的教学效果，教师们先是自己钻研教材，深思熟虑，经反复修改写成详细教案，然后备课组集体备课。在此过程中，一般先由备课组长主讲，然后课任老师谈自己的看法，大家各抒己见，毫无保留。即使有时难免发生分歧，甚至发生激烈的争论，最后还是达成共识，制定出最满意的教学方案，课课如此，人人如此，即使是执教数十年的老教师，如姚沛生、张致远、慈昌淦、余一贯、陈维谐、方不圆、吴智新、方愈、胡轶群、陈玉玲、马光昌、朱益群、吴祚宁、倪清泉等，对同课内容教了数十遍，也坚持每课必备，常备常新。

延聘名师，实施名师工程，发挥名师效应，这是桐中的优良传统。学校根据教师队伍现状，开展比、学、赶、帮、超的教育教学活动，培养教师中的"第二梯队"，千方百计地使一大批中青年教师成为教学骨干，成为名师。学校让名师作为学科带头人，带徒弟，一帮一，结成对，手把手地教。徒弟要向学科带头人学教学态度，学教学作风，学教学方法。此外，教导处还把一批青年教师推向高三第一线，给他们压担子，让他们挑大梁，在教学实践中经受考验，健康成长，脱颖而出。有些后起之秀在教学效果上甚至超过学科带头人，一跃而成为名师。教师之间开展比、超活动，比教学态度，比教学作风，比教学效果，一月一小评，一学期一大评。小评，教研组评，找差距，分析原因，提出改进措施；大评，全校教师评，评出先进，树立典型，使后进者学有榜样，赶有目标。通过这些活动的开展，调动教师的学习自觉性和工作积极性，使一大批中青年教师成为学校教育教学的顶梁柱，如王铁铸、周悦、朱长久、金诚睿、李杏林、徐定玲、石刚年、刘乐乡、朱桃园、胡志强、沈为道、李素萍、章征文、陈光熙、方世民、金宜辛、李冬云、凤良仪、马云生、陈希、佘世恒、金惠莉、王元祥、施国新、刘化民、陈友三、金仕仁、刘永昌、刘建中、章钟涛、江道宗、唐述祴、王铎、路晃、林祖年、江承发等。他们年富力强，业务过硬，且事业心、进取心、责任心都极强。他们使得桐中教师队伍变得阵容强大，实力雄厚。名师效应造就了学校持续而健康的发展，学校高考成绩连年位居安徽省前列，桐中声誉日隆，美名远播。

桐中经过几代人的共同努力，在长期的教育教学实践中不断探索，创造出许多宝贵的经验，并得到推广，使教育教学质量长盛不衰。如在高考复习中，教师们通过多届指导复习，总结出"理线串点，知识归类，调查研究，摸底排队"的经验。所谓理线串点，指老师在带领学生复习时，要吃透大纲精神指导学生复习，既要注意课文内容的系统性和连贯性，又要把握重点主次，即在第一轮全面复习的基础上，第二轮突出重点，要求扎实应对，反对猜题押宝。所谓知识归类，多就文科而言，按性质、类别、地点、时间、事件、人物等方面将知识梳辫子，便于学生理解和记忆。所谓调查研究，指课任教师在指导学生复习过程中要听取学生的反映，了解清楚不同学习成绩的学生的不同要求，从而制定不同的复习方案，因材施教，不能“一锅煮”。所谓摸底排队，指以班主任老师为主，紧密配合课任老师，以每次考试成绩做参考依据，排出名次，对成绩好的尖子生可以出一些提高题，课外搞一些辅导(当时称为“吃小灶”)，使他们在高考中锦上添花，进名牌大学。对中等生，学校要求教师对他们精心指导，让他们按部就班扎扎实实地复习，尤其要帮助他们消灭跛腿学科，确保他们能进大学。对成绩差的学生，学校要求课任老师不嫌弃、不歧视他们。班主任和科任教师经常找他们谈心，对他们热情鼓励，帮助他们树立信心。班主任协调好各科老师安排时间为他们补缺补差，对他们耐心辅导，使这些学生通过复习，力争在高考中取得成功。

在长期的教学实践中，桐中教师总结出一条经验，即“精讲多练勤辅导”。精讲，指教师的课堂教学内容要精粹，即重点要讲透，难点要讲清。多练，对学生而言有两种，即课内练和课外练。教师每节课都要留几分钟进行课内练，或让学生口头表述，或上台板书演示，以帮助消化和巩固本节课的教学内容。教师从学生的口述和演示中检查自己的教学效果，发现教学中的问题，以便通过总结加以解决。课外练内容更丰富，有课堂布置的习题，有教师精心设计或挑选的单元习题。勤辅导，指师生共同活动，有教师统一安排的辅导课，也有学生互相组合的自由辅导，形式多样，内容丰富。对程度差的学生，侧重补缺补差，或以班级或以年级集中课外讲授，也有个别辅导。

精益求精，追求高效率是桐中教师奋斗的目标。他们通过自己长期不懈的艰难探索，不断修正，不断吸纳，不断创新，努力提高课堂教学技艺，保证了学校教育教学质量的全面提升，从而也使得高考成绩长期以来在全省名列前茅。

进入21世纪，教育形势发生很大变化。全民重视高考，学生择校成风，桐城中学是很多择校生的目标，对正式录取生和择校生，学校一视同仁，挖潜力，补短板，鼓励学生冲刺名牌高校，每年都有数名同学被清华大学、北京大学录取，考取中国科学技术大学、浙江大学、南京大学、武汉大学、复旦大学等“985”高校的学生更是不计其数。近十年来，学校为使高考成绩再上一个新台阶，陆续出台了一些奖励措施。这些措施对高考成绩的总体提升起到一些积极的作用。

2020年春季，新冠肺炎疫情突如其来，同全国其他学校一样，桐中不能如期开学。在疫情面前，桐中师生没有等待，没有止步。在长达近3个月的时间里，桐中师生通过网上授课与学习，保证了教学的正常进行。4月中旬到高考前夕，学校组织所有教职工每天为高三学生送饭，有效地保证了高三学生学习与备考的顺利进行。

第二节　高 考 成 绩

1956 年至 1966 年，桐中曾以“双八十”——高考录取率达 80％以上，高考各科均分达 80 分以上（满分 100 分）名噪教坛。

1960 年，时任校长史耀民赴京出席全国文教群英会，代表学校捧回由邓小平亲自题写的、由国务院授予的“教育先进单位”锦旗一面。

1962 年，学校高考本科达线率名列安徽省第一，全国第二。

1962 年至 1964 年，学校高考本科达线率在全省“三连冠”。

1964 年，全国有 56 所重点大学，高校在全国招生 15 万人，桐城中学高三毕业班共 3 个理科班、1 个文科班，160 多位应届生，120 多人考进大学，升学率达 80％。

1980 年，学校被重新定为省重点中学后的第一届高中毕业生参加高考，升学率为 77％，位列全省重点中学第三位。政治、数学、物理等单科成绩为全省第一名，语文单科成绩为全省第三名。

1981 年，学校高考升学率达 80％，学科平均成绩达 80 分以上，为全省重点中学第四名。

1983 年，学校高考升学率在省重点中学中位列第三。学生章春芳获全国数学联赛一等奖。

1984 年，学校高考升学率为 77.78％，在全省重点中学中位列第四。学生许金明高考总分 610 分，为全省理科状元。

1985 年，学校高考升学率为 82.88％，共 213 人被录取，在全省重点中学中名列第二。

1986 年，学校 180 人参加高考，142 人被录取，在全省重点中学中排名第四。

1987 年，学校 195 人参加高考，160 人被录取，录取率为 82.5％，在省重点中学中名列第三。

1989 年，学校高考升学率在全省重点中学位列第六。

1990 年，经安庆市教育局统计公布，桐城中学高考升学率和高考成绩在省重点中学中位列第一。文科的数学、地理、外语，理科的政治、数学、物理等 6 个学科的成绩，在安庆市获第一。物理、化学两个学科各有 1 名学生得了满分，1 名学生生物成绩为全省之冠。

1991 年，学校高考升学率在省重点中学中位列第三。成绩达 600 分以上的学生有 7 人，其中陈卫国考了 631 分，为全省理科第一名。学校理科数学成绩在全省列居首位，文科数学、政治，理科数学、物理、化学、生物、政治 7 个学科的人均成绩在安庆市排名第一。

1993 年，学校高考升学率在省重点中学中位居第六。

1994 年，学校 780 人参加高考，493 人被录取，录取率为 63%，各学科高考人均成绩在全省的名次为：文科数学第一，历史第四，地理第五；理科数学第三，化学第二。所有参考学科成绩在安庆市均为第一或第二。

1995 年，学校高考报名人数 226 人，达线数 207 人，本科达线率为 91%，名列全省重点中学第二。

1996 年高考，学校有 300 多人进入本科院校，有 6 人被保送至名牌大学。

1997 年高考，学校有 607 人达线，其中 345 人达本科线，应届毕业生升学率达 94%。

1998 年高考，学校有 304 人达本科线，应届毕业生本科达线率为 98.6%。

1999 年高考，学校有 330 人达本科线，其中 178 人达重点院校线，应届本科达线率为 99.6%。

2000 年高考，学校有 366 人达本科线，其中 48 人总成绩超过 600 分，重点大学达线率为 70.1%。

2001 年高考，学校有 589 人达本科线，其中 379 人达重点院校线，成绩达 600 分以上的 97 人，高考成绩在全省 70 多所省级示范高中中名列第二。

近十年来，随着高考招生制度的改革和全国各高校的进一步扩招，学校高考升学率接近 100%，其中一本达线率超出 90%。（2002—2021 年高考成绩见表 5-1）

表 5-1　2002—2021 年桐城中学高考成绩一览表

年度	参考人数（人）	达本科线人数（人）	本科达线率	达一本线人数（人）	一本达线率	达 600 分以上人数（人）	备　注
2002	889	548	61.6%	274	31%	88	统招生 406 人，其余为插班生、补习生
2003	1 082	614	56.7%	299	27.6%	8	统招生 170 人，其余为插班生、补习生

续　表

年度	参考人数（人）	达本科线人数（人）	本科达线率	达一本线人数（人）	一本达线率	达600分以上人数（人）	备　注
2004	1 215	763	63%	288	24%	134	统招生194人，其余为插班生、补习生
2005	1 370	814	59.4%	280	20.4%	33	含插班生、补习生
2006	1 727	954	55.2%	340	19.7%	126	含插班生、补习生
2007	1 909	1 128	59.1%	448	23.5%	139	含插班生、补习生
2008	1 763	1 140	64.7%	416	23.6%	99	含插班生、补习生
2009	1 466	946	64.5%	401	27.4%	208	含插班生、补习生
2010	1 815	1 349	74.3%	603	33.2%	201	含插班生、补习生
2011	1 809	1 620	89.6%	813	45%	156	含补习学校
2012	1 669	1 474	88.3%	773	46.3%	246	含补习学校
2013	1 121	968	86.4%	625	55.8%	30	
2014	955	878	91.9%	649	68%	25	
2015	1 075	900	83.7%	656	61%	313	
2016	1 001	851	85%	637	63.6%	110	
2017	993	967	97.4%	751	75.6%	75	
2018	864	844	97.7%	697	80.7%	183	
2019	860	848	98.6%	723	84.1%	148	
2020	796	782	98.2%	693	87.1%	281	
2021	895	880	98.3%	787	87.8%	182	

自恢复高考制度以来，学校考取北京大学、清华大学的学生已达数百人，大批学生被“985”“211”等重点高校录取。2020年高考，学校一本达线率接近90%，有2人考入北京大学，王晶同学获安庆市高考文科状元。

第六章　政治思想教育

桐城中学以培养德才兼备的人才为己任，教书与育人齐头并进。建校初期，学校即采取一系列的办法和措施，加强对学生的教育和指导，培养学生爱国情怀和成才理想。通过思想教育，力求学生思想正确，品性纯正，生活刻苦，体格健全，文武合一，学校师生积极加入反帝反封建的革命洪流。新中国成立后，学校始终保持着优良的革命传统，培养学生的爱国主义精神和革命斗争精神，把思想政治教育放在重中之重，努力把学生培养成为德才兼备的经世之才。改革开放以来，桐城中学的政治思想教育主要体现在德育方面，包括世界观、人生观、价值观、道德观、法治观等方面的教育。

第一节　教育内容

早期德育及爱国思想教育　学校迁回桐城时就坚持以德育为本，采取管理与训导相结合的方法，根据事情的轻重缓急善为运用，以达到学生养成道德习惯的目的。实践，学校既注意适当的方法，也注意内容的精良，特别强调教师要为人师表，为学生树楷模，以期收到不令而行、不赏而动、不罚而成的效果，其中“训话”“揭示”是重要形式。“训话”是指由教职员利用周会、庆祝日、纪念日等机会实行全面训话，在教职员遇偶发事件时实施个别训话。“揭示”是指利用适当时期，揭示相当的中外名论和格言对学生进行教育。

1905年秋季开学，学校增开伦理课程，其目的就是根据《论语》《孝经》之旨趣，“授以人伦道德之要领，一在坚其敦尚伦常之心，一在鼓其奋发有为之气。尤当示以一身与家族朋类国家之关系，勉以实践躬行，不可言行不符”，以加强德育。

学校注重培养学生民族精神，宣传反清革命思想，成为本省革命教育的策源地。1912年2月，孙闻园就任桐城县立中学首任校长，提倡新学，激发了学生爱国热情。

端午节期间，孙闻园率领全校师生旅行至麻山，拜谒孙麻山先生墓（按：孙麻山先生，生于清康熙十六年，雍正六年因序刻《吕晚村文集》遭文字狱被杀）；并将桐城中学的创始人吴汝纶先生的遗像放大，悬挂于学校的礼堂，用以激励学生。1914 年 9 月，孙闻园率全校师生旅行至椁栳尖，并拜谒朱大司农墓。1915 年 10 月，农历重阳节这一天，孙闻园率全体师生前往南乡高甸拜谒吴汝纶先生墓，第二天旅行至浮山拜谒方以智墓。1917 年 5 月，孙闻园率全校师生 120 人旅行至鲁谼山，在谷林寺东拜谒东林党领袖、与阉党作斗争的志士左光斗墓。

1915 年，校长孙闻园立“勤、慎、信、恕”校训。

1915 年，日本向袁世凯政府提出灭亡中国的“二十一条”。5 月 9 日，袁世凯接受丧权辱国的“二十一条”，激起全国人民极大的愤怒。桐城县立中学师生愤怒声讨袁世凯的卖国行径，将 5 月 9 日定为“国耻纪念日”，举行国耻纪念会，并编入校史；同时组织救国储金团。第二年，学校退还师生的救国储金，广大师生以此资金在校园西边兴建一座“爱景亭”，教员马翊（子潜）为此作记刻石（石刻已损失），并撰一楹联：“无限好山河，莫漫为救国空谈，重效新亭名士泣；有时此作息，应还念发人深省，飞来投子晓钟声。”以此激发学生的爱国热情，勉励学生发愤学习，立志报国。1917 年，国文教师王露，字秋如，江苏江都（泰州）人，作校歌：“龙眠钟气，代起人豪，莘莘学子待熏陶，仰止吴公创业劳，勉成国器望吾曹，勤慎信恕，校训孔昭，精神淬砺兮，永夕永朝。”

1919 年 5 月，北京爆发了震惊中外的五四爱国运动，桐城中学学生吴劲在北京参加了五四运动。校内 200 多名师生于 5 月 8 日晚开会决议：于 5 月 9 日“国耻纪念日”，停课一天，开展盛大的宣传活动，举行示威游行。联合全县各校学生成立桐城学生联合会，联合各校教职员成立教职员联合会，通电巴黎和会，拒绝中国代表在和约上签字，并通电声援北京学生的正义行为。学生联合会组织话剧团、讲演团、国货提倡团，分头到全县各地宣传，高呼“打倒日本帝国主义”“废除‘二十一条’”“誓死收回青岛”“抵制日货”等口号。当时桐城县县长蔡焕飏，以权力压制学生的正义行为，更激起广大师生的愤怒，他们四处散发传单，高呼：“打倒贪官污吏”，“打倒封建军阀”，并打烂蔡焕飏的伪“功德碑”，在校园里刻石“毋忘国耻”四个大字，以示爱国之志。1920 年，学校成立学生自治会，以更好地组织学生运动。

1921 年 4 月，本县大宁寺僧打伤农校学生，县知事没有依法办理，桐中学生派代表联合其他学校的学生代表到省府上诉，迫于压力，省政府派黄道尹到县里查办，依法公正处理，将寺僧定罪。6 月 2 日，省会安庆发生“六二惨案”，安徽省议会为了迎合军阀倪道烺、马联甲的意图，准备提议削减已经决定增加的省教育经费，安庆各校学生结队到省议会门前请愿，遭到军阀马联甲的血腥镇压，造成50多人受伤，2名学生殉难。这一事件激起桐城县立中学广大师生的义愤，师生联合桐城各校，通电声援安庆学生的正义行为，为姜高琦举行追悼会，捐献抚恤金，并罢课、游行。学校老校长孙闻园先生得知惨案发生后，与史履冰先生一起陪同光明甫先生到省议会，与反动军阀马联甲进行了面对面的斗争，最终取得了胜利，省教育经费增至150万元，同时成立专管机构"安徽教育经费管理处"，经费管理由此获得独立。

1921年，桐城县立中学师生参加了反对省三届议会贿选议员的斗争。当时倪系军阀指使"公益维持会"在全省60个县为108名三届省议会会员进行贿选。桐城设立"澄清选举团"分部，成员多为桐城县立中学学生，他们分赴各选区监视投票。在东区选票送往县城的过程中，桐城县立中学的学生江澜等人夺取选票箱，毁掉选票，并向县法院起诉选举无效。桐城县长王树功为迎合军阀倪道烺的意旨，竟指使法庭把破坏选举的罪名强加于学生头上，激起全县广大师生的愤怒，学生奋起反击，捣毁法庭，要求撤处县长王树功，省署派阮武仁来桐城接任县长。但那些参加"公益维持会"的绅商们乘机阻挠破坏，他们组织罢市，竖起"拒阮留王"的旗帜，抗拒阮武仁的到来。当阮武仁来到桐城时，行至乌石岗，桐城县立中学以及在城各校的师生前往迎接，在东门小街口与前来阻挠的商人发生冲突，引起激烈的搏斗，一时瓦石横飞，棍棒交加，师生受伤者很多，王树功见势不妙，逃离桐城。阮武仁接任县长后，法院宣判本县选举无效。至此，桐城县反对贿选的斗争取得了胜利。

1925年，上海发生了震惊中外的"五卅惨案"。桐城县立中学师生300多人一面通电反对英帝国主义的暴行，一面支持上海人民的"三罢"斗争。6月10日，桐城县立中学及全县各学校罢课，工商界罢市，以示抗议，并集会听取上海方面派来的代表讲述"五卅惨案"发生的经过。6月16日，全校师生参加了由2 000多人组成的反日斗争大会，举行示威游行，高呼"打倒日本帝国主义""抵制英日货物""取消不平等条约""为死难同胞复仇"等口号，并作露天讲演，募捐救济上海失业工人，学校在暑假期间还利用举办成绩展览会的机会，向参观成绩展览的来宾募捐，学校共募集捐款300余元汇至上海，支援上海人民的斗争。

1926年3月，以日本帝国主义为首的英、美、法、意等八国公使，以维护《辛丑条约》为由，向段祺瑞政府提出了严重侵犯我国主权的无理要求，并对中国进行武力威胁。3月18日，北京各界5 000多人在天安门前举行示威大会，并到执政府门前请愿，遭到府院卫队的开枪镇压，伤亡200多人。"三一八"惨案激起全国人民的愤怒，桐城中学广大师生也投身这场群众性的革命运动，举行各种抗议活动，声讨段祺瑞政府卖国的罪恶行径，声援北京人民的爱国斗争。

1927年，在中国共产党领导下，以国共合作统一战线为基础的北伐战争，取得了节节胜利，这一消息，极大地鼓舞了桐城县立中学全体师生。学校添授“三民主义”，开始举行总理纪念周，学生因阅读新文化书籍，革命思潮震荡。3月间，国民革命军第七军到达桐城。军队纪律严明，秋毫无犯，受到全县人民的热烈欢迎。人们都以实际行动支援北伐军。体育老师刘心如带领学生打洋鼓、吹洋号，往南门外欢迎北伐军。随北伐军一起进入桐城的共产党员方兰轩、钱邦文、吴砚壮等人为国民党左派县党部委员，他们积极进行革命活动。方兰轩在学校吸收了吴国华等学生为中国共产党党员，此为桐城县立中学在校学生参加中国共产党之始。不久，蒋介石叛变革命，在上海发动了“四一二”反革命政变，大批屠杀共产党人。一时间，全国上下笼罩着白色恐怖，4月，国民党在桐城成立“清党委员会”。在恶劣的环境下，学校共产党员遂转入地下活动。年底，中共党员章逐明（桐城首任县委书记）介绍桐中学生刘卓尘（孔城八甲人）加入共青团，刘卓尘后任中共桐城县委委员兼共青团桐城县委书记。

1928年，中共党员陶国器又介绍桐中学生齐德高、杨芝生、施孟胥等人加入共青团。同年，桐中开始建立共青团支部，齐德高同学担任支部书记。年底，季子咸（曾赴法留学，在本校肄业时，名钱晓春，1929年任中共桐城县委委员）介绍本校学生倪筱池（北乡三十里埠人，解放前夕任桐城县训教所教育长）、吴杰加入共青团。到1930年春，桐中的共青团员已发展到20余人，设立了高中、初中两个支部，高中部团支部书记是齐德高，初中部支部书记是杨芝生。这些进步青年学生，在中共桐城县委的领导下，积极开展革命活动。1929年3月底，中共桐城县委召开县委扩大会议，做出发展组织、发展军事齐头并进的决议，并通过军事计划。吴克正辞去浮山中学教师工作，加入桐中，专心致志从事党的组织建设工作。同年五六月间，桐中一批团员加入共产党，成立了中共桐中党支部，桐中学生姚南海等人被吴克正发展为中共党员。至同年11月间，桐中党支部共有12人。桐中学生认真贯彻中共桐城县委的决议，派学生倪宣章到卅铺一带开展活动，大力发展农民协会，成立农民游击队，为中共桐城县委领导的欧家岭武装起义作准备。1930年，中共桐城县委于“五一”国际劳动节这天在孔城召开工农群众大会，桐中学生、团县委委员吴大章主持大会，并领导群众举行游行示威。1932年4月春假期间，桐中学生、共青团员周家驷等人，根据中共桐城县委指示，在披雪瀑狙杀了叛变投敌的原中共桐城县委委员项孟卿。

1931年，“九一八事变”爆发，桐中全体师生举行游行示威，高呼“打倒日本帝国主义”“誓死保卫祖国”“誓死收复失地”等口号，痛斥日本帝国主义侵略中国的罪行，号召广大人民群众联合起来,以实际行动支援东北抗日义勇军。学校组织宣传队,师生分头走向街头、深入农村宣传抗日主张,并募捐400多元,汇寄至东北马占山将军率领的抗日义勇军,支援抗日。

1935年7月6日,在日方逼迫下,南京国民政府军事委员会华北分会代理委员长何应钦同日本签订丧权辱国的《何梅协定》。11月,日本帝国主义者又策动汉奸殷汝耕成立“冀东防共自治委员会”(后改称“冀东防共自治政府”)。桐中师生闻讯后,立即召开反对冀东伪组织大会,下设总务、宣传两个组,起草大会宣言,拟定标语,组织全校罢课,上街游行示威,高呼口号,群情激奋,极大地鼓舞了全县人民的抗日斗志。

1936年,学校确定校徽,校徽说明:“国旗国之精神,校徽校之精神,固各有所取义。本校校徽取桐叶式,上嵌黄色中字,作钟形。桐子肇封厥成名邑,标以桐叶盖,寓本校建设于桐之意,本校原属中等教育,而中庸之道又为圣哲贤士之所兢兢,黄中央色得居之正,焕然有光,故易曰:君子黄中通理,美在其中而发于事业,此所望于本校学子者至为深厚。钟金质,其声洪越,故诗称:鼓钟于宫,声闻于外。此又所以勉励本校师生,普修其实,不患声闻之不能腾达也。”

1937年7月7日,日本帝国主义蓄意制造卢沟桥事变,发动了全面侵略中国的战争,大举侵犯我国华北、华东地区,全国人民同仇敌忾,抗日战争全面爆发。桐中广大青年学子积极投身抗战斗争。同年冬季,中共党组织派马守一来桐城组建“抗日学兵队”,中队部设在左忠毅公祠内,桐中学生100多人报名参加“抗日学兵队”,在共产党的领导下,走上抗日前线。

1938年,战火烧到桐城,日寇飞机不断轰炸县城,在校师生每天于晨会之时,史化成校长亲自指挥合唱《义勇军进行曲》,广大学生纷纷走出校门参加抗日救亡工作。校长方琛暗中帮助新四军七师在校内设立联络点,掩护新四军指战员来往于桐、怀、潜、庐江、无为等地。1939年9月间,中共桐城县党组织从黄甲铺省立第二临时中学党总支中派出一名支部成员进入学校,进行地下组织活动。同年,学生方祚德(方言)加入中国共产党。1941年,桐中学生陆少扬、陈鲁等人投笔从戎,投身于抗日队伍。同年年底,学校组织救亡工作队,教官随班,由县城出发,绕道西征,至唐家湾。学校教员吴勉生常常告诫学生为人为学之道和读书不忘救国之大义。

1943年,朱伯健任校长,将校训改为:“礼、义、廉、耻”。

1943年的冬季,国民党桐城县调查室专员张家良,以莫须有的罪名拘捕了桐中高中学生姚熏,因为姚熏的姐姐是中共党员,参加了抗日运动,便怀疑姚熏也是中共党员,并对他进行严刑逼供,还无辜株连高中学生王传生、吴振洪、王盛伟、宋观涛等人。此举遭到全校师生的强烈抗议。这些学生在全校师生的积极营救下最终被释放回校。学生斗争又一次取得了胜利。

1943 年至 1945 年，桐城县城的许多米行老板往大米中掺水，使大米发胀(因当时卖米用斗量)，以赚取不义之财。这一行为激起桐中学生的义愤，许多学生自发地组织起来，多次在县城的东门、南门等地捣毁米行，受到广大市民的拥护。

1945 年 8 月日本投降，为庆祝抗战胜利，桐中游行队伍表演了《盘丝洞》节目，高三学生吴振洪扮演唐僧，叶松扮演孙悟空，章桂生演猪八戒，陈发云扮演沙和尚，蜘蛛精由高二学生吴昌炎扮演。并有初中女生张国泰等人表演《挑花篮》节目，由高二口琴队伴奏，高三女学生叶婉等人从旁维持秩序。当队伍游行至南门街口，突然遇到由国民党退伍军人组成的“长官队”，他们向桐中学生寻衅取闹，猥亵纠缠桐中学生，并殴伤桐中领队高二学生吴馨，桐中学生奋起反抗，打伤伪军官 3 人，抓获 1 人，缴获手枪 1 把。第二天，全校罢课，由高三学生方子健为首组织学生成立抗议组织，下设宣传、联络、组织三部，呼吁各地学校声援，要求惩办凶手，此举很快得到在城各校以及安庆各中学声援，城关部分商店罢市。国民党县政府、县党部，因怕事态扩大，派桐城县训教所教育长倪筱池出面调解，将凶手拘押三个月，让“长官队”队长到学校操场向全体学生道歉，这才平息众怒，学校复课。

1947 年，中国人民解放军晋冀鲁豫解放大军在刘伯承、邓小平的指挥下，7 月渡过黄河，过陇海路，向南挺进，经过桐城县城，直达大别山，住宿桐城中学，受到师生热烈欢迎。这年冬季，校内进行了一次混合测验，命题 100 个，涉及数学、物理、化学、政治等学科，着重以政治题目了解学生思想动向。在回答“你最崇拜的古今政治家? 军事家? 文学家?”这个题目时，高中部学生有的径直写“现今的政治家是毛泽东”“军事家是朱德”，因而引起学校军事教官章东澄的疑忌，暗中调查填写毛泽东、朱德的学生。县党部调查室的特务分子诱捕了高三学生汪万春、张宗宣、郑斑 3 人，对他们百般审问威胁，被捕的 3 人严词拒绝。无辜的迫害，激起全校师生的公愤，高呼“打倒特务分子章东澄”，积极营救被捕学生。章东澄逡巡畏惧，匿伏多日，不敢露面。经过桐中广大师生的斗争，被捕的 3 名学生被释放。

新中国成立初期的教育活动 1949 年，皖北行署发布《告教育界同志书》，希望各级学校照常上课，稳定秩序。本期开学之前，安庆专员马守一、县委赵瑾山及徐尹复同志在学校大饭厅向在城的各校教师作报告，说明解放后的大好形势，勉励广大教师安心工作，努力学习党的各项方针政策。同时，学校积极组织师生参加社会活动和各种义务劳动，帮助他们接受教育，关心政治，培养与劳动人民的感情和热爱劳动的思想。1949 年 9 月 10 日，全校师生参加桐城人民政协开幕大会。9 月 13 日，学校参加预祝中华人民共和国成立大会，师生排演活报剧、秧歌队、大合唱等节目，上街头表演。10 月 1 日，学校参加庆祝中华人民共和国开国大典，会场设在桐中大操场，桐中秧歌队、高跷队、合唱队进行表演或演唱，并参加集体游行。10 月 15 日，为配合政府减租、减息、反霸、土改运动以及响应热爱劳动等号召，桐中师生组织宣传队赴平坦、吕亭表演宣传，受到群众的欢迎和好评。不久，桐中文娱队 50 人步行 120 里到江堤，慰问冬修民工，并演出《血泪仇》《白毛女》3 场；同时住宿江堤 20 多天，参加冬修工程，鼓动民工修堤，增强抗灾保收的信心。此外，为加强劳动观念，锻炼体力，学校开展勤工俭学活动，组织学生轮流步行到卅铺粮站，肩挑背驮将教师公粮运回学校。

1950 年 3 月 5 日，行署通知学校出席皖北中等教育会议，讨论政治思想教育问题，桐中派分管人员和教师代表参加。同年 5 月 4 日，皖北行署教育处召开皖北第一届学生代表大会、青年代表大会，桐中派学生代表赴合肥参加会议。学生代表回校后向全校师生作了传达，指出政治学习时间不得超过文化课学习时间。不久，学校接专署通知，教师暑假集训，从 7 月 20 日开始，持续 40 多天。通过这次集训，教师的思想觉悟和业务水平得到很大提高。不久，青年团桐城县委员会通知抽调高二学生施立言、高一学生倪光华、姚君彻到华东团训班学习，抽调高二学生蔡其武、汤淑霞，初二学生陈伟到皖北团校学习。10 月 13 日，桐中师生参加桐城县土改试点区公审恶霸丁求发、束如海、李左氏大会，回校以后学校组织师生分班分组座谈讨论，广大师生纷纷表示拥护土改反霸政策。11 月，学校布置建立民主秩序周的工作。冬天，学校成立寒假工作委员会，由行政、教师、青年团、学生会代表组成，全校师生按地区组成工作小组，开展扫盲活动，宣传土改政策，宣传反匪反特的必要性和重要性，宣传抗美援朝，宣传新中国成立一年来在中央人民政府领导下所取得的伟大成绩，宣传进一步开展抗美援朝、保家卫国的运动，加强各民主党派、各民族的团结，进行土地改革，巩固人民民主专政，开展春节文娱活动，活跃和丰富城乡文化生活。仅参加城关镇宣传的学生就有 167 人。

1951 年暑假，安庆专署举办中学教师研究会，除少数职员留校外，桐中教师均参加学习。下学期学校加强了教师的在职学习，学习内容包括：反对美帝单独与日媾和，反对美帝重新武装日本；学习红五月有关史料，为迎接“五一”游行庆祝活动作好准备；关于镇压反革命的文件；抗美援朝总会的三大号召；《中国共产党三十年》、有关批判电影《武训传》的文章、董纯才部长的《注意全面发展，增进学生健康》等文章。1951 年下学期，桐中成立“教师政治夜校”，请人民政府县长杨在选、副县长魏展中、县委宣传部部长等来学校作报告。10 月 24 日，安庆专署文教科科长李子恒来桐城视察学校工作，召集桐中、桐师、桐初 3 校教师作报告，并布置检查脱离政治倾向的学习活动。自 11 月开始，学校学习文件，对照实际，检查全校性的脱离政治倾向，以及个人的脱离政治倾向，再相互检查。为使学习顺利开展，学校首先发动社、团，广泛征求意见，强调学习的目的是清洗封建的、买办的、法西斯的残余思想，批判资产阶级、小资产阶级思想，树立无产阶级思想，搞好人民的教育事业。老师们积极参加，踊跃发言，写思想汇报提纲，表示要通过学习，脱胎换骨，全心全意为人民服务。在相互检查阶段，无论对集体，还是个人，大家都能实事求是，和风细雨，心平气和地进行批评和自我批评，老师们在整个学习过程中感到确实“不是整风”，心情愉快，收获也大。

本年度学校师生参加社会活动，继续以抗美援朝、镇压反革命、参军、参干等活动为中心。全体师生踊跃参加宣传活动，表现了高度的政治热情和爱国精神。3 月间，桐城县发动参军，新兵到城关集中并转送安庆，桐中师生热烈迎送，学校腰鼓队步行 150 华里(75 千米)把新兵送到安庆。4 月，朝鲜人民军访华代表团来桐城，县长杨在选陪同代表团来校参观，向全校师生报告朝鲜人民和朝鲜人民军在金日成主席领导下和中国人民志愿军并肩战斗，奋勇抗击美帝国主义者的情况，全校师生热烈欢迎朝鲜人民的使者。6 月 1 日，抗美援朝桐城分会发起捐献飞机大炮活动，桐中教职工热烈认捐，向援朝志愿军赠慰问袋、写慰问信，慰问志愿军家属。“三八”妇女节、“五一”劳动节、“五四”青年节，桐中均组织文艺宣传队表演节目并参加游行活动。7 月，国务院号召全国青年踊跃参加中国人民解放军及军事干校，学习军事科学技术，建设现代国防。县长杨在选来校作动员报告，当场踊跃报名参军的学生有 200 多人，后经挑选批准 40 人。9 月，安徽省荣军教养院在本县建立，荣军陆续到来，桐中师生多次列队前往迎接慰问。学校组织学生参加镇压反革命运动，参加公审大会，组织侦察小组，参加群众控诉会。师生深入群众，组织读报，举行时事座谈，主办街头黑板报。学校还在东门外、西门外，办广播站，用土广播向群众宣传时事及新时期法令政策等。

1952 年，学校组织“三反”工作队和“五反”战斗队，参加桐城“三反”“五反”运动，担任宣传、访问、搜集材料等工作，并参加斗争大会，游行示威。学校响应县人民政府号召，组织农村生产参观团，开展春耕大生产运动，参加农业生产义务劳动和公益劳动；师生还参观了黄甲、吕亭、城东、孔城四个区的春耕生产情况，慰问劳动模范和生产能手。学校组织义务劳动大队，修建校园和桐城公共体育场。暑假，接教育厅通知，学校派教员参加在芜湖市举办的思想改造学习班。县长杨在选先期作动员报告，解除思想顾虑，勉励教师们好好学习，努力改造自己的思想。桐中教职工有 38 人参加此次学习班，由县委宣传部部长张安国担任中队长率队前往，省委宣传部部长桂林栖、教育厅厅长陆学斌、孙兰主持学习会，省委书记曾希圣作报告。学习时间延至9月下旬结束。10月26日，学校举行“民主团结大会”，全体师生祝贺在芜湖参加思想改造学习胜利归来的教职工。中共桐城县委书记、人民政府县长及在城的中小学校长、教师均来参加。参加思想改造的教师代表有数人发言，学生代表也发表讲话，会议长达5个多小时。经过思想政治教育，师生之间建立了良好感情，学生思想认识逐步提高，如评议人民助学金：开学初互争互拼，学期结束时互相谦让，全校有90%以上的同学都放弃寒假期间享受助学金的权利。在庆祝建校活动的一个月内，学校完成50方搬沙任务，运砖1.2万块，节约92万元(旧币)建筑费。1953年上半年，为加强学生组织、纪律教育，经过全体教师会议讨论，学校制订《加强学生组织教育计划草案》，在搞好正课教学的前提下，培养学生的爱国主义精神与集体主义精神，养成自觉遵守纪律的优秀品质。自5月6日到27日，学校采用大报告、座谈、学习、演讲等方法进行贯彻，并要求认真检查《学生须知》执行情况，对有违反校纪校规的学生要作严肃处理。

教师政治学习依照工会小组分成5组，自3月7日起到7月10日结束，学习悼念斯大林同志的文章、《中华人民共和国婚姻法》、加里宁的《论教师的任务》等。同时，教师还参加政治夜校学习，听报告，收听省委广播，学校会举行两次测验，检查两次学习心得笔记。下学期，教师政治学习，每周5小时，学习材料为：《政治常识课本》第一、第二章，《经济建设常识》一至四章，报刊社论及中心工作文件等。是年，毛泽东发出“三好”号召，为贯彻“身体好、学习好、工作好”，进一步开展自觉遵守纪律教育，学校制订《学生守则》《请假制度惩奖办法》。学校通过动员讨论，提高学生认识，培养积极向上、团结友爱的精神。学校开展国家过渡时期总路线的学习，通过座谈、讲演、出墙报等方式，要求学生对总路线的精神实质有较明确的认识。学校开展国家粮食统购统销政策的学习，发动寄宿学生295人利用星期日回家动员家长出售余粮，提倡节约粮食，要求住校学生少吃大米，搭吃山芋、红豆、蔬菜等，以实际行动来响应党和政府的号召。

从1955年开始，学校除继续加强思想教育工作外，特别强调对初中毕业班学生进行劳动教育。学校党组织高度重视，细致安排工作计划，并订有具体措施。“五四”青年节，学校组织初中毕业班学生与青年劳模联欢，参观石河乡农业生产合作社，访问县委农工部，请回乡参加生产的高等小学毕业生劳模李文正、抗美援朝中“万里安全行车”司机张先毅来校给全体初中生作报告，召开主题班会，开展公益劳动，进行家访等。团中央学生部副部长来桐城，到学校向全体学生作《关于还乡参加农业生产》的报告，同学们纷纷表示要有“一颗红心，两种准备”。

1957 年，毛泽东同志在《关于正确处理人民内部矛盾的问题》一文中提出：“我们的教育方针，应该使受教育者在德育、智育、体育几方面都得到发展，成为有社会主义觉悟的有文化的劳动者。”根据安徽省教育厅校长会议精神与学校基本情况，学校明确提出：除贯彻“勤俭办学”“全面发展”“因材施教”的方针外，还要认真学习毛主席提出的教育方针，继续大力提高教育质量，并切实做好初中毕业班学生的升学和就业的思想指导工作，强调对那些不能升学的学生做细致的思想工作，使他们愉快地参加工农业生产。初三(4)班 35 名同学曾给省委书记曾希圣同志写信，表示参加农业生产的决心。

学校开展政治思想教育的具体做法是：(1) 集中进行教育，开展社会主义大宣传。学校先后集中全体师生作关于“勤俭建国”“勤俭办学”“无产阶级专政历史经验”的报告；又请中共桐城县委负责人作“关于农业合作化”的报告。(2) 利用桐城县青年积极分子会议的机会，请积极分子代表来校联欢，并听了即将出席全国青年积极分子会议的代表赵玉兰同志的报告；又请出席全国农业劳模会议的翻身农业合作社社长章仁怀同志来校作报告。(3) 利用农忙假(高中毕业班不放假)对学生加强劳动教育。按学生家庭分布情况组成大关、吕亭、城南、孔城、金神、黄甲、双港、青草、新渡、枞阳、怀宁 11 个队，每队指派教师 2 人到各地联络检查。城关镇及其他外地学生组成 3 个队，在留校教师指导下参加生产劳动。农忙假结束，教师和学生都要写总结汇报，学校会表扬成绩显著的师生。(4) 召开毕业班家长会议，请家长配合学校对其子女进行教育。通过上述几个方面的思想政治工作，又有 90 名初中毕业生联名写信给省委书记曾希圣、省长黄岩、教育厅厅长孙兰表示态度。不久，团中央学校工作部汪部长来校视察，对高三毕业生作了报告，并举行座谈，鼓励学生克服升学第一的思想，端正思想态度。高三(2)班有 35 人联名写信给团中央，表示了“升不了学就愉快地参加农业生产”的决心。

从本学期暑假开始，学校奉上级指示，全体教职员工参加安庆专区反右派学习，历时 2 个月。结束后，学校继续开展反右派斗争，并先后三次组织学生代表参加全体教工的反右派斗争会议。接桐城县委通知本年下学期期考提前举行。1 月底，中共桐城县委在桐中举办全县中学教师肃反补课学习，直到春节后下学期开学前结束，历时 40 多天。

1958 年，“大跃进”浪潮开始涌向校园。本年，毛泽东同志发布“教育必须为无产阶级政治服务，必须同生产劳动相结合”的教育方针。为贯彻这一方针，学校一方面加强了联系现实斗争，联系思想实际的社会主义教育课，一方面有计划地组织学生参加校内各项劳动。分班包干，教师随班劳动。这一年，学校开辟 29 亩(近 2 万平方米)菜地、划 57 亩(3.8 万平方米)河地，并使其成为学校学农基地；沿龙眠河脚点播五万株蓖麻、向日葵，饲养 157 头猪，71 只鸡、兔，八笼蜜蜂；组织工艺小组，计有化工、木工、竹工、修补、结绳、理发、穿毛刷等 12 种工艺；支援水利局工程建设，参加境主庙水库修建，搬运 30 多公方(立方米)沙石；环山开凿 3 华里(1.5 千米)水渠，省报予以报道；停课组织 1 000 人的大军到南演打井挑水，苦战 9 昼夜，使 200 多亩(13 万多平方米)水稻保收，曾获得该公社所赠“感谢师生们的援助”的锦旗。6 月间，学校进一步强调教学、科研、劳动三结合，先后试制成功空气电池灯、人造纤维、小型电动机、收音机、木制车床、鼓风机等。暑假正当抢收抢插的大忙季节，师生组成 250 多人的“近卫军”突击队，支援县农场抢收 500 多亩(33 万多平方米)水稻、75 万余斤(37.5 万余千克)粮食。“远征锻炼队”到皖河青少年农场支援摘棉花 819 亩(54.6 万平方米)，为国家增收财富 5 万余元。师生在农场屯垦了一个暑假，直到下学期开学才回校。留校青年教师制成多型“滚珠轴承”，并用坩锅炼出了桐城第一炉钢。

本年 2 月，桐城中学向全省兄弟学校发出倡议书《争取教育事业大跃进》。3 月 25 日，学校又提出《一九五八年跃进规划》，并以此为条件与全省兄弟学校作友谊比赛。同时，学校开展向党“交心”活动：先是每人写好决心书，送交领导，之后列队到桐城县委举行“交心”仪式，每人胸前佩戴一个红色的“心”字。到下半学期“大跃进”高潮迭起，形势逼人。学校一方面高举钢铁帅旗，为钢铁而战，一方面大办工厂，还要保证提高教学质量。一时间，大字报、决心书、保证书、倡议书、挑战书、应战书贴满校园墙壁。学校安排初中以农业为主，高中以工业为主，5 个班轮流停课，大办钢铁，其余各班搞突击性或辅助性劳动。期中以后，上级要求一手抓钢铁，一手抓教学，在保证提高教育质量的前提下，学校办起了钢铁厂、耐火材料厂、炼焦厂、机械厂，又到挂车河淘取铁砂，吃住在河滩，运砂学生披星戴月，每天两趟，要走 180 里(90 千米)路，运铁砂 40 多吨，炼出钢 21 吨，铁和焦炭各 5 吨，耐火砖 120 吨。本年秋天，在挖耐火砖泥土时，由于塌方，初二 2 名学生被砸死，师生悲伤，“大跃进”热情锐减。

1963 年，毛泽东同志发出“向雷锋同志学习”的号召。学校配合政治思想教育，广泛开展学雷锋活动，举办图片展览会，以雷锋同志的具体形象和感人事迹教育学生，全校各班都成立“学雷锋，见行动”小组。同时，学校请“四老”(老工人、老贫农、老干部、老红军)向学生作报告，忆苦思甜，讲革命传统，或组织学生下乡访贫问苦。

1965年,学校批判片面追求升学率,纠正片面追求升学率的错误做法,在学生中进行学习目的的教育,学校相应采取一些措施,如适当减少作业、减少考试次数,以减轻同学们负担,教师也不搞猜题押宝。学校在教学上进行改革,多数教师在课堂教学中注意运用启发式教学方法,讲课内容少而精,做到重点突出,难点讲清,初步克服了"满堂灌"、作业多、考试多等现象。学生负担减轻了,压力小了,参加政治活动和生产劳动的积极性更高,文体活动更活跃,内容更丰富,形式更多样。

新时期政治思想教育 1977年3月后,学校认真贯彻落实省委组织部、宣传部《关于广泛深入地开展学雷锋群众运动的通知》,在学校开展学雷锋活动。4月,学校认真落实中共桐城县委的文件精神,组织开展"学习《毛泽东选集》第五卷"活动,同时开展爱国卫生运动,学习《赵香庭同志在县委四届十四次全委扩大会上的讲话(一九七七年九月十四日)》。该讲话的主要内容是:迅速掀起学习、宣传、落实十一大精神的热潮;深入开展揭批"四人帮"的伟大斗争,彻底肃清其流毒和影响;善始善终地搞好党的基本路线教育;健全党的民主集中制,恢复和发扬党的优良传统和优良作风;坚持抓革命促生产的方针,努力把国民经济搞上去。

1978年2月,根据桐发〔78〕006号文件精神,学校开展了"整党整风"活动,对党员普遍进行马克思列宁主义、毛泽东思想教育,解决由于"四人帮"破坏而造成的思想不纯、组织不纯和作风不纯的问题,提高党员觉悟,恢复党的优良作风。

1979年3月12—16日,安庆地委召开了各县教育局局长会议,形成了《关于召开各县教育局长会议情况的报告》,报告中指出"教师中建党工作进展极慢",这一意见推进了学校党建工作。从4月开始,学校根据桐发〔79〕037号文件要求,开展了"在职干部教育"活动,主要学习三中全会文件。12月,学校根据桐组发〔79〕076号《关于开展评选先进党支部和优秀党员的通知》,开展评选活动。同月,为贯彻中央"调整、改革、整顿、提高"的八字方针,学校决定把校办工厂、农场办成教育革命基地。

1981年3月9日,杨仲林校长在全校发表"五讲四美"宣传讲话。7月3日,支部开展学习六中全会若干问题的决议和中央领导人讲话。

1984年12月19日,学校召开学习邓小平同志关于"实现四个现代化,必须坚持四项基本原则"的专题会议。

1985年3月25日,学校学习省委关于纠正新的不正之风的布置意见。4月3号,学校对照问题检查、提出整改措施。4月22日,学校开展整党学习,学习党的十一届三中全会以来的路线、方针和政策。

1989年1月8日,学校召开行政办公会议,研究如何加强思想政治教育及执行纪律情况的会议。9 日,学校学习十三届三中全会总书记报告。5 月 2 日,学校校长办公会学习《人民日报》社评《必须旗帜鲜明地反对动乱》。8 月 31 日,学校召开行政扩大会议,专题学习十三届四中全会精神及邓小平同志讲话。

1990 年 3 月 16 日,学校学习十届六中全会公报、评选优秀党员。6 月 22 日,学校学习《人民日报》社评《稳定压倒一切》及《中共中央关于加强党同人民群众联系的决定》。

1992 年 1 月 9 日,学校召开总支扩大会,学习邓小平同志南方谈话,学习党史、党建理念。26 日,学校学习党的十三届八中全会公报。

1996 年 12 月 12 日,学校专门召开"学陶思陶"先进人物会议。

1997 年,桐城中学建立和逐步完善素质教育管理网络,按照素质教育的目标、计划,把教育、教学、服务定位于全体学生。一是多渠道、多途径实施德育,充分发挥课堂教学的主渠道作用,利用校会、班会、晨会对学生进行思想品德教育;二是提高教职工的群体素质,抓单周三的业务学习,坚持双周三的理论学习,为实施素质教育提供根本保证;三是认真贯彻执行《学校体育工作条例》《学校卫生工作条例》(简称"两个《条例》"),注重对学生进行系统的体能训练,要求学生认真做好"三操",每学期对学生进行一次体检,健全学生健康档案;四是按部颁要求开足音乐课、美术课,组织了手风琴小组和美术课外活动小组,在市里组织的卡拉 OK 大奖赛上,桐中有 3 人参加,分获一等奖、三等奖和优秀奖,8 月,有 7 名学生获"中国—新加坡少儿书画奖";五是开设劳动技术课,参加建校劳动和创建文明学校活动并组织学生利用寒暑假参加社会实践活动。桐中素质教育获得全面丰收。

1998 年,学校全面实施素质教育。一是初步建立素质教育管理网络和各项规章制度,形成教育、教学成果的研究和评估制度,确保素质教育健康有序地推进。二是构造行政立体交叉管理结构,建立和逐步完善素质教育管理网络。三是按照素质教育的目标、计划,通过网络互相协调各处室、教研组(馆)等单位工作,把教育、教学、服务定位于学生,把研究重点定位于促进学生的能力和个性发展,并将实践中探索出的经验进行科学评估,及时推广科研成果。四是提高教师队伍素质,要求教职工不仅要有良好的师德师风,同时还要按照素质教育的要求加强自身修养,提高素质,实现知识更新和创新。五是开展新教师拜师、评比青年教师优质课、评议公开课教学和外出学习与交流等活动,鼓励支持教职员工接受继续教育,任用一批能挑重担、充满活力的中青年教师担任基层组织负责人。六是将德育工作放在各项工作的首位,认真贯彻落实中共中央《关于进一步加强和改进学校德育工作的若干意见》和《爱国主义教育实施纲要》，执行《中学德育大纲》和《中学生日常行为规范》，多渠道、多途径、多形式实施德育工作。七是根据学生的思想实际、身心发展规律以及社会发展对学生提出的新要求来确立德育内容和方法，建立由校领导分管的德育工作管理队伍，从事德育科研和思想品德课、思想政治课教学，认真贯彻执行两个条例，实施《全民健身纲要》：举办教职工篮球赛、“后乐杯”教职工排球赛，组织教职工积极参与健身操等文体活动；要求体育教师认真备课、有目的地上好每一节课，适时组织观摩评议；注重对学生进行系统的体能训练；组织体育尖子生参加体训队、学校体育传统项目训练队，要求学生做好早操、课间操、眼保健操，将检查成绩作为“文明班级”评选的量化依据之一；校医室定期出卫生教育专刊，结合生理卫生课培养学生良好的卫生习惯和健康的心理素质。八是抓好教学改革，开齐课程，开足课时。以部颁和省颁课程计划为依据，构成必修课、选修课、活动课较成熟的“三板块”的课程结构，将“德体、美、劳”的教育从应试教育中的从属和辅导地位中解放出来，与“智”育相配套，使素质教育落在实处。九是定期举行校园文化艺术节、秋季运动会、元旦晚会等活动，丰富学生的生活，积极营造健康向上的校园文化氛围，促进精神文明建设，培养学生的多才多艺的能力。同年，学校合唱队演唱曲目《中华我的家》获安徽省“爱祖国、讲文明”歌咏比赛三等奖；教师创作的《桐城颂》歌曲获桐城市创作奖。8 月，在铜陵一中举行的全省重点中学第二届田径运动会上，学校代表队的 8 名运动员，面对强手，顽强拼搏，取得了 4 个单项名次，实现学校在省重点中学运动会上比赛成绩零的突破。10 月，在安庆市重点中学田径运动会上，学校运动员获得高中男子组第五名、高中组团体总分第五名的较好成绩。12 月 23 日，全体党员为纪念十一届三中全会召开 20 周年，组织观看录像片《决策》。

1999 年，学校加大德育力度，制定《桐城中学德育工作“1314”工程达标评价办法及评价方案》，进一步修改、完善《桐城中学学生守则》，增强德育工作的实效性和可操作性。建立从事学校德育工作的骨干队伍，构成学校德育工作网络。在德育工作中，紧紧抓住爱国主义教育这一主旋律，开展升旗仪式、重大节日纪念活动、主题读书活动、社会调查活动、学英雄创文明班集体活动等，引导学生提高思想道德素质，学会做人。

2001 年，桐城中学将对学生的德育放在教书育人的首位，并贯穿于教学活动中的每一环节。学校先后制定《桐城中学学生思想政治素质测评办法》《桐城中学学生一日常规》等多项管理制度。充分发挥课堂教学主渠道的作用，通过开设体育、音乐、美术等课程，让学生接受美的熏陶、意志的磨炼和集体主义思想的教育；通过讲授政治、历史、地理等课程，培养学生的爱国情操；通过举办读书报告会、读书演讲比赛以及丰富多彩的校园文体活动，使学生将爱国主义思想变为自觉的行动。其中组织学生参加以爱国主义为主题的读书活动，多次受到国家读书活动组委会的表彰。

2002年5月，学校制定贯彻“三个代表”重要思想的举措，落实《党政领导干部选拔任用工作条例》。

2003年，学校兴起学习贯彻“三个代表”重要思想新高潮工作，成立领导小组，汪年生任组长。

2004年，学校加强法制教育。拥有3 000多名学生的桐城中学，将加强对青少年的法制教育作为学校工作中的重中之重。学校继续聘请安庆市公安局负责同志为学校法制辅导员。全校上下紧紧扣住依法治校，坚持“两手抓”，一手抓法制教育，一手抓教育教学质量；做到“三个结合”，即法制教育与道德教育相结合、法制教育与文化课学习相结合、法制教育与学生养成教育相结合。学校制定了《转差方案》，各班制订了《转差计划》。学校每学期开学前还举办法制学习班，将受处分转变不大或违纪屡教不改或大错误不犯、小错误不断的学生集中起来组织他们学习《中学生守则》《中学生日常行为规范》《治安管理处罚条例》及学校制定的《学生一日常规》。学校年底被评为“桐城市法制示范学校”。

学校开展“寓美于教”活动，如文化艺术节上的文艺节目表演、书画摄影作品展览；召开秋季田径运动会，促进群体运动的开展；举办诗歌、小说创作大赛及元旦联欢活动，展示学生风采。在由省委宣传部、省教育厅、省新闻出版局、合肥学院四家单位联合发起的“合肥学院杯”全省首届校报校刊评比中，由桐城中学团委主办、学生编辑的校刊《清流》荣获一等奖。7月，学校根据桐城市教育局桐教字〔2004〕74号《关于转发省教育厅〈关于在省中小学开展教育思想大讨论和师德教育活动的通知〉的通知》文件精神，开展教育思想大讨论和师德教育活动。坚持邓小平理论和“三个代表”的重要思想，按《中华人民共和国教育法》《中华人民共和国教师法》《中共中央国务院关于进一步加强和改进未成年人思想道德建设若干意见》《中小学教师职业道德规范》《教育部关于加强中小学教师职业道德建设的若干意见》的要求，紧紧围绕“端正教育思想，更新教育理念，规范教育教学行为，塑造教师良好形象”这一课题进行学习和讨论，进一步端正教育思想，学习先进的教育理念，大力改进教风和学风，增强教师爱岗敬业、教书育人、为人师表的使命感和责任感，为面向全体学生，促进学生生动活泼全面发展、促进基础教育事业的健康发展而努力工作。

2005年，学校坚持单周三晚组织教职工学习重大理论文献、教师职业道德规范及相关法律法规，每月召开一次座谈会、举办一期青年班主任培训班，畅谈理论学习心得，探讨增强新世纪教师素质途径，研讨德育工作方法，交流班主任工作经验，提高班主任素质。教职工年度考核合格率达100%，其中20人获优秀等次。教师梅万生获省“优秀德育课教师”称号，毕金芳、葛志分别获安庆市、桐城市“德育先进工作者”称号，金汤获“安庆市优秀班主任”称号。胡双全获省师德征文大赛二等奖。18人次分别被评为校级优秀党员、先进工作者。为推进学生思想教育，学校根据不同年级学生生理、心理特征和思想倾向，按照“把握根本，要求适中，因材施教”原则，制订各年级思想教育纲要，确定教育主题和活动重点。政教处、团委组织观看教育录像片，实施寝室管理制度、校门出入证制度和领导值班夜巡制度等。学校组织学生参加“心系祖国，健康成长”读书演讲比赛，并获安庆市一等奖。学校组织学生参加纪念抗日战争胜利60周年征文活动，获省级奖励。团委组织高一新生参观校史展览馆，激发学生爱校热情。学生会及班委会配合学校开展活动，培养学生自我教育、自我约束、自我管理能力。

2006年，学校开展师德建设年活动。秋季开学，学校召开师德建设动员大会，校党委副书记彭申清代表学校作动员报告，学校将报告内容发布在政府网，向社会作出承诺。同时，学校还制定师德建设目标、计划、方案，使之制度化、规范化。在双周三晚的政治学习时间，学校组织全体教职工认真学习《中华人民共和国教育法》《中华人民共和国教师法》《中华人民共和国未成年人保护法》《中小学教师职业道德规范》《公民道德建设实施纲要》《安庆市中小学教师行为“八不准”》等，并要求全校教职工每人写一份“个人师德综合分析材料”、填一份“师德自我评价表”、签订一份“师德承诺书”。通过开展系列活动，加强教师的道德修养。

这一年，学校注重学生养成教育。一是以班会为依托。各班定期召开主题班会，每次班会确定一个主题，做好记录。班主任利用班会带领学生学习《中学生守则》《桐城中学一日常规》《课堂规则》《寝室规则》《桐城中学违纪学生处理规定》《先进班级、先进个人评定标准》《公民道德建设实施纲要》等，并组织学生讨论，强化学生的守纪意识、公德意识、争先意识、进取意识。二是以活动为载体。结合本校实际，针对学生的特点，开展一系列道德实践活动。(1) 开展“三管住”活动。管住自己的嘴，不说脏话，不随地吐痰；管住自己的手，不乱扔垃圾，不在公物上乱涂乱画；管住自己的脚，不踩踏花草，不在墙壁上留下脚印。(2) 开展“净化校园，美化环境”活动。发动学生清扫校园内垃圾，清除卫生死角。(3) 开展教寝室卫生大评比活动，每周由学生会、团委对各年级教寝室卫生状况进行检查、评比、张榜公布结果。(4) 开展“远离网吧”“远离毒品”签名活动，让学生不涉足不该去的场所，养成良好的行为习惯，以促进学生的健康发展。三是以爱国主义教育为主线。开展“321”活动，组织学生读3本爱国主义书籍，出2期以爱国主义为主题的黑板报，看1部爱国主义电影，以此深化学生的民族意识，激发学生的爱国情感。2006年是纪念红军长征胜利70周年，学校组织学生进行“我心目中的抗日英雄”的演讲比赛，让学生牢记历史，不忘国耻，发奋学习，报效祖国。

2007年11月，桐中党委字〔2007〕04文件印发了《桐城中学关于集中开展党的十七大精神学习宣传贯彻活动方案》，提出了指导思想和总体安排并分三个阶段进行。7月12日，根据桐中党委字〔2007〕5号文件，学校集中开展“作风教育月”活动工作总结。2008年3月，学校又印发了《2008年度桐城中学党员干部理论学习专题计划》，下发到各支部贯彻落实。

2010年，学校坚持德育为首，开展政治思想工作。一是定期召开班主任工作会议，组织班主任学习班级管理理论，开展德育论文交流，提高班主任的德育理论水平和实际操作能力。同年，学校两次组织安排新班主任赴合肥参加班主任提高班学习培训。二是坚持每周一举行升旗仪式，值周班干和行政值周人员进行国旗下讲话，内容充实，主题鲜明，《安徽青年报》专题报道了学校富于特色的成功做法。三是组织开展讴歌新中国成立60周年来伟大成就的作文及书画征集活动，举行《祖国在我心中》演讲比赛，本校学生参加演讲比赛分别获得安庆市一、二等奖；结合德育课题研究活动，组织开展感恩教育演讲比赛，丰富校园感恩文化；成功举办体育节、科技节、校园文化艺术节，内容丰富、形式多样，展示了本校学生蓬勃向上的朝气和勇于创新的能力。四是继续实行行政干部值日、保安值班、班级值周相结合的常规管理，对学生学习、纪律、早操、出勤、生活、就寝等情况进行检查、登记、通报，有效地规范了学生的行为。五是认真执行《住宿生管理条例》，强化学生的自我管理意识。对寄宿生实行夜查登记制度，对违反就寝纪律的学生进行批评教育，对未回寝室就寝的学生进行登记，及时查明原因，发现问题，及时处理。

在桐城市开展争创安徽省第二届文明城市的过程中，学校作为桐城市的窗口单位，是省文明委明察暗访的重点对象。在长达两个多月的创建中，学校“多”管齐下，加强思想品德和文明礼仪教育，组织开展了印宣传资料、发倡议书、挂宣传标语、开主题班会、出黑板报等多项活动，大力营造人人讲文明、处处见文明的校园环境。针对一些“顽症”，制订针对性措施，一条一条进行整改。由于组织充分，指标细化，措施得力，确保了工作万无一失。团委、学生会坚持每天对校园、教寝室卫生进行检查评比，开展绿地养护和环境保护教育，进一步净化、美化、绿化了校园，让德育融入环境，让环境蕴涵德育，使学校向省级文明单位又迈进了一大步。

为搞好安全工作，针对本校留守学生多、没有专职的心理健康教师等实际情况，学校建立了辅导、跟踪、反馈制度，加强与家长联系，共谋教育良策。学校通过开好动员大会、落实主题班会、举行法制安全讲座、组织安全工作大检查、印发《告家长书》等形式，加大安全管理工作的力度。本年度学校继续聘请法制教育副校长，并请公安局法制科负责同志来校作法制讲座，增强师生的法制意识。在全校师生的高度重视下，学校没有发生安全事故，实现了平安校园的目标。

学校通过多种渠道筹集资金150多万元，资助1 209位家庭困难学生完成学业，传承了“一方有难，八方支援”的中华美德；青海玉树发生严重地震灾害，师生捐款数额达23 000元；西南地区遭遇历史罕见的特大旱灾，学校开展“我为灾区捐瓶水”活动，募捐善款，购置饮用水。《安徽青年报》、安庆电视台、《桐城报道》、桐城电视台对此都及时作了报道。

2011年，学校以“尊重学生、发现学生、发展学生，培养全面发展的现代学生”为办学理念，全面提升学生素质。一是注重人文与科学并重、艺术与科技统一，营造积极向上、提升素质、争创一流的教育环境，通过举办各种丰富多彩的活动，培养学生的能力，给予学生自信，激励学生奋发。学校严格按照教育大纲和新课改的要求以及省教育厅的要求，规范办学行为，双休日坚持不加班加点，将包括音乐、体育、美术、信息技术、劳动技术以及各项实验课在内的所有课程开齐开足；以举办校园艺术节、体育节、科技节为主题，带动校园文化建设全面推进，促进学生素质全面提升；召开高一学生开学典礼大会，加强校史教育，激发学生学习意志；开展高一学生军训活动，培养学生严明的纪律观念；组织学生参加北京励志修学夏令营活动，拓宽学生的文化视野；在桐城市、安庆市爱国主义读书教育活动演讲比赛中，学校学生分别夺得一等奖、二等奖。学校推进素质教育、培养学生人文素养的经验引起有关媒体的关注，《安徽日报》专题报道了学校的有益经验和成功做法。二是严格规范教育管理。学校坚持德育为首，扎实开展一系列卓有成效的工作。在安庆市教体局、桐城市教育局《关于禁止中小学在职教师从事有偿家教的暂行规定》下达后，学校进行了认真的学习和讨论，采取发送《致学生家长的一封信》、签承诺书、设立举报箱和举报电话等多项措施，禁止在职教师从事有偿家教活动；定期召开班主任会议，组织班主任学习班级管理理论，开展德育论文交流，提高班主任的德育理念水平和实际操作能力。

这一年，结合建党90周年，校党委组织开展了多种形式的党建活动，积极组织党员参加桐城市建党90周年庆祝活动。在桐城市庆祝建党90周年歌咏大赛汇报演出中,学校红歌合唱代表队荣获大赛优胜奖。校党委推选张道玲老师参加桐城市“创先争优在行动”主题演讲会,获得优秀奖。学校学生在安庆市“热爱党,感恩党,做党的事业接班人”征文比赛获得最高奖。校离退休教工党支部被评为安庆市“五好离退休干部党支部”;在桐城市首期离退休干部党支部书记培训班上,支部书记卢声频在会上作经验交流发言。学校各支部定期召开支部大会,组织党员重温入党誓词、学习党章、了解党的路线方针政策、开展民主评议活动。

通过庆祝110年校庆,学校发扬传统,激励师生。在校庆期间,教育部、省教育厅分别向桐中发来贺信,清华大学、北京大学等著名高校和知名校友发来贺信或题词。学校举行庆祝建校110周年文艺演出,展示桐中大力开展素质教育的丰硕成果;举行110年校庆校友座谈会,联络校友感情,传播母校信息,增强校友之间以及校友和母校之间的凝聚力,扩大桐中在海内外的影响。著名校友储波、曹新国、崔大祥等向母校赠送了校庆礼品;海内外校友纷纷发表文章,或抒写在母校的美好回忆,或表达对母校老师的怀念,传递了校友们对母校的一片真情和美好祝福。

新时代政治思想教育 2013年的政治思想教育工作主要是贯彻党的十八大精神,开展党的群众路线教育实践活动。学校制订了教职工政治学习计划,指导思想是全面学习和贯彻党的十八大精神,坚持“敢为人先,争创一流”的精神,重视学生全面素质的提高,加强学校管理制度化、规范化建设,进一步提升学校的办学水平。学校着力在提升实力、提高质量、改善管理、优化形象上下功夫,内强素质,外塑形象,提高可持续发展能力;以雄厚的办学实力、和谐育人的校园文化和社会高度认可的影响力,努力打造桐城人民满意的、一流的质优名校。

学习形式多样化:一是集中学习,按年度计划组织实施,集中学习采取专题报告、讨论交流、教育论坛等灵活多样的学习方式。坚持每双周集中学习一次,具体可结合教职工大会、教研组会议等开展。二是个人自学,围绕学习计划安排的学习内容,教职工通过校园外网、校园内网、学校资料、文化长廊、宣传橱窗、校报等各种载体开展自学,系统掌握基本理论,结合教育教学实际思考问题。精心编撰校报、校刊,做好校园文化长廊、校园电视新闻和校园网站的建设,加大宣传力度,提升师德师风形象。三是中心发言,结合学期末考核及自己的工作实际,每学期以教研组为单位至少在组内交流一次学习体会。四是科研提升。从工作实际出发,结合自己所负责的工作岗位,紧扣工作中的热点难点问题,坚持学习与科研结合、与解决实际工作问题结合。

学习内容包括：一是深入学习和贯彻党的十八大精神。继续抓好学习实践活动，建立健全实践科学发展观的长效机制，进一步强化科学发展意识，巩固学习实践活动成果，用科学发展的理念指导工作，破解难题，创优创强，提升教育服务能力，办人民满意教育。认真学习贯彻即将出台的《国家中长期教育改革和发展规划纲要》等指导性文件，推进学校全面发展。二是进一步加强政治理论学习和形势教育。继续深入学习实践科学发展观相关理论材料，自觉在武装头脑、指导实践、推动工作上下功夫。认真学习贯彻党的十八届三中全会、全国及省市"两会"精神，正确理解和把握党和国家的教育方针，找准教育发展的切入点和突破口。要加强国际、国内形势教育，引导教师关注社会经济形势，对我国应对国际金融危机、促进经济健康发展、保持社会稳定的重大举措有正确理解，坚定对我国经济社会和谐健康发展的信心。学校以接轨上海世博会为契机，广泛发动教师参与"迎世博、讲文明、树新风"活动，增强广大教师的民族自豪感。三是落实规划共谋学校新发展。学校结合《桐城中学发展规划》及《桐城中学 2012—2013 学年学校工作计划》中提出的主要目标、任务和当前发展的指导思想，联系学校工作实际，贯彻科学发展观，提高认识，共谋学校新发展。通过本专题的学习，巩固和深化学习实践科学发展观活动的成果，进一步加强理论联系实际。围绕"优化固化，科学发展"的主题，深刻学习和领会校长在开学工作会议上的讲话精神，对照学校提出建设有特色的精品学校的奋斗目标，进一步查找存在的问题，思考如何提高工作绩效，并结合学习实践活动的整改方案，进行落实推进。四是深入开展师德师风教育活动。在教师队伍中开展"理想、形象、责任"教育，倡导无私奉献的精神，树立爱岗敬业、安教乐教的思想和"大局为重、岗位责任、校兴我荣"的三种意识。五是坚持和完善"学生民主评议教师，教师民主评议领导、领导民主考核教师"的三级评价制度，转变工作作风，提高工作效率。六是积极开展以师德教育和新课程实施为主题的校本培训，进一步提高教师的专业素养。

学习要求：一是进一步提高理论学习的自觉性。切实把理论学习作为加强教师队伍建设的首要问题来抓，作为提高教职工自身素质的一项战略性、基础性工作来抓。认真参加理论学习，增强学习的自觉性。二是进一步创新学习载体。在坚持集中学习和个人自学的基础上，注重改进学习方式和方法，积极引入现代科技手段，充分发挥网络优势，创新运用校园网、专题讲座、主题发言、召开交流会、观看录像电教片等各种有效学习载体，广泛开展形式多样的学习活动，不断增强学习的针对性、知识性和系统性，提高学习的吸引力，不断提高学习的实效性。三是进一步完善学习制度。学校根据新的情况，进一步加强制度建设，坚持理论学习和考勤签到制度，坚持学习成效与教职工年度考核相结合制度，健全自学制度，确保理论学习落到实处。四是进一步增强学习实效。理论学习必须紧密联系实际，把学习理论同指导自己的教育教学工作结合起来，把解决认识问题同解决实际问题结合起来，把转变思想作风同转变工作作风结合起来，学以致用、用以促学，真正达到武装头脑、指导实践、推动工作的目的。

通过学习促进工作：一是加强党的建设。校党委根据安徽省委、安庆市委、桐城市委组织部《关于进一步组织开展好学习党的十八大报告和党章知识竞赛活动的通知》精神，组织教职工学习十八大报告，开展党章知识竞赛活动。学校党委和各支部均定期召开民主生活会，发扬批评和自我批评的优良作风，总结经验，查找不足。二是加强师德师风建设。强化教育管理，规范办学行为，坚持以德立教，提高教师队伍的师德水平。选派教师参加全国中小学班主任专业思德培训与班会设计(安徽)研讨会；选派中层干部参加华东师范大学高级研修班学习培训。三是加强素质教育。学校在青少年中开展"中华魂"主题教育活动，开展环保志愿服务活动，举行"学雷锋，做有道德的人"演讲比赛；同省级文明单位桐城市地税局结为共建单位，邀请桐城市地税局城关分局工作人员为高二年级部分学生举办税法知识讲座；隆重举办第十九届校园文化艺术节、体育节；组织学生参加北京世纪明德励志研学夏令营活动；组织高一年级部分学生参观了中国科技大学；在全国第五个"防灾减灾"日到来之际，邀请桐城市消防大队一行 15 人来校开展"消防知识"讲座和消防、地震应急疏散演练等系列活动；邀请知名校友琚诒光教授做客本校"半山阁"讲坛。

2014 年的思想政治教育工作主要是加强师德建设和实施素质教育。学校召开教师职业道德建设工作会议，发放《师德师风建设学习手册》，印发《桐城中学师德师风承诺书》《桐城中学教师职业道德考核实施细则》以及《桐城中学教师职业道德考核登记表》，设立"师德师风问题举报箱"，并在学校网站上就师德师风建设《致家长的一封信》，接受家长和社会的监督，同时禁止在职教师从事有偿家教活动。在提升素质教育方面，学校举行"走复兴路，圆中国梦"主题演讲比赛；隆重举办第二十届校园文化艺术节、体育节；组织学生参加北京世纪明德励志研学夏令营活动；组织高一年级部分学生参观中国科技大学；学校积极开展"安全生产建设年"活动，采取多种形式对广大师生员工进行安全知识培训，强化安全基础，落实安全措施，打造平安校园。5 月，政教处邀请市消防大队来校开展系列活动，以提高师生消防知识和应急疏散能力，增强全校师生防灾意识。

2015 年 4 月，学校组织开展"弘扬沈浩精神，建设模范部门"主题教育活动。5

月，在全校干部中开展“三严三实”专题教育并制定实施方案。总体要求是：深入学习贯彻党的十八大和十八届三中、四中全会精神和习近平总书记系列重要讲话精神，紧紧围绕协调推进“四个全面”战略部局，对照“严以修身、严以用权、严以律己，谋事要实、创业要实、做人要实”的要求，聚焦对党忠诚、个人干净、敢于担当，把思想教育、党性分析、整改落实、立规执纪结合起来，教育引导全校党员领导干部加强党性修养，坚持实事求是，改进工作作风，着力解决“不严不实”问题，切实增强践行“三严三实”要求的思想自觉和行动自觉，做到心中有党、心中有民、心中有责、心中有戒，努力在深化“四风”整治、巩固和拓展党的群众路线教育实践活动成果上见实效，坚决做到讲纪律、讲规矩，在真抓实干、推动学校改革建设发展上、稳定上见实效。

2016 年 5 月，学校在党员中开展“学习党章、学习系列讲话、做合格共产党员”以及“两学一做”的学习并制定实施方案。17 日，学校开展“党课进基层”活动；28 日，校党委印发《桐城中学关于在全体党员中深入开展“亮身份、作承诺、当先锋、树形象”的活动方案》；29 日，围绕“坚定理想信念、明确政治方向”进行专题教育学习。7 月，校党委制定了桐城中学“两学一做”学习教育、开展“坚持根本宗旨，发挥党员作用”专题学习实施方案。9 月，学校开始实施创建“零犯罪学校”活动；制定第三届“关爱明天・普法先行”青少年普法教育活动暨创建“全国青少年普法教育示范区”实施方案。10 月，校党委印发《关于开展“争创先进党支部、争当优秀共产党员”活动的实施方案》的通知。

2017 年的政治思想教育工作主要是加强党建，加强师德师风建设，加强素质教育，加强平安校园建设，实施校园民生工程，开展学雷锋活动。一是继续深入推进“两学一做”学习教育常态化、制度化，开展“讲政治、重规矩、作表率”专题警示教育，开展“廉政党课进基层”活动，推动学校基层党组织标准化建设，提升学校党建水平。校党委和各支部多次召开专题理论学习会，传达学习贯彻党的十九大精神和习近平新时代中国特色社会主义思想，把思想和行动统一到党的十九大精神上来，以新思路新举措为新时代桐城中学的发展做出更大更多努力。二是学习和贯彻《师德师风建设学习手册》《桐城中学师德师风承诺书》《桐城中学教师职业道德考核实施细则》，开展整治在职教师有偿补课专项行动，设立“师德师风问题举报箱”，接受家长和社会的监督，多管齐下，禁止在职教师从事有偿家教活动。三是通过开办“道德讲堂”、“半山阁”讲坛，组织志愿者活动，弘扬君子文化，开展“感恩教育”“养成教育”“诚信教育”等多种形式来对学生进行德育和爱国主义教育，弘扬社会主义核心价值观和校园“正能量”。学校成功举办了 2017 年度演讲比赛、体育节、艺术节、科技创新节，促进学生全面发展。四是学校落实《桐城中学2017年安全生产年建设活动计划》，推进平安校园建设，消除安全隐患，提高广大师生的安全意识，培育学生积极健康的心理素质，创建平安和谐校园。学校荣获“全国零犯罪学校”“安庆市消防安全宣传教育示范学校”“安庆市防震减灾科普示范学校”等多项荣誉称号。五是发放2017年春季和秋季国家助学金以及“四海助学金”和其他助学金。稳步推进新校园建设。加强监管，确保各项基建工程的质量和安全。美化校园，搞好校园绿化和环境整治，加大校园内人文景观和自然景观的建设、管理和维护的力度。六是开展学雷锋活动。3月10日，学校团委、学生会、后乐志愿者协会发出“创文明校园、做文明学生”的倡议。13日，学校发出“关于举办百年追梦，全面小康”为主题的征文大赛通知。5月3日，学校召开了“学习总书记讲话，争做合格共青团员”专题组织生活会。

2018年，学校落实立德树人根本任务，着力提高教职工的政治理论素养。1—3月，学习党的十九大精神，十九届二中、三中全会精神，学习领会党的十九大提出的重大战略思想、重大理论观点、重大工作部署，自觉贯彻党的教育方针路线政策，践行新时代思想，争做新时代教师，把自己的智慧凝聚到学校各项工作上来，促进学校科学发展；学习“两会”精神，领会《政府工作报告》中所提出工作指导原则、目标任务、工作思路、主要部署和重要举措，把“两会”精神贯穿到学校教学、研究、管理、服务等各项工作之中。4—6月，学习《中共中央、国务院关于全面深化新时代教师队伍建设改革的意见》，要求教职工牢记使命、不忘初心，爱岗敬业、教书育人，改革创新、服务社会；学习习近平治国理政新理念新思想新战略，特别是习近平教育思想；学习社会主义核心价值观，开展社会志愿服务活动，为引领校园文化建设、创建文明单位提供正能量。学习要点是《中共中央、国务院关于全面深化新时代教师队伍建设改革的意见》；习近平总书记“7.26”重要讲话精神、《习近平谈治国理政》、《习近平总书记系列重要讲话读本》；《关于培育和践行社会主义核心价值观的意见》等。7—9月，学习《中国共产党的九十年》；十集政论片《将改革进行到底》、六集政论片《大国外交》、六集政论片《法治中国》等。

同年，学校开展了学习教育法律法规、学习教师职业道德、学习五年发展规划、庆祝改革开放40周年活动。一是提高学校依法治校的能力和水平，加强教职工对法律法规的理解，增强宪法意识、爱国意识、爱校意识，增强民主法制观念，提高依法治校、依章办学的能力，为建设平安有序的和谐校园提供有力保障。二是全校教职工遵守《中小学教师职业道德规范》、安庆市中小学教师行为“八不准”和桐城中学关于禁止在职教师从事有偿家教的规定，爱岗敬业，为人师表，依法执教。三是学习贯彻《桐城中学五年发展规划(2018—2022)》,坚持科学发展,提高办学水平,注重教育科研,扩大交流渠道,努力把学校建设成为省内一流、国内知名、海外有影响力的优质高中。这一年,在政治思想教育方面,学校还加强了师德师风建设,学习和贯彻《师德师风建设学习手册》《桐城中学师德师风承诺书》《桐城中学教师职业道德考核实施细则》以及《桐城中学教师职业道德考核登记表》,开展整治在职教师有偿补课专项行动,设立"师德师风问题举报箱",接受家长和社会的监督,多管齐下,禁止在职教师从事有偿家教活动。学校有十几位教师先后获得"安庆市优秀教师""安庆市先进教育工作者""安庆市优秀班主任"等荣誉称号。这一年,在素质教育方面,学校开办"道德讲堂"、"半山阁"讲坛,组织志愿者活动、弘扬君子文化,开展"感恩教育""养成教育""诚信教育"等多种形式对学生进行德育和爱国主义教育,弘扬社会主义核心价值观和校园"正能量"。举办了 2018 年度校园文化艺术节、体育节、科技创新节。四是平安校园建设。落实《桐城中学党政领导干部安全生产责任制》,积极推进平安校园建设,消除安全隐患,提高广大师生的安全意识,创建平安和谐校园。学校邀请心理教育专家来校为学生进行心理健康教育,培育学生积极健康的心理素质。10 月,政教处邀请市消防大队来校开展系列活动,以提高师生消防知识和应急疏散能力,增强全校师生防灾意识。

2019 年,学校继续开办"道德讲堂"、"半山阁"讲坛,组织志愿者活动,弘扬君子文化,开展"感恩教育""养成教育""诚信教育"等。举办 2019 年度演讲比赛、体育节、艺术节、科技创新节。暑假期间,建成规范标准的桐城中学学生心理咨询中心,引进具有研究生学历的专业心理健康教师,对 2019 级所有高一新生进行心理健康测试,建立学生心理健康档案,举办心理健康讲座。3 月 22 日,学校成立"扫黑除恶"领导小组,指导并开展具体工作。4 月,开展扫黑除恶专项斗争"宣传质效提升月"活动。

2020 年 1 月,学校党委制订了《桐城中学 2020 年党委工作计划》,加强政治理论学习,促进学校党员干部和职工政治理论学习规范化、制度化,并以校党委〔2002〕7 号文件明确规定了桐城中学政治理论学习制度。主要内容包括学习重点、学习类型、学习要求三个方面。学习重点是习近平新时代中国特色社会主义思想;教育理论和教育法规;各级党委、政府及教育主管部门的有关会议、文件精神;党风廉政教育和师德师风建设有关知识。学习类型有中心组(党政联席会)理论学习,参加对象为校党委委员及各处室主任,视情况可扩大到全体中层干部其他党干部。按照上级党委要求制订全年学习计划,集体学习和个人自学相结。党员理论学习,参加对象为各支部党员。各支部结合实际制订学习计划,把握党员教育的关键和重点,安排好学习教育活动。每月20号前报送支部学习活动材料到办公室，办公室汇总归档并报送相关部门。职工理论学习，参加对象为全体在职员工。政教处结合实际制订学习计划，积极探索学习教育新路子，不断学习教育工作的实效性。学习要求分别是中心组（党政联席会）学习由校党委负责组织，每月至少集中学习1次，每次党政联席会之前必须进行相关理论学习。党员理论学习主要由校党支部按计划组织实施，每月开展党员活动日一次，集中学习不少于1次。教职工理论学习主要由政教处计划组织施，每月集中学不少于1次。学习力求形式多样，注重学习效果；遵守学习时间，完成好规定的学习内容，做到自学有摘录，听课有记录，发言有提纲，体会有文章，学习笔记有质有量；实行量化考评，将理论学习考评结果纳入个人考核体系，与评先评优晋升职级挂钩，对考核不合格者实行“一票否决”。

第二节　教育方法与途径

粉碎“四人帮”后，根据当时不断发展的新形势和新要求，结合广大教师的思想实际，学校制定了政治学习例会制度，规定每周星期一晚上为教职工学习时间，星期五下午为行政人员学习时间，及时组织学习党的十一届三中全会以来关于党对识分子的一系列方针政策，开展“实践是检验真理的唯一标准问题”的讨论，深入批判“四人帮”破坏党的教育事业、破坏党的知识分子政策的极左路线。学校通过回忆对比，总结桐城中学正反两方面的办学经验和教训，消除了教师思想余悸，克服了轻视知识分子的思想，树立了为革命搞好教学的光荣感和责任心。

桐城中学恢复为省重点中学之际，学校领导联系桐中实际，在教师中开展“我们如何办好重点中学”“怎样完成重点中学的任务，重新振兴桐城中学”等问题的讨论，广大教师倍感责任重大以及肩上担子的沉重，纷纷献计献策，群策群力，古老的桐城中学焕发出勃勃生机。

随着高考制度的恢复，全社会尊崇知识、重视读书蔚成风气。桐城中学作为培养人才的基地，迫切需要重新组建教师队伍，落实党的知识分子政策，给部分错划为“右”派的教师平反，恢复他们的工作。在当时师资极其匮乏的情况下，学校争取省、市、县各级各部门的支持。1978年和1979年两年，学校通过调回下放教师以及从其他学校选拔抽调优秀青年教师的形式，将高传明、吴水清、吴祚宁、陈维谐、朱水浩、吴震川、刘俊生、时先德、杨积胜、王启玉、王尔行、陈希、刘定帮、刘化民、田鹌群、陈友

三、朱益群、胡新民、曹福满、刘培生20人调入桐中工作。安庆市教育局和桐城县文化教育局还选派汪年生、徐来顺等来校任教，充实教师队伍。此外，对于不符合省重点中学教师任职条件的少数教师，或转岗分流，或调出他任，以确保教师队伍精干有力。

桐城中学在恢复正常的教学管理秩序之后，建立一系列规章制度，树立良好的校风和学风。

加强学习，开展思想整顿。首先，学校通过团委、班主任、学生会，做深入细致的思想教育工作，分班召开主题班会，积极开展“四个坚持”、学雷锋创“三好”、理想前途、革命传统、勤奋学习、遵守纪律以及共产主义道德品质的教育，重点加强对学生的理想前途教育，并联系实际，组织批判“读书无用”“流氓勇敢”等谬论，使学生进一步认清当前大好形势，明确了学习同“四化”建设的关系，端正了为实现“四化”而勤奋学习的政治方向。其次，学校要求各授课教师，结合新时期的总任务，在教学过程中，密切联系学生思想实际，有机结合教材，循循善诱，引导学生把自己的学习同“四化”宏伟目标、祖国的前途联系起来，做到“身在学校，胸怀祖国，放眼世界”。

加强领导，健全共青团、学生会、少先队组织。学校为加强对学生思想政治工作的领导，成立了由团委书记、教导主任、少先队大队辅导员和各年级主任组成的思想教育领导小组，并由一名副校长担任组长；将中层以上的干部全部分工到各年级加强领导，深入班级，配合班主任做思想教育工作。学校建立了班主任例会制度，每月召开一次全校班主任会议，每周召开一次年级班主任碰头会，随时了解掌握学生思想动态和学习情况，及时解决问题。此外，通过健全共青团、学生会、少先队等组织，充分发挥各组织的作用，要求以“三好”为目标，以学习为中心，根据青少年的特点，开展形式多样、内容丰富、有教育意义的各种活动。

贯彻《中学生守则》，严明组织纪律。1979年，教育部颁布了《中学生守则》(试行草案)。学校立即组织学习，大力开展“一议二学三对照”的活动。一议颁发学生守则的目的和意义，提高认识，增强贯彻《中学生守则》的自觉性；二学《中学生守则》的内容，要求每一个学生都会背《中学生守则》的条文；三对照自己的行为，要求“学一条守则，对照一下自己，做一件好事”。对于模范执行《中学生守则》的典型，学校利用广播、墙报、好人好事记载簿等形式，及时予以表扬。

树立典型，表彰先进。为了使学生学有榜样，赶有目标，每学期开学初，学校集中一段时间，制订“三好生”“优秀团员”的具体条件，形成条文，交给学生学习讨论，落实到行动上。学期结束时，根据拟定的条件，评选“三好生”“优秀团员”。为了扩大表扬面，对于基础差，但学习成绩进步显著的学生，学校给予“学习攻关能手”“学习积极分子”等光荣称号，在全校张榜公布，并给予精神和物质奖励。仅1980年下学期，全校就评选出“三好生”146人，“优秀团员”53人，“学习攻关能手”94人，“学习突击手”33人。

建立各项规章制度。学校发动全体师生开展讨论，陆续制定了十多项规章制度。主要规章制度名称如下：

《桐城中学学生学籍管理办法》；

《桐城中学学生成绩考核办法》；

《桐城中学行政管理条例》；

《桐城中学学生守则》；

《学生寝室规则》；

《桐中先进工作者条件》；

《评选“三好”学生条件》；

《请假制度》；

《班级先进小组条件》；

《桐城中学学生损坏公物赔偿条例》；

《关于授予“学习攻关能手”等称号的有关规定》；

《先进团支部评比条件》；

《桐城中学关于纪律管理等方面的规定》。

第三节　教育成效

1960年，桐城中学出席省文教群英会以后，又光荣出席北京全国文教群英会，获得由邓小平亲自题写的“教育先进单位”锦旗一面。1962年，高考各科成绩人均达到80分以上，升入高校本科率达80%以上，被称为“双八十”，名列安徽省第一，居全国第二。

1978年，省教育厅恢复桐城中学为安徽省重点中学，并将桐中列为全省重点办好的七所重点中学之一。

1983年，省教育厅、卫生厅、体委、六安行署教育局等单位来校检查验收体育、卫生两个《暂行规定》的落实情况，并将桐中评为“良好”，发给合格证书。1984年，学校被评为安庆地区爱国卫生先进单位。1985 年，学校被评为安庆地区教育系统先进单位。1986 年，学校被评为安徽省《国家体育锻炼标准》先进单位。1988 年，学校团委荣获省教委、团省委、省新闻出版局颁发的“读书评书活动先进集体”奖状。1989 年，学校获全国青少年第三届“东华杯”竞赛团体冠军。

1990 年，在“东华杯”化学竞赛中，学校获“华东六省一市团体冠军”。1991 年，学校在“东华杯”化学竞赛中，再获团体冠军。1994 年，学校获全国青少年“祖国万岁”读书教育活动组织奖。1995 年，学校获全国“中国精神”读书教育活动组织奖、团体优胜奖。1998 年，学校获安徽省青少年“爱祖国、讲文明”歌咏比赛三等奖、安庆市一等奖。

2000 年，学校被命名为“安徽省爱国主义教育示范学校”。2001 年，学校被命名为“安徽省花园式单位”“安徽省爱国主义教育示范学校”；获安徽省青少年爱国主义读书教育活动组织奖。2002 年，教育部授予学校“实验教学先进集体”称号；学校获安徽省第八届青少年爱国主义读书教育活动组织奖；学校被安庆市命名为“安庆市全民国防教育基地”。2003 年，学校被命名为“安庆市绿色学校”。2004 年，学校获安庆市科学技术协会、安庆市教育局 2004 年安庆市青少年科技创新大赛高中英语水平测试项目三等奖；学校《清流》杂志被安徽省教育厅评为校园刊物一等奖。2005 年，学校被评为安庆市文明单位。2008 年，学校政治、语文、数学、化学 4 个教研组被评为安庆市先进教研组。2009 年，学校被安徽省文明委命名为安徽省未成年人思想道德建设示范学校，获“安庆市文明单位”称号。

2012 年，校团委获“桐城市综合考评先进团委”称号，校关工委获“桐城市五好关工委”称号，校政治组获“安庆市先进教研组”称号，“中学感恩教育活动研究”课题被中国科学院心理研究所评为课题成果一等奖。2013 年，学校被评为“安庆市文明单位标兵”、桐城市“五好关工单位”，离退休教工党支部被评为桐城市“五好支部”。2015 年，学校获“安庆市文明单位”称号，政治教研组省级课题获安庆市第九届优秀教科研成果一等奖，清流文学社被评为安庆市优秀中学生社团，学校获桐城市“中国梦·我的梦”主题教育征文活动组织奖。2016 年，学校获桐城市“中华魂”读书活动优秀组织奖，校团委获“桐城市五四红旗基层团组织”称号。2017 年，学校被评为“全国零犯罪学校”。2018 年，学校获桐城市爱国主义读书教育活动优秀组织奖，校团委被评为“桐城市五四红旗团组织”，离退休党支部被评为桐城市“五好”老干部党支部，学校获第三届安徽省中小学优秀德育实践案例二等奖、第二十四届安徽省青少年爱国主义读书教育活动优秀组织奖。2019 年，学校获桐城市“中华魂”主题教育优秀组织奖、中国化学奥林匹克组织工作突出贡献奖，荣获“安徽省空军招飞工作先进单位”称号。

2020 年，学校获第一届安庆市高中生生涯规划大赛最佳组织奖，语文教研组获“安庆市先进教研组”称号。2021 年，学校成为北京大学首批“博雅人才共育基地”、全国中学生科普科幻作文大赛优秀生源基地，学校获“安庆市教育系统先进单位”称号。

第七章　艺术与体育

桐城中学历来重视艺术和体育，把艺术和体育作为必设课程，通过艺术教育塑造学生的精神世界，培养学生的想象力和创造力；通过体育强身健体，塑造学生的参与意识和勇敢的个性，培养学生的毅力。建校第四年，学校就开设普通体操和兵式体操两种体操课。民国时期，学校实行军国民教育、实利主义教育、公民道德教育、世界观教育和美感教育。其中，美感教育涵盖艺术，包括美学、美术、音乐、书法、工艺、演讲等；军国民教育即为体育，包括体操、田径、球类、武术、军事训练、远足旅行等。新中国成立后，健康第一、全面发展的理念深入人心，学校传统体育有了很大进步，艺术教育水平也不断提高。改革开放以后，国家大力发展素质教育，学校的艺术和体育工作更上一层楼，百花竞艳、硕果累累。

第一节　艺术特长教育

晚清时期，桐城学堂将图画课列为应开课程之一，但因师资缺乏而未开设。

民国时期，学校的艺术特长教育开始起步，对美育的理解和注重也与日俱增。学校在抓好德、智、体三方面工作之外，十分注重美育。2002 年出版的《桐中百年》记载：学校“认为美育的作用不仅可以正德，而且可以厚生。所以教者以身作则，寓美于教，使被教者观感兴起，受到美的熏陶，净化心灵，陶冶情操，热爱生活。在教学方面，特别在乐歌、图画、手工、体操等学科教学时，坚持以美学为中心；在国文等学科的教学中，也一定运用美的性质来教导学生。……总之，无论何种学科的教学，都要让学生由粗劣进于精美。……学校每学期经常举办图画、音乐、文艺等形式的集会、展览、自画、自编、自演、自唱，使学生同乐相观，以此增进学生美的兴味。学校还充分意识到学校内外形形色色皆含美术的性质，可以让学生置身其中，耳濡目染，接受自然美的熏陶。所以，校舍的建筑，校具的布置，校课的陈列，无不力求雅纯整洁，精心经营校园中的花木虫鱼，以期尽善尽美，营造一个宁静而幽美的环境。学校认为，教育的目的不仅是适应个人，更应该促进社会。而社会的艺术化则是美育的真正体现。所以，又把学校环境扩大至社会，利用学校四周的旷地建成公园，其中设置了许多天然之美，人为之美，每天让学生服务其间，体味优美之境，了解社会民众，培养他们的艺术兴趣"。

1912 年中华民国成立后，桐城公立中学开设 13 门课程，包括图画与音乐。1913 年，又添授手工。学校在教学中，常常将体操与音乐结合起来。1914 年，国文教学强调字课，注重书法，令学生每天各写大小字若干张。1915 年，学生的课外作业以分组形式进行，分成园艺、采集、讲演、音乐等研究会，各科教员给予指导。1916 年，课外作业改设游艺会，内分园艺部、图画部、博物部、辩论部、柔术部、击球部等。1923 年，学校改校门为楼屋，建半山阁，上下各 6 间，楼下为图画、音乐、手工特别教室。后来，"三三制"初中每学年每学期都开设图画课及音乐课，每周各 1 节；高中各年级开设音乐课，每周 1 节；简易师范开设图画课及音乐课，每周各 1 节；农工艺每周 2 节。

民国时期，桐城县立中学艺术特长教育虽然处于起步阶段，但还是取得了一定的成绩。1914 年夏，学校在学生作品中选出图画手工品数十种，送省备选参加巴拿马赛会。1917 年，国文教师王露创作桐城中学校歌。1919 年五四运动期间，桐城县立中学学生组织话剧团、讲演团、国货提倡团，分头到全县各地宣传爱国救亡。1925 年暑假期间，学校在新图书馆开办成绩展览会。在艺术方面，以各种图画及藤木工作品为最优，且多实用。1927 年，桐城县立中学学生打洋鼓、吹洋号，往南门外欢迎北伐军进入桐城。抗战时期，学校采用多种艺术形式到近郊各乡镇宣传抗日。1936 年，学校设计出桐叶式钟形校徽。1945 年秋，为庆祝抗日战争的伟大胜利，桐城各校组织提灯游行，桐城县立中学的游行队伍表演了《盘丝洞》《挑花篮》等文艺节目。1949 年 9 月 13 日，全体师生参加预祝中华人民共和国成立大会，并排演话剧、大合唱等节目上街表演；10 月 1 日，庆祝中华人民共和国开国庆典会场设在本校操场，学校组织秧歌队、高跷队、合唱队，热烈庆祝中华人民共和国诞生。学校还组织 50 人文娱队到 120 里外的长江大堤慰问民工，住宿江堤 20 余天，演出《血泪仇》《白毛女》等剧目。

中华人民共和国成立后，新中国的人民教育在课程设置方面分为四大类，其中体育、音乐、美术为第三类，是促进学生身心健康发展的重要学科。桐城中学的艺术特长教育不断发展，不仅按章开设美术课程，而且组织美术兴趣小组，广泛开展各种形式的文艺活动。同时，每逢重大节日或重大活动，学校都要组织师生表演文艺节目庆祝，以示隆重。从1949年4月起，学校初中部按照教学计划开设音乐和图画(美术)课程。1953年，学生课外文娱活动分歌咏、舞蹈、乐器、腰鼓四个组开展。1955年，学校贯彻全面发展的教育方针，切实对学生进行智育、德育、体育、美育和生产技术教育；加强课外活动，成立文艺小组、园艺小组、农艺小组、科学仪器标本模型制造小组、音乐舞蹈小组、美术工艺小组等课外活动小组。学校始终保有2至3名音乐、美术教师。“文化大革命”期间，学校音乐、美术课程开设不正常。“文化大革命”结束后，学校初、高中的音乐、美术课逐渐正常开设。1999年以后，学校成为安徽省示范性普通高中，音乐和美术课在高一年级每周各开设1节。学校现有音乐教师和美术教师各2人。

90年代以来，随着素质教育的全面开展，桐城中学以创建省级示范高中为契机，不断加大推进素质教育的力度，学校艺术特长教育步入快车道。

这个时期艺术特长教育的举措如下：(1) 完善艺术教学设施。根据教学需要购置各种音乐、美术设备和器材。2002年，在科技大楼设立高规格音乐室、舞蹈室和美术室。2006年，音乐教室配备电视机2台、DVD机2台。2020年，又在科技大楼设立美术工作室。(2) 狠抓艺术基础教育。严格按照教育大纲和新课改的要求，将美术课程开齐开足。认真组织音乐、美术课的课堂教学和实地写生，努力发掘、培养学生的艺术天赋。鼓励学生报考高校的艺术专业，每年都向高等院校输送一批艺术特长生。倡导美育向各学科课堂教学中渗透。2000年，学校高二(6)班成为“美育实验班”，承担省级科研课题“课堂教学中的美育内涵与作用研究”的实验任务。(3) 举办校园文化艺术节。为适应素质教育的需要，激发学生的艺术兴趣，促进学生的全面发展，1995年5月，桐城中学举办了第一届校园文化艺术节，在美术、音乐教师的指导下，学生创作书法、绘画作品，自编、自导、自演文艺节目，愉悦身心，活跃校园文化生活。此后，校园文化艺术节于每年5月初定期举办，主要内容包括举行学生书画摄影作品展，以及在市黄梅戏剧团举行文艺节目汇演。2020年，因抗击新冠肺炎疫情需要，校园文化艺术节停办一届，2021年继续举办。至2022年5月，学校共举办了27届校园文化艺术节。(4) 举办各种类型的文娱活动。每年元旦，以班级为单位，学生组织文艺节目，庆祝新年。每逢重要节日或庆典，学校组织歌咏队、合唱队开展歌咏大赛，举行演讲比赛。指导学生组织手风琴小组，美术课外活动小组，音乐、摄影兴趣小组等课外小组，开展校园文娱活动。(5) 开展“黄梅戏进校园”演出活动。为进一步弘扬中华民族传统文化，丰富校园文化生活，推动本地戏曲文化遗产的保护、传承，2018年11月，“黄梅戏进校园”演出活动走进桐城中学。在活动中，市黄梅剧团的演员们为桐城中学师生表演了《路遇》《状元府》《对花》等黄梅戏经典剧目。主持人还向师生们介绍了有关黄梅戏的戏曲知识，并与现场师生热烈互动。本次活动不仅为学校师生带来了视听享受，更让大家了解了黄梅戏的相关知识，激发了大家对地方戏曲和传统文化的兴趣与热爱，让戏曲浸润心灵，让经典永流传。此后，每年的“黄梅戏进校园”活动与校园文化艺术节活动同时举办，极大地丰富了校园文化艺术节的内涵。(6) 组织学生参观美术展览。2019 年 5 月，校团委组织高一年级部分学生赴桐城市美术馆参观“李文摄影艺术作品展”，此次摄影展是李文先生的第二次影展，也是先生献给新中国成立七十周年的礼物。此展作品是李文先生从事业余摄影创作的结晶，见证了新中国成立以来的历史巨变，是对当今中国、当代桐城的独特观照和审美诠释。李文先生擅长用镜头记录普通人的生活场景和家乡桐城的变化发展，勾画了人民大众求强求富、艰苦卓绝的心路历程和重振华夏雄威的精神风貌。作品形式活泼、立意新颖、格调高雅、内涵丰富，充盈着厚实的理性色彩与艺术魅力，达到了思想性和艺术性的统一。此次展览使同学们深受教育，获益匪浅，既激发了对摄影艺术的兴趣，又感受到了心灵的震撼。(7) 积极参与上级有关部门举办的文化艺术节、读书演讲比赛、知识竞赛等各种类型的文艺活动，并在活动中取得良好的成绩。最突出的事例是 2009 年 10 月，首届中国桐城文化节在政务新区主会场隆重举行开幕式和盛大文艺演出活动，现场观众如海，歌声如潮，桐城中学派出 100 名师生组成一个红色方阵为此届文化节呐喊助威。同时，亚洲诗歌节桐城诗歌朗诵会在桐城中学隆重举行，来自 30 多个国家的诗人，欢聚一堂，诵读自己的经典作品，交流诗歌创作情感，演绎着诗爱无疆的情怀，不仅展示了各自特色的地域文化，推动着世界文化的繁荣与创新，而且也为首届中国桐城文化节增添了一道靓丽的彩虹。

这个时期艺术特长教育成果如下：由于学校的重视及正确办学方向的引领，桐城中学在历年上级有关部门组织的艺术节、读书活动、演讲比赛、知识竞赛等各类活动中，都能取得较好成绩。1989 年，学生史渊在安徽省中、小、幼、师范学生书画作品大奖赛中获一等奖，美术教师阮方朝获指导教师证书。1990 年，在第三届“双龙杯”全国少儿书画竞赛中，张亚丽等 18 名学生分别获优秀作品奖、佳作奖。1997 年，学校有 7 名学生获“中国—新加坡少儿书画奖”。1998 年，学校合唱队参加“爱祖国，讲文明”歌咏大赛，获安徽省三等奖和桐城市级一等奖。学校创作的《桐城颂》歌曲获桐城市创作奖。2005 年，学校组织学生参加“心系祖国，健康成长”读书演讲比赛，获安庆市一等奖。2008 年 11 月，在桐城市中小学生艺术节文艺节目比赛中，学校参加了器乐、声乐及舞蹈三个类别的比赛，器乐《新疆之春》、声乐《民女名叫冯素珍》分别获得一等奖，舞蹈《阿里郎》获得二获奖。学校还组织学生参加了组委会规定的美术作品类比赛，其中书画作品类获两个一等奖、一个二等奖、一个三等奖。学校荣获优秀组织奖和团体一等奖。2009 年 5 月，桐城市爱国主义读书活动组委会举办了以“改革开放三十年以来取得的辉煌成就”为主题的演讲比赛活动，学校学生吴昊、周珂脱颖而出，参加决赛，最终获得桐城市演讲比赛一等奖。2009 年 11 月，桐城市举办中小学生“中华诵·2009 经典诵读”大赛，本次大赛中学组参赛节目有 60 个。桐中学生经过两个多星期的精心准备，反复排练，在本次大赛中表现突出，余晨的独诵《滕王阁序》和学校自创的合诵节目《桐中礼赞》均获一等奖，其中合诵节目获一等奖第一名。2010 年 5 月，桐城市举办第十六届爱国主义读书教育活动“辉煌六十年”演讲比赛（决赛），经过严格选拔，共有 16 名中学生参加。桐城中学两名选手表现出色，吴昊获一等奖，章亦冉获二等奖。其中吴昊荣获一等奖第一名，并代表桐城参加安庆市的演讲比赛。2011 年 4 月，为庆祝中国共产党成立 90 周年，安庆电视台、《安庆晚报》等多家新闻媒体联合举办“时尚达人秀”才艺大比拼活动，桐城中学选送的三个节目均获好评，其中李佛琳的独唱和唐王瑞的钢琴独奏分别荣获桐城赛区第 2 名和第 7 名，并参加安庆赛区的争夺赛。2011 年 5 月，桐城市举办以“历史的选择”为主题的第十七届全市青少年爱国主义读书教育活动——小学生讲故事比赛、中学生演讲比赛，桐城中学学生姚瑾凡夺得中学生演讲比赛第一名，并作为桐城市中学组代表赴安庆参加了以“历史的选择”为主题的第十七届青少年爱国主义读书教育活动，荣获安庆市演讲比赛二等奖。2011 年 6 月，桐城市举行庆祝建党九十周年歌咏大赛，桐中代表队在这次比赛中荣膺前三名。2011 年 11 月，桐城市举办了以“绽放心中的梦想”为主题的全市 2011 年中小学生艺术节。在这次艺术节中，桐城中学成绩斐然，获得团体一等奖、中学组第一名和优秀组织奖。其中，在艺术表演节目比赛中获得 2 个一等奖和 1 个三等奖；在美术作品评比中获得 5 个一等奖、3 个二等奖和 2 个三等奖。张磊、阮方朝、朱宝玉荣获优秀指导教师奖。2013 年 11 月，桐城市教育局举办了桐城市 2013 年中小学生艺术节。本届艺术节以“中国梦·我的梦”为主题，内容涵盖舞蹈、声乐、器乐、绘画、书法等艺术形式，桐城中学参演节目分别获得器乐类一等奖，声乐类、舞蹈类二等奖，张磊、朱宝玉获得优秀指导教师奖。2014 年 5 月，桐城市举办“走复兴路，圆中国梦”演讲比赛，桐城中学学生周廷玉荣获桐城市演讲比赛一等奖。12 月，在桐城市教育局举办“中国梦·我的梦”迎新春中小学生书画作品评选活动中，学校学生徐紫钰的绘画作品《漫画人物》，荣获中学组一等奖，汪絮的绘画作品《海底世界》，荣获中学组二等奖，并送至安庆市教育局参加安庆市举办的“中国梦·我的梦”迎新春中小学生书画作品展。2015 年 12 月，桐城市举办中小学生艺术节，桐城中学荣获团体二等奖，其中徐紫钰、毕天然的绘画作品荣获中学组美术作品比赛一等奖；学校选送的器乐表演节目荣获中学组艺术表演类二等奖；另有王钰等 6 位同学荣获绘画、书法比赛二、三等奖。张磊、吴甲传、李娟、朱宝玉获优秀指导教师奖。2016 年 11 月，桐城市教育局举办“关爱明天，普法先行”演讲比赛，学校学生胡沛贤、陈小亚均荣获一等奖，其中胡沛贤荣获一等奖第一名。2016 年，在由桐城市教育局和安庆市新华书店有限公司桐城市分公司主办、桐城市青少年校外活动中心承办的桐城市“皖新杯”青少年书法大赛活动中，学校学生邱依林、方孟龙获高中组二等奖；方浩宇、朱文龙、孙紫玲、陶瑞、叶小为、汪志成、杨亚、刘伟等获高中组三等奖。2017 年 9 月，安庆市关工委举办“颂党恩、听党话、跟党走”全市中小学生演讲比赛，学校学生胡沛贤代表桐城市参赛，荣获安庆市演讲比赛二等奖。2019 年，学校学生周晓宇获安庆市“放飞中国梦，奋斗强中华”演讲比赛二等奖；汪骁获桐城市“放飞中国梦，奋斗强中华”演讲比赛二等奖；陈良轩获桐城市 2019 年教育扶贫暨民生工程演讲比赛三等奖。徐文蕊获桐城市书法比赛三等奖。2020 年 12 月，在桐城市第三届文学艺术奖颁奖大会上，吴甲传老师向抗疫英雄赠送了自己的画作。2021 年 7 月，安庆市总工会举办“中国美 · 劳动美——我心向党”职工书画摄影展，吴甲传老师创作的绘画作品《笔尖人生》获得金奖第一名。11 月，学校开展校园社团活动，由学生组织的各类艺术社团非常活跃，器乐类社团演奏了悠扬乐章、美术类社团举办了书画摄影展览、校园广播站播音员表演了激情朗诵、校园记者站小记者进行了各类走访。

第二节　体　　育

桐城学堂创立之初，因缺乏体育教师，未开设体育课。1906 年，学堂总理马其昶经过多方努力，聘请一名武备学堂毕业生担任体育教员，按章开设体操课(分普通体操和兵式体操两种)，每周 2 课时。其时，尤为重视兵式体操教练，常至野外演习。1907 年春季，学校在县东门外河滩上举办大规模运动会，为桐城县有史以来的第一次体育盛会。1908 年秋，清政府调南洋各镇新军在本省太湖县举行操练演习(时称“太湖大操”)，桐城公立中学堂组织全体教师学生长途跋涉，前往观看操演阵容，目的是激励学生尚武爱国精神，这是桐城公立中学堂学生“远足之始”。当时，本县一些绅士官僚和学生家长对体育或轻视、或误解，妄说“此举损身体之健康”，制造体育课开设的障碍。由于学堂坚持说服学生及其家长,终使体育课按章开设下去。

民国初年,桐城县立中学开设的体育课课程为体操。在教学中,体操课常常与音乐课相结合。体操包括普通操和兵式操,后来,体操课中增设棍棒操和哑铃操,逐步开展田径运动。1916 年秋,学校呈请县署,领取废枪四十支,供学生练习兵式操。再后来,体育课又增加足球、篮球等教学内容。1922 年,中华民国北洋政府以大总统令颁布《学校系统改革案》,其中规定的学制系统,称为壬戌学制,也称新学制。其规定中小学体操科更名为“体育”,列为学生必修课。学校十分重视体育,认为体育为德育智育之母。体育课开展的目标是:(1) 锻炼学生体格,使机体充分发育;(2) 激发学生国家观念及民族意识;(3) 培养学生公民道德,发扬团结精神;(4) 训练学生生活上及国防上的基本技能;(5) 养成学生注意卫生的习惯和态度。桐城县立中学的体育工作分养护和锻炼两方面实施。养护方面,主要抓学生的饮食、起居、防疫和医治。锻炼方面,一抓课内正操,每周 2 小时,学生不得随便缺席;二抓晨操,早晨起床后,同至操场以身材高矮列队,导师点名,举行升旗典礼及训话,接着进行 20 分钟运动,由体育教员监督;课余还积极开展各种球类及田径运动,且不定期组织远足旅行。30 年代初,学校开始向学生收取体育费,以解决体育经费的不足,推进了体育活动的开展。30—40 年代,学校的体育项目主要有篮球、足球,跳高、跳远,单杠、双杠和武术等。抗战时期,学校坚持开展正常的体育活动,主要项目有体操、拔河、爬山、跳高等。

1926 年,全县小学与初中开始实行童子军训练。30 年代,国民党中央颁布《中国童子军组织条例》。40 年代,安徽省教育厅翻印《童子军三级教程》及《童子军操法》。1935 年,桐城县立中学初中部童子军由中国童子军总会统一编定团次为 1589 团,校长兼任团长,童子军教练任副团长。抗战时期,童子军组织得到加强。体格训练除体育童子军及早操或课间操外,每周须有课外运动及童子军演习共 3 小时。

1933 年,桐城县立中学按国民政府军事委员会颁订的高中以上学校军事教育方案,由省教育厅配备教官,对高中学生实行军事训练。学校成立军训团,校长为团长,军训主任、教官和训导主任为副团长;团以下分中队、小队,由学生担任队长。对受军训的学生统一实行军事管理,一律军事着装,遵行陆军礼节和内务规则。军训科目分“学科”与“术科”两种。军训时间,高中为两年,在高一、高二年级实行,每周 3 小时,其中“学科”1 小时、“术科”2 小时,并于每年暑期,实施 3 周的集中训练。1935 年,高一全班学生 46 人赴省城(安庆)集贤关军营接受集中军事训练,为期三个月。1936 年,军事委员会训练总监部颁发集贤关受军事训练学生及格证明书 43 张。抗战时期,高中年级的体格训练除体育军事训练及早操或课间操外,每周须有课外运动 3 小时,军事训练及家事看护中注重救护工作;各年级每周有2小时战时后方服务训练。抗战胜利后,高中的军训时间改为第一、二学年,每周“学科”“术科”共4小时,第三学年每周“学科”“术科”共1小时。

体育教育与体育竞赛相结合。1916年秋,以桐城县立中学为主体,在县东城外大河滩举办全县学生运动会,参赛的中小学生有150余人,比赛项目为体操和田径。1944年,学校高二年级学生组织经纬篮球队,刻苦训练,球艺甲于在校各年级,并以经纬球队为校队,多次参加包括省立第二临时中学(今安庆一中)及城内各校在内的篮球比赛,屡获冠军。1947年,学校组队参加了安徽省第一区民国三十六年度运动大会,取得了优异的成绩。学生金弼汶以2分26秒3的成绩获得男子组800米第一名,以5分4秒的成绩获得1 500米第二名;魏吉庆以1米47的成绩获得男子跳高第三名;学校男子接力队以1分53秒2的成绩获得800米接力赛第一名;女生王秀云以1米1的成绩获得女子跳高第二名;伍世荣以13米8的成绩获得女子铅球掷远第四名;其中金弼汶代表第一区参加全省运动会。

桐城解放后,学校高度重视体育工作,每周开设2节体育课,对学生进行基本动作、体操、田径、篮球、足球等项目的训练。1950年5月,学校举行小型体育运动会,报名参加竞赛的学生达240人,竞赛项目有15种。1951年,学校响应毛泽东“健康第一”的号召,成立课外活动辅导委员会,指导开展体育活动。除上好体育课外,初一学生组织“矮虎球队”,其他各年级也纷纷成立球队,每天课外活动,都有球赛。青年节的全县球赛,学校获得排球、篮球亚军;儿童节的球赛,学校获得小橡皮球冠军。参加学校春季运动会竞赛的学生达210余人,参加学校冬季运动会竞赛的学生共417人。教师也纷纷参加运动会比赛。1952年,学校成立体育会,领导开展体育活动。试行准备劳卫制体育锻炼标准(准备劳动与卫国体育制度,简称“劳卫制”),将体检合格者共编成50个锻炼小组,期末测验有92%以上的人达到及格标准。1953年,全校有90%以上的学生参加健康卫国体格锻炼小组。1955年,学校在劳卫制预备级锻炼方面,结合实际情况,编排小组,设指导、组长各一人,全校有80%的学生参加了有指标的锻炼,提高了技术,增强了体质。学校还组织篮球、排球、田径、竞技、体操等运动队,积极开展体育锻炼。1959年,学校在全体师生中开展“百日锻炼”“千分活动”的体育比赛,获得推行劳卫制的“运动健将”荣誉称号。自1963年开始,学校实行两课(每周两节体育课)三操(早操、课间操、眼保健操)一活动(课外活动)制度。“文化大革命”开始后,学校体育活动一度中断,直到1971年才转入正常。当年,国家开展“乒乓外交”,全国掀起“乒乓球热”,学校也不例外,乒乓球活动非常活跃。1973年,桐城县文教局举办体育短期学习班，组织体育教师学习体育教学业务。

1977年改革招生制度，对学生德、智、体全面衡量，体育达标成为录取条件之一。1978年初，安徽省体委颁布《安徽省关于〈国家体育锻炼标准〉选测项目的规定》，从此体育锻炼“达标”成为学校体育工作的重点。这一年，桐城中学的篮球、排球被列为安庆地区体育传统项目。80年代初，桐城中学开始在学校后山开辟符合运动要求的体育场。1982年，桐城中学被评为安庆地区体育“达标”先进学校。1983年，省教育厅、卫生厅、体委、六安行署教育局等单位十余人来我校检查验收对体育、卫生两个《暂行规定》的落实情况，并将桐中评为“良好”，发给合格证书。自1987年起，桐城县结合“文明学校”创建活动，建立和完善学生运动会的举行制度，规定中学每年以学校为单位举行学生运动会，对取得优秀比赛成绩的班级和个人颁发奖状、奖品。同年，桐城县教委、县体委联合举办全县中学生运动会，桐城中学荣获初中组团体比赛冠军。

90年代以来，桐城中学的体育工作不断加强，体育荣誉不断增多，体育竞技水平也不断提升。

器材与设施：体育设施建设迅速发展。1996年，造价180余万元的400米跑道标准田径场在后山建成并投入使用；1998年，在田径场北面建造四个标准水泥篮球场、排球场及配套设施；2012年，扩建改造运动场，建成400米标准塑胶跑道，足球场全面铺设绿色塑料草坪。与此同时，学校体育器材和设备不断充实、日益完善。

课程与制度：体育课开足、开齐，各年级每周2课时。高一年级招生加试体育。高一年级招收体育特长生。高一年级入学之初进行军训。每年秋季定期召开运动会，2008年起改为体育节，项目除传统的学生广播操比赛、田径运动会外，增加高二男生篮球赛；2016年，从第9届体育节开始又增加教职工趣味运动会，包括跳绳比赛、趣味保龄球、两人三足、拔河比赛等项目。定期组织师生开展篮球赛、排球赛、足球赛、乒乓球赛、羽毛球赛、门球赛、拔河比赛等等。

竞赛与荣誉：1990年，桐城中学组队参加安徽省首届省属重点中学田径运动会，获“道德风尚奖”；省教委、省体委命名本校为第一批省级体育传统项目学校。1995年，桐城中学被评为“学校体育卫生工作条例”先进学校。1998年8月，学校组队参加在铜陵一中举行的安徽省重点中学第二届田径运动会，取得4个单项名次，实现比赛成绩零的突破；10月，学校组队参加安庆市重点中学田径运动会，获高中组团体总分第五名；学校工会组织教职工篮球赛，举办“后乐杯”桐城中学教职工排球赛。1999年，桐城中学被评为安徽省学校体育卫生先进集体。2000年11月，安庆市第三届省、市重点(示范)中学田径运动会由桐城中学承办,学校获高中组总分第一名。2001年暑假期间,学校组队赴淮南一中参加安徽省首届示范高中田径运动会。2005年8月,学校组队赴蚌埠三中参加安徽省第二届省级示范高中田径运动会。2008年8月,学校组队赴濉溪中学参加安徽省第三届省级示范普通高中田径运动会。2008年11月,桐城中学代表队在桐城市第六届中学生田径运动会上夺得高中组团体第二名;夺取了5个单项冠军、21个单项名次和男女接力4个集体名次;有8人打破女子高中组400米、4×100米接力、4×400米接力以及男子高中组4×400米接力共四项大会纪录。2008年11月,安庆市门球协会举办了第十一届中青年门球赛,学校组建中青年门球队,首次参加安庆市门球比赛,获团体第四名,大会组委会向我校颁发了"道德风尚奖"。2009年9月,桐城中学门球二队在由桐城市教育局、桐城市体育局、桐城市门球协会联合举办的桐城市第三届教职工门球赛中荣获第一名;12月,校团委在教工之家(左公祠)组织开展青年教工乒乓球比赛。2010年9月,市教育局、市体育局在市门球场联合举办了桐城市教育系统职工门球赛,共有六个学校参加了此次比赛,桐中一队、桐中二队分别获冠军和第三名;11月,桐城中学代表队在桐城市第七届中学生田径运动会上获得团体总分第二名,取得了八个第1名、九个第2名、六个第3名,四人打破三项大会纪录。2014年12月,桐城中学工会组织开展教职工羽毛球比赛。2016年5月1日,"猛虎杯"桐城中学1990届、1991届、1992届校友足球友谊赛在学校运动体育场完美收官。参加这次友谊赛的1990届和1991届、1992届联队本着友谊第一、刻苦竞赛的精神热情地投入比赛。1991届、1992届联队最终赢得了"猛虎杯"。"我运动,我健康"是这次活动的组织者希望传递给所有桐中学子的一份正能量。2016年11月,在桐城市第十届中学生田径运动会上,桐城中学代表队获得团体总分第一名,参赛的12名运动员中共18人获得个人前8名;另外,男子4×100米接力、女子4×100米接力赛获得冠军;其中汤昊200米、胡伟杰三级跳、汪晴400米、跳远、男子4×100米、4×400米均破纪录。2016年11月,在安庆市第十三届运动会田径项目中,桐城中学派出4名学生参赛,共夺得7枚金牌、6枚银牌和2枚铜牌,我校学生所得金牌数、奖牌数和得分数位居高中组各校之首,为桐城市代表队夺得安庆市第十三届运动会团体总分第一名作出了巨大的贡献。桐城市人民政府授予学校安庆市第十三届运动会"贡献奖"牌匾。2017年4月,在学校工会的组织带领下,我校约百名教职员工开展了一次投子山登山比赛、游乐活动。2018年5月,在"国寿杯"2018年桐城市中小学校园足球联赛中,桐城中学男子足球队以不败的战绩勇夺高中男子组冠军;11月,桐城中学代表队在桐城市第十一届中学生田径运动会上夺得8个第一名、2 个第二名、2 个第三名，在安庆市中学生田径运动会上，夺得 4 个第一名、2 个第二名。2019 年 5 月，桐城中学足球队在桐城市中小学生足球赛中获得冠军（卫冕冠军）；在安庆市中小学校园足球联赛中，桐城中学足球队获高中组季军，这是我校足球也是桐城市高中足球有史以来的最好成绩。2021 年 12 月，桐城中学代表队在桐城市第十三届中小学田径运动会上取得团体总分第四名、女子组团体总分第二名、男子组团体总分第四名的好成绩，叶书果等 6 名学生共打破桐城市 5 项纪录。

第八章　基础设施

桐城中学历来视学校基础设施建设为改善办学条件、营造教学环境的重要渠道，不断加大投入，扩大校园范围，增加校舍面积，改进教学设施和服务设施，为莘莘学子搭建良好的学习平台。

学校当初在安庆借房办学，很快搬回桐城，办学之初经费捉襟见肘，只有几间教室和办公室，配套校舍很少，开办师范班时只得借用考棚暂作校舍。学校因陋就简，砥砺前行，千方百计满足教学需要，运动场、课外作业研究室、特别教室、仪器室、会客室、浴室相继建成，特别是建成著名的半山阁图书楼。校园里一些激励成才、寓意爱国的景点也次第出现。新中国成立后，党和政府关心学校建设，划拨专项经费，扩大校园面积，新的图书楼、实验楼拔地而起。改革开放以来，桐城中学焕发青春，再创辉煌，硬件建设与时俱进，校容校貌日新月异。教学楼、图书楼、实验楼、学生公寓楼、教师宿舍得到多次增建和更新。现在，学校已是花园式单位，拥有公园般环境。区域功能明显，教学手段先进。教学区整洁、安静、雅致；办公区务实、勤奋、进取；生活区温馨、和谐、幸福。

第一节　校　　舍

1902 年，吴汝纶先生创办桐城学堂，暂借省城安庆安徽巡抚衙门南院省武备学堂房屋，稍加修整，先行开学。1903 年初，学堂开始在城北老县衙署旧基上动工兴建校舍，为学堂迁回本邑做准备。1904 年下学期，桐城公立中学堂从安庆迁回桐城，新校舍尚未完全建成，临时借方守敦宅居（勺园）上课。经过各方努力，1904 年秋，校舍基本建成，计礼堂 1 间，教室 4 间，自修室、寝室各 20 间，饭厅、教职员室 14 间，办公室 3 间，厨房 5 间，厕所 1 处，并修建了操场。所有建筑都由日籍教师早川东明绘图设计,陈淡如督工构造布置。同时,学堂迁回新建校舍。1906 年,桐城公立中学堂创设师范学校,借用考棚为师范校舍。

民国时期,新建校舍有所增加,原有校舍不断被维修。1912 年,桐城县立中学收回校西桑园,1915 年,在桑园新建 7 间茅庐,和旧有 5 间共为教员室之用,原有的教员室改为接待室、成绩室、课外作业研究室。1916 年,学校在桑园内新建茅屋 10 间作为教员室与病室,二门前进改造成学生会客室 1 间。学校还利用发还的救国储金,建爱景亭 1 座(原址在五斋西头,1952 年拆除)。1922 年,学校改前排职员室 3 间为公办厅,维修教室及自修室窗户,添造浴室数间及盥洗台数处。1923 年春,学校开始建造图书馆大楼,参照吴汝纶先生设计的图纸,就原有校门基地扩建,改校门为楼屋,小瓦屋面,上下各 6 间,面积 199.37 平方米。楼上为图书馆,楼下为图画、乐歌、手工特别教室。因楼西有阁,阁暗依楼西山墙而建,只露楼之东山墙,桐城著名教育家、学者、书法家方彦忱为其题名曰"半山阁"。校门改向西对运动场,旁边建门房 2 间,运动场南面建短花墙,为西式门坊,正对桐城县立公园。1924 年重阳节新图书馆落成。1925 年,学校将浴室改至南斋院内新建 10 间,原有浴室改为印刷室。到 1926 年,学校校舍计有:礼堂 1 间,教室 4 间,自修室 20 间,寝室 20 间,学生会客室 1 大间,厨房 5 间,饭厅 1 大间,特别教室 1 大间,事务室 1 大间,图书馆 1 幢,职员室 4 间,理化仪器室 2 间,博物标本及成绩室 3 间,接待室 1 间,教员室 13 间,门房 2 间,厕所 3 外,杂皮室若干间,浴室若干间,公园 1 处,爱景亭、梁碑亭、茅亭、后乐亭、听溪阁等亭阁 5 座。1929 年,学校将操场西面原桐城县设纺织厂(名曰习艺所)改建为高中部教室。1933 年,学校改建阅览室,扩大图书馆,在校园西南建成竖列结构、小瓦屋面的图书馆,面积 215.27 平方米,今为渡江战役二野司令部旧址。同时,在图书馆西面建竖列结构、小瓦屋面宿舍 3 排 9 间。1938 年,日本侵略者占领桐城,县城遭多次轰炸,校舍损毁很多。1939 年秋,为保护师生安全,学校在校舍北边掘建防空洞一所,长 20 余丈(60 多米)。冬季学校在县城北郊四五里远处的毛河兔儿山桃源一带购地 10 余亩(6 500 多平方米),建筑茅屋数 10 间为临时校舍。1940 年,学校继续在毛河建筑校舍,共建筑临时校舍草房 30 余间、教室 9 个、办公室 1 个、职员住室 1 间,厕所 3 处。1941 年,学校在毛河添建女生休息室、阅览室及教育用品消费合作社 1 所 6 间。秋季,因招收简师科 1 个班,学校又添建教室 1 所 3 间,厕所 1 处,同时在校舍周围山边,挖掘防空壕沟 200 余丈。1940 年冬至 1941 年夏,学校本部校舍屡遭敌机轰炸,被炸毁共 40 余间,学校对损坏较轻的 20 余间进行了修理。1943 年学校为解决班级学生增加、房屋不够的问题,一方面努力修复被炸房屋,另一方面积极新建教室。学校在上学期,修建初中部教室 1 进 3 间，寝室 8 间，东西廊檐 20 间；下学期，修建初中部寝室 7 间，新建教室 1 进，并在新建寝室中划出 6 间作为教室；又重砌饭厅山墙。至 1946 年，学校共建有教室 13 间，寝室 8 间，浴室 1 间，盥洗室 1 间，自修室 13 间，办公室 1 间，礼堂 1 间，膳厅 2 间，图画室 1 间，教职员室 18 间，厨房 1 间，储藏室 1 间。至 1948 年，学校共有教室 11 间，自修室 11 间，寝室 8 间，浴室 1 间，盥洗室 2 间，办公室 1 间，礼堂 1 间，厨房 1 间，膳厅 2 间，教职员室 18 间，图画室 1 间，储藏室 2 间。

1949 年人民政府接收桐中时，对损坏的校舍、墙壁、门窗进行了为期 4 个月的修理，使学校能够正常运转。20 世纪五六十年代，校园范围有所扩大，学校房舍也得以扩建。1951 年，人民政府给学校拨款用以扩建校舍，学校购买校园北面马姓民房 1 所，计瓦房 26 间。因该房在校围墙外，中有人行道间隔，学校又特建大桥 1 座与高中部连接，作为高中师生宿舍。经桐城县人民政府批准，学校接收桐城县团工委和文化馆房屋各一所，将两处房屋辟为初中部教室、图书馆、社团办公室、女生宿舍。同时学校修理初高中两部破旧房屋，修建锅灶，改建厕所。1952 年，学校研究决定，撤去原有的爱景亭，在五斋后院建 2 层 4 间教室的教学楼 1 幢，同时在北斋外购买左氏民房 16 间，没收民房 13 间，拆除原有建筑，修建学校浴室、厨房。1953 年，教学楼、厨房、浴室等基建工程完工。1954 年，学校兴建大瓦屋面礼堂 1 座，命名为“和平堂”，面积 511.84 平方米。1955 年国庆节，由怀宁建筑公司承建、在小河沟东面、与 1953 年教学楼成一条直线的东边前排教学大楼落成，大瓦屋面，共 2 层 8 个教室。1957 年，学校在东边前排教学大楼北面的姚惜抱先生故居、张望之先生故居、姚氏颐园及桐城老北门一带地基上，建成东边后排教学大楼，大瓦屋面，共 2 层 8 个教室。此楼由桐城建筑社承建。这幢建筑现在基本保存完好，位于银杏树北面，现为学校行政用房。1958 年至 1959 年，因大炼钢铁，学校房舍不敷应用，于是向西部扩展。经政府同意，在原有西围墙以外，学校接收费氏牛眠地空地、百子堂巷屋、数家居民房舍，西南抵余家湾，西北与净土莲社相接壤。1962 年，上级批准学校在邓氏竹园、逍遥岗一带新建大瓦屋面实验楼 1 幢，1963 年竣工，面积 845.83 平方米，现为图书馆。“文化大革命”时期，新建校舍较少。1970 年代初，在校园东面和北面新建 2 排教师宿舍平房及 7 排学生宿舍平房。

改革开放以后，校舍的兴建成为学校硬件建设的重要组成部分，学校千方百计筹措资金建筑校舍。1977 年至 1978 年，学校在半山阁南面建造教职工宿舍 2 排平房共 20 间，在厨房附近建猪圈 4 间，建水泵房 1 间。1980 年，与东边后排教学大楼并列的西边后排教学大楼落成，大瓦屋面，共 2 层 8 个教室，秋季投入使用。1980 年至 1983

年,学校先后新建教职工宿舍 22 间。1980 年至 1985 年,在后山建造 5 排 10 套教职工宿舍平房。1982 年至 1984 年,在实验楼东面、和平堂南面新建科学馆大楼,面积 1 992 平方米,平顶屋面,即今天教师办公楼教研楼。1985 年,在科学馆大楼南面原学校操场动工建造 4 层 24 个教室的新教学大楼,造价 40 万元,面积 2 720 平方米,1987 年 6 月竣工,9 月投入使用,一、三、四楼为高中部教室,二楼为教研组,现名为前教学楼。同时,学校在后山篮球场建厕所 1 处。1988 年至 1989 年,学校在今图书馆以西的山地上建造教师宿舍楼 13 套,平顶屋面,面积 952.04 平方米,后为 1 号楼。同时学校改建大瓦屋面教师宿舍 8 套。1989 年至 1991 年,学校在原厨房处新建礼堂餐厅落成并启用,平顶屋面,面积 1 428 平方米,造价 44.4 万元,被桐城县城建局评为优秀工程。1993 年,学校在 13 套教师宿舍楼南面建造的 32 套教工宿舍楼竣工,面积 2 272.16 平方米,平顶屋面,后为 2 号楼。1994 年,学校拆除科学馆大楼以东的相关建筑,由香港邵逸夫先生捐赠 80 万港元、桐城县财政投入相应配套资金建造的逸夫楼落成,由桐城县建安总公司中标承建,平顶屋面,共 5 层 56 间,总面积 2 160 平方米,总造价 147 万元。该工程质量、管理评估验收获一等奖,受到国家教委奖励。1995 年,学校在 32 套教工宿舍楼南面建造的 48 套教工宿舍楼竣工,面积为 3 427.04 平方米,平顶屋面,后为 3 号楼。在 48 套教工宿舍西南处建造 8 套教工宿舍楼竣工,面积 529.84 平方米,平顶屋面,后为 7 号楼。在学校东南面左公祠北面建造 2 幢共 20 套教工宿舍楼竣工,面积 1 519.1 平方米,平顶屋面,后为 5 号楼和 6 号楼。本年度共有 76 套教工宿舍落成,恰逢国家进行住房改革,共有 20 余位教职工购买宿舍。同时,学校在 5 号、6 号楼西建厕所一处。1996 年,根据校园规划,拆除校内危旧平房 49 间。1997 年,学校筹措资金近 127 万元建造的第 1 幢学生公寓楼竣工并投入使用,共 5 层 55 间,面积 2 360 平方米,平顶屋面,被评为安庆市优质工程。1998 年,为迎接百年校庆,学校改建的新大门楼落成,总造价 120 万元。学校在礼堂餐厅东面建造锅炉、浴室房 2 层 6 间,平顶屋面,面积 397.75 平方米;在渡江战役二野司令部旧址南面建配电房 2 层 4 间,平顶屋面,面积 111.32 平方米。1999 年,学校建钟楼 1 间,车库 2 间,并拆除 48 套教工宿舍楼南面、小 8 套东面相关建筑,再建 24 套教工宿舍,玻形瓦屋面,面积 2 068 平方米,后为 4 号楼。同时学校在校外清风市购买教工宿舍 24 套,平顶屋面,面积 2 124 平方米。截至 1999 年年底,学校建筑面积 20 228 平方米,教学用房 9 378 平方米,标准教室 34 个,实验室 9 个,微机室 3 个,语音室、多媒体教室、多功能报告厅各 1 个,微机 154 台。2000 年,学校在第 1 幢学生公寓楼南面建成第 2 幢学生公寓楼共 5 层 47 间,平顶屋面,面积 1 932 平方米;改造老图书馆,大瓦屋面与平顶屋面相结合，扩建成面积达1 020.48平方米的新图书楼；重建后乐亭，2层1间；在1号楼下建厕所1处。2001年，学校建亭廊24.25平方米。2000年至2002年，学校拆除原东边前排教学楼及五斋等老旧房屋，在逸夫楼东面新建高标准科技大楼，平顶屋面，框架结构。由桐城市建安总公司承建，总造价1 577万余元，建筑面积6 799平方米。2002年，学校修建左公祠平房8间，砖木结构，小瓦屋面，面积481.11平方米。2003年，学校在配电房东侧建厕所1处，共2层120.7平方米。2004年至2005年，学校在逸夫楼北面操场东面拆除后排西边教学楼等相关建筑，设计建造新教学大楼，共2幢6层42个教室、12个教师休息室，2005年秋季正式投入使用，即今天的教学主楼，总面积达7 554平方米，平顶屋面，被评为安庆市优质工程。2007年，学校在碧峰小区购买教职工宿舍16套，面积1 646平方米，平顶屋面。2008年，学校出资约1 500万元置换得原市委党校以及党校至西环线片土地共130亩(8.6万多平方米)，用于校园扩建。同年建钢构锅炉房1间。2009年，学校在教研楼与操场之间建钢构自行车棚4间334平方米。2012年至2014年，学校在教学主楼北面拆除原第2幢学生公寓楼，建造教学综合楼，共6层34间教室，平顶屋面，面积5 879.66平方米，西面部分为现高一年级教室，东面部分为多媒体阶梯教室。学校在原党校校区平山填凹，建造食堂1处，共2层5 242平方米，将原礼堂餐厅改为礼堂。在食堂北面和西面学校建造学生公寓楼4幢，框架结构，平顶屋面，共6层17 908平方米，将原第1幢学生公寓楼改为学校行政用房。2014年至2016年，学校在原党校至西环线片土地上兴建教师公寓楼，称为同康路校区，共建成4幢268套教师宿舍以及地下停车库，框架结构，平顶屋面，总面积42 966.46平方米。

表8-1　1949—1978年学校购买、接收、新建房舍一览表

时间(年)	属　性	位　置	结　构	层数	数量	面积(m^2)
1951	购买马姓民房1所作为高中师生宿舍	校园北面围墙外		单	26间	
1951	接收桐城县团工委、桐城县文化馆房屋各1所作为初中教室、图书馆、社团办公室、女生宿舍	与学校初中部相接处		单		
1952—1953	新建教学楼1幢，原学校小二楼	五斋后院，小河沟以西，今教学主楼南楼处	砖木结构，小瓦屋面	2	4间	402.16

续　表

时间(年)	属　　性	位　　置	结　构	层数	数量	面积(m^2)
1952—1953	新建厨房、浴室	五斋东南，今礼堂一带		单		
1954	新建礼堂一座，命名为“和平堂”	操场北面，今学校车棚处	混合结构，大瓦屋面	单	1间	511.84
1955	新建东边前排教学大楼1幢，原学校前老二楼	五斋后院，小河沟以东，与小二楼在同一条直线上	砖木结构，大瓦屋面	2	8间	861.7
1957	新建东边后排教学大楼1幢，原学校后老二楼	今银杏树北面历史建筑	砖木结构，大瓦屋面	2	8间	861.7
1959	接收费氏牛眠地空地、百子堂巷屋、数家居民房舍	校园西面围墙外，今2、3、4号教师宿舍楼处		单		
1962—1963	新建实验楼1幢	今图书馆处	砖木结构，大瓦屋面	2	9间	845.83
1971—1972	新建学生宿舍7排	校园东面，今银杏树广场东边一带	混合结构，大瓦屋面	单	42间	1 600.0
1971—1972	新建教职工宿舍2排	今礼堂东边一带	混合结构，大瓦屋面	单	15间	414.68
1977—1978	新建教职工宿舍2排	今半山阁、半月池南边	混合结构，大瓦屋面	单	20间	708.27
1978	新建水泵房1所	今礼堂东面	混合结构，大瓦屋面	单	1间	48.77

表8-2　1978年以来学校新建房舍一览表

时间(年)	属　　性	位　　置	结　构	层数	数量	面积(m^2)
1979—1980	新建西边后排教学楼(新二楼)	小二楼北面，今教学主楼北楼处	砖混结构，大瓦屋面	2	8间	911.4
1980—1981	新建教职工宿舍5排	原粉笔厂，今学校操场西面山地	混合结构，大瓦屋面	单	14间	415.5

续 表

时间(年)	属　性	位　置	结　构	层数	数量	面积(m^2)
1980—1981	新建教职工宿舍1排	原印刷厂,今左公祠北面空地	混合结构,小瓦屋面	单	5间	100.03
1980—1981	新建教职工宿舍2套	学校西北后山与自来水厂交界处	混合结构,大瓦屋面	单	6间	154.77
1982—1983	新建教职工宿舍1排	原印刷厂东面,左公祠北面	混合结构,大瓦屋面	单	3间	66.0
1982—1984	新建科学馆大楼1幢	和平堂南面,今教研楼	砖混结构,平顶屋面	2—3	30间	1 992.0
1985	新建教职工宿舍4幢8套	学校西北后山,粉笔厂以北	混合结构,大瓦屋面	单	24间	540.14
1985	新建厕所1处	后山篮球场西北角	砖木结构,大瓦屋面	单	2间	26.0
1985—1987	新建教学大楼1幢	操场南部,今前教学楼	砖混结构,平顶屋面	4	24间	2 720.0
1988—1989	新建教职工宿舍楼	粉笔厂南面,原教工宿舍1号楼	砖混结构,平顶屋面	2—3	13套	952.04
1989—1991	新建礼堂餐厅1座	半山阁东面,今学校礼堂	框架结构,平顶屋面	单	1间	1 428.0
1991—1992	新建教职工宿舍1幢	13套南面,原教工宿舍2号楼	砖混结构,平顶屋面	4	32套	2 272.16
1993—1994	新建逸夫楼1幢	小二楼南面,今行政办公楼	砖混结构,平顶屋面	5	56间	2 160.0
1993—1995	新建教职工宿舍楼1幢	32套南面,原教工宿舍3号楼	砖混结构,平顶屋面	4	48套	3 427.04
1994—1995	新建教职工宿舍楼2幢	左公祠与半山阁之间,原教工宿舍5、6号楼	砖混结构,平顶屋面	5	20套	1 519.1
1994—1995	新建教职工宿舍楼1幢	48套西部南面,原教工宿舍7号楼	砖混结构,平顶屋面	4	8套	529.84
1995	新建厕所1处	原6号楼西侧,左公祠北面	砖混结构,平顶屋面	单	2间	22.9

续　表

时间(年)	属　性	位　置	结　构	层数	数量	面积(m^2)
1996—1997	新建学生公寓楼1幢(第1幢学生公寓楼)	学校北面,与滨河苑交界	砖混结构,平顶屋面	5	55间	2 360.0
1997—1998	新建学校大门楼	今学校大门	框架结构,玻形瓦屋面	单	3间	234.82
1998	新建学校配电房1幢	今渡江指挥部会址南面	砖混结构,平顶屋面	2	4间	111.32
1998—1999	新建学校锅炉、浴室1幢	礼堂餐厅东面	框架结构,平顶屋面	2	6间	397.75
1998—1999	新建教职工宿舍楼1幢	小8套东面,48套南面,原教工宿舍4号楼	砖混结构,玻形瓦屋面	4	24套	2 068.0
1998—1999	购买教职工宿舍2幢	今校外清风市小区	砖混结构,平顶屋面	5	24套	2 124.0
1999	新建学校车库1所	学校大门西侧,今车库	框架结构,玻形瓦屋面	单	2间	52.42
1999	重修学校钟楼	今行政楼东南侧钟楼	砖混结构,玻形瓦屋面	单	1间	27.0
1999	修建教学楼外接楼梯	今前教学楼外接楼梯	砖混结构,平顶屋面	4	8间	271.82
1999—2000	新建第二幢学生公寓楼1幢	第1幢学生公寓楼东部南面,今教学综合楼东部分	砖混结构,平顶屋面	5	47间	1 932.0
1999—2000	扩建学校图书馆	原实验楼,今图书馆	框架结构,大瓦、平顶屋面	2—4	6间	1 020.48
2000	重修后乐亭	今后乐亭	框架结构,琉璃瓦屋面	2	1间	43.0
2000	新建厕所1处	今操场西南、图书馆西面	砖混结构,玻形瓦屋面	单	2间	45.07
2000—2002	新建科技大楼1幢	原东边前排教学楼、五斋处、今科技大楼	框架结构,平顶屋面	6—7		6 799

续 表

时间(年)	属　性	位　置	结　构	层数	数量	面积(m^2)
2001—2002	新建亭廊1所	原教工宿舍5、6号楼西面，后乐亭东面，今亭廊	框架结构，琉璃瓦屋面	单		124.25
2002	重修左公祠	今左公祠	砖木结构，小瓦屋面	单	8间	481.11
2003	新建厕所1处	配电房东，渡江会址南	框架结构，玻形瓦屋面	2	2间	120.7
2004—2005	新建教学主楼2幢	小二楼至新二楼一带，今教学主楼	框架结构，平顶屋面	6	42间	7 554.0
2005—2007	购买教工宿舍楼16套	今校外碧峰小区	砖混结构，平顶屋面	6	16套	1 646.0
2008	新建锅炉房1处		钢构结构	单	1间	26
2009	新建自行车棚1处	原和平堂处，今操场与教研楼之间	钢构结构	单	4间	334.0
2012—2013	新建教学综合楼1幢	今教学主楼，后老二楼北面，教学综合楼	框架结构，平顶屋面	6	34间	5 879.66
2012—2013	新建学校餐厅1幢	今党校校区餐厅	框架结构，平顶屋面	2	2间	5 242.0
2012—2013	新建学生公寓楼1号楼	今党校校区	框架结构，大瓦、平顶屋面	6	102间	4 586.0
2012—2013	新建学生公寓楼2号楼	今党校校区	框架结构，大瓦、平顶屋面	6	102间	4 586.0
2012—2013	新建学生公寓楼3号楼	今党校校区	框架结构，大瓦、平顶屋面	6	102间	4 586.0
2012—2013	新建学生公寓楼4号楼	今党校校区	框架结构，大瓦、平顶屋面	6	90间	4 150.0
2012	新建教师公寓楼地下车库	今同康路校区	框架结构	单	1间	9 935.0
2014—2016	新建教师公寓楼1号楼	今同康路校区	框架结构，平顶屋面	17	68套	8 379.98

续 表

时间(年)	属性	位置	结构	层数	数量	面积(m^2)
2014—2016	新建教师公寓楼2号楼	今同康路校区	框架结构,平顶屋面	17	68套	8 379.98
2014—2016	新建教师公寓楼3号楼	今同康路校区	框架结构,平顶屋面	17	68套	8 379.98
2014—2016	新建教师公寓楼4号楼	今同康路校区	框架结构,平顶屋面	16	64套	7 891.52

第二节 教学设施

桐城学堂建立后,学校教学设施主要有教室及室内设备,图书资料及图书馆,教学器材、实验器材及实验室,音乐室、舞蹈室、美术室及体育设施等。但在新中国成立前,各种教学设备都十分短缺,教学设施简陋。新中国成立后,桐城中学被省教育厅列为重点配备学校之一,仪器设备获统一配备,学校教学设施不断改善。改革开放以后,现代科学技术的发展突飞猛进,素质教育全面推行,各种现代化教学设施不断走进校园,走进课堂。

教室·室内设备 学堂初创时期,共建有4间教室、20间自修室。后来增建特别教室1大间。1929年,学校将操场西面原桐城县设纺织厂(名曰习艺所)改建为高中部教室。抗战时期,为避免敌机轰炸,学校在县城北郊四五里远处的毛河兔儿山桃源一带购地10余亩(6 500多平方米),建造茅屋,作为临时教室,同时对校内毁坏教室进行维修。至1946年,学校共建有教室13间,自修室13间。1948年,学校共有教室11间,自修室11间。1951年,学校接收桐城县团工委和桐城县文化馆房屋各1所,部分作为初中部教室。1952年至1953年,学校在五斋后院建筑教学楼1幢,共4间教室。1955年至1957年,又先后建成东边前排教学大楼和东边后排教学大楼,共16间教室。1980年,学校建成西边后排教学大楼,共8间教室。1985年至1987年,学校建成前教学楼,共4层24间教室。2004年至2005年,学校建成教学主楼,共6层42间教室。2012年至2014年,学校建成教学综合楼,共6层34间教室。

改革开放前,学校教室设备简陋,只有基础设备,如黑板、讲台、课桌椅等。1952

年，教室开始安装电灯。改革开放后，随着科学技术的发展和教学改革的深入，教室里的现代化设备不断增多。80年代，教室里有了广播设备。1995年，学校添置并更新了电化教学设备，开始在部分教室安装投影仪。1999年，学校按高标准维修教学楼，教室统一配置安装全新的课桌椅、黑板、讲台、电风扇、电视机、投影仪等设备。2008年，教室开始安装多媒体设备及电子监控系统。2014年，学校教学综合楼投入使用，各个教室都配置了全新的液晶多媒体一体机。2020年，学校各教室统一安装格力空调。2021年，学校各教室统一配置希沃智慧黑板。在教室之外，学校又建造语音室、多媒体教室、精品录播室、常态录播室等。

图书资料·图书馆 吴汝纶先生在《开办学堂章程》中明确要求："堂中应酌购报章，设阅报房存贮，以供本堂众览。""书籍器具，由中东教习、总理支应，公同筹酌，分别置办。"1904年，学校购置少量图书，并接受经史类书籍的捐赠。1905年，学校筹集经费购置图书数十种。1906年，学校添购图书数十种。1907年，图书略有增益。1909年，学校增购若干图书。1917年，吴芝瑛女士向学校捐赠吴氏古文读本及伦理学图书各400本。1918年，学校增购图书数十种。1919年，学校在商务印书馆购买二十四史1套。1920年，学校添购各种新文化书籍及杂志。1923年，学校添置图书数十种。1924年，学校添配图书数十种。1925年，学校设立印刷室，印刷学习材料，同时添购部分图书。1938年，县城沦陷，师生流亡，学校图书、档案先期送往黄甲铺、唐湾等地储存，损失不大。至解放前夕，学校共有图书3 000余册。1949年，学校接收了桐城师范、桐城县立简易师范及前省立桐城女子师范等校图书资料。20世纪五六十年代，学校图书有所增加。1984年，增添图书5万册。1988年，校友黄镇回母校视察，赠送4万元人民币给母校购买图书。1995年，学校添置一批图书资料。2003年，增添图书1 000余册。2020年，增购图书414册。截至2020年，学校图书馆共有纸质藏书8万余册、电子图书3万余册。

与此同时，学校十分注重图书馆建设。1923年，学校开始建造图书馆大楼，改校门为楼屋，上下各6间，楼上为图书馆，1924年竣工，这就是著名的半山阁图书馆。1930年，学校推荐本校毕业生章昂霄到安庆学习图书馆业务，改建阅览室，扩大图书馆。1933年，学校在校园西南角建成新图书馆1座，面积215.27平方米。20世纪40年代初，学校在毛河建造教室的同时，也新建了阅览室，经常整理图书，在郊外或本部分头开放阅览。1951年，学校将所接收的县团工委、县文化馆房屋的一部分作为图书馆。1984年，学校新建科技馆大楼投入使用后，将1963年建成的实验楼辟为图书馆，面积845.83平方米。1994年，学校对图书馆设备进行更新。1999年，学校动工改造图书馆，将逸夫楼 4 楼辟为图书馆。2000 年，学校将老图书馆改造、扩建成面积达 1 020.5 平方米的图书楼，楼内设书库、学生阅览室、教师阅览室、桐城文派研究室、采编室等。2020 年，学校对图书阅览室、电子阅览室、藏书室、图书馆内外墙进行整体装修；对馆内院里地坪进行修整和维护；安装 55 寸立式智能一体机科技电子屏 1 个。

教学器材・实验器材・实验室　桐城学堂自创办之初，就非常注重教学器材和实验器材的配置。1905 年，学堂筹集经费购置理化仪器、药品等 300 余种，博物标本百余种。1906 年，学堂又添购仪器数十种。1907 年，仪器、标本、教具略有增益。1909 年，班级增多至 4 个班，所需教具也随之增加，学校增购教学仪器数十种。1912 年，将校园西面昔为洪氏所有的桑园收归桐城县立中学所有，园中有桑数百株，开辟桑园数处，以供学生实习之用。1920 年，学校根据教学需要添购一批仪器和标本。1923 年，学校又添置标本、仪器等校具设备各数十种。1925 年，学校建立印刷室，与有关单位合制石印机一架，同时添购部分仪器。抗战时期，日寇一度占领县城，教学仪器损失很大，校具损失殆尽。在购置实验器材的同时，学校安排专门屋舍安置这些器材。到 1926 年，学校计有理化仪器室 2 间，博物标本及成绩室 3 间。由于近代中国社会的落后，加上战争的破坏，所以学校各类器材总体缺乏。

新中国成立后，学校一方面接收桐城师范、桐城县立简易师范及前省立桐城女子师范等校教具及仪器设备，另一方面不断投入资金购置教学仪器。1952 年，学校使用上级拨给的经费委托安庆新华书店在上海代购仪器、书刊、体育器材、医药等物品；订购药橱、病床、手术衣、药包、体育设备、课桌凳、铺板等。1953 年，学校被省教育厅列为重点配备学校之一，仪器设备获统一配备。同时学校大力提倡教师自制教具，1951 年，理科教师自制的实验教具有：液压计、重心板、阿基米德原理实验器、浮沉子、波义耳定律说明器、间断虹吸、气体膨胀实验说明等。1952 年，自然科学组又自制测量固体排开液体体积瓶、交流直流电枢模型等仪器，中国地图、世界地图等。1953 年，数学组自制量角器、三角板等教具；物理教师用篾制成交流电枢，演示交流电机的主要结构和作用；用雨伞导演虹霓的成因；用鹅蛋导演物质沉浮的作用；用篾圈系上乒乓球和石头演示打捞沉船的原理。1955 年，学校先后成立教具制作小组和科学仪器、标本、模型制造小组。1956 年，学校教学突出生产技术教育，在校内开辟实验园地，设置金工室、木工室，以培养学生实际操作能力。1962 年，上级批准学校在校园内原邓氏竹园、逍遥岗一带新建大瓦屋面、砖木结构实验楼 1 幢，共 2 层 9 间，面积 845.83 平方米，1963 年竣工。

改革开放以后，学校教学器材和实验器材越来越多，电化教学设备逐渐取代手工教学设备。1984年,在实验楼东面、和平堂南面、操场北面建造的科学馆大楼竣工,面积1 992平方米,大楼东部三层为理、化、生实验室,大楼西部两层为阶梯教室,安装投影仪等电化教学设备,以后发展为多媒体多功能教室。1988年,学校建语音室1个。1992年,学校理科实验室被安徽省25所重点中学实验室检查组评估验收,获98分,发给合格证书。1994年,学校建立教育卫星地面接收站,添置微机25台。1995年,学校添置并更新了电化教学设备、实验器材等。1999年,学校装修科学馆、多媒体教室、微机室等,添置微机127台,共有微机154台,学校共建有理化生实验室9个。2002年,学校高标准科技大楼竣工,建筑面积6 799平方米,该楼内设理科实验室、文科实验室、音体美卫室、劳技活动室、语音室、计算机室、综合电化室、视听阅览室、电子软件资料室等;备有三个系统(校园广播系统、校园计算机网络系统、校园闭路电视系统)以及天文馆、天象馆,落成后又进行了高质量装修。2006年,科技大楼安装报警系统1套;电教室更换日立投影机1套、电脑1台;音乐教室配电视机2台、DVD机2台。2008年,学校增设多媒体教室2间,设置32座电子备课室1间,96座电子设备阅览室2间,安装办公电脑15台,接通校园宽带网,创建学校电子监控系统1套,无线扩音设施1套,设立大型电子屏1个。2009年,学校资助全体教职工购笔记本电脑一台,用于备课、办公。为确保危险化学品的安全存放和安全使用,2017年,学校在科技大楼建成危险化学品管理室,购买易燃易爆药品、酸碱腐蚀品、剧毒品等药品专柜,安装视频监控、防盗门、窗户防盗网等,并建有危险废弃物储藏室。2019年,学校在教学综合楼东部阶梯教室建成精品录播室、常态录播室各1间。2021年,学校在教研楼、科技大楼各建精品录播室1间。

音乐室·美术室·体育设施 晚清与民国时期,桐城中学开设了音体美课程,设置了有限的音体美教学设施。1904年,学校修建操场。1916年,学校向桐城县署函领废枪40支,供学生练习兵式操。1921年,学校将校园西面的桑园开辟为运动场。1923年,学校建半山阁,上下各6间,楼下为图画、音乐、手工特别教室。1926年,学校将部分校园隙地辟为运动场。20世纪三四十年代,学校有图画室1间,体育器材主要有篮球、足球、单杠、双杠等。

新中国成立后,学校注重德、智、体全面发展,体育器材逐渐增加,各种球类、田径等传统体育项目的器材日益完备,音乐、美术设施也得到很大改善。1953年,学校在校园北面清除垃圾,平整地面为女生运动场。1980年代初,学校开始在后山开辟符合运动要求的体育场。20世纪90年代以来,随着素质教育的全面推进,桐城中学的音体美教学设施日益齐全,不断现代化。1996年,学校在后山建成400米跑道标准田径场并投入使用。1998 年,学校在田径场北面建造 4 个标准水泥篮球场、排球场及配套设施。2012 年,学校扩建改造运动场,建成 400 米标准塑胶跑道,足球场全面铺设绿色塑料草坪。与此同时,各类体育器材应有尽有。2002 年竣工的学校科技大楼,专门设有音体美卫室。2006 年,学校音乐教室配备电视机 2 台、DVD 机 2 台。2020 年,学校在科技大楼又建成 1 个使用面积约 70 平方米的美术工作室,供师生开展美术作品的创作和展览。

第三节　服 务 设 施

桐城学堂创立以后,最初的服务设施只有厨房、食堂、寝室、厕所等,晚清与民国时期,条件都十分简陋,发展也非常有限。1904 年,学堂建成时,有食堂及厨房 5 间、寝室 20 间、厕所 1 处。1916 年,学校开始设立病室。1922 年,学校添造洗浴室数间,盥洗台数处。1925 年,学校将浴室改在南斋院内。到 1926 年,学校的服务设施主要有:寝室 20 间、学生会客室 1 大间、厨房 5 间、饭厅 1 大间、事务室 1 大间、接待室 1 间、号房 2 间、厕所处 3 处、杂皮室若干间,浴室若干间。1936 年,桐城县立中学聘请开业医师孙巨川兼任校医,为学生治疗疾病。抗战时期,学校聘请程亦鸣兼任校医,配有简单的医疗设备与常用药品。20 世纪 30 年代末 40 年代初,学校在毛河修建校舍,曾添建女生休息室、教育用品消费合作社等服务设施。1943 年,学校修建初中部寝室 15 间,不久又在新建寝室中划出 6 间作为教室。

新中国成立以后,特别是改革开放以后,学校办学条件不断改善,逐渐建立起门类齐全的生活服务设施,包括宽敞明亮的师生宿舍,完备便捷的水、电、气设施,热闹干净的食堂、浴室、小卖部,整洁雅致的校医室、心理咨询室等等。

师生宿舍　1951 年,学校利用上级拨款修建了高中师生宿舍、女生宿舍等。20 世纪 80 年代以后,学校开始筹措资金,着力于解决教职员工和学生的住宿问题。20 世纪 90 年代以后,学校在校园北面相继建成第 1 幢学生公寓楼和第 2 幢学生公寓楼,面积达 4 292 平方米,并购置相应的学生双层床、寝室用桌、学生生活用具等,作为公寓楼基本设施,以解决学生的住宿问题。与此同时,学校先后在校园内新建教师宿舍楼房 145 套,并在校外清风市、碧峰小区等地购买商品房 40 套,以解决教职工的住房问题。进入 21 世纪后,学校又致力于提升师生住房的质量,为改善学生生活条件,2014 年,学校在原党校校区建造全新学生公寓楼 4 幢,面积达 17 908 平方米,公寓楼内浴室、水、电等设施一应俱全。为改善教职员工的住房条件，2016 年，学校在原党校至西环路片地带建同康路校区，新建教师公寓楼 4 幢 268 套，水、电、气设施齐全，并设有地下停车库，总面积达 42 966.46 平方米。2019 年初，校内住宿教师全部搬至公寓楼。

水・电・气　桐城中学建立之初，一条小溪流（龙眠河支流）从校园穿过，形成著名的桐溪塥。河水清澈，水质优良，早期学校师生的饮水、用水，都来自桐溪塥。后来，由于人员增多，水质下降，学校挖掘水井数口，供师生饮用。1978 年，学校在食堂边建水泵房 1 间，面积 48.77 平方米，为师生供水。1985 年，学校开始接入自来水，最初在科技馆安装，后来逐渐普及到教学楼、办公楼、教师宿舍、厕所等需要用水的地方。

1952 年，桐城中学请桐城荣军教养院电厂承装学校电灯，约定 1953 年元月送电照明。从此学校进入电气时代。1962 年，学校购得 16 毫米电影放映机成套设备。20 世纪 80 年代初，学校购置 20 千瓦发电机一台，以保证停电时教学用电。随着学校用电量的扩大，1987 年，学校又购置 50 千瓦大功率发电机一台。20 世纪 90 年代，学校改建了发电机房和配电房，更换了变压器，并开始埋设地下电缆。

1989 年，学校在桐城液化气公司开立户头，教职工开始使用罐装液化气。2018 年，同康路校区桐城中学教师公寓楼统一使用桐城市海特燃气有限公司的管道天然气。

食堂・浴室・商店　1952 年，学校在北斋外（今学校礼堂处），新建食堂和浴室，食堂分为学生食堂和教工食堂，1953 年完工。1991 年，学校拆除老食堂，在原食堂地基上重新建造礼堂餐厅，面积 1 428 平方米。1999 年，学校在礼堂餐厅东边修建学校浴室、锅炉，共 2 层 6 间，面积 397.75 平方米，设立小吃部。礼堂餐厅启用以后，学校精心维修保养，进行过多次装修。特别是 2006 年，学校利用假期翻修礼堂餐厅屋面，做屋面防水 869.51 平方米。2008 年，学校建造钢构锅炉房 1 间 26 平方米。2009 年，学校食堂被评为安庆市 A 级食堂。2014 年，学校又在原党校校区建造建筑面积为 5 242 平方米的全新食堂餐厅 1 幢 2 层。原礼堂餐厅改为学校礼堂。

改革开放后，学校组建师生服务部，经营师生日常生活用品和学习用品，服务部设在学校大门内东侧。学校礼堂餐厅启用后，师生服务部迁至礼堂餐厅，后来改为小卖部。

进入 21 世纪，学校食堂面向市场实行承包，安徽蜀王优芙得餐饮服务有限公司、安徽博众餐饮管理有限公司、宁波市江徽美食餐饮有限公司等，先后或同时通过竞争经营桐城中学食堂。小卖部也逐渐市场化，由食堂承包。

校医室·心理咨询室　1951年，学校与县卫生院联系，请卫生院派医生负责我校防疫、医疗工作。1952年，学校成立校医室，医生、护理各1人，负责学生疾病医疗，管理环境卫生，指导膳食等工作。同时学校还购买了部分医药，订购了药橱、病床、手术衣、药包等医疗用品。落实“预防为主”的方针，给学生定期注射疟疾、天花等疫苗。20世纪60年代前期，校医室定期对学生进行身体健康检查，并添置医疗器械、药品等。“文化大革命”期间，学校医务卫生组织被破坏，卫生工作一度停顿。1973年后，学校卫生工作开始恢复，逐步建立各项卫生制度，卫生工作又开展起来。为保护师生身体健康，2018年学校将半山阁北面、逸夫楼南面平房装修成校医室，总建筑面积80平方米，注册资金5万元；建立健全师生健康档案，负责新生入学体检、毕业生报考体检及学校各项活动的医疗保障工作。

2019年8月，学校在科技大楼4楼建成使用面积约60平方米的心理咨询室，对学生进行心理辅导，营造心理健康环境。

停车场　1997年，学校建造学生自行车棚10间。2003年，学校新建自行车棚2处。2009年，学校又建造钢构自行车棚334平方米。2018年，学校前教学楼与教研楼之间的小操场被辟为停车场。

第九章　后勤管理

后勤工作涉及财经、卫生、安全等多领域，涵盖衣、食、住、行、用等各方面。后勤管理服务于教学，服务于师生，是学校工作的重要环节，也是维持学校正常运转的重要保障。吴汝纶先生在建校之初就对学校后勤管理作了精心设计和周密安排。此后历任学校领导都非常重视后勤管理工作，想方设法筹措资金，努力改善办学条件，不断提升办学水平，大力营造健康向上、整洁卫生、和谐平安的校园环境。20世纪末以来，借助文明创建的东风，学校的后勤管理工作不断迈上新台阶。

第一节　后勤管理的演变

1903年，桐城学堂正式开学后，校内设文牍庶务会计，负责学堂后勤日常事务管理。1904年，设庶务管理全校事务，会计总司全校款项出入，田租和洲租经理管理租务。1906年设学监掌管全校教务，改舍监为管理。

1916年，庶务归入会计。1922年，学校行政分设教务、斋务、事务、体育四部，各部设主任进行管理，由校长统摄。有重大事项，校长分别召开教务会议、斋务会议、事务会议讨论施行。其中，教务方面以外的各项事务都纳入事务部管理范围。事务会议由食事委员会和卫生委员会组成。事务处由事务主任、会计、文牍、事务员、校医、合作社管理员、图书仪器管理员、书记等人员组成。加上若干校工。其运行模式如下图：

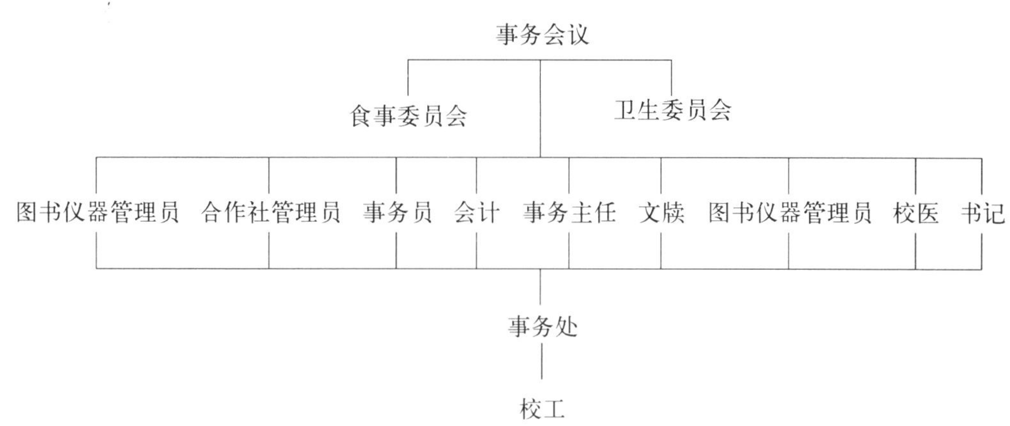

图 9－1　事务会议运行模式图

新中国成立，人民政府接收学校后，学校行政设教导处、辅导处、总务处，在校长领导下处理全校工作。同时，学校建立校务委员会、经济稽核委员会、公免费评议委员会、学习委员会。总务处为教学服务，下设修建委员会和膳食委员会，潘蕴华、伍宗儒等人先后出任总务主任。“大跃进”时期，学校成立生产处，学校创办的工厂及农场由生产处统一管理。1970 年校革委会下设三个组：政工组、教革组和后勤组。校革委会副主任张晓东分管后勤组。

“文化大革命”结束后，后勤组改为总务处，王士宏、崔根深、吴明来、陈邦裕、胡万胜、汪顺芳等人相继出任总务主任。20 世纪 80 年代中期，学校设保卫干事一人负责学校安全工作。1989 年，生产处改为勤工俭学处，王士宏、王俊等人先后出任勤工俭学处主任。运转模式如下图：

图 9－2　总务处、勤工俭学处运转模式图

随着市场化改革的深入，校办工厂、农场走向式微并逐渐消失，1998 年后，勤工俭学处逐渐撤销，有关事务归并到总务处。

21 世纪后，学校后勤管理方面一部分事务开始面向市场。2010 年，安徽兴湃至美生活服务股份有限公司通过竞聘入驻桐城中学，承担学校安全保卫、绿化、管理教学楼和学生公寓楼、环境卫生等事务；2018 年，该公司又接管同康路校区教师公寓楼的物业服务；2021 年 8 月，长城物业集团股份有限公司通过竞聘入驻桐城中学。学校食堂也面向市场，实行承包，2008 年安徽蜀王优芙得餐饮服务有限公司通过竞标经营桐城中学食堂。师生服务部改为小卖部，由食堂经营。2021 年 3 月，学校引入竞争机制，安徽博众餐饮管理有限公司中标来校经营二楼餐厅。2021 年 9 月，安徽蜀王优芙得餐饮服务有限公司不再经营桐城中学食堂，一楼餐厅暂由安徽博众餐饮管理有限公司经营。2022 年 2 月，宁波市江徽美食餐饮有限公司入驻学校经营一楼餐厅。

总务处的职责主要有：负责对学校的资产进行管理，防止学校资产流失；负责学校财务管理工作，严格执行财务制度，遵守经济法律、法规；负责整个校园环境卫生及垃圾清理工作；负责校园内环境的美化、绿化，花草树木的种植及管理；负责水、电、房屋等公用设施的管理与维修；负责办公用品、教学设备的采购、供应、发放、管理及维修；负责学校食堂管理与监督工作；负责安排在校生食宿与管理工作；负责学校临时工及木、瓦、小工的管理；负责学校的土地产权管理、校园基本建设规划；负责拟定基建、修缮计划、方案并组织实施，审核工程的预算、决算、结算；负责基建、修缮招标工作，执行工程招标监理制度、合同审计制度，完善工程报建手续；完成校领导、其他部门交办的工作。

第二节　财　　产

从晚清到民国，从“桐城公立中学堂”到“桐城县立中学”，学制发生变化，班级逐渐增多，师资队伍扩大，教学设施得到改善，学校财产不断积累、充实。1904 年，学堂提定崇文洲垦地压板金万元，作为建筑校舍费用，经过各方努力，在县治北门内老县衙署及旧考棚基址上，建校舍计有礼堂 1 间，教室 4 间，自修室、寝室各 20 间，饭厅、教职员室 14 间，办公室 3 间，厨房 5 间，厕所 1 处，以及操场等设施。同时学堂还不断购置图书、理化仪器、药品、博物标本、教具等，接受各类书籍的捐赠。民国时期，学校固定资产已有相当规模。1926 年，学校计有礼堂 1 间，教室 4 间，自修室、寝室各 20 间，饭厅 1 大间，学生会客室 1 大间，图书馆 1 幢，特别教室 1 大间，事务室 1 大间，职员室 4 间，理化仪器室 2 间，博物标本及成绩室 3 间，接待室 1 间，教员室 13 间，厨房 5 间，厕所 3 处，门房 2 间，杂庋室若干间，浴室若干间，公园 1 处，爱景亭、梁碑亭、茅亭、后乐亭、听溪阁等亭阁 5 座。校内隙地约 3 万平方丈（约 33.3 万平方米），多处被辟为校园用地或运动场。经过 20 余年战争的破坏，到 1948 年，学校固定资产计有教室 11 间，寝室 8 间，自修室 11 间，办公室 1 间，礼堂 1 间，膳厅 2 间，图书室 1 间，教职员室 18 间，浴室 1 间，盥洗室 2 间，厨房 1 间，储藏室 2 间，图书 3 000 多册及若干体育设备。

桐城解放后，桐城中学在人民政府的支持下获得新生和发展。1951 年，学校购买校园北面(学校围墙外)马姓民房 1 所，计瓦房 26 间，作为高中师生宿舍，并修建大桥一座与高中部连接。学校接收与初中部相连的桐城县团工委及桐城县文化馆房屋各 1 所，辟为初中教室、图书馆、社团办公室、女生宿舍等。1952 年，在北斋外，没收民房 13 间，购买左氏民房 16 间，拆除原有建筑，新建学校厨房和浴室。1959 年，校园向西面扩展，计在原有西围墙以外，经政府同意，接收费氏牛眠地空地、百子堂巷屋及数家居民房舍，西南抵余家湾，西北至“净土莲社”。1969 年，三校合并后，坐落在翻身大队的 200 余亩水田、旱地、山林作为农场划归桐城五七中学管理使用。这一时期，学校用上级财政拨款，先后新建 3 幢教学楼、1 幢实验楼，购置大量图书、教学器材、实验器材、药品及学生课桌椅、床铺等。

十一届三中全会以后，我国进入社会主义现代化建设新时期，桐城中学的发展获得政府更多政策支持。1994 年，中共桐城县政府批复，同意桐城中学农场土地使用权归属桐城中学。2007 年，中共桐城市委常务委员会会议决定：市委党校迁址，将原市委党校的土地、房产以 980 万元的价格整体置换给桐城中学；并将原市委党校至西环线片的土地一并用于桐城中学校园扩建，地价由政府参照过去教育用地的补偿原则确定。同时收回农场土地使用权。这一时期，学校通过各种途径筹措资金，共建 4 幢教学楼(现已拆除 1 幢)、1 幢科技馆大楼(现为教师办公的教研楼)、1 幢科技大楼、6 幢学生公寓楼(现已拆除 1 幢)、7 幢教师宿舍楼及校外购置宿舍楼(现已全部弃用)、4 幢教师公寓楼。同时添置大量现代化教学仪器、图书、课桌椅、双人床及各种办公设备。

20 世纪 80 年代以来，学校固定资产规模不断扩大，截至 1999 年年底，学校建筑面积 20 228 平方米，教学用房 9 378 平方米，标准教室 34 个，实验室 9 个，微机室 3 个，语音室、多媒体教室、多功能报告厅各 1 个，微机 154 台。截至 2020 年 8 月，学校登记在册的固定资产共 2 435 件，按照资产国标大类分为“土地、房屋及构筑物”“家具、用具、装具及动植物”“图书、档案”“通用设备”“专用设备”五大类。其中包括后乐亭、左公祠、半山阁、渡江战役二野司令部旧址、教学楼、教研楼、行政办公楼、科技大楼、图书馆楼、礼堂、学生公寓楼、餐厅、400 米标准塑胶运动场、篮球场、教师宿舍楼、教师公寓楼及地下停车库；学生课桌椅、教师办公桌椅、会议室桌椅、电脑桌椅、阶梯教室桌椅、不锈钢餐桌、教室讲台、黑板、各种橱柜台、钢管护栏、不锈钢防盗网、学生公寓床及棕席、国旗、旗杆、各种门、各种展板、垃圾桶、垃圾箱、垃圾车；柴油发电机组、各种实验仪器及装置、广播电视电影设备、无线扩音设备、多媒体设备、网络设备、地下电缆、台式电脑、笔记本电脑、空调、电话、电风扇、电冰箱、复印机、激光打印机、照相机、阅读机、装订机、交换机、校时电波钟、金属探测仪、手机屏蔽仪、开水炉、君越轿车、保洁车、饮食炊事设备、红外扫描仪、多功能一体机、LED 电子显示屏；体育、音乐、美术设施；液晶多媒体一体机、格力空调、希沃智慧黑板；纸质藏书 8 万余册、电子图书 3 万余册；多媒体教室、电子备课室、电子阅览室、录播室、校医室、心理咨询室、音乐室、舞蹈室、美术工作室、档案室以及电子监控系统等等。为加强对学校资产的管理，学校设立校产管理员和仓库保管员并制定相应管理制度。

第三节　校 园 卫 生

桐城学堂初建时，设斋夫 5 人：1 人司门，2 人负责打扫及杂役，2 人伺候教习。

民国初年，孙闻园出任桐城县立中学校长，崇尚“劳动神圣”。1915 年，学校开始建立服务生值日制度，各班轮流，每天派学生 2 人打扫校园，灌溉花木，以培养学生劳动习惯。1924 年，在设立各项服务生以外，学校添设服务生 1 人，每天在全校学生中选派轮流值日，专司全校卫生事宜。1936 年以前，学校为初中学生开设“卫生知识”课，每周 1 课时，主要讲授卫生常识并训练学生卫生习惯。1936 年，安徽省教育卫生委员会成立，开展卫生宣传教育，举行卫生讲演；举办卫生教师讲习班、校工卫生训练班；训练学校卫生队，并进行学生健康检查。桐城县立中学聘请开业医师孙巨川兼任校医，为学生治疗疾病。抗战时期，学校聘请程亦鸣兼任校医，并配备简单的医疗设备与常用药品。1941 年，初中“卫生知识”课改为“生理及卫生”，教材内容与教学时间增加 1 倍。学校每年还组织学生到附近各乡镇，指导民众卫生。

1951 年，政务院作出《关于改善各级学校学生健康状况的决定》，明确要求“各级学校内设保健委员会或适当人员，负责积极改善学校卫生及医疗工作，有计划地进行卫生教育，养成卫生习惯”。1952 年，群众性的爱国卫生运动在全国开展。1954 年，教育部、卫生部、国家体委下达《关于开展学校保健工作的联合指示》，对学校成立保健组织、开展保健工作作了明确规定。桐城中学加强了卫生工作力度：改进膳食，重视饮食卫生；成立校医室，沿主治医师 1 人，后又增沿护理 1 人，负责学生疾病医疗、管理环境卫生及指导膳食等工作；设女生指导员，加强女生的保健指导；大力开展爱国卫生运动，发动师生消灭“四害”，改善卫生环境；定期进行大扫除，保持清洁卫生；在附近山地和校园内开展绿化活动；在上好生理卫生课同时，每学期集中进行两次以上卫生健康教育；严格执行作息制度，保证学生有足够的睡眠与休息时间；开展制定个人卫生公约及公共卫生制度的活动，使学校卫生工作制度化、经常化；落实“预防为主”的方针，组织医务人员，给学生定期注射疟疾、天花等疫苗。1962 年后，学校强调劳逸结合，减轻学生课业负担；定期对学生进行身体健康检查；添置医疗器械、药品。“文化大革命”期间，学校医务卫生组织被破坏，卫生工作一度停顿。1973 年后，学校卫生工作开始恢复，逐步建立各项卫生制度，卫生工作又逐步开展起来。

改革开放后，国家把卫生工作列为精神文明建设的一项重要内容，深入开展“五讲、四美、三热爱”活动，加强学生的“讲卫生”意识。20 世纪 80 年代，桐城中学的卫生工作走向正常化、制度化、规范化。卫生课程纳入生物学科开设，学生卫生值日制度也日益健全。学生以班级为单位，除了负责各自班级的教室、寝室卫生清洁工作外，还相应承担校园内一片环境区的卫生清洁工作。1982 年，学校被评为安庆地区先进卫生单位。1983 年，桐城中学被评为桐城县第二个“文明礼貌月”先进单位。省教育厅、卫生厅、体委、六安行署教育局等单位十余人来我校检查验收对体育、卫生两个《暂行规定》的落实情况，评为“良好”，发给合格证书。1984 年，桐城中学被评为安庆地区爱国卫生先进单位，并荣获爱卫会授予的奖状。

20 世纪 90 年代，学校一方面努力提高学生的卫生意识、加强学生的卫生工作，另一方面大力整治校容校貌。1994 年，学校被县文明委评选为 1994 年度县级文明单位；被安庆市政府命名为“花园式单位”。1995 年，学校被评为安徽省贯彻《学校体育卫生工作条例》先进学校。1999 年，学校被评为安徽省学校体育卫生先进集体。

进入 21 世纪，校园卫生被纳入学校文明创建工作中，学校不断加强卫生工作的力度。通过教室、寝室管理制度明确学生的卫生值日义务，教室、寝室卫生由各班级负责，每天打扫，团委会和政教处组织学生值周检查评比，在每周一晨会上通报，作为评选先进班集体的依据之一。教寝室以外的环境卫生面向市场，由物业公司承包，负责打扫操场和外围保洁（负责室外卫生），承担教学楼、科技大楼、行政楼（逸夫楼）、教研楼、图书楼、学生公寓楼、同康路校区的卫生工作。为充实、更新校医室医务人员，完善校医室设备，学校把半山阁北面、逸夫楼南面一幢平房装修成校医室，总建筑面积 80 平方米，注册资金 5 万元，建立健全师生健康档案，负责新生入学体检、毕业生报考体检及学校各项活动的医疗保障工作。此外，学校积极开展卫生防疫的宣传和落实工作，2003 年抗击“非典”、2009 年抗击甲型 H1N1 流感、2020 年抗击新冠肺炎疫情，使学生的卫生防疫意识空前加强，自我防控防护的能力不断提高。同时学校还在全体师生中大力开展卫生志愿者活动。卓有成效的校园卫生工作有力推动了学校的文明创建，2001 年，学校被评为安徽省花园式单位。2003 年 4 月，学校被命名为“安庆市绿色学校”；12 月，学校被命名为“安徽省绿色学校”。2005 年，学校被评为安庆市文明单位，校园基本达到“六化”（美化、绿化、硬化、亮化、净化、香化）。2009 年，安庆市文明委检查组专程到学校检查验收文明单位创建工作，学校得以高标准通过。2017 年，桐城市住房和城乡建设局授予桐城中学“园林式单位”称号。

第十章　校园文化与校园安全

第一节　校训、校歌、校徽、校风、教风、学风

1902年年底，吴汝纶任堂长，亲撰楹联和匾额，联为“后十百年人才奋兴胚胎于此，合东西国学问精粹陶冶而成”，匾额为“勉成国器”。

1915年初，孙闻园定校训为“勤、慎、信、恕”。

1917年，国文教师王露（字秋如）作校歌：“龙眠钟气，代起人豪，莘莘学子待熏陶，仰止吴公创业劳，勉成国器望吾曹，勤慎信恕，校训孔昭，精神淬砺兮，永夕永朝。”1924年，学校将“勤慎信恕”修改为“忠诚信义”。

1936年，学校确定校徽，取桐叶式，上嵌黄色中字，作钟形。并附有说明：“校徽表一校之精神，固各有所取义。桐子肇封厥成名邑，标以桐叶，盖寓本校建设于桐之意；本校原属中等教育，而中庸之道又为圣哲贤士之所兢兢；黄中央色得居之正，焕然有光，故易曰：君子黄中通理，美在其中而发于事业，此所望于本校学子者至为深厚；钟金质，其声洪越，故诗称：钟鼓于宫，声闻于外，此又所以勉励本校师生，普修其实，不患声闻之不能腾达也。”

1943年，朱伯健出任校长，将校训改为“礼、义、廉、耻”。

90周年校庆时，学校将校歌中“忠诚信义，校训孔昭”改为“德智体美，方针永昭”，后来又恢复为“忠诚信义，校训孔昭”。

1999年5月，学校举行四届八次教代会，通过新时期桐城中学的“校训、校风、教风、学风”：

校训：勉成国器

校风：团结文明　勤奋进取

教风：修德敬业　务实求新

学风：博学慎思　持恒专一

100周年校庆时，学校重新设计校徽，将红日、双手、1902、TZ四个元素组合为一个整体，成钟形。寓意为托起明天的太阳、1902年创校、学校名称为桐城中学等。

第二节　校刊、校报、板报和学校网站

桐城中学师生在宣传爱国思想、学习文化知识的过程中，非常重视报刊的作用，在校园内出版过多种刊物，并充分运用黑板报的形式，开展宣传和教育活动。

抗日战争时期，学校经常组织学生做宣传民众的工作，在校内附设民众学校，成立民众服务处，除组织民众戏剧社、歌咏团和防护团，活跃民众生活外，还在学校图书馆内为民众设立图书阅览室，陈列图书报纸及战时小册子，共计200余种，每日开放。同时定期出版《铜钟壁报》，壁报分文字、图画两种，文字壁报每周出版两期，图画壁报每月出版一期。

20世纪五六十年代，学校学生会学习组在校园创办《人民桐中》板报，内容丰富多彩，形式活泼多样，四块大黑板，用毛笔蘸广告色书写。板报开辟多个专栏，有诗歌、小小说、散文、杂文、评论，并有插图，可谓图文并茂。板报全部由学生投稿、编排、书写，每周一次，常换常新。语文组教师指导学生创办两个文学刊物：初中学生创办《清流》、高中学生创办《后乐》，图文并茂，形式多样，语文教师担任刊物顾问，不仅参与编审，而且撰稿，评点学生习作。

改革开放时期，在团委会、学生会、语文组的指导下，《清流》《后乐》这两种文学刊物越办越红火，极大地激发了学生的创作热情，活跃了校园文化。1980年代，老教师吴世法在校园内创办《文化走廊》《地理新闻》《知识问答》等墙报专栏，形式新颖，内容活泼，图文并茂，深受欢迎。随着学校初中部的剥离，《清流》成为学生的主要文学刊物，多次被评为全国校园优秀期刊同时还获得第二届全国中小学优秀报刊评选最佳校刊一等奖、中国语文报刊协会第20届年会校办报刊一等奖、安徽省首届校报校刊评比一等奖。《桐城报》《桐城文学》《桐城教研》都曾大量转载《清流》的作品。2004年，高二文班学生又创办《半山报》。

班级黑板报集图画、文学、书法于一体，既是思想宣传的阵地，又是学生才艺展示

的重要平台，内容包括学校统一要求和学生自由发挥两方面。

1986 年，学校创办《教学通讯》，开辟《理论学习》《他山之石》《教师论坛》等专栏，成为教师学习与研讨的园地。1999 年，改《教学通讯》为《桐中教研》，继续发挥引领教学研究、教学改革、教学探索的作用，至 2021 年 6 月，已出版 58 期。

2006 年，学校建立桐城中学网站，2018 年改版。桐中网站包括“首页”“走进桐中”“新闻公告”“校史长廊”“校友风采”“师资队伍”“教育教研”“党团文化”等 8 个版面，涵盖了桐城中学各方面的基本信息，是桐城中学对外宣传的重要阵地，也是外界了解桐城中学的重要窗口。2009 年，桐城中学网站获安庆市首届优秀教育网站评比二等奖。

2008 年，学校设立大型电子屏 1 个，宣传先进文化，发布各种信息。

2009 年以来，学校陆续增添宣传展板，宣传党和国家的方针政策、介绍杰出校友、优秀师生、文明创建、卫生创建、历史文化名城创建等相关内容。

第三节　文化氛围

改革开放后，邓小平提出教育要“面向现代化、面向世界、面向未来”；中国特色社会主义新时代，习近平强调坚持把“立德树人”作为教育事业的根本任务。随着校园硬件建设的发展，厚植校园文化土壤、营造校园文化氛围也日益受到重视。

文化精神　晚清及民国时期，专家学者治校，学校注重运用传统文化对学生进行熏陶和激励，1902 年，吴汝纶先生为学堂亲撰楹联和匾额。1906 年，姚永概为学堂撰楹联，文曰：“吴先生为天下人材谋，不得乃施之一乡，其苦心可想；诸君子皆中国神明胄，惟学以竞于万族，看异日何如。”著名维新人士严复为之作跋，文曰：“欧与亚通，知其学足辅吾国之不足者，首桐城吴先生。迹其生平，于兴学瀹民智之事，常出其诚，而于其乡尤挚，亦以嘉惠桑梓，莫大此也。今吴先生以矣，此校岿然。丙午之春，余来安庆，适姚子叔节为此校制楹联，属书，喜其言之先获吾心也，濡笔为书并跋如此。丙午闰四月几道严复。”1908 年，学堂总理马其昶为学堂撰楹联，文曰：“龙眠推皖北山水名区，其间气所钟，今岂异于古；虎视有欧西富强诸国，惟学风大竞，亡可使之存。”1916 年，学校师生兴建一座“爱景亭”，次年教员马翊（马子潜）作记刻石，并撰楹联，文曰：“无限好河山，莫徒为救国空谈，重效新亭名士泣；有时此游息，应还念发人深省，飞来投子晓钟声。”1923 年，原桐城学堂第一任总监阮强老先生听说学校辟山为园，临池立亭，“花木秾郁，迥异旧观”，欣然作楹联，文曰：“池可浴，亭可风，想诸君偕游其间，当寻孔颜乐处；中益精，西益博，愿邃心深造自得，好成欧亚通才。”所有这一切，都使校园文化的底蕴不断夯实。

新中国成立后，学校治理围绕促进学生全面发展而展开。

改革开放以来，学校恪守“勉成国器”的校训，秉持“改革创新、民主管理、严谨治学、科研兴教”的办学理念，把立德树人，为国育才，打造美丽、和谐、人民满意的桐城中学作为中心任务，以人为本，关爱师生，充分调动各方面的积极性和创造性，大力弘扬“勇当大任、志在争先”的桐中精神，形成“团结、文明、勤奋、进取”的桐城中学校风。

从1995年起，桐中开始实施促进学校发展的五年规划。1995年，学校召开第四届教职工代表大会，通过《1995年至1999年桐城中学五年发展规划纲要》。2000年，学校制定《桐城中学2000年至2004年五年发展规划纲要》。2007年，学校召开五届七次教代会通过《安徽省桐城中学五年发展规划(2007年至2011年)》。2012年，学校召开五届十次教代会通过《2012年至2016年安徽省桐城中学五年发展规划》。2017年，学校召开六届二次教代会通过《桐城中学五年发展规划(2018年至2022年)》。2021年，学校召开七届二次教代会通过《安徽省桐城中学“十四五”发展规划》。

教职工面貌及工作作风　晚清和民国时期，学校强调教师要为人师表，为学生树楷模。教师在教学上，一方面注重教材的选择，本着生活教育的旨趣，精选教材，以期所学所修能适应环境，特别注意选取发扬民族意识、民族道德等方面的教材，以适应时代的需要；另一方面不断改进教学方法，坚持以学生为本位，课前重预习，课后重复习，直观教学的教具力求完备，学理教学力求圆满，论理教学先演绎后归纳，期望学生融会贯通，中西结合，达到思想独立应用有方的境界。教师在教学中，或另提参考、或加用图解、或应用实例以便学生掌握全部所学内容；或令学生勤做习题，教师详细批改；或令学生随堂笔记，教师随时调阅，以此督促学生学习。如课堂教学难以收效，学校便安排自修和课外作业。自修由级任导师指导，并随时调阅学生笔记，以收到自修课的实效。课外作业分研究和实习两项，研究分国学、英语、数理、艺术四部，学生根据自己兴趣，力所能及自行组合，课余研究由教师分别给予指导。

20世纪五六十年代，桐城中学教职员工用心血和才智创造了高品质的校园文化氛围。学校领导关心教师、爱护教师、依靠教师；教师之间相互切磋、取长补短，不断掀起读书热潮，学术氛围浓厚；学校树学科带头人，开展比、学、赶、帮、超的教育教学活动。在教学活动中，教师注重提高45分钟的课堂教学质量，课前认真备课，吃透两头，所谓“两头”，一指教材，二指学生；在课堂上做到心中有数，有的放矢；课后作业少而精,既减轻学生负担,又产生举一反三、触类旁通的训练效果。及时总结和推广成功的教学经验,在多年指导高考复习的教学中,桐中教师总结出“理线串点,知识归纳,调查研究,摸底排队”的一套成功经验;在常规教学中,桐中教师总结出教学全过程“精讲多练勤辅导”的教学经验。这一时期,“爱教育,爱学生,爱桐中”成为桐中人一个重要的精神动力,桐城中学的教师几乎没有人在夜间12点以前熄灯睡觉,他们没有星期天,没有节假日。

20世纪80年代后,学校更加注重教师的选拔,在县内外、市内外、省内外乃至国内外广泛招聘学历层次高、业务能力强、教学经验丰富的教师到学校任教。现在学校教师学历全部在大学本科以上。通过实行“青蓝工程”和“3510工程”(3年成长,5年成才,10年成名),学校培养了一大批青年教师成为教学骨干。

进入新时期,学校创新管理机制,加强基层党组织标准化建设,充分发挥党组织的保证监督作用,重视教代会的民主管理作用,推进党务公开和校务公开;坚持民主评议校级领导制度,建立中层管理人员年度目标考核评价方案和民主测评制度,逐步实施中层管理队伍的补员竞争上岗制度;完善以责定岗、以岗定酬、多劳多得、优劳多酬的分配机制;完善学生评教制度、教学人员评价教辅人员和后勤服务人员的评议机制;完善财务管理制度;建立校友定期交流制度;同时大力推进智慧校园的建设和应用;广大教师发扬桐中教师无私奉献的优良传统,认真组织教学,认真答疑解惑,关爱每个学生;运用现代教育技术,改革传统教学方法,优化教学内容,扩大课堂容量,创新教学模式;在总结传统经验的基础上,形成“备课要深、讲课要清、作业要精、辅导要勤”富有桐城中学特色的教育教学经验;实施科研兴师、科研兴教、科研兴校的发展战略,完成了安庆市级、安徽省级、国家级多个课题研究,建立了安庆市级、桐城市级的名师工作室;创办了“半山阁”讲坛,聘请名家来校讲学;形成了“修德敬业、务实求新”的优良教风。

学生面貌和学风 民主革命时期,桐中学生一方面立德修身、潜心治学,“善其学子大其识”;另一方面胸怀祖国,以天下为己任,“整顿乾坤伊谁责”,积极投身反清革命、五四运动、反贿选运动、五卅运动、抗日救亡运动等爱国运动的洪流。

新中国成立后,学校展现出蓬勃向上、积极团结的精神风貌。学生一方面勤奋刻苦学习各门科学文化知识,进行各种科学实验;另一方面广泛参加各项政治运动和社会活动,并开展热火朝天的生产劳动。两方面相加,推动了学校政治、经济、文化各方面全面发展。1959—1961年三年经济困难时期,由于学校农场办得红红火火,粮食、蔬菜、肉食实现自给,师生生活不仅没有受到影响,反而得到不断改善。

“文化大革命”结束后，桐城中学重新被确定为安徽省重点中学，桐中学生响应“攻城不怕坚，攻书莫畏难，科学有险阻，苦战能过关”的号召，如饥似渴地“攻关”各科知识，校园内掀起了紧张忙碌的学习热潮，学生勤奋刻苦，夜以继日，几乎人人都有一盏煤油灯，在学校晚自习熄灯后，继续挑灯夜战，直至午夜，次日又早早起床，过着“三更灯火五更鸡”勤奋读书生活，煤油灯一度成为桐城中学校园文化的标志。

进入21世纪，随着素质教育的全面实施，校园文化建设不断加强，学校更着眼于滋养学生的精神生命和塑造学生的完美人格。校园文化的硬件设施日渐完备，在校园内主干道两侧、教研楼和教学楼前设置宣传栏，矗立起众多整齐划一的宣传展板，它们形式活泼，图文并茂，内容丰富多彩，体现了学校的办学思想和教育品位，包括学校简介、校园规划、党的建设、文明创建、知名校友、模范人物、好人好事、格言警句、校务公开等。楼梯道、教室外走廊墙壁安置宣传牌，既有安全提示，又有名人名言，健康向上，催人奋进，成为传输先进文化、弘扬人文精神的重要载体。更有超大电子屏，能够及时传递各种文化信息，给予学生文化滋养和熏陶。学校激活校园文化元素，充分发掘二野渡江指挥部旧址、左公祠、惜抱轩银杏树、“毋忘国耻”大石碑、校史展览室等校园资源的文化教育功能。校园文化的制度建设不断完善，《安徽省桐城中学学生守则》和《桐中学生一日常规》，对学生在校内、校外、家庭的行为规范作了详细的规定并严格执行，目的在于培养学生树立牢固的规则意识，进而形成对法治社会行为准则合理的自我认识和体验。学校实施《班主任德育工作评比细则》和《班级德育工作评比细则》，培育和践行社会主义核心价值观，不断拓宽德育途径，增强师生的社会责任感，培养学生文明的思想品质和健康的心理素质并开展学风建设，倡导“博学多思、持恒专一”的桐城中学学风。学生的精神文化生活更是丰富多彩，周一晨会国旗下演讲、校园文化艺术节、科技文化节、体育节、元旦联欢会、道德讲坛、演讲比赛、专家讲座、报告会等活动为学生尽情展示个性魅力和生命价值提供了平台，极大地激发了学生的主体性和创造性，崇尚卓越，追求一流，学生的综合素质不断提高。

第四节　文 物 古 迹

“啖椒堂”及“左忠毅公祠”　“啖椒堂”为左光斗故居，位于桐城中学校园东南隅，始建于明朝万历年间。原为三进，前进门楼已毁；中进，明间为堂屋，两侧次间为左右厢房；后进住宅4间。“啖椒堂”历400余年风雨，屡经修葺，中后进保存完好。“啖椒堂”为左光斗父亲所题，其意为人生如啖椒，免不了辛辣苦楚。“啖椒堂”西建有“左忠毅公祠”，简称“左公祠”，共三进，前进门楼已毁，中进和后进为木构架建筑。现存原祠匾额一块，楷书阳刻“左忠毅公祠”，为明朝崇祯皇帝所题。

左光斗（1575—1625年），字遗直，号浮丘。万历三十五年进士，官至右佥都御使。刚正不阿，疾恶如仇，自撰“风云三尺剑，花鸟一床书”条幅，以明心志，谨守节操。天启年间，上书弹劾魏忠贤，被阉党迫害致死。崇祯皇帝即位后，铲除阉党，为左光斗平反昭雪，追赠太子少保，谥“忠毅”。

1985年9月，桐城县人民政府将“啖椒堂”及“左忠毅公祠”列为“桐城县重点文物保护单位”。2004年11月，安徽省人民政府将“左忠毅公祠”列为“安徽省重点文物保护单位”。2022年，学校将“左忠毅公祠”修缮一新并对外开放。

钟楼　桐城中学钟楼位于半山阁东北侧、学校行政楼（逸夫楼）南面偏东处，始建于学堂创立之初，原为砖木结构。底部为边长2.61米的正方形基座，通高13.8米，形似宝塔，古色古香，清秀典雅。钟为纯铜铸造，声传四方，清越洪亮。由于年深日久，钟楼木朽欲倾。学校于1999年在原地仿原形重新修建。钟楼墙体外贴灰色花岗石面，间镶红色仿石砖面。内部墙体施以米色涂料。楼顶为玻形屋面，红色玻形瓦盖。屋盖下方高悬铜钟，四壁通花。2002年在钟楼北侧新建衬墙，长5.5米，东面刻待征楹联上联：“桐中敲铜钟童男童女同上学”，西面刻书法家刘天明书写的桐城中学校歌。

2020年12月，桐城市人民政府将钟楼列为桐城市“历史建筑”。

“毋忘国耻”石刻　1919年五四运动期间，桐城县立中学广大师生积极开展爱国斗争，在校园刻石“毋忘国耻”，以示爱国之志。

半山阁　1923年，桐城县立中学依照吴汝纶先生设计的图纸，在原有校门基址上进行扩建，改校门为二层楼屋，上下各6间，楼上为图书馆，楼下为图画、乐歌、手工特别教室，1924年落成，是为半山阁。

半山阁系两层砖木结构建筑，由楼、阁两部分组成，暗依楼西山墙而建阁，外露东山墙，故名。阁坐东向西，面阔3间，进深1间，2层，仿歇山式顶。小瓦屋盖，屋角设子角梁，飞檐翘角，造型美观。上层为木结构台梁式，北、西、南三面临空，设栏杆扶手，可凭高远眺。山墙中间，有两道券窗，可与东楼隔室相望。两侧各辟一道券门，通往东楼前后楼廊。底层砖砌护墙，南北各开一门。阁东为楼，南北朝向，面阔5间，进深通为1间，两层，两坡顶，小瓦铺盖。东西墀头山墙到顶，前后上下设廊，南北两面四柱到顶。楼下廊壁，各开八面双开长窗，宽敞明亮。阁楼中悬挂吴汝纶“勉成国器”

楷书匾额,及“后十百年人才奋兴胚胎于此;合东西国学问精粹陶冶而成”行楷楹联,鎏金生辉,光彩夺目。半山阁的建筑形式打破了中国古代建筑讲究对称的传统,从东南或东北看,是楼;从西南或西北看,是亭;从西仰望是台;走上楼俨然是阁。半山阁融中国古代建筑楼台亭阁于一体,样式典雅新颖,布局协调自然,近观远望,都令人赏心悦目。中国著名古代建筑专家郑孝燮誉称半山阁“是凝固的音乐,充满着诗情画意”。

1982 年以来,学校对半山阁进行过多次修葺、维护、刷新,是以保存完好。1989 年 5 月,安徽省人民政府将半山阁列为“安徽省重点文物保护单位”。

五洲地图碑 1925 年,桐城县立公园建成,园内因溪穿池,堆石作东西半球,名曰：五洲地图,并勒碑记载其事,方守敦作五洲地图碑文,文曰：

“惟古禹域年万亿,海外九州环历历。
洪荒世远文明辟,宝藏兴焉众生殖。
种族纷纭色其色,圣哲光辉昭八极。
大道为公心莫逆,有园一区纳万国。
缩地为图远可瞧,南北东西恣所适。
善其学子大其识,整顿乾坤伊谁责。
共和十有四载岁在旃蒙赤奋若壮月桐城公园引溪作海造地球形成。
方守敦为铭书石,王紫瑛女士镌刻。”

石柱刻 1925 年(农历乙丑年),桐城县立公园建成后,在园中矗立石柱,为麻条石,高达 4.32 米,顶端呈锥形,底部设基座,位于校园大门入口处东侧。石柱文字由著名书法家及教育家方守敦、方寿衡题写,由石工王紫瑛女士镌刻。石柱四面竖行阴刻两组铭文,西面刻魏体“高峰入云,清流见底,集六朝人文句”,东面刻魏体“杂花生树,群莺乱飞,乙丑三月方守敦书”,南北两面刻篆体“为梁为柱罔不宜,志重远者,不师汝而师谁? 乙丑九月方寿衡铭此十有七字”。

石刻文字寓意深远,揭示了做人、治学的道理,同时激励学子志存高远,奋发有为。“文化大革命”时期,石柱被推倒,断为三截,基座也被拆毁。1982 年学校 80 周年校庆前夕,石柱得到修复,重新矗立。

后乐亭 1925 年始建于桐城县立公园。虽几经变迁,仍留有名迹。“先天下之忧而忧,后天下之乐而乐”是一种崇高的思想境界,亭名“后乐”,意在激励莘莘学子以天下为己任，奋发努力，为国为民。始建时，亭为四角重檐建筑，葫芦结顶，小瓦屋盖，木柱承檐，翘角凌空，圆形柱础，三层台阶，古朴典雅。原匾额为方守敦所书。1982年，学校重新修葺后乐亭，匾额由著名校友、外交家黄镇题写。2000年，学校再次翻修，成为现在模样。2020年12月，桐城市人民政府将后乐亭列为桐城市"历史建筑"。

渡江战役二野司令部旧址　渡江战役中国人民解放军第二野战军司令部(简称渡江战役二野司令部)旧址，位于学校前教学楼西南侧，建于1933年，是一幢高台基的近代建筑，面积231平方米，坐西朝东，抬梁式砖木结构，下为砖石垒砌台基。其面阔1间，进深3间，四周设回廊，宽3尺6寸，回廊16根木柱，垫以四方石柱础；东设大门，南北墙各设5个券窗，两旁设边门；西墙设2个券窗，室内五根硕大七架梁，四角用扒梁与之连接，四坡屋面，小瓦铺盖。整个建筑，经学校多方维修，至今保存完好。曾为学校图书馆，现辟为"二野渡江司令部展馆"，向海内外开放。

1949年4月15日，中国人民解放军第二野战军在此召开师以上干部会议，邓小平传达中共七届二中全会精神，刘伯承号召部队用最大的力量进行渡江作战准备和加强政治思想工作。4月17日，刘、邓向西线部队下达了于21日开始渡江作战的命令，并对所属三、四、五兵团的渡江任务作出部署。4月19日，二野师级首长均至桐城指挥部开会。4月21日，"二野所属部队遵命于17时30分开始炮击，17时55分开始登船渡江"。渡江战役取得全线胜利后，二野司令部于4月28日离开桐城，经合肥、全椒，4月29日抵达南京。(引自《二野大事记》)

1980年，桐城县政府将"渡江战役二野司令部旧址"列为县"重点文物保护单位"；1996年，中共桐城县委、桐城县人民政府将该旧址命名为"爱国主义教育基地"；1999年，中共桐城市委党史办公室在旧址上建立渡江战役纪念馆；2012年6月，安徽省人民政府将"渡江战役二野司令部旧址"列为"安徽省重点文物保护单位"；2021年，学校将"渡江战役二野司令部旧址"及"刘邓首长南下居所"修缮一新并全面开放。

老教学楼　1957年，学校购买银杏树北面姚惜抱先生故居、张望之先生故居、姚氏颐园以及桐城老北门一带土地，由桐城建筑社承建教学大楼，大瓦屋面、砖木结构、2层8间教室。2008年后，学校将这幢教学楼改为行政用房。2020年12月，桐城市人民政府将这幢教学楼列为桐城市"历史建筑"，2022年将其设为"桐城中学校史馆"。

第五节　古树名木

惜抱轩银杏树　桐城中学校园东北隅，曾是桐城文派四祖之一姚鼐故居。乾隆三十九年(1774年)姚鼐辞官回乡,在他书屋“惜抱轩”旁,亲手栽植一棵银杏树,是为“惜抱轩”银杏树。

1957年下学期,桐城中学在购买的姚惜抱先生故居、张望之先生故居、姚氏颐园以及桐城北拱门(老北门)等处的地基上,由桐城建筑社承建的东边后排教学大楼落成。从此“惜抱轩”银杏树便成为桐城中学校园内的一棵树。

“惜抱轩”银杏树从栽植至今已历240余年。树围2.8米,树高21米,树冠40平方米。远看郁郁葱葱,重重叠叠;近观主干修直,侧桠遒劲,枝叶疏朗有致,密而不杂。

1988年5月,桐城县人民政府将“惜抱轩”银杏树列为“桐城县重点文物保护单位”。2001年秋,桐城中学在银杏树周围营造草坪,矗立大石刻,勒石立碑,加强保护。2014年7月,安徽省人民政府将姚鼐手植银杏树列为“安徽省名木”。

校园内还存有三棵树龄在80年以上的银杏树,分别散落在学校大门楼西北侧、渡江战役二野司令部旧址东南侧桐溪塥边、半山阁东南侧。2019年7月,桐城市人民政府将学校大门楼西北侧、半山阁东南侧银杏树列为“桐城市四级古树”,由学校负责养护,编号分别为40095、40098。

紫藤树 别名藤萝、朱藤,生长在学校半山阁的西北侧,树龄已超过140年。

当年吴汝纶先生创办桐城学堂时,在校园西侧亲手栽种两棵树:一株翠柏,一株紫藤,相隔丈许。翠柏挺拔向上,凌霜傲雪,四季常青;紫藤虽不能四季常青,但韧性顽强,生生不息,善假于物,枝繁叶茂。先生植此二树,意在启迪做人和求学的道理,用心诚为良苦。

“文化大革命”期间,紫藤攀上翠柏,竟将翠柏缠死,因此今天此处只剩下身如巨蟒、曲折盘旋、枝条遒劲、生生不息的紫藤。每年春季,紫藤花发,密密繁繁,靓丽耀眼,接着便是枝繁叶茂,绿荫如盖。恰如李白赞美紫藤的诗句:“紫藤挂云木,花蔓宜阳春。密叶隐歌鸟,香风流美人。”为了更好地保护紫藤,学校用钢筋混凝土搭起支架,让它自由生长。2019年7月,桐城市人民政府将桐城中学紫藤树列为“桐城市三级古树”,由学校负责养护,编号为30016。

桂花树 每年国庆节期间,农历八九月间,偌大的桐中校园总是弥漫着一股沁人心脾的花香,使人神清气爽,令人流连忘返,这就是桂花。

校园内百年以上的桂花树现存有5棵,分别散落在科技大楼广场西南侧、半山阁南侧、北侧、逸夫楼北侧、刘、邓首长南下故居院内。其中科技大楼广场西南侧的桂花树,树龄已达130年。2019年7月,此树被桐城市人民政府列为“桐城市三级古树”,由学校负责养护,编号为30015。

其他古树名木 2019年7月，被桐城市人民政府列为“桐城市三级古树”、由桐城中学负责养护的校园古树还有：

渡江战役二野司令部旧址东南侧桐溪塥旁边皂荚树，别名皂角，树龄210年，编号30014；

学校假山南侧青冈栎树，别名青冈，树龄160年，编号30019；

学校假山北侧、桐溪塥北岸朴树，别名霸王树，树龄130年，编号30018；

紫藤树西侧主干道上白玉兰树，别名玉兰，树龄130年，编号30017；

学校假山南侧主干道边重阳木树，树龄130年，编号30023；

学校假山东南侧主干道边侧柏树，别名柏枝，树龄110年，编号30024；

半山阁南面半月池边重阳木，树龄110年，编号30022。

2019年7月，被桐城市人民政府列为“桐城市四级古树”、由桐城中学负责养护的校园古树还有：

渡江战役二野司令部旧址东南侧皂荚树北面重阳木，树龄85年，编号40097。

半山阁南面半月池边喜树，树龄50年，编号40099。

第六节 校园安全

措施 桐城学堂自建立之初，就非常注重保护学生安全，吴汝纶先生强调实行7日为一周，师生每日教学时刻必以6小时为限，“不得再多，致生羸疾”。民国时期，学校师生多次举行抗议反动政府迫害进步学生的正义斗争。新中国成立后，经过人民政府的大力整顿，社会秩序出现前所未有的安定局面，一段时间内，校园安全得到保证。改革开放以后，学校非常注重安全工作，1989年，学校行政机构增设政教处，主管安全工作。

21世纪以后，随着社会经济的发展、科学技术的进步及全球化进程的加快，交通、消防、游泳、用电、用气、饮食、运动、地震、盗窃、网络等校园安全问题越来越突出，以人为本、关注生命安全成为时代要求，安全工作在整个学校工作中越来越重要。学校成立了“社会治安综合治理”工作领导小组、普法工作领导小组、消防安全工作领导小组、突发事件应急处理小组等，学校领导班子成员担任组长、副组长。定期召开安全工作会议，树立“安全第一”意识。根据有关法律法规制定和完善了一系列规章制度，如《桐城中学安全管理制度》《桐城中学消防安全管理制度》《桐城中学财产安全管理制度》《行政人员值班制度》《班级值周制度》等，为创建平安校园提供了组织领导和制度保障。

学校整合各种资源，充分利用黑板报、墙报、展板、广播站、校园网、宣传栏等，开展经常性和专题性的法制安全宣传教育活动。同时利用班会、课堂、讲座、演讲比赛、征文比赛等，对全校师生进行法制及各种安全教育，强化意识，规范行为。编写《学生安全教育读本》，内容包括"交通安全教育""消防安全教育""游泳安全和预防溺水教育""安全用电教育""饮食卫生安全教育""体育运动损伤的预防与处理""安全使用液化气""防震减灾教育""校园防盗教育""女生自我保护教育""网络安全教育""诚信与考试"等，做到学生人手一册，加强对学生的安全教育。同时，学校积极联系家长，家校合作加大安全宣传及安全教育力度。

学校开展安全演练系列活动，举办安全知识讲座和安全知识竞赛，通过班主任管理、行政值日、班级值周、物业管理、门卫管理，形成全方位管理机制，加强对教室、寝室、食堂、仓库重地等进行巡查、检查和排查，防患于未然。

学校不断加强全校师生的思想道德建设，特别是师德建设，要求教师树立良好的师德形象，依法立教，依法施教，以良好的师德形象和人格力量去影响学生；加强学生思想道德建设，用"三好"规范学生行为(在校做个好学生、在家做个好孩子、在社会做个好公民)，培养学生自律自强的精神；对家庭贫困学生、留守学生、有心理障碍的学生，实施"关爱工程"，从生活上、思想上、心理上去关爱他们，用心教育，用情抚慰，用言导行，帮助他们树立自尊心、自信心，促进他们健康成长。

2008 年 9 月第四周是全省中小学生道路交通安全宣传周，为进一步强化我校学生道路交通安全教育，增强交通安全意识和自我保护能力，培养他们自觉遵守交通法规，最大限度地预防和减少学生道路交通事故，学校开展了一次"交通安全记心中"主题征文活动，共收到征文 48 篇。

2009 年 3 月 30 日是第 14 个"全国中小学生安全教育日"，学校通过悬挂横幅、电子大屏幕、晨会、宣传栏、黑板报、召开主题班会等形式进行宣传教育活动，并把第九周(3 月 30 日—4 月 3 日)定为全校师生安全教育周，以创建"平安、健康、文明、和谐校园"为主题。安全教育周期间，学校重点对学生进行交通安全、饮食安全、预防传染病、用电安全、防火、防煤气中毒、防楼梯踩踏、心理健康以及珍爱生命等方面的安全常识教育。6 月，学校召开安全工作专题会议。对学生进行"六防"教育，即"防校园暴力事件、防外来不法分子对师生伤害事件、防交通事故、防溺水事故、防中毒事件、防火灾事故"。

2010 年暑假期间，学校扎实推进校安工程建设并如期竣工。2010 年是实施“五五”普法规划的检查验收年，也是“12・4”全国法制宣传日设立 10 周年。12 月 3 日，学校邀请市公安局法制室江曾海来校举办法制教育报告会。

2011 年 5 月下旬，学校在全体师生中开展“珍爱生命，预防溺水”为主题的专项教育活动。学校利用国旗下讲话、校园广播、宣传栏、班会课、黑板报、印发《游泳和防溺水安全常识》资料、组织学生观看防溺水教育宣传片等多种形式，让学生了解更多的安全游泳知识，以及在遭遇溺水时懂得如何自救或救助他人，教育引导学生在夏季出行和游泳时应树立自我安全防范意识。另外，学校还通过“防溺水告家长书”、家长会等形式，开展家校合作，共同加强对学生安全的监管和保护，坚决杜绝溺水事故的发生。

2012 年，学校广泛开展学生防震减灾知识科普宣传活动，利用宣传栏、报廊、校园网、广播站、电子显示屏、黑板报、墙报等平台刊登防震减灾方面的知识、图片，免费向学生发放防震减灾知识的明信片近 4 000 份以及《学生安全教育读本》近 4 000 册；开展一系列以“防震减灾”为主题的实践活动，组织学生进行“防震减灾知识”竞赛；各班级开展“三个一”活动（出一期黑板报、开一次主题班会、写一篇主题文章）。

2013 年，学校组织开展“安全知识讲座”“地震、火灾应急逃生演练”以及“安全知识竞赛”等一系列活动。学校经过层层选拔，评选出 5 名校园之星参加桐城市中小学生安全知识竞赛。

2014 年，学校开展“安全生产建设年”活动。1 月，学校制定了“安全生产建设年”活动实施方案，全面总结 2013 年学校安全工作，认真部署 2014 年度安全工作。5 月 12 日是全国第 6 个“防灾减灾”日。当天下午，政教处邀请桐城市消防大队一行 11 人来校举行“消防知识”讲座，开展消防、地震应急疏散演练，并演示液化气瓶起火应急处置方法。10 月 14 日，学校政教处召开校园安全专题班主任会议，要求努力做好学生上学及放学交通安全、住宿生寝室安全、学生体育运动安全、学生心理健康及生命安全等安全防范工作，牢固树立“安全第一”的思想。

2015 年 5 月 11 日，学校政教处邀请桐城市消防大队一行 10 人来校开展讲座和演练活动。9 月 1 日，市委、市教育局领导来校检查指导新学期开学及校园安全工作。10 月 14 日，政教处主持召开校园安全专题班主任会议，要求全体班主任牢固树立“安全第一”的思想并对校园安全工作进行再布置、再落实。

2016 年 2 月 25 日，安庆市消防安全检查组来校检查校园消防安全工作。桐城市消防大队、桐城市政府办、桐城市教育局、文昌办事处相关负责人陪同检查。检查组一行深入到学生公寓楼仔细检查消防设施是否完备和消防疏散通道是否畅通，查看灭火器是否能正常使用，深入细致了解学生的住宿情况和夜间值班情况。4月27日，政教处主持召开校园安全专题全体班主任会议并邀请桐城市消防大队程参谋对全体班主任进行消防知识培训。9月3日，在高一新生军训总结大会后，政教处邀请桐城市消防大队来校做消防知识讲座并开展消防、地震应急疏散演练。10月，学校开展创建“零犯罪学校”活动。12月1日，桐城市检察院韦奇兵检察官应邀来学校做法治报告。

2017年3月1日，政教处主持召开校园安全专题全体班主任会议。4月20日，学校召开校园安全大排查大整治全体班主任会议。4月22日，安庆市安全生产第一巡查组在安庆市纪委常务副书记、监察局局长、巡查组组长胡蜡香率领下来校检查校园安全工作。巡查组首先检查学校食堂，详细了解食堂管理制度，仔细查看食堂的卫生状况和消防设施；接着深入到学生公寓楼查看学生住宿安全情况，查看灭火器生产日期，消防应急灯能否正常使用；还仔细查看了学校各项安全管理制度和措施，详细询问学校开展地震、消防应急疏散演练情况。9月8日，在高一新生军训总结大会后，政教处邀请桐城市消防大队来校做消防知识讲座。12月5日，学校再次邀请韦奇兵检察官来校做法治报告。本年度，学校在科技大楼建危险化学品管理室；购买易燃易爆药品、酸碱腐蚀品、剧毒品等药品专柜；安装视频监控、防盗门、窗户防盗网等；设危险废弃物储藏室。

2018年，学校启动“平安校园”创建工作。高一学生军训期间，桐城市红十字会组织志愿者来我校开展2018年“世界急救日”宣传活动。活动现场，志愿者向我校师生宣传无偿献血、造血干细胞捐献、器官(遗体)捐献等相关知识并结合日常生活中经常遇到的交通安全问题，引导全体师生树立安全出行理念，从受保护人群和实施救护人群角度，讲解了交通伤害的预防措施和现场应急处理方法。志愿者还示范并讲解徒手人工心肺复苏术、头皮裂伤加压包扎术、脊柱骨折简易固定搬运术、股骨骨折固定术等常见急诊的应急救护技能，并邀请学生积极参与演练。9月8日，政教处邀请桐城市消防大队来校做消防知识讲座并开展消防、地震应急疏散演练。10月15日，政教处邀请桐城市交警大队来校举办交通安全专题讲座。12月5日，学校邀请桐城市人民检察院韦奇兵检察官来校做法治报告，对我校青少年学生进行普法教育并讲授青少年预防犯罪以及防止非法侵害等知识。

2019年1月，安庆市教体局副局长王良宜来校检查实验室安全管理及危化物品管理工作。2月，学校多措施并举抓实扫黑除恶专项斗争工作。3月4日，学校邀请桐城市检察院党组书记、检察长欧阳水根及人民检察院检察官助理黄玉佩来校做法治专题讲座，并由桐城电视台进行现场直播。9 月 8 日，桐城市消防支队宣讲教官前来我校开展了消防安全知识专题讲座。9 月 21 日，学校召开安全工作会议。12 月 4 日，学校举办“做学业情绪的主人”心理健康教育专题讲座，在高一学生中宣传普及心理健康知识。

2021 年 4 月 30 日，学校开展校园安全隐患大排查。本次排查在校党委书记汪习军的带领下，党委班子全体成员联合政教处、教务处、总务处、保卫科等部门，集中对我校的学校大门处、教学楼、桐溪塥工地、食堂、学生公寓等重点区域进行安全排查。9 月 4 日，学校举行应急疏散演练和急救知识宣传教育活动。

成效　由于工作细致、措施得力，时刻将安全教育作为学校工作的主体来抓，近年来，桐城中学无一起安全事故发生，受到社会各界和广大家长的赞赏。2011 年 7 月 3 日，安徽省委常委、省委政法委书记、省公安厅厅长徐立全来学校调研基层平安创建工作，对学校创建工作给予充分肯定。2013 年，桐城市举行中小学生安全知识竞赛。桐城中学荣获“优秀组织单位”奖，校团委书记葛志荣获“优秀指导老师”奖，学生杨超(214 班)荣获一等奖，陈建(214 班)荣获二等奖，许晶(218 班)荣获三等奖。2016 年，安庆市消防安全检查组来校检查校园消防安全工作，对学校消防安全工作给予充分的肯定。2017 年，安庆市安全生产第一巡查组在安庆市纪委常务副书记、监察局局长、巡查组组长胡蜡香率领下来校检查校园安全工作，对学校校园安全管理给予充分的肯定。2017 年，学校参加桐城市第三届“关爱明天，普法先行”青少年普法教育活动暨创建全国青少年普法示范区活动取得圆满成功。中国关工委、司法部、中央综治办授予桐城市委、市政府全国“青少年普法教育示范区”牌匾，将桐城中学评为“全国零犯罪学校”，学校政教处主任方钊莹被评为先进个人，学校受到桐城市委和市政府的表彰和嘉奖。2017 年，安庆市教体局与安庆市公安消防支队授予桐城中学“安庆市消防安全教育示范学校”称号。这一年，安庆市地震局、安庆市教体局、安庆市科协授予桐城中学“安庆市防震减灾科普示范学校”称号，并给予 5 000 元作为示范创建奖励。2019 年 12 月 4 日，桐城市平安建设工作领导小组办公室牵头教育局、公安、消防、市场监管四部门来校进行市级考评验收。考评验收按 4 个环节依次进行，首先听取学校创建“平安校园”工作汇报，接着详细查阅学校平安校园创建工作资料，随后实地查看学校食堂、微型消防站、监控室、门卫办公室，最后对学校创建平安校园工作进行了反馈，肯定我校校园安全风险防范工作到位，校内外环境、校舍及设施设备安全、消防安全、食堂食品安全工作等都做了认真细致的布置和管理，为争创安庆市平安校园打下了良好的基础。2020 年 5 月,市教育局、市委政法委平安建设工作领导小组联合下发通知,授予桐城中学 2019 年度桐城市“平安校园”称号。

2020 年 1 月 26 日,副校长曹向东组织召开专门会议部署新冠肺炎疫情防控工作,并于当日成立防控新型冠状病毒感染的肺炎疫情领导小组。防控领导小组明确了校内各部门分工方案及联动机制,制定了疫情防控预案,分类指导防疫工作,并立即通过微信群发布信息,提醒师生做好自我防护、减少出行。根据上级教育主管部门要求,1 月 27 日,学校发布《关于推迟 2019—2020 学年度春季学期开学时间的通知》,要求全体学生务必不得提前返校,并取消了校友回校及外来人员参观访问等人员聚集类活动,暂停校园参观和图书馆开放。同时,学校加强了校门管理和各部门值班值守,加强值班人员配备。1 月 30 日,学校召开新冠肺炎疫情防控工作推进会,重申组织部和上级教育主管部门的指导要求,发布《桐城中学关于新型冠状病毒感染的肺炎疫情防控倡议书》和《关于因寒假延期指导高三学生在家学习的倡议》。学校自 1 月 30 日起,每天安排两位党员教师佩戴党徽、亮明身份,驻守在无物业管理的滤清器厂宿舍小区门口,为夺取疫情防控战的胜利贡献力量。5 月 25 日,学校召开 2020 年度桐城中学校园安全重点工作会议,布置 2020 年度校园安全工作任务,重点突出疫情防控和预防溺水工作。会上每一位班主任现场签订了《桐城中学安全责任书》。6 月 19 日,针对校园安全工作形势和校园安全管理工作,学校专门召开校园安全工作会议,进一步明确了校园安全管理的工作重点,强化了相关人员的责任意识。11 月 10、11 日,学校组织学生开展禁毒知识竞赛活动。11 月 12 日,政教处、保卫科连同各年级开展对学校附近租住陪读家庭学生安全工作检查。了解租住房屋安全情况,进行消防安全隐患排查,并发放《桐城中学关于加强校外住宿生安全工作——致全体校外住宿生家长的一封信》,宣传消防安全知识,同时针对近期疫情防控工作对学生家长进行宣传教育。11 月 19 日,学校开展冬季校园消防安全隐患大排查。本次排查由政教处牵头,联合教务处、总务处、保卫科等部门,集中对学校的危化物品保管室、食堂、学生公寓等防火重点区域进行排查。在学生公寓楼前,校保卫科组织全体宿管人员进行了一次灭火演练,现场讲解灭火器的使用方法,让每一位宿管人员实际操作使用灭火器,以提高处置火灾突发情况的应急能力。12 月 4 日,学校邀请桐城市人民检察院党组书记、检察长欧阳水根和人民检察院检察官助理赵慧作法治教育报告,对《中华人民共和国民法典》进行详细深入解读。法治教育报告会由桐城市融媒体中心进行现场同步直播,近 3 万人在线观看。

第十一章　人　物

第一节　历任主要负责人

吴汝纶

第一任：吴汝纶　1902 年 10 月—1903 年 2 月任桐城学堂堂长。

吴汝纶(1840—1903 年)，字挚甫，桐城人。清代著名教育家，桐城派后期重要作家之一。

吴汝纶出身贫寒，但勤奋好学。同治三年(1864 年)中举人，翌年中进士，授内阁中书。当时曾国藩为直隶总督，看中了吴汝纶的文章，赏识他的才华，便执意要吴汝纶留下做幕府，与张裕钊、黎庶昌、薛福成被称为“曾门四弟子”。后参李鸿章幕，掌奏议。先后任河北深州、冀州、安徽寿州知州。但他自幼即鄙弃世俗，又目睹官场腐败，一心想脱离政界，从事教育。光绪十五年(1889 年)，保定莲池书院山长张裕钊返武昌，吴汝纶辞官从教，任保定莲池书院山长。光绪二十八年(1902 年)，清廷诏开学堂，经督学大臣张百熙荐举，授吴汝纶五品衔，充京师大学堂总教习。同年五月，吴汝纶赴日本考察学制，于九月归国，在故乡创建安徽省第一所普通中学——桐城学堂。

吴汝纶重视教育，不畏权势。在深州时，下令没收豪绅所侵占的学田 1 400 余亩，作为开办书院的经费来源。书院建成后，吴汝纶亲自讲课，以致“民忘其吏，推为大师”。在冀州“锐意兴学”，以教育推动地方政事。因此，深、冀两州的教育事业发展迅速。

吴汝纶为桐城派作家，但不固守桐城家法，力主废科举、办学堂，学习西方科学知识。他认为“人才之兴，必由学校”。“吾国旧学实不敷用，非有实本领，不足与外人相抵”。因此，他不顾年老体衰，远涉东瀛，学习日本新的教育思想。对日本的教育理论、制度、设施和施教方法详加考览，并将考察所得编成堪称我国最早介绍日本教育的专著《东游丛录》。

为了把自己的教育思想变成现实，他回国后在故乡创办桐城学堂，自任堂长，聘请日本友人早川东明来校任教，亲手拟定“桐城学堂招考说帖”“开办桐城学堂章程十七条”等文稿，并亲笔题写“勉成国器”匾额和“后十百年人才奋兴胚胎于此，合东西国学问精粹陶冶而成”的楹联。

吴汝纶学渊业勤，著述丰富，尤精于评点校勘。著有《易说》2 卷、《写定尚书》1 卷、《尚书故》3 卷、《夏小正私笔》1 卷、《文集》4 卷、《诗集》1 卷、《尺牍》5 卷、《深州风土记》22 卷、《东游丛录》4 卷、日记 12 卷，以及点勘若干卷。

阮　强

第二任：阮强　1903 年 2 月—1904 年 2 月任桐城学堂总监。

阮强(1845—1927 年)，字仲勉，为明御史巡按阮鄂后裔，世居桐城刓山(今属枞阳县)，至阮强始移居西乡双港铺。

阮强于光绪初年举孝廉方正，力辞不受。光绪十一年(1885 年)，清政府在台湾设立行省，任命安徽合肥人刘铭传为第一任巡抚，阮强应刘铭传之聘，与同里高仲撰一起渡海至台湾，主讲台湾书院，历时 3 年。刘铭传欲荐举他为官，阮强婉辞不就。任教期满将要返乡前，刘铭传特意遣人以巨资暗置于阮强行囊中，被阮强发现，坚拒不受。其后客游四方，以授徒为业。甲午年(1894 年)，国势艰危，阮强与一班文士齐集京师，议论国是，名气益增。光绪二十二年(1896 年)，与黟县胡元吉同为安庆敬敷书院山长。光绪二十九年(1903 年)春，继马其昶而为桐城学堂总监，秉承创办者吴汝纶先生“无古今，无中外，唯是之求”的遗志，悉心培养“济世人才”，力主招收文理畅雅、识见通明的学生入校，导之勉成国器。光绪三十二年(1906 年)，阮强为发展乡邦教育，在原天城书院旧址，创办公立天城高等小学堂。宣统元年(1909 年)与同乡李光炯创办芜湖女子公学，亲任校长，为妇女解放事业开辟新路。民国八年(1919 年)又与李光炯、卢仲农、光明甫、江彤侯、朱蕴山等筹办私立芜湖职业学校，采取半工半读形式，开设染织、机械两科。同年，五四运动爆发，阮强时任芜湖省立第二女子师范学校校长，他主动加入以李光炯、光明甫、刘希平为核心的安徽省中等以上学校职员联合会，在该会开展的各项斗争中，凡须发表文字宣言，皆自告奋勇领衔签名。军阀陈调元因此派人将他叫去，厉声威胁阮强不要多管闲事,否则恐有性命之忧。阮强拍案而起:"我八十老翁何所求,不过代表人民说几句话而已,有何惧哉!"陈调元为之语塞,不敢妄动。

阮强天性恬淡,质朴平易。居乡间时,每遇贫困饥寒者,总是周济衣食,乡人称其为"阮好人"。同乡施普对他十分敬仰,常以其美德教育子弟。阮强在任第二女师校长时,每逢开学,必盛宴款待全校教师,席间亲自为教师们拂座斟酒,如敬宾朋,师生们誉之"阮贤人"。民国十一年(1922 年),阮强因年老力衰,辞去教职,定居安庆。次年 8 月,闻桐城中学新建图书馆,又辟山为园,临池立亭,欣然撰联勉励:"池可浴,亭可风,想诸君偕游其间,当寻孔颜乐处;中益精,西益博,愿邃心深造自得,好成欧亚通材"。阮强曾著诗文集若干卷,今已散佚。

马其昶

第三任:马其昶 1904 年 2 月—1911 年 2 月任桐城公立中学堂总理。

马其昶(1855—1930 年),字通伯,晚号抱润,桐城人。桐城派末期重要作家、著名学者。

马其昶出身于翰墨世家,少从家学。父亲马起升乃硕学通儒,为其讲授古文辞,要求极严。稍长,受业于方东树、戴钧衡,后师事桐城派作家方宗诚、吴汝纶,学问大长,文章益工。经吴汝纶介绍就教于武昌张裕钊,请先生游京师,又与郑东甫、柯风荪等人交友,名声渐传。光绪二十一年(1895 年),讲授经学于安庆藩司署中,光绪二十三年(1897 年)主讲庐江潜川书院,光绪二十七年(1901 年)讲授经学于合肥李仲仙家,光绪三十年(1904 年)力襄吴汝纶办学,后出任桐城中学堂总理。光绪三十四年(1908 年),清廷诏举人才,经安徽巡抚冯煦推举赴京任学部主事,充京师大学堂教习,辛亥革命后,曾任总统府参政,民国五年(1916 年),应聘为清史馆总纂。

清末民国初,马其昶亲历了变法维新和辛亥革命,时势对他的影响很大,在其正统的儒家思想中也有了改良的要求。因此,当窃居中华民国临时大总统的袁世凯倒行逆施,阴谋复辟帝制时,他坚决拒绝袁的拉拢利诱,毅然南归,闭门读书著述。马其昶虽然在政治上同辛亥革命有一定的距离,但他同样有一份强烈的爱国情怀。他曾给桐城中学堂题联:"龙眠推皖北山水名区,其间气所钟,今岂异于古;虎视有欧西富强诸国,惟学风大竞,亡可使之存",明白地表达了兴学是为了国家富强,国家富强了,才可以在欧西富强诸国的虎视眈眈下救亡图存的爱国思想。

马其昶一生勤于治学，为文恪守先师遗法，是桐城派末期的代表人物。30 岁以前，以古文闻名，学者陈三立推为曾国藩、张裕钊而后一人。30 岁以后，专治群经，旁及子史，编纂著述，数十年如一日。著述经类有《周易费氏学》《诗毛诗学》《尚书谊诂》《礼记节本》《大学·中庸·孝经合诂》；史类有《清史稿》《左忠毅公年谱定本》；诸子百家有《老子故》《庄子故》《屈赋微》《金刚经次诂》；自著文集有《抱润轩文集续集》《存养诗钞》《佩言录》。此外，他还醉心乡邦先贤文献，31 岁时即辑成《桐城古文集略》行于世。同时，留心桑梓史料，历 20 余载，采明清史实，录人物百余人，撰成《桐城耆旧传》12 卷，使后人能见明清两代桐城人文之盛。

先生任桐城中学堂总理期间，特别注重培养新型人才，于 1904 年 8 月遴选房秩五等 6 人赴日本留学，学习速成师范；1905 年遴选马光祖等 10 人赴日本留学；1906 年春季选派孙闻园到日本留学，学习理化，秋季选派杨正、朱卓英、尹桐柏赴日本留学，主修铁道工程，这些学生回国后大多成绩显著。

光　昇

第四任：光昇　1911 年 2 月—1912 年 2 月任桐城中学堂监督，下学期未到任，由学监张起元代行职务。

光昇（1876—1963 年），字明甫，桐城人，清末秀才，著名法学家。

先生曾赴日本东京留学，与章太炎、陈独秀等过往甚密，加入同盟会。1911 年学成归国，任安徽省法政学堂教务长，同时任桐城中学堂监督。武昌起义后，出任安徽都督府秘书，创办江淮大学，参与讨伐袁世凯的斗争，失败后成为拘捕对象，流亡上海。

1920 年先生接任省立法政专门学校校长，组织教育界进步人士，成立“安徽省教职员联合会”，与省学联相互支援，向盘踞在安徽的反动军阀展开斗争。1921 年 6 月 2 日，安徽学生联合会组织学生向省议会请愿，反对省督倪嗣冲侵吞教育经费，遭到军阀倪道烺、马联甲的血腥镇压，五六十名学生受伤，省立第一师范学生姜高琦被戳 7 刀死亡，造成震惊全国的“六二惨案”。在军阀残害学生时，光昇闻讯，不畏强暴，火速冲进省参议会，怒斥马联甲，遭到捆打，关进小楼。被人救出后，立即联络安庆各界人士，组成“六二惨案后援会”，动员安庆市人民罢工、罢市、罢课，并通电全国，控诉倪、马罪行，得到各地驰电声援。“六二”学潮持续了 5 年，1925 年春，当局下令通缉“六二惨案”中的主犯，解散省议会，教育经费由 70 万元增至 150 万元。

1925 年，“五卅惨案”发生，教会学校学生激于义愤，纷纷退学，先生在安庆、芜湖参与创建建华、民主和新民三所中学，收容教会学校退学的学生。1926 年 1 月，广州国民党中央委派先生及朱蕴山、沈子修等 9 人为国民党安徽省临时党部执行委员，先生被选为常委，工作中，坚持与我党合作，同国民党右派作针锋相对的斗争。

1927 年，以蒋介石为首的国民党反动派组成“清党委员会”，公开通缉光昇，他避难汉口等地，坚持维护孙中山先生的“三大政策”，不改初衷，一往无前。1932 年，上海发生一·二八事变，十九路军开赴淞沪作战，先生辗转赴沪，任淞沪卫戍司令部长官公署顾问，与日寇展开血战。1938 年，他又长途跋涉，至武汉出席第一届国民参政会。事后，深入湖南省少数民族地区从事抗日救国活动，后至四川省江津县，与沈钧儒等组织“中国民主同盟”。抗战胜利后，先生返皖，任安徽通志馆馆长。新中国成立后历任全国政协委员，安徽省政协副主席，安徽文史馆馆长，安徽省教育厅厅长等职，1963 年病逝。

孙闻园

第五任：孙闻园　1912 年 2 月—1918 年 2 月任桐城县立中学校长。

孙闻园（1880—1970 年），名昊，字闻园，以字行世。桐城人，出身于贫寒的家庭，1907 年毕业于桐城中学堂，后即被选送至日本留学，在弘文学院博物科学习，回国后在安徽省立师范工作。1912 年，桐城县成立教育会，孙闻园当选为会长，同时担任桐城县立中学校长。1921 年应聘安徽省立第一师范教导主任。此后，他历任浮山中学校长、宣城中学教务主任、凤阳中学校长，成为闻名全省的教育家。1922 年 8 月，孙闻园再次担任桐城教育会长和桐城县立中学校长，为校园建设和教学质量的提高作出重要贡献，将低矮的校门扩建为壮观的高大门楼，并扩建图书馆，增加藏书量，将桐城中学建成公园式学校。

1940 年，日寇进犯桐城，县民纷纷逃往西部山区躲避战乱，孙闻园在大山环抱中的黄甲铺筹建省第二临时中学，自任校长，建成校舍 100 多间，设高中部 5 班，初中部 7 班，职业科 1 班，简师班 1 班，在桐西王屋寺三育中学内附设初中班 1 班，招收学生 1 000 余人。一时名流学者 100 余人咸集此校担任教师，中共党员叶桐芬任学校女生指导员和音乐、体育教员。从学生中发展 20 余名中共党员，组建“二临中党支部”，利用暑假组织一批学生去庐江东汤池新四军江北游击队办的教导队学习。同年冬，国民党反共摩擦加剧,叶桐芬率一批学生奔赴无为新四军抗日根据地。孙闻园被迫辞职,隐居山林。抗日战争胜利后,孙闻园被选为桐城县参议长,仍热心乡梓教育事业。

孙闻园从教50余年,桃李满天下,黄镇、朱光潜、马茂元、舒芜等人都是他的学生。1949年初,孙闻园就养于次子、武汉大学教授孙祥钟处,旋任武汉市人民政府参事,1970年7月,病逝于武汉,年90岁。

第六任:吴汝澄 1918年2月—1919年2月任桐城中学校长(简历无考)。

马 翊

第七任:马翊 1919年2月—1919年8月任桐城县立中学代理校长。

马翊(1876—1930年),字子潜,桐城人。先生世居桐城县城西后街,幼秉庭训,受家学熏陶,少长从师,未及冠已通六经,诗词歌赋无所不能。1883年,中县童子试第一名,有"小状元"之称。

1902年,吴汝纶先生自日本考察教育回乡创办桐城学堂,于5乡各选1名品学兼优者为学长,马子潜众望所归,被推选为城区学长,力助吴先生创办新学。

桐城学堂开办后,马子潜协助学堂总理马其昶管理教务,并当选为教育会副会长,积极贯彻"合东西国学问精粹陶冶而成"的教育思想,大胆借鉴日本和西方教学方法。在文科教学上,沿用传统的圈点、评注和精读的教学方法,使学生"通其训诂""正其音读""发其精微";在理科教学上,采用"教员口讲,学生静听"的教学方法,还安排时间启发学生演算、实验、自修。在此期间,马子潜与日本籍教师早川东明结为至交,虚心师其教学方法,倡导新的教学之风。二人常于清流环转,绿树飞莺的校园里携手漫步,形同手足。早川东明离桐回国时,马子潜长途送行,依依惜别于金州,临行挥泪赠诗,早川东明亦以诗谢。

马子潜平日憎恶空谈,提倡务实报国。1916年,桐城中学建爱景亭,欣然撰联:"无限好河山,莫徒为救国空谈,重效新亭名士泣;有时此游息,应还念发人深省,飞来投子晓钟声"。1919年,先生任桐城中学代理校长,选聘教师,不拘一格,以才品兼备者为是。先生在桐城中学执教10多年,口说指画,循循善诱,诲人不倦,受其教授成名成家者甚多。朱光潜、方东美、章伯钧等皆出其门。1930年辞世,享年54岁。著有《偶然诗钞》等,毁于抗日燹中。

第八任：张润林　1919年8月—1920年2月任桐城县立中学校长（简历无考）。

第九任：方琛　1920年2月—1922年8月任桐城县立中学校长。

方琛（1878—1945年），号意瑰，桐城人。清末附生，勤奋好学，博览群书，治学严谨，毕生从事教育工作。光绪十五年（1909年）被安徽高等学堂监督（校长）严复聘为国文教习，后省立第一、第四师范聘为国文教员，民国九年（1920年）至十一年（1922年）任桐城中学校长，辞任后，先后任安庆高级中学、六邑中学教员，其间，曾任省议会议员。民国十五年（1926年），任桐城县教育局局长，在任期内，兼以维持桐中校务。抗战期间，虽年老体衰，仍以教育救国的赤诚之心，辗转敌后山区从教，于省立一临中（金寨）、七临中（舒城晓天）为国文教员。

方琛性情端重，待人谦虚笃至，行政勤廉，治校严格，尤重学生的德行教育，导之术德兼修，授课缕析条分，必使诸生知之本末而后止。在任县教育局局长期间，省令桐中停止高中部招生，方琛具文上呈，详述停办高中之危害，终使教育厅核批桐中"准予高中立案"。先生文章简洁，行文讲究义法，亦工于诗词，恶无病呻吟，与教育界名流严复等来往甚密，常相互唱酬。1945年卒。

第十任：孙闻园　1922年8月—1926年8月任桐城县立中学校长（简介见"第五任"）。

第十一任：方希主　1926年8月—1927年2月任桐城县立中学校长，未到任，由教导主任方明溪代职（简历无考）。

李相勖

第十二任：李相勖　1927年2月—1928年8月任桐城县立中学校长。

李相勖（1902—1971年），幼名默如，桐城人。1918年读清华大学附中，1921年考入清华大学教育系，以优异成绩提前毕业，1924年被保送到美国加利福尼亚大学主修"中等教育研究"，1927获硕士学位。

回国后任东南大学教授2年，后来历任桐城中学、安庆第一中学、上海浦东中学等校校长。民国二十五年（1936年），任职上海交通大学。次年应陈嘉庚之聘，前往厦门大学任教授及文学院院长。不久，日军进攻厦门，先生与妻子转徙内地。是年8月，任安徽大学教授。次年 11 月，安大因战事解散，先生遂往广西任桂林中山纪念学校校长。1938 年 7 月，调任广西靖西中学校长。此后，历任浙江大学教授，安徽大学教授，安徽学院院长等职。国民党政府将逃往台湾时指令各高等院校校长集中南京，飞往台湾，先生拒不肯往，留在祖国大陆继续任教。新中国成立后，先后任湖北教育学院、湖北师范学院教授。1952 年院系调整，由湖北教育学院并入华中师院（今华中师大）。他在向组织汇报思想时，谈了浙大教授费巩（袁世凯的孙女婿）被国民党特务暗杀一案，后被公安部拘留又释回，从此陷入该案，后病逝于华中师院，终身没有下结论。袁家骝（袁世凯的孙子）、吴健雄夫妇访华后，公安部确认此案和李相勖无关。

李相勖著述颇多，与他人合著有《训育论》（商务印书馆 1935 出版）、《课外活动》（商务印书馆 1936 出版）、《课外活动的组织与行政》（商务印书馆 1936 出版）、《德行竞赛》（正中书局 1945 年出版）等著作。还和他人合译有《教育研究方法》（C. V. GOOD 著，商务印书馆 1939 年出版）、《经验与教育》（杜威著，文通书局 1941 年出版）等译著。著作和讲稿多散失，仅有《中等教育》一书尚存。

第十三任：方琛、张起元、朱宗武　1927 年 8 月—1928 年 2 月共同维持校务。方琛代表教育局、张起元代表教育会、朱宗武代表教职工。（方琛简介见“第九任”；张起元时任桐城县教育会常务干事，简历不详；朱宗武简介见本节“第二十四任”。）

第十四任：周易　1928 年 2 月—1930 年 2 月任桐城县立中学校长（简历无考）。

施　普

第十五任：施普　1930 年 2 月—1930 年 8 月任桐城县立中学校长。

施普（1884—1976 年），字括乾，祖居桐城白马楼。18 岁时考入桐城中学堂附设师范班，1905 年毕业，以优异成绩公费留日，入早稻田大学理科深造。用日文写成《代数》一书，在日本出版。1909 年毕业回国，先后在安庆第一师范学校、西安师范学院、宣城第四师范学校、芜湖第二女子中学、凤阳第五师范学校、寿县女子中学、武昌高级中学、安庆六邑中学、桐城中学、庐江中学、浮山中学任数理化教员。

施普寡交游，交必有道。1910 年于西安师范学堂任教，结识革命党人章质夫，常与之畅谈救国大事。不久，章质夫被清吏侦捕杀害，先生悲愤交加，夜至其墓拜奠，于墓前插以木板，上书“歼我良人”。清吏发现后，布告侦缉，先生为避祸计，乃出子午谷到汉中，学生护送者10余人。行至木瓜洲，脱离险境，与学生依依惜别，当即口占四句："汉水东南流，同乘一叶舟，而今秦逐客，已过木瓜洲"。

1930年，施普任桐城县立中学校长。接任后，力求提高教育质量，尤重理科教学，常召集理科教师，共商提高学生对数、理、化的运算及实验能力。并说我中华屡遭列强侵掠，辱国丧权，乃因长期尊孔读经，不尚新科学所致。教导学生发愤学习，"师夷人之长技以制夷"。

1941年起，年老家居，为家乡青年开设讲习班。新中国成立后任安徽省文史馆馆员、枞阳县政协委员，1976年9月11日，偶疾逝世，享年92岁。

第十六任：张屏丞　1930年8月—1932年2月任桐城县立中学校长。

张屏丞（1878—1940年），字子偕，号家翰，桐城人。清光绪二十九年（1903年）留学日本，攻读数理。回国后，执教于安庆高等学堂，后供职于浙江实业银行。1924年春，被省教育厅委为宣城师范学校校长，任期2年，成绩显著。

1930年8月，桐城绅耆力举张屏丞为桐城中学校长。他受命后，遴聘德才兼备的教师，严格整顿校风，严肃校纪，引导学生致力学习，以为社会有用之才。同时，请准县府召开槽务会议，维护桐中办学的田课附加2分的原议。并筹资增购理化仪器，设置了图书馆，使学校教学成绩增进，校声大振，四方学子，纷来报考。当时，他已年过半百，身体衰弱，因病于1931年冬辞职。病愈后，受聘于安庆高中、浮山中学任校董、校长等职。

1938年秋，避日寇，随女住黄甲铺。当时，当局筹备桐城县参议会，邀先生竞选参议长，先生断然拒绝。于城西三里街租居房屋一间，联络各方人士，共图恢复遭日机炸毁的浮山中学，终因积劳成疾，未及恢复事毕，于1940年8月辞世，享年63岁。

慈克庄

第十七任：慈克庄　1932年2月—1933年2月任桐城县立中学校长。曾由省教育厅发文任桐城县教育局局长（资料不详）。

第十八任：张森　1933年2月—1934年2月任桐城县立中学校长（简历无考）。

第十九任：方琛　1934年2月—1936年2月任桐城县立中学校长（简介见"第九任"）。

第二十任：吴竹其　1936年2月—1937年7月任桐城县立中学校长。

吴竹其(生卒年无考)，桐城人，青年时代留学日本，回国后创办桐溪小学，自任校长。抗战前任省教育厅委员，1936年被教育厅委派任桐城中学任校长，1937年7月辞职。曾自筹资金在桐城创办商务印书馆，隶属上海商务印书馆，自任经理。

第二十一任：开济　1937年8月—1938年6月年任桐城县立中学校长。1938年6月28日县城沦陷，开济携学校田洲产业契券等物离桐赴后方，下落不明(资料不详)。

史化成

第二十二任：史化成　1939年2月—1943年2月任桐城县立中学校长。

史化成(1889—1966年)，桐城人。少年时期，家贫好学，奋发上进，得到了同宗族人史恕卿的赏识，助他上学。

1903年就学于省立工业学校，1909年公费留学日本，毕业于东京工业大学。学成归国后，不愿为官，投身教育事业，开始为山东工业专科学校讲师，5年后，应皖人之聘，先后任芜湖工职学校化学系主任，省立工职学校教员、校长等职，不久任省教育厅视学员。

抗日战争爆发后，日军两次侵犯桐城县境，桐城中学琅琅书声在硝烟烽火中沉寂，教室桌椅狼藉，校园瓦砾成堆。日军退却后，史化成自省厅莅桐城督学，力助地方恢复桐城中学。经多方运筹，先后修复被日机炸毁的校舍10余间，邀请教师返校，终于使桐城中学及时开学复课，史化成亦于1939年被省厅任命为桐城中学校长，实现了他“发展桑梓教育，弘扬桐城文化”的夙愿。

翌年，桐城中学复遭日寇空袭，校园毁坏严重。为全校师生安全计，史化成筹资于兔儿山桃园购空隙地8亩，建茅屋校舍30余间，防空紧迫时，师生于县城、兔儿山之间卯出酉返。这是桐城首创开辟战地学堂防空不停课的先例。后又扩充班次，充实师资，广泛招收本县及外地沦陷区学生入学。1941年恢复高中部，秋后附设简易师范科。在民族存亡的关头，他审时度势，改变以往的教学方针，力举教育与抗战相统一，坚持“文武合一，本德兼修，力行为要，振国为宗”，鼓励学生投笔从戎，献身报国。每于晨会之时，亲自指挥师生合唱《义勇军进行曲》，歌声慷慨激昂，师生群情激奋。他更不畏艰险，暗中帮助新四军七师在桐中设立联络点，掩护新四军指战员来往于桐、怀、潜、庐江、无为等地。

1942 年，史化成调离桐中赴省教育厅任中教科长，离校时，全校师生及社会各界挥泪挽留，其情其景感人肺腑。抗战胜利后，任安庆高级工业学校校长。新中国成立后，任淮南煤矿学校副校长，后调至省工业厅任工程师，且为安徽省文史馆馆员。

史化成一生鞠躬尽瘁，以国家和民族利益为重，矢志教育，全心办学，不图名利，两袖清风。仅留下很多手稿和书籍，别无长物。1968 年因病于合肥逝世，终年 77 岁。

张九皋

第二十三任：张九皋　1943 年 2 月—1943 年 8 月任桐城县立中学校长（简历无考）。

朱宗武

第二十四任：朱宗武　1943 年 8 月—1946 年 8 月任桐城县立中学校长。

朱宗武（1897—1988 年），字伯健，桐城人。1914 年考入桐城中学，1918 年报考武昌高等师范就读，毕业后先后在宣城师范、浮山中学、安徽省立第四临时中学、国立第八中学、安庆崇文中学等校任教员、教导主任、校长。

1925 年，先生应桐城中学校长孙闻园之聘，由皖南的宣城师范回故乡桐城中学任教，担任地理课教师。除认真备课外，还别出心裁地利用学校自然环境，因溪穿池，垒石成山，设计制作了有东西两半球的世界地图，名曰“五洲地图”，借以进行直观教学。由于精心备课，上课时从不带地图，口讲手画，一堂课结束，一个包括城市位置，交通路线，山脉河流等完整的地图便展示于黑板之上，并结合各地物产、民情风俗、风景名胜、军事形势，绘声绘色且有条不紊地向学生传授，学生对其渊博知识钦佩不已，声名鹊起。

1928 年先生任浮山中学教导主任，聘请桐城中学校友黄镇到浮山中学任美术教师，并对其革命活动多方掩护。1933 年 8 月任桐城县教育局局长。

1943 年 8 月至 1946 年 8 月，先生任桐城中学校长，主掌校政期间，下大气力抓了三件事。首先，选聘优秀教师来校任教，充实教师力量，先后聘请来校的有吴逸生、马茂元、朱光泽、方鸿寿、闵苏、孙其节等名师；第二，在校内创设"清寒优秀学生贷学金"，资助家境清贫的学生维系学业，贷学金的经费来源是向社会募捐，此举在县内学校中为首创，得到了社会各界的支持和赞誉；第三，抓校纪校风，一次发现有个学生参与赌博，且欠赌资无法偿还，他就用自己的工资还了这个学生的赌债，并严肃教育，使其改邪归正，师生们都深受感动。少数学生染上抽烟恶习，先生自己先把烟戒掉，又在校内大力演讲吸烟的危害，身教言传，学生中再无吸烟者。

先生爱护学生，支持学生的进步活动。1943 年 10 月，有 4 名进步学生因反对学校的"反动"教官，遭国民党县党部调查逮捕，学校陷于恐怖之中。他挺身而出，到县党部交涉，并呼吁社会声援，经过努力，终于使被捕学生脱险回校。1945 年秋，桐中举行集会庆祝抗日战争胜利，会后游行。当游行队伍行至南门街口，一群国民党退伍官兵对女学生寻衅纠缠猥亵取闹，并殴伤学生领队，学生奋起反击，打伤寻衅者 3 人，抓获凶手 1 人，缴获手枪 1 支。先生支持学生的正义行动，次日全校罢课，要求惩办凶手，迫使国民党县政府不得不将凶手拘押，始平息复课。新中国成立以后，先生在安庆崇文中学任教，1952 年 3 月到安庆第二中学任教，1957 年被错划为"右派"，蒙冤 20 年，十一届三中全会以后始获平反，后被聘为安徽省文史馆馆员，撰写有关文史资料数万言。1988 年在安庆病逝，享年 92 岁。

方来桐

第二十五任：方来桐　1946 年 8 月—1948 年 8 月任桐城县立中学校长。

方来桐（1898—1970 年），字百殊，桐城人。国立武昌高等师范外语系毕业。1949 年前，历任宣城师范、凤阳师范教员，安庆高级中学、省立二临中、七临中、八临中教员、教导主任和训育主任，安徽省教育厅督学，省教材编审组编审，芜湖弋矶山中学教导主任，桐城中学校长。新中国成立后，先后担任桐城师范校长、皖北安庆行政区第一中学（即桐城中学）副校长、安庆一中教师、安徽文史馆馆员、安庆市政协委员、市人大代表。

1938 年，省教育厅在桐城黄甲创立安徽省立第二临时中学，先生不顾山区艰苦，毅然来这里应聘，先后任教员、导师、教导主任。1944 年 2 月，先生受桐城县政府委托，负责筹办桐城简易师范。

1946 年 8 月，先生担任桐城中学校长。他以做老师为第一要务，常说："办学之道在于师。德才兼备方可为师。师优则校昌，师劣则校衰。"为寻求良师，他不辞劳苦，登门求贤，选聘学识渊博、善于教学的能人来校任教。为聘请吴超望(金陵大学化学系毕业)老师来校任教，数次登门拜请。

严格把住招生关，保证生源质量，是他办学的另一绝招。有次，他的师母为一个亲戚子女进桐中说情，他婉言拒绝，遭师母唾面大骂，他宁可跪地谢罪，也不答应降低标准录取该生。更为正直的是，姐姐儿子报考桐中，他硬将报名费退回，让他外甥报考孟侠中学，以免外人说闲话。由于能坚守录取新生的标准，保证生源质量，使桐中教学成绩在全省名列前茅，成为全省最好的中等学校。

亲临教学第一线，坚持登堂上课，是他办学的又一特色。他不论是当教导主任还是当校长，无论公务怎样繁忙，都不脱离教学。他擅长英语，每学期都兼授高中英语课。他讲究教学方法，深入浅出，启发引导，批改作业精心细致，一丝不苟，深受学生欢迎和尊敬，堪称名师。

他主政桐中时，卖掉祖遗田庄约百亩，将所得款额如数捐给学校。事后，虽遭族人指责，他却不以为然，说："办学乃千古正事，舍此微金，何足可惜！"

1949 年 2 月，桐城解放。根据上级决定，将原设在县城的省立女子师范和桐城简易师范合并为桐城师范，方来桐被任命为校长。下半年，桐城师范合并到桐城中学，名为"皖北安庆行政区第一中学"，校长由县人民政府副县长杨在选兼任，先生为副校长，主持校务工作。

方来桐为教育事业献出了毕生精力，成绩卓著。1970 年病故于安庆，葬于故乡桐城。

吴　劲

第二十六任：吴劲　1948 年 8 月—1949 年 8 月任桐城县立中学校长。

吴劲(1896—1961 年)，字仲侯，桐城人。20 世纪 20 年代初就学于桐城中学，后考入国立武昌高等师范，曾在北京参加过五四运动。毕业后曾任省立第三、四师范、省立一中、二中、五中、安庆高中和二临中历史教员。抗战胜利后，任阜阳女中校长。1948 年 8 月至 1949 年 8 月，任桐城中学校长，卸任校长后，专事教学。

吴劲自幼好学，治学专精，鄙弃俗学，一生博览群书，以教化后人。为人庄重，风仪高简，处世正直，生活俭朴。先生终生从事历史教学，知识渊博，旁征博引，且一丝不苟，认真负责，深受学生欢迎。先生常教导学生："史为今鉴，史学必读。"课内课外言必论兴衰，述国策，指点君王，评论今古，教育学生"敦品行，崇实学，尚廉明"，为学生所崇敬。教学之余笔耕不辍，著有《中国历代史》和《世界通史》，为当时全省高中历史教材。1961 年逝世。

杨在选

第二十七任：杨在选　1949 年 8 月—1950 年 2 月任桐城县县长兼皖北安庆行政区第一中学（桐城中学）校长，副校长方晓庵、方来桐主持学校工作。

唐佩璋

第二十八任：唐佩璋　1950 年 2 月—1950 年 8 月任皖北安庆行政区桐城中学校长。

唐佩璋（1913—1989 年），字鸣珂，桐城人。父母务农为业，家境清寒，仰赖伯父行医收入读完高中。1936 年毕业于桐城中学高中部，随后投身教育事业，先后在天城小学、桐城中学、霍邱中学、桐城简易师范、天城中学等校任教 10 多年。

解放战争时期，先生在天城中学任教，与当时从事地下活动的共产党员徐伊复等人接触，热情支持学生革命活动，常向学生讲述革命真理，传授进步刊物与文章，鼓励进步学生投身革命，并策动国民党桐西地方武装张护棠部起义，同时还将国民党在桐城驻军情况绘制成地图，送交共产党游击队。桐城解放前夕，他的言行引起国民党情报组织的注意，密谋对他进行拘捕。1948 年年底，先生与进步教师章鹏君一起，毅然奔赴解放区。1949 年 2 月，桐城全境解放，重新建立的桐城民主县政府由黄甲山区迁至城关，即任命唐佩璋为桐城县政府主任秘书。

1950 年 2 月，先生调任桐城中学校长。此时，新中国成立伊始，桐城中学刚由政府接收，学生来自全县及邻县不同学校，文化程度参差不齐，教师缺乏，百废待举，他身体力行，建立正常教学秩序，从各地聘请了15名优秀教师进入桐城中学，并多次将调级加薪的机会主动让给青年教师，经过艰苦的努力，使学校面貌焕然一新，教学质量明显提高。

1950年8月，先生调离桐城，先后在太湖中学、安庆二中、安庆一中等校任教导主任、校长等职，并当选为安庆市第一、第二届人民代表，多次被评为先进工作者，1955年被评为省先进教育工作者。1958年受到迫害，蒙冤达20年。十一届三中全会后被彻底平反，重返讲坛，并当选为安庆市第八届人大代表、政协委员。1983年光荣退休。

先生擅长地理，是中国地理学会会员。在长期主掌校政和公务繁忙的情况下，仍坚持执鞭授课，教学态度严谨，讲述精辟，寻幽探微，深入浅出，授课时常以自己的头部当做地球仪，生动形象，引人入胜。他学识渊博，精通文史，遗著有诗词千余首，文史资料数十万言。

1989年3月16日逝世，享年76岁。

吕宣泽

第二十九任：吕宣泽 1950年8月—1953年8月任桐城中学副校长，主持学校工作。

吕宣泽（1913—1995年），桐城人，1929年桐城中学初中毕业，考入安庆高师班学习，毕业后在私立孟侠中学教书，后任该校教导主任。1946年，应同乡、台湾高雄女子中学校长吴伯俊邀请，赴该校执教，任国文教员。1948年回桐城，任桐城中学国文教师兼任孟侠中学国文教师。1949年下半年，桐城各私立中学合并成立桐城联合中学，吕宣泽为联合中学校长。1950年8月调入桐中，1958年8月任副校长，其中1950年8月至1953年8月主持桐中校务工作。先生为桐城县第一届政协副主席，第四、五、六、七届政协常委。

先生为人谦和，深入群众，关心师生生活，勤业敬业，儒雅风范，为师生所敬仰。他古文基础深厚，学识渊博，特别关心青年教师成长，每有所问，先生必有所答，满腔热忱，毫不保留，堪称楷模，为一代名师。1957年反右派扩大化时被错误划为“右派分子”，身心备受摧残。逆境中，先生拥护共产党、热爱社会主义之心坚定不变。1979年平反后，致力于桐城中学校史的编撰，广泛搜集史料，详加辨证，历时数年，撰写成8万字的《桐城中学校史》。

马维一

第三十任：马维一 1953年8月—1956年8月任桐城中学副校长(简历无考)。

史耀民

第三十一任：史耀民 1956年9月—1966年6月任桐城中学校长。

史耀民(1926—1996年)，原名史双喜，山西襄垣县人，解放战争中随部队南下，1956年9月任桐城中学校长，1969年年底调离桐城中学。是桐中历史上执掌校务时间最长且卓有建树的校长。

史耀民行伍出身，原本不熟悉教育，但他虚心学习，礼贤下士，知人善任，尊重知识，爱护人才，较好地执行了党的教育方针和知识分子政策，营造了一个较为宽松的政治环境，最大限度地调动了教职工的积极性，创造了桐城中学的辉煌，广受好评。他在任的1958年，桐城中学被评定为安徽省重点中学。

史耀民认真研究学校历史，找到“教师素质的高与低决定教学质量优与劣”这把钥匙。他把教导处视同部队的参谋部，选配善于教学管理的陈宗南、名师慈昌淦担任教导处正、副主任，充分发挥以骨干教师为组长的教研组作用。不拘一格，唯才是举，充实调整教师队伍，营造浓厚的学术氛围，使教师诲人不倦、学生学而不厌成为校园的主旋律。桐城中学被定为省属重点中学后，史耀民让每个老师都树立爱教育、爱学生、爱桐中的坚强信念，认真刻苦、一丝不苟地做好教学工作。确立学科带头人，延聘名师，实施名师工程，以老带新，培养教师“第二梯队”，使中青年教师能够脱颖而出，逐步成为教学骨干和名师，形成了阵容强大、实力雄厚的教师队伍。

1959年，桐城中学在高考中崭露头角，省教育厅在该校举行全省高中数学教学现场会。1960年5月，桐城中学被评为全省教育先进单位；6月史耀民出席全国文教群英会，领回了由邓小平亲笔题写的“教育先进单位”锦旗。1960 年，桐城中学高考成绩为全省之冠，全国亚军。1963 年至 1965 年，实现了全省罕见的高考“三连冠”。1965 年，桐城中学高中部面向全安庆地区招生，学校规模扩大，在校学生首次突破千人。1956 年至 1965 年政治运动频繁，自然灾害严重，并不是教育发展的最佳时机，然而桐城中学成绩辉煌，硕果累累，成为安徽省教育战线的一面旗帜，这些都是与校长史耀民分不开的。

史耀民把从带兵打仗中悟出的“干部要关心每一个战士”的道理运用到教育工作中来，他珍爱这支自己一手组建起来的教师队伍。从政治上、生活上关心教师，在困难的时刻保护教师，尊敬教师，一时间佳话频传。一位青年教师在反右派斗争期间被划为“右派”，形势所迫，无可奈何，离开了教坛。史耀民深知这位老师品格很好，学识渊博、教学效果好，只是言论过激，他冒着政治风险，把他请回讲台，重执教鞭，戴着“帽子”给学生上课。在物质贫乏、凭票购物的年代，他有一天看到老教师姚沛生下雨时脱下布鞋赤脚去上课，他马上找人弄来一张购胶鞋的票证买了胶靴，冒雨送到姚老师上课的教室门外，姚老师穿上新胶靴，流下了滚烫的热泪。老师生病，他请医送药；青年教师恋爱结婚，他充当红娘，主持婚礼。对学生他也是一片深情，他虽不上课，但几乎能叫出毕业班每个学生的名字，了解每个学生的情况，说出每个学生的强项或“跛腿”学科。他不尚空谈，却用自己的所作所为感动了教师和学生，是一位广为传颂的校长。

张云高

第三十二任：张云高　1969 年 9 月—1978 年 8 月任桐城中学革命委员会主任。

张云高(1930—2019 年)，桐城人。9 岁入私塾读书，因家境贫寒辍学，14 岁进县城商行当学徒，但他求知若渴，刻苦好学，常秉烛夜读。

1949 年参加工作，先后任县工商联秘书、县法院秘书、城关区副区长、安庆市公安处科员，1969 年 9 月至 1978 年 8 月任桐城中学革委会主任，期间赴省干部学校学习，1978 年 6 月至 1980 年任桐城县文教局副局长，1980 年至 1990 年任文化局副局长、督导员，1991 年退休，2019 年 7 月 6 日辞世。

张云高由一个农家子弟，成长为一名中共党员、干部。他的一生光明磊落，廉洁自律，为人正派，胸怀坦荡。参加工作几十年，多次变动工作岗位，都愉快服从组织安排，在不同的岗位都坚持原则，顾全大局，处事公正。对待工作认真负责、兢兢业业、勤勤恳恳，从不计较个人得失。他在桐中近10年，对教育事业有着强烈的责任感和使命感，秉承创始人吴汝纶先生“勉成国器”的校训，广泛征询教师意见，对学生塑造其健全人格，培养其优秀品德。退休后，为了不给组织和他人添麻烦，生前立下遗嘱：“病危时不要请医生抢救，不插管维持生命；去世后，不张贴讣告，不举行遗体告别仪式，不修墓立碑，骨灰选近处洒入长江，流向大海”。他的优秀品德和高尚情操值得后人学习。

杨仲林

第三十三任：杨仲林　1978年8月—1982年2月任桐城中学校长。

杨仲林（1932—2016年），1947年8月加入中国人民解放军，历任调剂员、司药。1964年以后，先后在桐城县委办公室、县医院、县财税局、县委宣传部、县人民银行等单位工作。其中，1978年8月至1982年2月，任桐城中学校长。1982年1月至5月，任桐城中学党支部书记。1982年6月任桐城县委宣传部副部长。1987年4月任中国人民银行桐城支行行长。

方尔文

第三十四任：方尔文　1982年2月—1984年7月任桐城中学校长。

方尔文（1933—2018年），桐城人。1951年2月入伍。1943年至1948年，读私塾、小学，1949年在家务农，1951年参加土改工作。1952年至1954年7月，任九龙小学教师，继任朱桥小学教师。1954年8月加入共青团，任组委，1955年1月至1956年7月，任童圩小学校长，1956年8月至1957年9月，任九龙小学校长。1956年8月入党，1957年至1959年10月，参加县委5人小组工作。1959年10月至1966年4月任桐城中学团委书记，1966年5月至1966年9月，任石河区委宣传委员，1969年10月至1972年，任县政工组教育小组长，1973年至1978年7月，任桐城县教育局副局长，1978年8月任桐城中学副校长，1982年2月至1984年7月任桐城中学校长、桐城中学党总支书记，1985年2月任桐城县文化局局长。

项义发

第三十五任：项义发　1984年7月—1993年3月任桐城中学校长。

项义发(1938—　年)，桐城人。1951年考入桐城乡村师范，毕业后被分配到桐城龙眠乡任小学教师。1958年到安庆师专学习，1959年分配到孔城初中工作。1960年3月入党，担任校党支部委员。1964年考入北京师范大学哲学系，担任学生党支部书记。1969年被分配到桐城县委会政工组工作，先后担任干事、秘书、理论科长、县委讲师组组长、县直党委委员、机关党支部书记。1984年初调入桐城中学任校长，党组书记。1984年享受讲师待遇，后被评为中学高级讲师。1993年任桐城市人大常务副主任，党组副书记。1998年退休后，担任市老年大学校长，2018年辞去校长职务。

他桐中工作期间，学校实行校长负责制，赋予校长提名副校长人选，报地委组织部考察任命；校内二级机构负责人，由校长办公会议决定，报县委组织部备案；校内领导机构，由正副校长组成校长办公会议决定；正副校长、二级机构正职组成校行政会议；正副校长、二级机构正职、副职、工会主席组成校扩大行政会。

桐中当时是全省24所省重点中学之一，受省、地、县三级领导。全国高考竞争历来十分激烈，桐中高考排名多位列全省前5名，1991年高考成绩全省第一名。项义发校长任职期间，多次被评为先进工作者，出席省文教群英会。1991年他被评为全国优秀教育工作者，国家教委、劳动人事部颁发证书、奖章、奖品、奖金。2009年他被评为安庆市离退休老干部先进个人、全国老年教育先进工作者。2015年他被评为老年教育先进个人。2018年他被评为桐城市首届最美老干部。在他的带领下，桐中教学形成“精讲、多练、勤辅导”的经验，省、地多次来校召开教学现场会。

汪年生

第三十六任：汪年生　1993年3月—2006年12月任桐城中学校长。

汪年生(1947—　年)，桐城人。1985年9月入党，中学高级教师职称，正处级。1953年9月至1959年7月先后在家乡双港镇原三友小学、南阳小学上学，1959年9月至1962年7月在桐城天城初级中学上学，1962年9月至1965年7月在桐城中学上学，1965年9月至1970年2月在北京大学物理系上学，1970年3月至1971年3月在安徽省军区阜阳插花

6377 部队劳动锻炼，1971 年 4 月至 1978 年 3 月在原安庆地区工农电厂、安庆地区变压器厂工作，1978 年 4 月至 1978 年 8 月在桐城中学工作，1978 年 9 月至 1980 年 6 月在北京大学物理系进修，1980 年 7 月起回桐城中学工作，1984 年 7 月任桐城中学副校长，1993 年 3 月任桐城中学校长，2017 年 8 月退休。曾任安徽省第六次党代会、安庆市第八次党代会、桐城县第十二次党代会代表；安庆市第十二届、十三届、十四届人大代表。1999 年获“安庆市先进工作者”称号。

罗　伟

第三十七任：罗伟　2009 年 5 月—2020 年 2 月任桐城中学校长。

罗伟(1959—　年)，桐城人。安徽省化学特级教师，正高级教师，正处级。1995 年 4 月任副校长，2006 年 12 月任副校长主持工作，2009 年 5 月至 2020 年 2 月任校长。历任安徽省中学化学会常务理事、副秘书长，安庆市化学会副理事长，省中学高评委学科组成员，安庆市高评学科组组长，桐城市人大代表，1998 年评为安徽省特级教师。

大学毕业以来，他一直扎根在教学第一线，15 年的班主任工作，21 届高三毕业班的教学研究和实践，形成了“积极引导，重视探究，适时点拨，及时反思”的教学风格和特点，教学成果显著。姚刚等 3 名学生 1989 年在全国青少年第三届“东华杯”化学竞赛中分别获特等奖、一等奖，学生段路明(现为美国著名密歇根大学教授)等 4 人 1990—1992 年获安徽赛区一等奖，20 人获二等奖。1987 年至 1993 年，罗伟担任化学教研组组长期间，桐中学生在全国化学竞赛中有多人取得优异成绩，1990 年代连续 4 次捧回“东华杯”，高考化学成绩多次名列前茅。其中姚刚同学 1990 年高考化学成绩为满分 100 分。

在教学管理中，他坚持科研兴校原则，以身作则，认真学习教育理论，积极参与教研活动，发表论文 10 余篇，论文《化学教学如何转向素质教育》被第四届全国教育学会化学专业委员代表大会评为全国二等奖。

参与编写《化学学习指导》《高三化学单元自测与解疑》等 5 本著作，参与“十五”规划国家重点课题“整体构建学校德育体系深化研究与推广实验”的子课题“省示范高中德育的深化研究”和安庆市级课题“学习化学的科学方法”的研究，并顺利结项。

汪习军

第三十八任：汪习军　2020年3月—　桐城中学党委书记。

汪习军(1962—　年)，桐城人。安庆师范学院中文系毕业，现任桐城市政府党组成员、桐城中学党委书记，副处级。1980年至1984年在安庆师范学院中文系学习，1984年至1994年在桐城师范任教，1994年至2004年任市委办公室秘书、政研室副主任、市委办公室副主任，2004年至2006年任龙眠乡党委书记，2006年至2009年任龙眠街道党工委书记，2009年至2014年任市民政局局长、党组书记，2015年2月至2019年7月任桐城市政府党组成员、政府办公室主任，2019年7月至2020年3月任桐城市政府党组成员，2020年3月任桐城市政府党组成员、桐城中学党委书记。

表11-1　桐城中学建校以来历任主要负责人一览表

任　别	姓　名	职务名称	任　期	备　　注
第1任	吴汝纶	堂长	1902.10—1903.2	
第2任	阮强等	总监	1903.2—1904.2	因堂长逝世，设总监8人：阮强，方守彝、叶锡麒、姚永概、柏松如，方涛，马其昶、李光炯。
第3任	马其昶	总理	1904.2—1911.2	
第4任	光　昇	监督	1911.2—1912.2	光昇未就职，由学监张起元代行职务
第5任	孙闻园	校长	1912.2—1918.2	
第6任	吴汝澄	校长	1918.2—1919.2	
第7任	马　翊	代理校长	1919.2—1919.8	
第8任	张润林	校长	1919.8—1920.2	
第9任	方　琛	校长	1920.2—1922.8	
第10任	孙闻园	校长	1922.8—1926.8	
第11任	方希主	校长	1926.8—1927.2	方希主未到任，由教导主任方明溪代行职务
第12任	李相勖	校长	1927.2—1928.8	

续　表

任　别	姓　名	职务名称	任　期	备　　注
第 13 任	方琛、张起元、朱宗武	校务维持会	1927.8—1928.2	方琛代表教育局，张起元代表教育会，朱宗武代表教职工
第 14 任	周　易	校长	1928.2—1930.2	
第 15 任	施　普	校长	1930.2—1930.8	
第 16 任	张屏丞	校长	1930.8—1932.2	
第 17 任	慈克庄	校长	1932.2—1933.2	
第 18 任	张　森	校长	1933.2—1934.2	
第 19 任	方　琛	校长	1934.2—1936.2	
第 20 任	吴竹其	校长	1936.2—1937.7	
第 21 任	开　济	校长	1937.8—1938.6	1938 年 6 月 28 日县城沦陷，开济携学校田洲产业契卷等物离桐赴后方，下落不明。
第 22 任	史化成	校长	1939.2—1943.2	1942 年秋，史化成因赴省工作，由教导主任吴一清代行职务。
第 23 任	张九皋	校长	1943.2—1943.8	
第 24 任	朱宗武	校长	1943.8—1946.8	
第 25 任	方来桐	校长	1946.8—1948.8	
第 26 任	吴　劲	校长	1948.8—1949.8	
第 27 任	杨在选、方晓庵	县长兼第一副校长	1949.8—1950.2	
第 28 任	唐鸣珂	校长	1950.2—1950.8	
第 29 任	吕宣泽	副校长	1950.8—1953.8	
第 30 任	马维一	副校长	1953.8—1956.8	
第 31 任	史耀明	校长	1956.9—1966.6	
第 32 任	张云高	校革委会主任	1969.9—1978.8	
第 33 任	杨仲林	校长	1978.8—1982.2	

续　表

任　别	姓　名	职务名称	任　期	备　　注
第 34 任	方尔文	校长	1982.2—1984.7	1982 年 12 月学校成立党总支，方尔文兼任书记。
第 35 任	项义发	校长	1984.7—1993.3	1990 年秋学校成立党组，项义发兼任书记。
第 36 任	汪年生	校长	1993.3—2006.12	1993 年 4 月学校成立党委，卢声频任书记。
第 37 任	罗　伟	校长	2009.5—2020.2	2007.01—2009.5 主持工作
第 38 任	汪习军	党委书记	2020.3—	2022 年 3 月，曹向东任校长。

第二节　名 师 传 略

方守彝

方守彝（1845—1924 年），字伦叔，又号一清老人，桐城人。

先生与吴汝纶交谊甚厚，二人经常通信，互通近况，商讨家乡办学事宜。吴先生创办桐城学堂，赖方先生鼎力相助，诸如创建、筹款、延师、招生等均积极参与，不遗余力。吴先生逝世后，先生与阮强等 8 人任总监，协理校务。虽未亲执教鞭，其襄助创业，功不可没。

方守彝先世居桐城县鲁谼，后迁居县城。其父方宗诚，世称柏堂先生，曾任直隶枣强县令，方守彝为次子。桐城是太平军出入频繁之地，百姓辗转迁徙，不得安宁。当时田地荒废，粮食奇缺，方守彝时常撷取野菜济之，但未尝一日废学，常孤灯夜读，达旦不辍。曾师郑福照，受古文法，对古人学问皆得其门径，诗文湛思孤往，清洁遒炼。学业益进，成为诸生，同治年间以赀为太常博士。

方守彝读书，喜网罗旧闻，工诗，既多且勤，其父及姚慕庭、吴挚甫、徐椒岑等都十分赞佩。光绪六年（1880 年），柏堂先生辞官归隐，衡阳彭玉麟巡阅长江到安徽，专程登门拜见，与之同游石钟、匡庐，方守彝亦随同陪往。守彝仪观雍容，博学多才，见者莫不钦其风采，安徽巡抚冯煦，藩司沈曾植，也都敬之以礼。

辛亥革命后，方守彝隐居不仕，不谈国事，喜交游，不畏崖岸天险，足迹遍历东南山水佳处，所至之处，赋诗尤盛。晚年写定《网旧闻斋调刁集》20卷，时人赞不绝口。在此期间，其与诗人交往甚多，投赠酬答，以及行踪出处，皆有记载，足以考一时之人物，是诗作，也是一部史作。其弟方守敦，贤而能文。辛亥革命后，也退居桐城，娱情山水。兄弟俩居地相望百里，通信唱和，从不间断。光绪年间，先生曾极力赞成其弟编修、重印《桐城县志》，后因经费不足，被迫终止。

方守彝于民国十三年（1924年）11月去世。翌年，葬于怀宁集贤关鹅公山之原，邑人潘季野为其作墓铭。著作有《网旧闻斋调刁集》20卷等，另与陈澹然等合撰有《方柏堂实考略》5卷。

姚孟振

姚孟振（1862—1940年），字慎思，晚号学禅老人，桐城人。

先生出身于大关笃山一农民家庭，自幼好学，后为县学生员，再入安庆敬敷书院。清末执教于芜湖安徽公学。民国元年（1912年），安徽都督孙毓筠委其筹建安徽省图书馆，并首任经理。不久辞职，仍从事教育工作，先后任教于北京民国大学、浮山中学、安徽省立第一甲种工业学校。民国十四年八月，他出任集成女子职业学校校长，以创办女校的实际行动，冲破“女子无才便是德”的封建礼教，为桐城的女子教育事业作出了积极贡献。1937年女中并入桐中，成立“女子初中部”，姚孟振负责教务。

民国二十七年五月，日军侵占桐城，到处烧杀抢掠，奸淫妇女。姚孟振目睹日军的侵略罪行，义愤填膺。他不顾年高体弱，四处调查访问，写成《桐城两次沦陷记》，给后人留下了一份珍贵的乡土教材，也给日军侵华留下了铁的罪证。

姚孟振平生热心于乡邦文献，曾为抢救桐城旧县志而不遗余力。《桐城县志》自明弘治三年（1490年）成书后，于清康熙十二年（1673年）、道光七年（1827年）2次续修，民国年间两次议修均未果，致使道光版《桐城续修县志》存世寥寥，为使县志不泯灭于战火，使后人修志能“寻其源”“竟其委”，他积极奔走倡议，促成县政府成立了重印旧县志委员会，县长任会长，孟振任副会长负责具体工作。担此重任后，他便全身心地投入旧志整理、校勘工作，夜以继日，孜孜不倦，终于在抗战最难的民国二十九年夏，重印了《桐城续修县志》，为后人留下了一份宝贵遗产，为现代修志提供了宝贵资料。他的文章、道德远近知名，为人谦虚谨慎，严于律己，生活简朴，安贫乐道。

方守敦

方守敦（1865—1939年），字常季，号槃君，桐城人。

方守敦先世居桐城鲁谼,后迁居县城。自幼聪慧好学,既受教于父亲,又师事荣城孙佩南。常常夜伴孤灯,衣不解带,达旦不辍。

光绪戊戌年间,维新运动兴起。先生深怀报国之志,以讲求实学,振兴教育为己任。1902年,同吴汝纶先生一道东渡日本,考察学制,回国后,主动捐资献房,力助吴先生创办桐城学堂。第二年,又同桐中日籍教习早川东明再到东京,参观明治博览会。回国后,更积极从事教育改革,并出任桐城学堂副总监,协助姚永概参与管理校务。1904年后,又与李光炯、邓绳侯等筹办芜湖安徽公学。

辛亥革命后,先生回桐城,竭诚为家乡教育服务。李光炯在枞阳创办宏实小学,推行乡村教育,他常到该校参与筹划。秋浦周氏创设宏毅学舍,他亦常往该校讲学。他性爱佳士,奖掖后学,诲人不倦。

先生家藏书籍,盈箱累箧。他曾对子女说,家藏书籍,非为玩好,不能辜负先人的一片苦心,不仅子孙阅读,别人来借阅,定要如人所愿。闻人向善,喜不自禁,遇有寒士,极力提携,士林尊为楷模。

先生酷爱书法,至老临池益勤。40岁前喜爱唐碑,其书法风韵类虞世南。其后,兼采北魏齐隋诸家之长,晚年又参以汉隶之法。其运腕之力,如转千钧。兴之所至,废寝忘食。四方持纸轴来求书者络绎不绝,他均欣然挥毫,走笔如飞,不使来者失望。其字盘郁苍劲,变化神奇,被传为墨宝。桐城中学校园内石柱上"高峰入云,清流见底"诸字,乃先生所书,现已成为校园一景,后人游憩瞻玩,叹为一绝。

先生著有《凌寒吟稿》4卷、《凌寒文稿》1卷。1939年8月23日病逝于县城故居,葬于鲁谼山之西眉山方氏祖茔。

姚永概

姚永概(1866—1923年),字叔节,号幸孙,桐城人。

先生自幼聪颖,18岁补诸生,23岁应光绪戊子科乡试,名居榜首,称解元。其后,屡赴京会试不第。其后入两淮盐运使江人镜幕,又居江南学政王先谦幕,助其编校《皇清经解续编》等书。永概先生早年师事吴汝纶,吴先生在保定,随之甚久。吴先生力主改革,多输入新学,创设学校。永概先生都积极赞同并竭力支持。1903年,安徽初创高等学校,永概先生任教务长,规划章程,延聘名师,规模渐具,后改任师范学堂总监,擘画益勤。

与此同时,吴汝纶筹划创设桐城学堂,永概先生全力支持,并任桐城学堂监督兼任国文教员。先生博学,才气横溢,深受师友敬重。1907年赴日本考察学制,民国元年(1912年)应北京大学校长严复之聘,出任该校文科学长。3年后,清史馆成立,复被聘入馆为协修,与永朴先生同撰名臣传。民国七年,徐树铮创办正志中学,被聘为教务长。其时,总统徐世昌、国务总理段祺瑞都想聘用他,姚永概辞谢道:"我好比处女,年轻时不嫁人,老了还嫁人吗?"其论学不分门户,顺应潮流,力图革新,并以语体文编写教材。安徽各界名贤,均钦仰先生才望。清史馆长赵尔巽说:"今海内学人,求如二姚者,岂易得乎!"儒学大师、著名诗人沈曾植时为安徽提学使、布政使,将马其昶文与先生诗合印一册,称"皖之二妙"。吴汝纶评其文,谓为"才气俊逸,议论宏肆,虽百钧万斛,运之甚轻"。其著作有《慎宜轩诗集》8卷、《慎宜轩文集》20卷和《慎宜轩笔记》10卷等。

史推恩

史推恩(1869—1942年),字恕卿,号大化,桐城人。

先生幼年随父亲读书,18岁考中秀才,十分讨厌八股文,将家藏应试文章,全部付之一炬。潜心研究诸子百家学说,受到吴汝纶、马其昶的赞许认可。后受维新与民主革命思潮影响,致力于兴办新学、参与民主革命。

1904年被推为学堂董事,他力主抽取姚王集牲畜税及七家岭华佗庙香火捐,作为桐城学堂收入。此两地税捐,一向为当地豪绅把持,闻讯后,恨之入骨。探闻先生在县城议事将归,派打手伏于枫香岭,待先生轿入村中,呼啸而出,轿夫惊散,先生被毒打,昏厥于地。苏醒后,匍匐而行,为人所救。然而,史先生终不为此所慑服,仍条陈己见,将两地税捐收归桐城学堂所有。

1923年,史推恩帮助筹建安徽大学,七七事变时,他居桐城县城,每日清晨于紫来桥上,向来往群众宣传抗日救国道理,号召人自为战,团结抗日,同时教育子女为抗日救国出力。三子史伟参加中华民族先锋队,四子史照及四女洛明均奔赴延安,参加八路军,六子史康参加新四军。1938年春,三子在山东与日寇战斗壮烈牺牲。先生闻讯,含泪仰天长啸:"吾有此子足矣!"

1941年皖南事变发生后,先生至立煌(今金寨县),于安徽省临时参议会发表政见,申明国共合作之大义,为当时省主席李品仙及CC分子所仇视。不久回桐城,与史世彪、史化成在大关镇及桐城中学设立秘密联络点,掩护新四军战士安全进出大别山,开展抗日斗争。

1942年9月,先生病逝于故乡桐城。弥留之际,曾语家人:"我死自问无余憾,只是未能看到中国胜利解放"。

陈莘庄

陈莘庄(1869—1931年),字春融,桐城人。

先生幼时家境贫寒,无法上学。父母理解他的心情,下决心让他上学。塾师见他聪敏淳朴,又怜惜其求学心切,减收学费。先生珍惜来之不易的学习机会,勤奋学习,成绩优异,得到族产津贴,转至廪生宋丹成门下受教。宋丹成为饱学之士,对陈莘庄更关爱有加,倾囊相授,陈莘庄的学问渐长。陈家的生活日益困难,先生自觉年岁已长,就自己设馆授徒。

1889年,先生应县试,被录为秀才,后到县城坐馆,长达10年。他因材施教,对贫寒子弟尤加善待,因此贤声大起。邑中名流如孙闻园、吴孟侯、吴仲侯等都是他的弟子。

1900年,他参加庚子科乡试,不幸落第而归。这次失败使他清醒而真切地感到,科举之路不能再走,须另辟新途,才有出路。适逢吴汝纶力倡新学,创办桐城学堂。先生经过深思熟虑后,决定入学堂攻读新学。消息传开,举城皆惊,讥诮之声纷然而起。因为他已逾而立之年,又是闻名遐迩的塾师,与少年同室读书,有何师道尊严?先生不为所动,与少年比肩而坐,攀比而学。1905年他以优异成绩毕业,被桐城学堂聘为国文教员。

民国时期,新学蔚起。桐城县劝学所遵循南京临时国民政府所颁命令,改办5所县立高等小学。其中第五高等小学堂设于西乡。当地贤达力举先生为堂长。他主管5年教务,成绩斐然,使“五高”声名远播。先生终生从教,品行端正,学识宏富,堪称一代名师。

李德膏

李德膏(1870—1941年),字光炯,晚年自号晦庐,桐城人。

先生出身于没落的知识分子家庭,是吴汝纶先生的仰慕者,慧敏好学,青年时即以文章名噪乡里,20岁左右以第一名补博士弟子员,旋中光绪丁酉科举人。当听闻同乡桐城派大家吴汝纶主讲保定莲池书院时,他毅然放弃科举,负笈北上受教,深得吴汝纶器重,颇得真传。光绪二十八年(1902年)五月,当吴汝纶奏请赴日考察教育时,同往的一批学子中就包括李光炯、方磐君和房秩五等人。经此考察,他们形成共识,日本明治维新以后国力迅速强盛,是由于其教育的成功,要办好中国的教育,必须借鉴于日本乃至西方列国。先生从中得到不少启发,形成了“取欧美富强之具,以异国长技，教育学子，谋求实现新学变法图强之政治思想”。考察日本归国后，吴汝纶筹建桐城学堂，先生与方守敦等极力协助。1903年春，吴汝纶去世，先生与阮强、姚永概、马其昶等继续倾心办学。他曾对友人说：“中国要想转弱为强，局部改良，搔不着痒处。于国无补，于民无益。必须推广教育，培养革命人才，积蓄力量，根除帝制，一鼓垂成。”先生与光明甫、刘希平曾被誉为“安徽教育三杰”。现代政治活动家朱蕴山先生在《辛亥前后安徽的几个杰出人物》中曾高度评价：“李光炯先生是躬行实践的教育家，他对于培养革命潜力、奖掖后进，是不遗余力的。”先生的事迹，朱光潜先生曾有专文记述，收入《朱光潜全集》和《晦庐遗稿》。朱光潜平素反对传统文人以文字为应酬工具，因此极少写作寿序、墓志铭之类，但他还是破例作了《李光炯先生传》，以详细客观的文字展现了李光炯先生伟大光辉的一生，文章洋溢着诚挚的乡情，又不无惺惺相惜的情愫。先生著有《屈赋说》《国策札记》《阮嗣宗诗注》《同时诸人事略考》《楞严经科会》等。

唐尔炽

唐尔炽（1872—1950年），字汝梅，又字庚梅，桐城人。

先生少时家境贫寒，跟随叔父唐谓川苦读，多有才学。21岁时就开始教书授徒。知道同乡吴汝纶在莲池书院讲学后，遂步行千里到保定，投诗为贽，颇受赞许。自此，愈加勤学，学业大进。在莲池书院5年，先生与吴汝纶儿子吴闿生、同乡李光炯相友好，以诗文往来，互相推许。

后回安徽，为生计所迫，重新从事教学，足迹遍历大江南北。1904年，先生应聘为安徽公学教员。民国元年（1912年），孙闻园出任桐城中学校长，特聘其为桐中国文教员。先生学识宏富，讲课旁征博引，不乏独到见解，多受学生欢迎和尊重。3年后，先生北上任教于北京民国大学。又先后在湖南、顺德、杭州、北京等地为家庭塾师，所至争聘，无不礼敬。1931年，先生任奉天（沈阳）同泽女子中学教员。“九一八事变”后辗转南归，抗日战争爆发后回桐城南乡，以授生徒维持生活，抗日战争胜利后，复聘于桐城中学任国文教员。

先生一生好游，迫于生计，居无定所，授馆四方。其诗云：“我年二十一，已好为人师。自是走四方，车马不停驰。中更廿五立，历夕如星棋。今年六十二，抚颜犹说诗。”终生清贫如洗，困穷至死。吴闿生称其：“遨游公卿间，不求荣利，以教授自给，乡里高之。”其诗作有苏黄格调，气味渊雅，文守桐城派家法，雅洁清新。先生著有《澹乐新稿》7卷，《文稿》3卷和《诗文稿》若干卷。

苏行均

苏行均(1872—1940年)，字艺叔，别号息深，桐城人。

先生幼承家学，精于诗文，工书法。清光绪年间考上秀才，宣统年间在孔城桐乡高等小学堂任教并任堂长。民国以后，先后任教于安庆省立师范、桐城中学。在桐城中学任教期间，移居至左公祠、方氏宗祠之间的“讲学园”巷口，古巷陋室，读书赋诗，陶然自乐，自撰门联，以寄情怀：“乐羲黄岁月，邻方左祠堂”。

1931年先生被聘为安庆高级中学国文教师，当时孙闻园先生任校长，两人相知恨晚，交谊深厚。先生任教期间，深居简出，恬淡简朴，耻营宦达，淡泊名利，唯以诗书为乐，课余临池练字，前后30余年，辛勤如一日，书法秀逸庄健，章法疏朗整齐，更有大家神韵，桐城博物馆藏有其书法作品。

1938年夏，日寇入侵桐城，苏先生携家小避乱到城西叶家湾，常盘桓泉石之间，赋诗抒怀，忧时念乱。至秋天，日寇退兵，先生返回县城闲居，在金神故乡走亲访友，听到乡保长吮吸民血丑事，见村庄老幼面有饥色，不禁慨然涕下。第二年，他到省立二临中执教，勤奋教学，常教导学生勿以小我为重，应胸怀报国大志，拯救民族存亡，解民倒悬，以谢祖宗。武汉失守，先生更扼腕愤慨，疾呼学生复仇雪耻。不久病卒，享年69岁。

先生一生诗作五六百首，好友胡渊如整理编辑，名曰《息深轩诗稿》，多是托物言志诗作。

潘　田

潘田(1876—1950年)，字筱林，号季野，桐城人，明末清初著名诗人潘江(号木崖)后裔。

先生少年时就才华突显，17岁成为诸生，博览群书，经纶满腹，名动乡里。20岁左右在安庆教授家馆，因为学高品高，人们争相延聘。

现代美学宗师朱光潜先生在其《全集·自传》中，讲到他在桐城中学求学时“我得益最多的国文教师是潘季野，他是一个宋诗派的诗人，在他的熏陶之下，我对中国旧诗养成了浓厚的兴趣”。这位让朱教授铭记终生的潘季野老师，就是著名诗人潘田。

1904年，潘田由同乡方守彝介绍入学务公所，与乡贤房秩五同事。1908年，先生被聘为安徽中等工业学堂(后更名实业学堂)教习，不久回乡，孙闻园主政桐城中学，多次延请，终以诚心感动潘田，出任桐城中学国文教师，由于知识渊博，讲课旁征博引,深受学生爱戴,同仁推崇。1915 年又兼任安徽女子师范学校教员。1920 年任安徽法政专门学校国文教员。1928 年与同里经学大师姚永朴一起应安徽大学文学院之聘,主授《楚辞》及"桐城文派",以议论切实透彻,表述精确得当,深享雅誉。1930 年,先生出任安徽通志馆纂修,历时 8 年。1938 年夏,日寇占领桐城,先生避乱到本地叶家湾。日寇退去,回到故乡兴办木崖小学,学校开支来自垦荒创收。

潘田先生从事教育与史志编修工作 40 余年,默默耕耘,安贫乐道。晚年时,双目失明,两臂亦疼痛难举,自号"废翁",又号河墅后人。常瞑坐一榻,重温诗文,每有腹稿,即口授其子录存。逢老友来访,必亲口为之诵读,引为乐事。总计有诗 2 000 余首,因为目盲,未及订正而卒。新中国成立之初,挚友光昇、房秩五约请程孟林、马厚文从中选出 300 首,编为 6 卷,后因光、房二老相继谢世,未能出版。

潘田一生屡遭忧患,晚年竟至目盲,但他追求学识、整理故籍的决心,愈挫愈坚,未曾一刻动摇,终以丰硕的成果,名载史册。遗作存《安徽通志·艺文考集部提要》36 卷及《孙麻山诗集笺注》3 卷。

1950 年 2 月辞世,享年 75 岁。

方孝旭

方孝旭(1887—1953 年),字时晋,桐城人。

先生出身文学世家,幼从家学,熟读经史。20 岁时东渡扶桑,进入东京弘文学院研修文史,研修未完回国,到湖南长沙师范教书,后应聘到池州师范执教,1 年后归故里,任桐城中学高中国文教员,治学严谨,认真负责,一丝不苟,深受学生尊敬。40 年从教如一,桃李满天下。

先生青少年时期即具爱国思想,对晚清政府和北洋军阀反动腐败的统治,以及袁世凯复辟帝制,曹锟贿选,均表痛恶。五四运动前后,接受新思想,阅读陈独秀主编的《新青年》杂志,与陈书信往来甚密。在教授国文课的过程中,注意培养学生的民族情感,对有民族气节的历史人物推崇备至并向学生宣讲,引导青年学生热爱祖国。一直以来,先生积极支持子女和侄辈走向抗日救亡前线,投奔解放区参加共产党领导的革命斗争,并从他们那里受到鼓舞和影响,曾因此被关进监狱数月。

1949 年春,桐城解放,先生已过花甲之年,仍不辞劳累,以极大的热情参与地方政事。1949 年 12 月,先生被推选为桐城县第一届人民代表会议特邀代表,委任为县人民法庭审判委员会委员。1953 年 4 月,被聘为安徽省文史研究馆馆员。逝世前,嘱其子女将家藏珍贵古籍、书画、碑帖等各类文物计 1 900 余件(册)全部捐献国家,现均保存于安徽省博物馆。

疏　达

疏达(1893—1974 年),桐城人。

先生少时聪敏好学,1913 年在安徽公学普通科毕业。1915 年至 1934 年先后在安徽至德秋浦宏毅学舍、桐城中学、桐城集成初级女子职业中学任史地教员,其后在铁路、公路工程处担任文书等工作。1949 年 8 月,歇职回故乡桐城,被推选为桐城县第二、三、四届人民委员会委员,第二届县政协常委,后为驻会副主席,被聘为安徽省文史研究馆馆员。

先生在桐城中学担任史地教师期间,认真钻研教材,并结合收集到的资料开展研究。他学识渊博,对教材内容能够深入浅出地进行讲解,在资料严重缺乏的情况下,多方搜集,自编讲义,弥补教科书的不足。先生授课语言幽默诙谐,课堂气氛活跃,深受学生的欢迎。他主张教学相长,常说"能者为师",能放下教师的架子,与学生平等地讨论钻研问题,为人谦和,被学生引为"良师益友"。

先生一生清白,思想进步,拥护共产党,热爱新中国。著有《顾氏读史方舆纪要京省序详注》一书,于 1933 年 2 月在上海商务印刷书局出版,同年 7 月以及新中国成立后均再版发行,此书介绍有关历史地理方面的知识,故深受教育界和社会各界人士欢迎。

1974 年 12 月病逝,享年 81 岁。

吴逸生

吴逸生(1889—1959 年),字季起,号士品,桐城人。

先生少时家境贫寒,随哥哥吴毅夫就学。夜以继日,苦习经史,为后来研究古典文学奠定了良好基础。

光绪三十二年(1906 年),在桐城学堂上学,宣统二年(1910 年)毕业。时值晚清,国势衰危,在吴汝纶先生教育救国思想的影响下,立志从事教育,不久考入两江师范学堂,毕业后,先任桐城县立第三高等小学校长,后在桐城中学、浮山中学、省立第二临时中学任国文教员,终身从教。

日本发动侵华战争时,吴先生常以"抗日救国,人人有责"告诫学生,同时组织学生募捐支援抗日将士,为抗日救亡运动奔走呼号,后被推选为浮山中学校长。抗日战争后期,桐城私立中学纷纷建立。1945 年秋,吴先生与族人吴一寰等在县城南门外五印寺集资创建了麻溪女子中学，以培养女青年。当时，吴氏家族有识之士，无不崇敬先生，一致推选先生为该校校长。他亲自兼任课程，深入教学第一线，由于学识渊博，课堂教学深入浅出，语言生动，深受学生欢迎，教学成果显著。浮山中学、桐城中学等校都慕名争相延聘。

1949年，吴先生已届花甲，时值各私立中学合并为联合中学，麻溪女中并入皖北一中，两年后，他又回到桐城中学任教。因为德高望重，在1957年1月召开的桐城县第二届人民代表大会上，先生被选为桐城县人民政府副县长，分管文教卫生工作。

先生为人宽厚仁慈，心地善良，谦虚恭谨，其居室有一自书对联："有容德乃大，毋求品自高"。此即先生的座右铭。其著述有《墨子经释》1部，《如不及轩文稿》1卷。他秉承桐城派文风，注重义法，雅洁严密，气势磅礴，读其文者，无不钦慕。

方林辰

方林辰(1892—1959年)，又名方侃，字石农，号道安，桐城人。

先生出身于书香门第，7岁入塾求学，经史之类倒背如流，15岁提笔为文，一挥而就，令人惊叹不已。他以优异成绩考入桐城中学，毕业后，任小学教员2年，后深造于武昌高等师范。学成回乡，他先后任桐城中学、省立二临中教员，安庆高中教导主任，桐城惠远工职学校校长。新中国成立后，任省文史馆馆员，桐城县政协一届、二届常委、县人大代表。

方先生所学专业原为数学，后因文学功底深厚改教国文。其课堂语言极富表达力，波澜起伏，胜景迭出，学生为之倾倒。他从不照本宣科，望文生义，而注重探根求源，言必有据；力主学生学以致用，文道合一，治学与做人相得益彰；要求学生为文作诗切勿沉迷于柔靡婉曲，无病呻吟，特别强调"文意为先，言而有物"，提倡学生时刻培养浩然正气和凛然大义。

抗日战争时期，方先生悲愤激越，忧国忧民，常以泪洗面，对岳飞、文天祥极其推重和敬佩，常率领学生齐声朗诵《满江红》《正气歌》，并谆谆教诲学生须"见利不先，赴义恐后，誓灭日寇，为国争光"。任二临中教导主任时，曾作校歌一首："济济多士，为国著英，起舞榜栳峰下，弦诵三道河滨。礼义廉耻为校训，艰苦卓绝为精神。文武合一，术德兼修，抗战必胜，建国必成。八皖复兴，吾侪责任；中华复兴，吾侪责任。"他要求学生兼具尚武精神，加强精神、体格、学科三科训练，做到文能口诛笔伐，武能跃马横刀。他曾在《安徽教育》月刊发表《抗战期间应当研究的文学作品》一文，洋洋数万字，列出历代爱国名篇，建议学生精读深研，强化灵魂，报国利民。

方先生精于篆刻，老辣浑成。文笔取法秦汉，拙朴苍劲，其作多为诗歌，格调昂扬，清新明快，现存《拾烬瞑云馆诗稿》一卷。

石纶阁

石纶阁(1899—1972 年)，桐城人。

先生自安徽省立工业专门学校毕业后，任武汉大学助教。1927 年，随同乡史履冰先生来到广州，参加了由共产党人张太雷、叶挺等人领导的广州起义。起义失败后，史不幸被捕，英勇就义，石纶阁侥幸脱险，遂取道香港，经上海，辗转回乡。1928 年春先生出任私立三育中学校长，主持校政 20 余年，延聘名师，亲自授课，三育初中教学质量由此闻名。1938 年，日寇侵占桐城，三育中学遭敌机轰炸，教学设备散失殆尽，学校被迫停课。第二年春，先生率领师生暂避王屋山麓原校校址，继续坚持上课，并按省教育厅规定的中学各科教学计划和设备标准，千方百计筹措经费，添购图书、仪器、标本等。在先生的苦心经营下，战时三育中学仍有较大的发展，其教学设备和教学质量仅次于县立桐城中学。安徽省教育厅传令嘉奖："桐城私立三育中学校长石纶阁苦心办学，勤恳周至，用宏百年树人之计，今特传令嘉奖"，并颁发奖金 4 000 余元，以资鼓励。先生坚持办学，矢志不移，奉行节俭，清苦自持，但对学生关爱备至，倾力救学，使学生不致辍学；对教师关怀体贴，解决教师生活困难，使之安心教学。

1949 年 9 月，先生任桐城联合中学副校长，卸任后，相继于桐城中学、安庆师范、太湖中学、枞阳中学任教。执教桐城中学时，他勤勉敬业，一丝不苟，对工作极端负责。授课生动，教学语言诙谐有趣，课堂气氛活跃，寓教于乐，学生听他的讲课是在享受中接受教育，获得新知。

张致远

张致远(1901—1984 年)，桐城人。

先生从小好学，读私塾 3 年，后入桐城中学学习 4 年。1921 年秋，考入国立武昌师范大学。毕业后，在宜城中学、省立五临中、安庆六邑联中、省立工职、桐城中学、省立二临中、省立桐城女师等校任教，持续时间达 20 余年。

新中国成立后，先生政治热情饱满，工作积极性高涨。先在桐城联合中学，后调入桐城中学讲授高中代数、几何，直至退休。他在桐中任教，不仅教好本职课程，还担任数学教研组长，常组织本组的教师研讨数学课题，研究教材教法。同时兼任学校工会主席，积极开展工会活动。在三年困难时期，先生不顾年老体弱，在教学之余，协助学校组织师生开展勤工俭学，开荒种菜，饲养家禽家畜，改善生活，共渡难关。

先生长期从事教学，辛勤耕耘，默默奉献。其对所教之数学，认真备课，反复推敲，深入钻研教材，掌握重点、难点，写出详细教案，深入浅出，启发诱导，同时重视加强对学生个别辅导，释疑解难，课前课后，不厌其烦。对学生作业，坚持精批细改，于作业错误处，不仅批改纠正，且指点迷津，激发学生学习数学的兴趣，使之融会贯通，举一反三。学生经其教授，数学成绩无不明显提高。他所带之班级，数学成绩屡屡名列前茅，受到了学生、家长和社会各界人士的交口称赞。

先生为人憨厚耿直，主持正义。抗日时期，他经常解囊资助二临中进步学生，鼓励他们立志报国，投奔新四军，参加抗日救亡。

先生平生喜爱种花植草，工作之余，在校园内栽种了不少花果树木，并义务担负起管理职责。平时教育学生要爱护校园一草一木，待枇杷、桃子等果实成熟后，协助总务处统一摘下，按教研组和班级分成若干份，发给师生，共同享受。

先生是桐城县政协第二、第三届委员，1958 年又当选县人民委员会委员、安徽省人大代表。

1984 年病逝，享年 83 岁。

马厚文

马厚文(1903—1989 年)，桐城人。

先生小时家境贫寒，衣食难继，随母亲到舅舅家念私塾。1912 年，随父亲到昆山读小学，后就学于上海南洋中学。1925 年，考入上海光华大学中文系，师从于钱基博、徐志摩等当代学者。毕业后留附属中学任教 8 年，继续跟随钱先生，废寝忘食，穷读经史，经常与钱钟书、周振甫等相互交流学习。

1937 年抗战爆发，日寇侵占上海，先生遂挈眷返乡，避难于黄甲山区，先后在省立二临中、桐城中学任教。他边教书，边作诗，目睹日寇侵略行径与难民离乱情景，作五古《避难纪事》《入山纪行》，各 50 韵，方守敦谓“足称史诗”。抗战胜利后，赴湘执教于南岳国立师范学院。新中国成立后，由湘返皖，被省文史馆聘为馆员，寓居安庆城北，潜心著述。十一届三中全会后，国运方兴，昌明学术，改革开放，政通人和，先生尤为振奋，于《书感》诗中有“伏枥未忘千里志，人前仰首起长鸣”之句。后相继当选为安庆市第八、第九届人大代表，积极参政和从事学术研究活动。

先生对桐城文派研究很深，多次发表论述桐城派文章，每有新作，必反复推敲订正后示人。所著《楚辞今译》一补他家译本之不足。所撰《桐城近代人物传》，乃继近世马通伯《桐城耆旧传》之后又一续篇，使桐城300多年间历史人物得以系统记录，保持连续性。

先生主要著述有《桐城文派论述》《鸦山皖水诗稿合选》《桐城近代人物传》《桐城诗选》《增订姚惜抱年谱》《姚仲实年谱》《桐城王先生传》《楚辞今译》等。

吴智新

吴智新（1904—1988年），桐城人。

先生有兄弟五人，排行老五。父亲是私塾老师，家境清贫。然而，先生从小在父兄的教养熏陶下，养成了良好的学习习惯，学习成绩在班级名列前茅，喜爱足球、游泳、象棋等活动。

1929年，先生从桐城中学考入安徽大学理学院，毕业后，先后在宿松北山中学、浮山中学、桐城中学、省立七临中、省立八临中、六安农职和蚌埠中学等校任物理教员。新中国成立后，一直在桐中任教。

吴先生品行端正，与人交往和气宽厚。工作勤勤恳恳，教风严谨，认真负责，精神饱满，善于调动学生的学习积极性和主动性，所教物理一科成绩卓著。20世纪50年代，先生曾任桐中物理教研组长，年逾花甲仍然执教，虽教学经验丰富，但仍坚持详写备课笔记，精心设计教案，为中青年教师树立榜样。

吴先生在荣誉、利益面前总是先人后己。由于他教学成绩显著，多次被评为安徽省、安庆地区、桐城县先进工作者。1959年，桐中校长为他请功，提出将他的工资由中学3级晋升为中学2级。他一再谢绝，坚持将此让给了工资低的年轻教师。

先生爱好广泛，在教学之余，还自学中医，擅长妇科，医术高明，每逢工作之余，他就主动为学校师生以及社会上的一些贫苦人看病。几十年来，他义务诊病达数百人次，从不收取任何报酬。他毕生从教，竭尽全力培育人才，师德高尚，乐于助人，乐于奉献，堪称名师，为人楷模。

1988年10月病逝，享年84岁。

宋君达

宋君达（1905—1966年），字厚侃，桐城人。

先生出身于世代书香门第，年幼进私塾学习，聪颖过人，喜诗词歌赋，常有别出心裁诗作与父兄师友酬唱，年长后，进安徽大学学习，主攻中国文学史的唐宋部分，为安徽大学文学院第一届毕业生。

1939年先生被桐城中学聘任为级导师兼国文、历史教员，1947年去安庆任教，1949年初回到桐城中学任教，秋季曾任教于笃山中学，1950年又任教于桐城中学，1956年调至安徽师范学院主讲"中国文学史"唐宋部分。

宋先生3次在桐城中学任教，备课认真，讲析透彻。大段古文和古诗词均能当堂口诵手书，讲解要点，兴之所至，手舞足蹈，古诗文意境立现，让学生有身临其境之感，对先生崇敬不已。他不仅教学如此，更以自己独有的人格魅力影响学生。满壁图书典籍常有学生借阅，虽秉性孤傲，但对青年学子，循循诱导，不厌其烦，真正做到了诲人不倦。对学生习作，多当面评阅，遇有佳句，吟哦一番，大加褒扬，一些害怕写作的学生也感到乐趣无穷，调动了学生的写作积极性。先生爱生如子，教学有方，且乐于给学生解答问题，教学效果显著，受到学校和社会的一致称赞。

宋先生学养深厚，学贯古今，讲课旁征博引，深受学生欢迎和敬爱，为人刚直，专心治学，不事钻营，洁身自好。先生晚景凄凉，一代饱学之士，由此碌碌，1966年积郁成疾，抱憾离开人间，时年60岁。

姚沛生

姚沛生(1905—1998年)，桐城人。

先生1923年在桐城中学毕业后，考入武昌大学(今武汉大学)数学系，后转入中文系学习。1927年毕业后即回桐城中学担任国文教师，一直到1972年退休。

新中国成立前，因迫于生计，先生曾在三育、二临中和麻溪女中等学校任兼职教师。新中国成立后，曾任桐城县第二、三、四、五、六届政协委员。

先生家学渊源，藏书很多，且勤奋钻研，知识渊博，特别对古典文学有较深研究。他爱生如子，教学极其负责，善于用浅显的语言讲解艰深的古文，深受学生好评。先生长期担任桐中语文教研组长，处处做出表率，对青年教师的成长尤为关心。20世纪60年代，为提高青年教师古文水平，先生受学校委托，自编一套古文教材，供青年教师学习，并给青年教师开讲座，诲人不倦，热情耐心，被誉为"先生的先生"。他高尚的人品，严谨的学风，深受老师们敬重，教誉甚隆，堪称一代名师。他一生追求真理，追求进步，淡泊名利，襟怀坦荡，严于律己，宽以待人，谦虚谨慎，生活简朴，为学为人都是楷模。

光元鲲

光元鲲(1907—1974年)，名德需，桐城人。

先生自幼爱好书画艺术，读小学时，常去祈雨岭、钓鱼台登山写生，打下了坚实的绘画艺术基础。1931 年，他以优异成绩毕业于上海新华艺术大学绘画系，在中国画坛崭露头角。抗日战争时期，几经转折到重庆一家艺术学校任教，以画笔培育一代新人，在画苑修身养性。

1945 年，抗日战争胜利后，先生返回桐城，到桐城中学任兼职美术教师，常带领学生走出校门，攀椤栳峰，登龙眠山，泛舟白兔湖，远足鲁谼山，启发学生寻觅更善、更真、更美的艺术境界，陶冶学生的情操。1949 年，先生在安徽艺术学校教学，1961 年调入合肥师范学院。在 20 多年的教学生涯中，孜孜以求，诲人不倦，淡泊名利，甘为人梯，人格高尚，对学生影响很大。

先生在书画创作中，坚持深入生活，贴近自然，贴近时代。为了画虎，他常常在动物园一站就是几个小时，细心观察虎的体形、毛色、神态、动作，有时深入丛林。攀山岩，涉河涧，探洞穴，捕捉野虎的行踪，通过不断地观察、揣摩，从虎形到虎神他都了然于胸，一只只惟妙惟肖、色彩斑斓的老虎从他的笔下呼啸而出。他因画虎著称，时人谐称先生“光老虎”。安徽美术界人士称先生是“画虎的第一把手”。

先生的许多艺术作品曾受到国内外画家和爱好者的赞誉。作品《柳塘清趣》1956 年送苏联展出后，饮誉全苏联和东欧画坛。1980 年，安徽省博物馆举办省内著名画家艺术作品展，先生画廊备受青睐。

1974 年病逝，终年 67 岁。

龙笑云

龙笑云(1910—1959 年)，桐城人。

先生 1935 年毕业于安徽大学哲学系，先后任省教育厅科员、桐城中学教员，霍山师范、东南中学、天柱中学校长，后到贵池中学、太湖中学任教。

先生从小好学，思维敏捷，言辞锋利，他的说理之辞，令人折服，尤擅英语，曾翻译《教育通论》一册。

抗日战争爆发，许多学校在战乱中停闭。龙先生为复兴教育、救亡图存，毅然辞去省教育厅科员职务，投身教学第一线。1939 秋，他四方奔走，募集经费，到立煌(今金寨)创建私立天柱中学，招收沦陷区失学青年 200 多人，分初、高中各 27 班上课。先生一方面教授文化科学知识，一方面开展抗日救亡运动，激发学生爱国热情，不少有志青年参加了新四军，奔赴抗日前线，杀敌报国。

1941 年冬，天柱中学被日寇炸毁，先生面对惨状，毫不气馁，带领师生重建校园，恢复上课。他审时度势，为学校长远发展之计，策划将学校南迁。在孙闻园等人的援助下，于1942年秋，先将高中部迁往桐城黄甲铺上课，后陆续搬迁，在搬迁过程中，先生徒步往返于立煌与桐城之间，历经千辛万苦，终于在抗战胜利前夕，将天柱中学迁设在黄甲铺、天城、罗岭三地。1946年，学校迁至东流县大渡口，借用原私立大光中学校舍，设高中6个班，初中4个班，在罗岭保留一个初中部。1949年4月，天柱中学改为东流县私立联合中学，1952年改为“东流农业学校”。

先生为教育事业奉献了一生，成绩显著，桃李满园，赢得世人尊敬。1957年他被调往太湖中学任教，1959年12月逝世。

方令完

方令完（1910—1981年），女，桐城人。

方令完是桐城教育名流方守敦先生幼女，她幼从家学，15岁进入安徽省立第一女子师范学校读书，毕业后在安庆黄家狮小学教学。1938年5月以后，在颠沛流离的抗战岁月中，她在广西桂林中山纪念学校、四川江津国立九中、重庆南开中学任教。1944年春，几经辗转回到故乡，她先后任教于桐城县立示范小学第一分校、桐城县私立麻溪女中和桐城中学。1949年，她以一个知识分子的满腔热忱，迎接崭新时代的到来，把全部精力都投入到人民的教育事业中。在教学生涯中奋力耕耘，桃李盛开，硕果累累。

1951年她离开桐城，到镇江市第二中学任教。1960年前后，分别2次受高教部派遣，前往民主德国莱比锡大学和波兰华沙大学教授汉语言文学，达3年之久。在波兰工作期间，曾为我国时任驻波兰大使王炳南同志辅导中国文学。回国后，仍返镇江原校工作，直至逝世。

方令完一生热爱光明，追求真理，性格开朗直爽，处世刚毅正直，一贯严于律己，宽以待人。与之交往者，多有如沐春风之感。令完虽从旧学氛围里成长，但不拘泥保守，勇于接受新思想、新事物，表现出一个传统女子的开阔胸怀。在重庆任教期间，周恩来、邓颖超等革命家也在渝开展活动、作报告、发表讲话，令完总是踊跃前往，认真聆听，同时大力宣传革命，号召师生团结抗日，一致对外。

授课闲暇，令完常作诗撰文直抒胸臆，所作诗文清隽飘逸，气韵生动，细腻中见潇洒，温婉中透深情。《安徽名媛诗词征略》收集她的诗作数首。

笪耀东

笪耀东（1911—1984年），桐城人。

先生自幼聪颖好学,桐城中学毕业后考入安徽大学理学院数学系,毕业后一直从事教育工作。抗日战争期间,在私立笃山中学教数学,后至安徽省立第一临时中学任教。新中国成立后,他参加了安庆行政班教育组学习,结束后至桐城中学任数学教师、教研组长和教导主任。1955 年调至皖南大学任数学系讲师。

先生为人正派,事业心强,工作极其负责。他治学谨严,教学水平高,效果好,在桐城教育界享有盛誉。先生讲课多具特色,声音洪亮,语言简洁不重复。讲几何,他更有一门绝技,可以不用圆规,画得与使用圆规一样圆,徒手画直线,画得与使用直尺一样直,2 位数乃至 3 位数相乘,不用演算,即能报出得数,准确无误,令学生惊叹不已。先生关心青年教师成长,对他们热心辅导,以提高其的教学水平,深受师生的敬重。编撰有《代数与初等函数》等。

方源流

方源流(1912—1958 年),桐城人。

先生幼时就读于桐城县立第一高等小学,1933 年于桐城中学高中部毕业,在全省中学大会考中,他成绩名列第一,1937 年夏毕业于武汉大学文学院史地系。

抗日战争爆发后,方先生回到安徽,受聘到安徽省立第七临时中学任史地教师,后被桐城私立菁华中学校长方雯仙聘为教导主任兼史地课教师。1940 年春,先生任桐城中学教导主任兼史地教员,1946 年秋被推举为私立惠远高级职业学校校长 1949 年调任安庆高级中学任教导主任,1950 年秋,调任贵池中学副校长。

先生曾被选为县人大代表,被评为省模范教师,并兼任省史地教材编审委员。先生虽于多处任职,但一直坚持教学和管理两不误,始终在教学第一线教书育人,坚持不懈。先生知识渊博,为人幽默豁达,讲课风趣,教学鞭辟入里,深入浅出,讲到动情处,声色灿然,闻者无不为之动容。

先生为人处世,一向披肝沥胆,真诚待人,不存私心杂念,而对追名逐利之徒,则嗤之以鼻。他常以“求实学,敦品性,读书报国”教育学生,以“贫贱不移,威武不屈,富贵不淫”自励,一生俭朴度日,反对奢侈浪费,而对困难学生往往慷慨相助,毫不吝惜,努力助其学有所成。

方不圆

方不圆(1915—2000 年),原名圆,桐城人。

先生幼读私塾,后读高等小学,1930 年 8 月考入桐城中学,毕业后就读于安庆高级工业职业学校、四川江津大学、浙江大学和国立贵州农业学院。抗日战争爆发，先生几经周折，多历磨难，且身体多病，但矢志不渝，一边刻苦自励，孜孜求学，一边积极从事抗日宣传工作。1949 年 8 月，他调入桐城中学任数学教师，1973 年调至浮山中学任教，其后调至枞阳县教委教研室专门从事教学研究工作，曾担任枞阳县第四、五两届政协副主席。

先生长期坚持在教育教学第一线，对工作极其负责，任劳任怨，教学讲究艺术，教学效果显著，深得领导倚重，深受同事尊敬和学生爱戴。他爱校如家，爱生如子，为了教育教学工作，宁方不圆，保持棱角，不计个人得失，心胸坦荡，光明磊落，凡学校的事，学生的事，他无不关心，爱提意见。师生送他一个雅号“方百管”，平时喊他“百管先生”。常在胸前挂个哨子，有不合眼的事情就哨子一唰，立马制止，上课铃响起如有学生还在玩球或追逐嬉闹，他哨子一响，全赶进教室。

先生德高望重，学识渊博，对教育教学精益求精，为人楷模。教学之余，笔耕不辍，撰写论文 100 多篇，发表于《数学通讯》《数学教学》等刊物上。他多次主持安庆市高中数学教师培训班讲座，奖掖后进，不遗余力，体现名师风范；多次向教材编辑部门提出教材编写修改意见，并受到编辑部门的高度重视和采纳。由于他的教育教学成就卓著，多次受到表彰和奖励 1980 年，安徽省人民政府授予他“特级教师”称号。

2000 年 11 月辞世，享年 85 岁。

张家章

张家章(1915—1971 年)，桐城人。

先生幼时才思敏捷且好学不倦，随着学习的不断深入，学识渐长，文理兼优。后投笔从戎，虽戎马倥偬，却刻苦自励，学而不辍，他利用空暇攻读大学外语课程，终于完成学业。1941 年，任国民政府兰州军警督支处翻译，笔译、口译俱佳，深受上司赏识。1949 年 9 月，国民党政权全面崩溃，中国人民解放军进军西北，张家章先生随所在部队，起义投诚，加入人民解放军，后历任中国人民解放军第一兵团司令部翻译，新疆军区司令部翻译，军区运输翻译股股长，南京军事学院军事科翻译。

1955 年 12 月，他转业回故里，被分配到桐城中学任俄文教师，忠于职守，教风严谨，爱生如子。对所授俄文课，均事先认真备课，深入钻研，熟知教材，把握重点和难点，课堂上教态自如，深入浅出，将枯燥无味的俄语讲得绘声绘色，激发学生学习外语的兴趣。课后对学生勤辅导，精心批改作业，一丝不苟，深受学生好评。1963 年桐城中学根据上级教育部门要求，停开俄语，开设英语。先生一直从事俄文翻译，英语相对生疏，但他很快掌握、熟悉了高中英语教材，并自编英语故事作为学生课外读物，启发和调动学生的积极性和自觉性。在他的循循善诱和耐心教导下，学生英文成绩提高很快。在教学之余，他还勤于笔耕，应聘任人民文学出版社兼职翻译，先后翻译出版《还我自由》《围攻别斯捷采城》等外国文学作品。

慈昌淦

慈昌淦(1918—2008年)，桐城人。

先生1949年2月参加工作，1982年加入中国共产党。1937年9月至1939年8月他先后在桐城抗日宣传队、桐城县动员工作团、安徽省直属第十五工作团从事抗日宣传动员工作。1939年9月至1949年1月，先后在安徽省立第七临时中学、第八临时中学、安徽省蚌埠高级中学等校任教。1949年8月至1950年1月，在私立桐城县联合中学任教，此后任桐城中学数学教师。先生曾先后任桐城中学教改组副组长、教导处副主任、副校长、安徽省中学数学教学研究会第一届理事长、安庆市数学教学理事会副会长。1956年3月他出席安徽省社会主义建设积极分子大会，同年4月获省教育厅评选先进经验交流二等奖，1959年任县政协副主席，1960年出席省文教群英会，1964年当选为第三届全国人大代表，1977年出席安徽省文教战线先进集体先进个人代表大会，1978年当选为安徽省第五届人大代表，1980年晋升中学特级教师，1981年当选为桐城县七届人大常委会副主任，1984年起任名誉校长。曾获省级劳模称号。

先生从事教育工作40载，专心致志抓工作，勤勤恳恳忙教育，以教书为乐，教学艺术炉火纯青，但他从不满足，坚持精心备课，摸索出“启发式”教学方法，编写数学复习提纲，他领导的教研组工作也是生机盎然，成效明显。先生刻苦钻研，发表《精讲多练勤辅导》等文，合编《高中数学讲座》专辑。他与陈维谐、方不圆老师被安庆地区教育界赞誉为“慈代数”“陈三角”“方几何”。又因他三人协同作战，把守高中毕业班数学关，故在桐中又有“铁三角”之称。

陈维谐

陈维谐(1921—2007年)，怀宁县人。

先生于1946年大学毕业后创办怀宁县第二中学，任校长兼数学老师。新中国成立后，就职于安庆师范学院，1954年秋，调至桐城中学任数学教研组组长，1969年春，下放至桐城县石河区高级中学，1978年秋调回桐城中学，是年夏，被推选为安徽省高考数学科目阅卷组组长。

先生撰写的《浅析解析几何的解题思路》《三角函数诱导公式应用若干心得体会》等，一时成为全县青年教师的教学模板。他把破解数学难题、寻求其中奥妙及答题技巧，作为一大乐趣，成为每天的“必修课”，并把这一习惯延续到生命的最后一刻。在教学实践中，他探索出“一题多解，触类旁通”的教学方法，深受学生欢迎。其教学风格深受同行的赞赏。

先生与德高望重的慈昌淦、方不圆老师，被安庆地区教育界赞誉为“慈代数”“陈三角”“方几何”。又因他三人协同作战，把守高中毕业班数学关，故在桐中又有“铁三角”之称。他淡泊名利，不计得失，常常为因公或因病的同事代课。1980年代初，本有资格参加全省特级教师评选的他，主动将荣誉让给本组的慈昌淦老师，并言：“慈先生与我随便哪个选上，都是桐中的光荣，一荣俱荣！”其高风亮节如此，让人钦佩不已！隆冬时节，他将自己的棉大衣披在冻得瑟瑟发抖的学生陆大道（中科院院士）身上，温暖这位寒门学子，堪称师之楷模。

邓国栋

邓国栋（1933—2013年），桐城人。

先生1953年从东北财经学院肄业，1954年9月参加工作，曾在天城中学任教，1969年7月开始在桐城中学任教，1983年7月任桐城中学教导主任，1984年7月任副校长，1987年12月被评为高级教师，1988年8月任桐城县数学学会理事长，1989年被评为安徽省特级教师，1990年3月任安庆市中学数学学会理事长、桐城市职称评审委员会副主任。

先生长期任教桐城中学，专业基础深厚，教学方法独到，教学成效显著。恢复高考制度以后，主持学校数学复习资料编写工作，针对性强，实用性高，对于学生复习应考大有裨益，县内外高考学子一书难求。在教学上，先生总结出“精讲、多练、勤辅导”的教学经验，他执教的数学学科高考成绩多年在全省领先，1980年高考，桐中数学成绩全省第一。1986年高考，全省高考数学成绩平均33分，桐城中学平均67分，远远超过全省平均成绩。彭寿、程和平、吴曼青、方复全、李定等知名校友都曾在先生的直接教学下取得优秀成绩。在做好教学工作的同时，他注重教学科研，在同类学校中率先倡导并成立教科室，组织、指导、培训、研究、评价、影响教学工作，开展科研活动，进行课题研究，培育学术文化，形成办学特色。先生多次被评为安徽省、安庆地区、桐城县(市)先进工作者。历任安徽省第六届人大代表,桐城县(市)第八、九、十、十一届人大常委会副主任,第九届、第十届安庆市政协副主席。

彭声应

彭声应(1944—2018 年),桐城人。

先生是桐城中学 1964 届校友。中学高级教师、安徽省数学特级教师,先后任安徽省桐城中学数学教研组长、教务处副主任,在全国核心期刊上发表论文 10 余篇,编写数学专著、教辅资料 15 本。全国数学竞赛优秀教练员,并指导数学组青年教师多人次在省、市教学评比中获一等奖。

第三节　著名校友传略

房秩五

房秩五(1877—1966 年),名宗岳,字秩五,晚号陟园老人,桐城人,著名的教育家与社会活动家。

1903 年房秩五就学于桐城学堂,因才气卓然被吴汝纶先生提拔为桐城学堂东乡学长,协同吴汝纶先生办学。1904 年秋,在桐城学堂的资助下,东渡日本留学,在东京攻读速成师范科,并编译了《教育心理学》《伦理学》两本专著。在日期间,与爱国人士广泛接触,如潘晋华、秋瑾等,时相会晤,共商民主与革命。东渡归来在浮山兴学,为浮山中学创始人。1905 年夏,安徽公学增设速成师范学校,先生前往主持校务,并参与陈独秀创办和主编的《安徽俗话报》编辑工作。1908 年春,他应敬敷书院同窗好友、奉天(今辽宁)高等审判厅厅长许世英之邀,启程去奉天,先后担任有关文案职务,不久担任《东三省日报》主笔。在其主持下,该报刷新版面,变革文风,常发表斥责帝国主义侵略和披露清政府朝政腐败的文章,文字通俗、辛辣,遭反动当局敌视,屡受警告。辛亥革命爆发时,违抗当局禁令,率先刊登武昌起义消息,因而报馆被捣,先生身遭棒击,臂骨骨折,在友人的帮助下,辗转前往天津。

先生思想进步,与中国共产党关系甚密。在浮山中学主持校政时,他掩护地下党员进行革命工作,暗中支持校内的地下党员教师向学生宣传马列主义理论。“四一二”反革命政变后,上海、安庆等地的共产党人多来此避居,当时的中共安徽省委书记王步文也在此居住数日。革命烈士孙炳文夫人及遗孤孙维世，曾被先生从上海秘密接到浮山中学，至1937年秋送至武汉八路军办事处交给周恩来。

1941年，日寇轰炸浮山，校舍被毁。先生多次赴上海等地募捐，筹款4万余元，重建校舍，恢复旧观，又筹集经费，于1945年开设高中班，将浮山中学办成完全中学。

新中国成立后，1951年先生以特邀代表身份赴京参加全国政协会议。周恩来总理当面赞扬他为革命和培养人才作出了许多贡献，并勉励他晚年要为人民政协多做点事情。朱德总司令亦专程前往他下榻处看望。此后，先生又任安徽省人大代表、安徽省政协副主席等职。1966年病逝于安庆，享年89岁。先生平生所作诗文甚多，仅古、近体诗就有300余首，辑入《浮渡山房诗存》。

尹寿松

尹寿松（1881—1938年），字秀峰，桐城人，开明人士。

尹寿松于桐城学堂开办初入校就读，后去日本学习铁道工程技术，1915年至1919年任怀德县知事，1920年至1924年任梨树县知事，1925年调任热河省政务厅长，1936年就职于冀察政务委员会的外交委员会，1938年8月受抗战名将马占山之邀北上赴蒙旗参加抗战。

1920年尹寿松到梨树任县知事后，勘验民地，修筑由梨树县城直达四平街市新道，治理沿路河沟7处，修木桥1座，方便交通。1921年，为抵制日本帝国主义经济侵略，扶持发展民族工商业，尹寿松呈请洮昌道尹马龙潭、奉天省（今辽宁省）长张作霖批准，在四平街道东（铁路以东）收购民地2 082亩，开辟街道，设立东西大街4条，南北纬路10条，并开辟“四平街新市场”，1923年，市场有店铺和民房4 318间，大小商号214家。梨树县内以及伊通、西安（今辽源市）、西丰、东丰县等地的粮食、煤炭、山货汇集于此，市场日益繁荣，逐渐成为东北闻名的粮食和商品交易市场。经过四平街转运和贸易的粮食与各种商品，数量之大，前所未有。奉天省长张作霖、实业厅长谈国桓、洮昌道尹马龙潭皆对尹寿松开辟新市场予以嘉许。1923年，尹寿松还在梨树县城西南隅创办了苗圃，占地16.9亩，栽植榆、糖槭、洋槐、樟、杏、苹果、樱桃等10余种苗木，草本花卉30余种。1924年，鉴于四平“街内无电，入夜昏暗”，尹寿松“谋诸地方士绅，发起创办电灯”，年底，四平街电灯公司向域内送电。1925年，尹寿松调至热河省任职，当时四平街市的商务会长与工商户集资修建“尹公德政碑”一座，由奉天著名书法家世荣撰文，纪念四平街市兴建及尹寿松对当地民族经济发展作出的贡献。

张 斑

张珽(1884—1950年),字镜澄,又名肇,桐城人,著名植物学家。

桐城学堂创办之初,张珽就进入学校就读。1905年,学校遴选10名学生赴日本留学,张珽被选中,东渡日本进入东京高等师范博物科攻读植物学,学习勤奋,获理学学士学位。当时资产阶级革命家孙中山先生正旅居日本,在东京成立中国同盟会。张珽衷心拥护孙中山先生的"驱除鞑虏,恢复中华,建立民国,平均地权"的革命纲领和民族、民权、民生的三民主义学说,加入了同盟会并积极为同盟会开展工作。

辛亥革命前夕,张珽学成归国,被举荐为皖都督府教育司普通科师范课员,不久即任安徽优级师范学校教务主任。1914年8月,受聘至武昌高等师范学校教授现代植物学。自此张珽矢志于植物学教学与研究。他除了辛勤教学外,还潜心撰写有关生物学方面的文章和专著。为摸清武昌地区植物分布及其基本情况,张珽不辞辛劳,足迹遍至该地区山川湖泽,搜集了大量生物标本和珍贵的动、植物方面的第一手资料,数度寒暑辛勤笔耕,终于在1918年撰成《武昌植物名录》。该书成为我国第一部专门介绍地方植物名称性状的力作。此后,他在植物学界屡有成果问世,为我国植物学科的建立和发展奠定了坚实的基础。

1926年,张珽代理国立武昌大学校长,同年改任国立武昌中山大学教授兼理科委员会主席。1929年,任国立武汉大学教授,后兼生物系主任。1930年,张珽与人合作编著了我国第一本《植物生态学》,此书科学而系统地反映了我国现存植物相互间以及植物与生存环境间的关系,阐明了外界环境条件对植物的形态构造、生理活动、化学成分、遗传特性和地理分布的影响,揭示了植物对环境条件的适应和改造作用的规律性。这本著作为我国的农业、林业和畜牧业以及环境保护等方面的研究奠定了理论基础。1933年9月,张珽与植物学界几位著名专家发起筹建了中国植物学会,使我国的植物学研究进入了一个新的阶段。

1949年新中国成立后,张珽不顾年老体衰,仍以饱满的政治热情积极投入祖国的高教事业,被任命为武汉大学校务委员会委员兼生物系主任。1950年去世,享年66岁。

章伯钧

章伯钧(1895—1969年),桐城人,农工民主党创始人之一。

1913年6月毕业于桐城县立中学,为第五届初中毕业生。1920年毕业于武昌高等师范学校英语系,回皖后任宣城师范学校校长。其才学为当时安徽省省长许世英器重,于1922年被选派到德国,在柏林大学攻读哲学。在德留学期间,他先后加入中国共产党和中国国民党。1926年春回国,曾任国立中山大学文学院教授、北伐军总政治部副主任。大革命失败后,他参加了南昌起义。起义受挫后,辗转香港,从此脱离了中国共产党。1929年回到上海,与谭平山、季方等人于同年冬成立"中华革命党",继续奉行孙中山的"联俄、联共、扶助农工"三大政策,反对蒋介石,立志推翻反动独裁统治。1930年春,创建中国国民党临时行动委员会,积极投入反蒋反帝斗争。1937年,"七七事变"后的第三天,他与彭泽民致电南京国民党政府,提出了抗日救国八项政治主张,反响强烈。1941年,在重庆发起建立"中国民主政团同盟",后改名为"中国民主同盟"(简称"民盟")。1945年,他与黄炎培等6位参政人员同机飞往延安,受到了毛泽东、周恩来、朱德等中国共产党领导人的亲切接见和鼓励。1947年,中华民族解放行动委员会改组为中国农工民主党,章伯钧任主席。

1949年9月,章伯钧应邀出席中国人民政治协商会议第一届全体委员会会议,并当选为全国政协常委。新中国成立后,他先后担任中央人民政府委员、全国政协常委、交通部部长等职,并长期担任中国农工民主党中央主席和中国民主同盟中央副主席,为我国社会主义建设事业和爱国统一战线工作作出了杰出的贡献。

孙发端

孙发端(1895—1977年),字效文,桐城人,著名公路专家。

孙发端幼年丧母,由父亲及胞姐抚育成人。13岁进入桐城中学读书,毕业后以优异成绩考入天津北洋工学院土木工程系深造,1923年毕业。从1924年起,他跋涉于皖、赣、浙三省,先后勘测安徽歙县到昱岭关、浙江鄞县至昌化、杭州至长兴、黄岩至乐清、永康至缙云公路路线,并测量修筑了皖赣线。

抗日战争爆发后,他转赴西南、西北,先后主持修筑了四川至陕西、乐山至西昌等公路。其中乐山至西昌公路,是由乐山沿峨眉山麓经蓑衣岭,越过大渡河经冕宁至西昌修筑的,沿途峭壁陡峻,险流湍急,施工难度极大。一次孙发端带领工程技术人员试渡大渡河时,船毁人亡,仅孙发端1人被急流冲落至浅滩,幸免于难。他主持修建的川陕公路,其中宝鸡至汉中的古连云栈道,全长254公里,峭壁悬崖,堪称天险。许多外国专家断言此路不可能修通,孙发端怀着强烈的民族自信心,冒着生命危险,跋山涉水测量选线,终于找到最佳施工线路和方案,使这条公路如期竣工通车。

1949年,人民解放军大军西进,因黄河大桥被国民党溃军炸毁而受阻,孙发端亲临现场组织工人抢修，使大桥迅速恢复通车。中国人民解放军副总司令彭德怀特意接见了孙发端，称赞他为解放大西北作出了巨大的贡献。

新中国成立后，孙发端先后被选为甘肃省人大代表、政协委员，被任命为西北大区公路局副局长、西北行政委员会交通局副局长。他勤奋工作，率先垂范，为国家的公路建设培养了大批优秀的工程技术人才。抗美援朝期间，他慷慨解囊，捐款购买飞机大炮，积极购买公债，为争取国家财政运行好转而贡献力量。1956 年，他光荣地加入了中国共产党。从这年起直至退休，他每月从工资中提出 100 元上缴国家，支援祖国经济建设，并先后资助 6 名青年上学。1957 年，孙发端出任国家交通部公路设计院副院长，因积劳成疾于 1961 年退休，移居安徽省滁县甥女处。

1977 年 9 月 18 日，孙发端病逝于安徽省滁县，骨灰葬于滁县琅琊山麓。

朱光潜

朱光潜(1897—1986 年)，字孟实，桐城人，著名美学大师、文艺理论家、中国社会科学院学部委员。

朱光潜父亲是私塾教师，有较深的古典文学修养，先生从 6 岁到 14 岁，在父亲督导下接受古典文化教育。15 岁进入桐城中学读书，1916 年毕业，是桐城中学第七届初中毕业生。他在桐中读书期间打下了坚实的古文基础，并对中国的旧诗产生了浓厚的兴趣。桐中 80 周年校庆时，他给母校寄信说他的“古典文学基础得益于桐中老师的教诲”。

1917 年先生就读于国立武昌高等师范学校中文系，1918 年至 1922 年，他在英国人办的香港大学学习教育学和英国语言文学，同时接触到生物学和心理学，又接触到《新青年》，他对胡适提倡白话文的文章，始则反对，继而赞同，毅然放弃文言学写白话，并以白话撰写了他在美学研究方面的处女作《无言之美》。1922 年夏，经高觉敏、夏丏尊介绍，先后在上海吴淞中国公学中学部、浙江上虞白马湖春晖中学执教，并与夏丏尊、丰子恺、叶圣陶、胡愈之、刘大白、夏衍等筹办立达学园和开明书店。1925 年他考取安徽官费留英，先后在爱丁堡大学、伦敦大学以及斯特拉斯堡大学学习。1933 年秋回国，先后在北京大学、四川大学、武汉大学任教。新中国成立后，先生一直任北京大学西语系、哲学系教授。

先生在留学期间走上了美学研究的道路，回国后在执教之余继续从事美学和文学研究。新中国成立后，他力图以马克思主义理论指导自己的学术研究，在一系列美学理论问题上提出了自己的独到见解，成为美学界一个重要流派的代表。在 1950 年代的美学讨论中，他提出了“美是主客观统一”的重要观点。此外，他还致力于翻译介绍西方美学的名著，如克罗齐的《美学原理》、柏拉图的《文艺对话集》、莱辛的《拉奥孔》以及黑格尔的《美学》等，为促进我国美学研究的深入发展付出了辛勤的劳动，作出了巨大的贡献。他还自觉地运用马克思主义的观点研究西方美学史，写就了我国第一部《西方美学史》。他的主要著作还有《文艺心理学》《给青年的十二封信》《诗论》《谈美书简》等，著作、译文收入安徽教育出版社 1987 年出版的《朱光潜全集》(共 20 卷)。

何其巩

何其巩(1899—1955 年)，名宗诚，字克之，桐城人，民国官员、教育家。

何其巩出身于乡村塾师家庭，自幼随父亲读书，稍长就学于白鹤峰书院，诗、文、书法在乡里小有名气。民国六年(1917 年)以优异成绩考入桐城中学，不久经吴闿生荐举，到北京当教员，兼任《正言报》记者。1922 年投笔从戎，不久被提拔为冯玉祥将军的秘书。

1928 年 6 月 2 日，北平特别市政府成立，由于冯玉祥将军的举荐，何其巩出任第一任市长。提出《筹拟收回使馆界行政权案》；将北平的“中央公园”改建并易名为“中山公园”，修建“中山堂”，亲自题写匾额，并在园内树立了滦州起义烈士的金铭碑和施从云铜像以志纪念；将菊花确立为北平市市花。重视教育事业，提升教育经费比例；成立“贫民救济总会”，这是北平历史上第一个贫民救济机构。1929 年，因为蒋介石采取支持阎锡山，打击冯玉祥的策略，何其巩 6 月初辞职，改任首都建设委员会委员。1931—1932 年历任安徽省教育厅厅长、财政厅厅长。1933 年，任行政院驻北平政务整理委员会委员兼秘书长、华北区救济委员会委员。1935 年 12 月，任冀察政务委员。1936 年到北平中国学院(后改称中国大学)校董会工作，任代理校长。北平沦陷期间，何其巩一心一意办教育，坚决不任伪职，他与燕京大学校长陆志韦、辅仁大学校长陈垣，合称为在北平坚持办学的三位著名大学校长。中国大学坚持“我们是中国人的中国大学”“为教育而教育”的办学方针，获得沦陷区爱国知识界的支持，1937 年 8 月后，留居平津各大专院校的一批坚持民族气节、不与日伪合作的教师，纷纷被何其巩校长聘到中国大学任教。

何其巩校长肩负在敌占区造就青年的重任，坚持做到：“董事会及学校一切机构无变动；不受奴化支配，拒绝日伪分子，优待忠贞人士；学生自由讲习，并运送抗日后方；学校证件，从未加盖过伪印；对参加抗日地下工作者，分别掩护”。抗日战争期间，何其巩校长团结全校师生发展壮大了学校。解放战争期间积极参与了策动第十一战区起义工作，同时积极说服傅作义将军率部起义。

1947 年，他辞去中国大学校长职务，在北平隐居。1955 年病逝，享年 56 岁。

方东美

方东美(1899—1977 年)，字珣，桐城人，当代著名学者、哲学家。

方东美出身于书香门第，童年时代喜爱庄子著作，对桐城派文章长于叙事言事，短于谈玄说理深表遗憾。1916 年，从桐城中学毕业考入金陵大学攻读哲学。在校期间参加了李大钊发起的“少年中国学会”，主编该会机关刊物《少年世界》，并发起成立了“中国哲学社”，担任社长。1921 年大学毕业后留学美国威斯康星大学，写出了《柏格森生命哲学之评述》的硕士论文，获得好评。后来转入俄亥俄州大学研究黑格尔哲学，完成博士论文《英国与美国唯实主义的比较研究》。1924 年学成归国，先后在武昌高等师范、东南大学、中央政治学校、中央大学等校任教授。抗战爆发后随中央大学到重庆，任该校哲学研究所导师，教学之余从事佛学研究，写出《华严宗哲学》《哲学三慧》等著作。1944 年被推举为中国哲学会第四届理事会理事。抗战胜利后，随中央大学返回南京。1948 年去台湾，受聘为台湾大学、辅仁大学教授，继续致力于哲学教学和研究。1961 年应邀访问美国，先后任南达柯州立大学、密苏里大学、密执安大学访问教授。1964 年，参加东西方哲学家会议，其论文《中国形而上学中之宇宙与个人》受到极高评价。1973 年 6 月退休。1977 年逝世，根据方先生生前遗愿，将其骨灰沉入台湾靠大陆一侧的海湾中。

方东美先生从事哲学研究与教学 50 余年，熔铸东西、古今文化于一炉，在海外有“一代大哲”之称。1987 年逝世 10 周年之际，台北市召开“国际方东美哲学研讨会”。中国将研究方东美哲学思想列为国家“七五”计划中社会科学研究的一个项目，美国等一些国家和地区亦相继成立了研究方东美哲学思想的学术机构。

方东美先生的主要学术著作有《科学哲学与人生》《华严宗哲学》《哲学三慧》《中国哲学之精神及其发展》《中国哲学之通性与特点》《方东美先生演讲集》等。

汪少伦

汪少伦(1902—1982 年)，又名汪礼明，桐城人，民国教育官员。

汪少伦年幼时聪敏好学，先进私塾，后进天城五高小学读书，学习成绩优异，于 20 世纪 20 年代初考入桐城中学。因家境贫寒，无力缴纳学费，后在同宗汪晓峰的帮助下，以汪姓祠堂公款资助，方得以就学。

在桐城中学读书期间，汪少伦勤奋努力，学习成绩名列前茅。当时新文化运动在全国范围内兴起，汪少伦深受影响，思想激进，参加了反对当时县长吴观光的斗争，被学校开除。后转入宣城师范学校就读，以第一名的优异成绩毕业，到北京报考国立大学，后因无力缴纳巨额费用，只好暂居北京桐城试馆，等待时机。此时北洋军阀政府财政部在天津开设盐务学校，不收学杂费。汪少伦以第 3 名的成绩顺利录取。在盐务学校学习期间，他加入了中国共产党，后受党组织派遣赴苏联中山大学继续学习。

北伐战争结束后，汪少伦由苏联返国。1928 年，担任安徽省党部党务训练所教务长，因当时的身份是共产党员，安徽省政府奉令对其逮捕，只得逃离安庆，经上海赴日本进入早稻田大学就读。不满 1 年，回国到山东，担任山东省教育厅科员，后又在同乡友人的资助下，赴德国进入柏林大学研究哲学与教育，为期 6 年。

1936 年年底，汪少伦学成归国，历任中央陆军军官学校政治教官、中央政治学校教授兼教务副主任、国立中央大学教授兼公民训育系主任。1944 年 4 月，任安徽省政府委员兼教育厅厅长。1948 年秋，当选为国民党政府立法院第一届立法委员，教育部教育研究委员会委员。中华人民共和国成立前夕，随国民党政府去台湾，继任立法委员，并先后担任台湾师范大学教育系教授，新加坡南洋大学教育系教授。后又组织“中华民国超心理研究学会”，并当选为第一届常务理事。

1982 年 6 月，汪少伦在台北病逝，享年 80 岁。生前著述很多，有《青年修养》《中国命运和伦理学》《伦理学体系》《多重宇宙与人生》等，其中伦理学著作经商务印书馆出版，影响较大。

谢亦鸣

谢亦鸣(1902—1992 年)，字野萍，号野翁，桐城人，著名书法家。

谢亦鸣出身书香门第，其父能文善书，对其影响至深。20 世纪 20 年代初毕业于桐城中学，后投笔从戎，曾任冯玉祥等人的幕僚，抗战时期就职西南公署，与谢无量、张大千、沈尹默等相从甚密，新中国成立后定居南京，潜心翰墨。

其作淳厚清雅、秀韵沉着、不拘成法、姿态纷呈。融汇北魏书法，化简出新，树一家风貌。沙宗炳先生诗评“完白(邓石如)宏名千载重，安吴(包世臣)姚誉百年间，皖贤代有如椽笔，数到先生应第三”。

先生的墨宝遍布南京中山陵、鸡鸣寺、夫子庙、总统府等著名景点以及全国各地的一些名山大川。1987 年与其侄谢绳质在合肥安徽画廊举办书法作品联展，评价很高。作品远传日本、美国等，并为不少海内外名家收藏。

谢亦鸣不仅书法功底丰厚，造诣精深，而且品德高尚，堪称德艺双馨。他曾在南京教授学生40多人，分文不取。《南京日报》曾以《书贵重德》《勤耕墨田七十秋——访著名书法家谢亦鸣》等文章，称颂其书法成就和高尚人品。谢先生生前曾任江苏省文史馆馆员、南京市政协委员、中山书画社顾问等职。

黄　晖

黄晖（1907—1974年），字政庵，桐城人，中国民主同盟成员，著名史学家。

黄晖自幼好学，博览群书，勤于思考。20世纪20年代末就读于桐城中学，毕业后远赴北平，考进了当时号称“中国马列学院”的国立北平大学，直接师从著名学人李达、侯外庐、许德珩等学习社会学、社会科学方法论、辩证唯物论、社会思想史、政治经济学等课程，从理论上系统接受马克思主义和无产阶级革命思想。在此期间还不时向北京大学教授胡适、刘文典，中国大学教授齐燕铭等著名学者请教治学方法和经验。

1936年回安徽，在阜阳中学教授高中国文，又辗转到省会立煌（现金寨县），先后在教育厅和建设厅任职。在公务繁忙之余，还在安徽省第一临时中学兼课，其间经常为《皖报》撰写有关教育方针和教育结构的社论。1948年年底，省政府驻地公教人员纷纷南逃，黄晖此时脱离建设厅，到安庆教书，参加了以沈子修为首的民盟皖中工作委员会地下活动，支持人民革命。

1950年春，黄晖应西北大学校长侯外庐聘请到西北大学任教，先后开设了中国通史、中国近代史等专业课程，并系统研究中国学术思想史、中国史学史、边疆史等课题。1950年代末，在史学革命的号召下，接受标点“四史”任务，承担标点《汉书》专题。1974年8月辞世。身后所藏书籍和有关手稿都由遗属捐献给西北大学图书馆。

黄晖先生历时7年耗尽心血撰写了《论衡校释》36卷，对向来少人问津的《论衡》系统整理，全面校勘。该书最初由著名学者胡适推荐给商务印书馆出版，时值战乱，辗转移至香港出书，1938年在战时陪都重庆发行。初版面世后不胫而走，后因战乱几成孤本。新中国成立以后文化振兴，1955年波兰汉学家来华访问，在北京图书馆发现此书，以微型胶卷影印，拟作文化交流科研项目。1989年中华书局出版《新编诸子集成》，将《〈论衡〉校释》列入第一辑进行再版。

方玮德

方玮德（1908—1935年），桐城人，中国现代诗坛上“新月派”的后起之秀，与“新月派”另一位诗人陈梦家并称为“新月派”后期“双璧”。

方玮德出生在知识分子家庭，6 岁进私塾接受启蒙教育，授课数年，打下了坚实的古文根基，继而入小学、中学就读，1928 年毕业于桐城中学，当年考入南京中央大学(今南京大学)外文系，攻读英国文学。

方玮德读中学时就写得一手好文章，进入中央大学后，受业于闻一多、徐志摩等名师，对他步入新月派诗坛影响很大。他在新月派诗坛上崭露才华，与陈梦家、卞之琳、高颖、靳以等同辈才俊建立了深厚的友谊。1929 年到 1931 年，是他诗歌创作的全盛时期，这期间在当时颇为著名的《新月》《诗刊》《文艺》等刊物上发表诗作共 30 余首。其中《悔与回》在青年人当中引起强烈反响。1932 年夏在中大毕业，翌年应聘至厦门集美学校，教授国文。其间，他邂逅当时著名的语言学家黎锦熙先生的女儿黎宪初小姐，开始炽热的爱情生活，鱼雁频传，两年间作情书数百封之多，构成了独具风格的散文作品，著名美学家宗白华教授曾撰文称：“我看在现代新文学里尚未见过这样情文并美的情书”。“一・二八”淞沪之战时，方先生与许多青年学子一样表现出一股同仇敌忾之气，参加抗日宣传工作，“区区微命于必要时，亦愿手格一二倭奴”，表达了他强烈的爱国热情。

1935 年 5 月在北平逝世。黎锦熙先生在挽玮德联中写道：“皖学旧名家，如此才华堪接武；朱绳刚系足，可怜药石已无灵。”吴宓等亦赠挽联，闻一多先生参加送殡。

方先生的传世之作有《玮德诗集》《丁香花诗集》《玮德诗文集》《秋夜荡歌》等。

唐哲明

唐哲明(1908—1978 年)，桐城人，中国人民解放军高级将领。

唐哲明 20 世纪 20 年代就读于桐城中学。青年时代即追求真理，投身革命。1924 年加入中国共产主义青年团，1928 年加入中国共产党，同年毕业于日本陆军士官学校。回国后历任延安炮兵学校工兵科主任、第四野战军特种兵司令部工程指挥所主任、工程兵科学技术研究所主任、中国人民解放军工程兵科学技术部部长、工程兵副参谋长等职，为中国人民解放军工程兵的建设与发展作出了突出的贡献。1955 年被授予少将军衔。

孙祥钟

孙祥钟(1908—1994 年)，桐城人，杰出的植物学家，孙闻园次子。

孙祥钟 1929 年桐城中学高中毕业，考入武汉大学生物系。1933 年积极参与发起成立了我国现代科学史上最早又有广泛影响的学术团体——中华植物学会，同年创建了武汉大学植物标本室，该室现已成为世界著名标本室之一，1936 年赴英国爱丁堡皇家植物园留学深造，专攻植物分类学与园艺学，为英国爱丁堡皇家植物园终身会员。抗战爆发后返回祖国，在四川高山峻岭中进行植物学考察，同时积极参与进步的革命活动。新中国成立后在武汉大学任教，先后担任生物系主任、武汉大学教务长、校党组成员、校党委常委等职，并兼任中国植物学会常务理事、湖北省暨武汉市植物学会理事长、中国科学院武汉植物研究所所长、庐山植物园顾问、《武汉植物学研究》主编、《植物生态学与地植物学丛刊》编委等职务，是中国水生植物学的奠基人。1976 年，年近古稀的孙祥钟教授担起重整武汉大学生物学系和中科院武汉植物研究所的重任，克服重重困难，使其教学与科学研究重新走向繁荣。1980 年代初创办了《武汉植物学研究》杂志，经过短短 10 年的发展，该刊已成为我国自然科学的核心期刊之一。

50 多年来，他主持了多项重要研究，主持编写《中国植物志》第 8 卷，参与编写《中国植物志》第 10 卷，在国内外学术刊物上发表高水平的学术论文 30 多篇。由他主持完成的"中国泽泻亚纲系统植物学与进化生物学研究"，以其学术上的开创性和系统性受到国内外著名学者的高度评价，荣获国家教委科技进步一等奖。1980 年，主持中美植物学家对神农架植物进行联合考察，发表了一系列举世瞩目的研究成果。

孙祥钟教授还是一位杰出的教育家。他在教育园地数十年如一日，勤勤恳恳，任劳任怨，精心耕耘，把整个生命献给了我国的教育事业。他担任武汉大学教务长长达 10 年，为武汉大学的教学、科研、人才培养和学风建设等方面都作出了重要贡献。他亲手培养出来的学生已有不少人成为著名科学家和学术带头人。他对学生循循善诱，既严格要求，又倍加爱护，他要求做学问与做人高度统一，他处处身体力行，为人师表，为后辈树立了楷模。

黄　镇

黄镇（1909—1989 年），字临云，学名士元，自号龙眠山人，桐城人，生前曾任中华人民共和国外交部副部长、文化部部长、中共中央顾问委员会常委。

黄镇 4 岁进入私塾读书，1921 年春考入桐城中学，1924 年毕业，为桐城中学第 16 届毕业生，翌年春考入上海美术专科学校。1926 年秋因领导学生运动而被捕，关入龙华淞沪警备司令部，1927 年春经营救出狱，进入进步教员潘天寿等人创办的新华艺术大学读书，是年冬毕业并离开上海返回故乡。1929 年春被聘至浮山中学任美术教员，后因学潮离乡，1931 年 12 月参加宁都起义，被编入中国工农红军第五军团，从此走上革命道路。1932 年加入中国共产党，任五军团政治部宣传干事、文化科长兼“猛进”剧社社长。他参加了长征，途中作画不下四五百幅，保存下来的 24 幅，成为极为珍贵的长征史料和艺术瑰宝。1938 年，由肖华带到上海，由阿英以《西行漫画》的书名印行，1962 年 7 月再版，更名为《长征画集》，并先后出版了英、法、日等外文版。1935 年任红十五军团政治部宣传部部长，1937 年 6 月任八路军政治部宣传部副部长，1939 年 2 月任晋冀鲁豫军区政治委员。1946 年 1 月，黄镇以少将军衔的资格，作为中共首席代表，同美、蒋代表在谈判桌上展开了针锋相对的斗争，出色地完成了谈判使命。

中华人民共和国成立后，黄镇先后被任命为驻匈牙利、印度尼西亚、法国、美国等国家大使，成为新中国杰出的外交家。1977 年年底奉调回国出任中共中央宣传部第一副部长兼文化部党组书记、部长。1982 年当选为中共中央顾问委员会常委。

黄镇特别关心家乡的文化教育事业，每次回到故乡，他总是情不自禁地到母校桐城中学、浮山中学和家乡小学看望，了解教育现状，解决实际问题。1958 年他回到桐城中学，向千余名师生介绍印尼风土人情和万隆会议精神，勉励同学们努力学习，将来为建设社会主义祖国贡献聪明才智。1960 年代初，为校园题写“后乐亭”，勉励母校师生“先天下之忧而忧，后天下之乐而乐”。1988 年 4 月，他最后一次来到母校，同学校领导和师生代表亲切交谈，并筹措教育经费数万元，赠给母校图书馆用以添置图书资料，学校成立“黄镇教育基金会”，并在校园内建立了“黄镇同志纪念碑”。

孙德和

孙德和(1911—1981 年)，桐城人，杰出的钢铁冶金专家，中国科学院院士，被誉为“当代中国钢铁泰斗”。

1931 年秋，孙德和以优异成绩从桐城中学高中部毕业，考取清华大学化学系。1935 年秋又以优异的学业成绩获得安徽公费留学资格赴德学习，攻读钢铁冶金专业。在德期间先后进入柏林、亚琛两所工业大学的钢铁冶金专业攻读。1942 年 7 月顺利通过博士论文答辩，并荣获博歇尔斯奖，开创外国留学生获此殊荣的先河。1946 年春他回到祖国，1949 年秋被聘为同济大学教授。

新中国成立后，他被任命为上海钢铁公司副经理兼上海第三钢铁厂厂长，探索出我国自行生产沸腾钢的一套新技术，结束了我国无法生产沸腾钢的历史，受到了华东工业部的奖励和表彰。1953 年调任湖北大冶特殊钢厂任总工程师，于 1955 年初完成年产50万吨特殊钢的设计任务并投入生产，达到当时世界先进水平。1958年调任北京钢铁设计研究总院任总工程师，把我国现代化炼钢技术向前推动了一大步。

“文化大革命”期间，孙德和被当成“反动学术权威”遭到批斗。1975年邓小平主持党中央工作，提出全面整顿，把国民经济搞上去。孙德和带病参加当时党中央召开的冶金科技界知名人士座谈会，讨论我国钢铁发展问题。会后，他与另外11名专家联名起草《关于加速钢铁工业十六条建议》，全面论述了我国钢铁工业发展的战略、方针、政策和措施。1978年，在全国科技大会上，孙德和被授予“在中国科学技术工作中作出重大贡献的先进工作者”称号。1979年光荣地加入了中国共产党。

1981年7月因病与世长辞，终年70岁。

疏松桂

疏松桂(1911—2000年)，桐城人，著名科学家，中国自动化领域的先驱者。

疏松桂1932年毕业于桐城中学初中部，1939年毕业于武汉大学电机系。1949年和1950年相继获美国田纳西大学和卡内基理工学院硕士学位。1951年至1955年任美国克里夫兰麦克公司电机工程师和开发工程师。1955年摆脱美国政府的无理阻挠，同钱学森等科学家一道毅然返回祖国。1957年至1960年，担任中科院自动化所研究员，主要承担12年科学规划中的科研任务。1960年，调至二机部从事核武器研制工作，先后任九院设计部副主任兼自动控制室主任、九院五所副所长，主持我国首次核武器引爆控制系统的研制工作，为中国第一颗原子弹的成功爆炸作出了巨大贡献。1978年，回到中科院自动化所，任副所长兼学术委员会主任，负责天文卫星姿态控制系统的研究工作。在此期间，培养了一批优秀的硕士和博士研究生。

其主要研究成果“核武器自动引爆系统和研制”于1985年获国家科学技术进步特等奖；“核弹头杀伤效果的评论”于1985年获国防科委科技成果四等奖；“天文卫星姿态控制系统的研制”于1983年部分通过鉴定；“控制系统可靠性分析与设计”于1986年取得成果。主要著作有《控制系统可靠性分析与综合》《计算机控制系统》《英汉自动化词汇》《故障树手册》等。1988年获“献身国防事业(26年)”荣誉证书和证章。

毛金石

毛金石(1912—1943年)，原名毛瑞五，化名铁岩、涤埃、老尹等，桐城人，革命烈士。

毛金石自幼随父就读塾馆中，1928年，在大姨妈的资助下进入桐城中学读书。第2年因资金难以为继，辍学而承父业，先后在毛家大屋、纸棚庵、黄甲铺等地办私塾，授业乡里。具有新思想的毛金石身体力行创办改良私塾，进行新式教学。在他的塾馆中，除开设国文外，还增设了数学、体育、音乐等课程。此外，他还以孙中山先生的画像取代千百年来供奉的孔子牌位，张贴进步的宣传画和标语，利用一切时机向学生灌输救国救民的道理。1935年，高敬亭领导的红28军经常在桐城黄甲一带活动，毛金石通过耳闻目睹深切感受到红军是人民的军队，便暗中与红军联系，借阅马列主义刊物，政治觉悟有了明显提高。1937年7月，经黄甲山区地下党负责人程鹏介绍加入了中国共产党。1938年，黄甲铺成立抗日救亡动员委员会，毛金石出任委员会主任，夜以继日地从事抗日救亡宣传活动。同年秋，经新四军第四支队参谋黄明介绍，毛金石加入第四支队下辖的桐城大队，并于此时改名为毛金石，以表达他矢志革命犹如金石的决心。入伍后他担任了桐城大队抗日救亡会主任和政治教员。1940年2月参加了中共桐怀潜中心县委在望狮岭召开的第一次党员代表大会，同年中共黄甲中心区委成立，毛金石任书记。

1942年初，毛金石任中共桐怀潜工作委员会副书记，8月奔赴无为，同年冬受党组织派遣到中共桐庐县委工作，随桐东独立团战斗在青山、谢家水圩一带。1943年春节，毛金石随桐城、庐江、无为县委机关和桐东独立团警卫队进驻谢家水圩的凌家花园。农历正月十三日深夜，国民党特务章觉民带领约一个团的敌人伪装成新四军偷袭我驻军营地。在激烈的战斗中，毛金石同志壮烈牺牲，年仅31岁。

丁　易

丁易（1913—1954年），原名叶鼎彝，笔名孙怡、访竹、光隼之等，桐城人，当代文论家、作家。

丁易出身于知识分子家庭，20世纪30年代就读于桐城中学，1935年进入北京师范大学中文系读书，曾参加“一二·九”学生运动，不久加入中国共产党外围组织“中华民族解放先锋队”。大学毕业后他先后在成都联中、女子职工学校、四川省立戏剧音乐学校、国立西北师范学院、国立四川剧专等校任教。1944年，回成都从事专业文艺工作，为“中华全国文艺界协会成都分会”会员，同年加入中国民主同盟。抗日战争期间，他在《华西日报》《华西晚报》《新民报》等报纸用各种笔名发表文章，为坚持团结抗日呐喊呼号。

1949年初，北平和平解放。他以军代表身份参与北师大的接管工作，后任该校校务委员、中文系教授，同年加入中国共产党并参加九三学社。第一届中国人民政治协商会议召开时，他以全国政协候补委员的身份出席了会议。1951 年，参加中国人民赴朝慰问团去朝鲜，继而参加中国文化代表团访问印度、缅甸。

1952 年后，任中苏友好协会理事、中缅友好协会理事、民盟中央文教委员会委员、九三学社中央常务理事兼副秘书长等职。1953 年 10 月，应苏联政府邀请赴莫斯科大学讲学，翌年 6 月，因突发脑溢血在莫斯科逝世。后被授予“革命烈士”称号，骨灰葬于北京八宝山革命公墓。其主要著作有《明代特务政治》《中国现代文学史略》《中国文学与中国社会》《雏莺》《过渡》《战斗的朝鲜后方》《丁易杂文》等。

慈云桂

慈云桂（1917—1990 年），桐城人，著名计算机专家、博士生导师、中国科学院院士。

慈云桂 1935 年毕业于桐城中学，后至庐江县当小学教员，1939 年考入湖南大学，因成绩优异被保送至清华大学无线电研究所读研究生，1946 年毕业后留清华大学物理系任教。新中国成立后历任国防科技大学副校长，国防科学技术工业委员会科技常务委员。1958 年领导研制了我国第一台电子管数字计算机，1961 年主持了晶体管通用计算机 441B 的研制工作并获得成功。1974 年，他受命向党中央领导撰写了尽快发展我国巨型计算机研制报告，得到支持和批准。1977 年担任“银河”亿次计算机研制技术总指挥和总设计师，他和一批专家经过 6 年奋斗，终于取得成功并达到国际先进水平，这一成果填补了我国巨型机的空白，使我国成为世界上少数拥有巨型机的国家之一。中央军委为此授予他科技成果特等奖并荣记二等功。20 世纪 80 年代初，国际上刚刚开始智能计算机的研制工作，他当即组织人员攻关研究，主持成立了中国智能计算机学会和智能机专业组。1989 年，组织并主持召开了人工智能工具第二届国际会议，为多种型号计算机的研制开辟了新途径。

慈云桂还是一位成绩卓著的教育家。从清华大学执教时起，在教育战线奋斗了 40 多个春秋，先后从事过大学教研室、系直至整个学校的教学、科研领导工作，为国家培养了大批杰出的计算机人才。从 1950 年代起，他多次出国考察、访问、应邀讲学，参加国际学术会议，进行学术交流。1985 年调国防科工委工作后，仍接受国防科技大学的聘任，继续担任该校硕士、博士研究生和博士后导师。

慈云桂博学多才，著作等身。他撰写的《数学积分机原理结构及应用》一书多次再版，长期担任《科学通讯》《中国电子学报》《计算机学报》编委，是美国 IEEE 学会高级会员。

慈云桂 1990 年因病医治无效在北京逝世，享年 73 岁。

马茂元

马茂元(1918—1989 年)，字懋园，桐城人，著名的古典文学研究专家，桐城中学第三任校长马其昶先生之孙。

先生幼承祖父教诲，奋志读书，博览经史，桐城中学毕业后进入无锡国语学专修馆深造。他爱国思想强烈，极端痛恨日寇侵华，"九一八事"变后，北京各界发起举行追悼抗日阵亡将士大会，广泛征集挽联，先生积极响应，撰联应征。联曰："万里龙城，挡不住猖狂海寇，古北、喜峰、陇口，烽火连天，铁马金戈，同泽同袍争赴难；五千貂锦，问谁非慷慨儿郎，秦云、燕树、吴江，乡关何处，银台白塔，秋风秋雨为招魂。"此联发表后，观者无不叹赏。

先生于无锡国语学专修馆学成后，即至桐城中学执教。1939 年秋，受聘为安徽省立第二临时中学国文教员。他不怕艰苦，住在黄甲铺一间民房内，晚间在菜油灯下备课，白天到方氏祠堂里上课，时时勉励学生要"读书报国"。抗战胜利后，应安徽省教育厅厅长汪少伦之聘，任《新学风》期刊主编。新中国成立后，受国家高等教育部派遣，至上海师范大学先后任副教授、教授，并任该校文学研究所研究员。

先生主要著作有《楚辞选》《唐诗选》《古诗十九首集解》以及《晚照楼论文集》等。

方正知

方正知(1918—2017 年)，桐城人，著名科学家，"两弹一星"功臣。

方正知 1937 年毕业于桐城中学，1949 年毕业于国立西北工学院，后获得美国密苏里大学硕士学位，在此期间发现了化学置换沉积物结构中生成固溶体新现象。1957 年，赴苏联从事合金亚结构的 X 射线消光和摆动曲线研究。回国后先后任天津大学、北京钢铁学院副教授、教授、理化系副主任。1963 年调至中华人民共和国第二机械工业部从事原子弹研制工作，负责核武器研制中爆轰物理试验、首次原子弹氢弹原理国家核试验中核装置的爆轰物理质量以及装备部队前的武器化爆轰物理试验任务，在极其艰苦的条件下奋斗 17 年，为祖国的尖端国防和空间科学事业作出了突出的贡献。因此，获得 1982 年国家自然科学一等奖、1985 年国家科技进步奖特别奖。在此期间，历任二机部九院实验部副主任、总负责人、一所所长、总工程师、中科院空间物理所所长。1990 年起享受国务院特殊津贴。其业绩载入《中国当代名人录》《中国当代教育名人传略》《当代世界名人传·中国卷》等书。

1999 年 9 月 18 日，方正知先生应邀参加中共中央、国务院、中央军委共同召开的表彰“两弹一星”突出贡献专家大会。2001 年建党 80 周年前夕，方正知先生撰文《成就离不开党的领导》，深情回顾参加“两弹一星”科研工作的艰苦岁月。

姚　铁

姚铁(1918—　年)，原名姚成立，桐城人，军队音乐家。

姚铁 20 世纪 30 年代初肄业于桐城中学。1934 年 5 月，离开家乡到上海，在招商机厂当学徒工，1936 年随工厂迁到汉口。1937 年抗战爆发后，参加了汉口业余歌咏团，接受地下党的宣传教育，并通过地下党同志的介绍于 1938 年 8 月赴延安参加革命。在歌咏团期间结识了冼星海、张曙等音乐名流，从此和歌咏结下不解之缘。在延安抗日军政大学、工人学校、中央党校学习期间，都在部队里教唱新歌并担任指挥。1940 年 9 月，任中共中央党校俱乐部主任，直至 1945 年日本投降才离开延安。1946 年开始，任冀东军区文工团协理员、团长、兼任冀东军区鲁迅艺术学校教育长。

1949 年 7 月，姚铁参加中华全国文学艺术工作者第一次代表大会、全国文学艺术界联合会以及全国音乐家协会成立大会。1950 年至 1951 年，历任第二十兵团、天津警备区青年、文化科长。1952 年至 1963 年，历任军委直属队政治部青年处长、群众工作处长。1960 年被授予上校军衔。1963 年任内蒙古军区文化部部长，后调任军区政治部主任。1979 年调任基建工程兵文化部部长，1981 年任兵种纪委副军职专职委员。1983 年 11 月离职休养。

1957 年被国家授予“三级解放勋章”，1988 年被中央军委授予“独立功勋荣誉章”。

舒　芜

舒芜(1922—2009 年)，本名方管，学名方珪德，字重禹，桐城人，中国现代作家、文学评论家。

1934 年进入桐城中学初中部就读，1937 年初中毕业，为桐城中学第 26 届初中毕业生。1937 年考入高中时适逢抗战爆发，即参加抗日救亡活动，并为《桐报》主编副刊《十月》。1938 年向《广西日报》副刊《南方》投稿时始用“舒芜”笔名。1940 年辍学，在湖北、四川等地农村任小学、中学教师。1944 年至 1949 年，历任国立女子师范学院、江苏学院、南宁师范学院副教授、教授，进行文学、哲学的教学与研究。1945 年初在胡风主编的《七月》上发表《论主观》一文，成为一场长达 5 年之久的文艺论争的主要焦点之一。这时期还创作了不少杂文,结为《挂剑集》。1949 年后任广西文学艺术界联合会研究部长、南宁市文联副主席、市人民政府委员会委员、南宁中学校长。1952 年到北京,历任人民文学出版社编辑、编辑室副主任、编审。1979 年开始任《中国社会科学》杂志社编审,致力于周作人研究,著作甚丰。2009 年 8 月因病在北京逝世,享年 87 岁。

舒芜先生在文学创作和研究领域笔耕不辍,成就斐然,著有《舒芜文学评论选》《舒芜集》(8 卷)先后由安徽教育出版社、河北人民出版社出版。

唐义方

唐义方(1923— 年),桐城人,国际著名经济专家。

1937 年桐城中学初中毕业,考入安庆高中,后因战乱南下,转入国立八中。1940 年进国立中央大学(南京大学),毕业后担任远东军翻译。后公费去美国留学,毕业后担任联合国高级译员。退休后,应新加坡总理李光耀之聘,担任李光耀经济顾问。曾为新加坡维信国际有限公司董事长、联合工程有限公司董事长、海峡贸易有限公司副董事长、华侨银行有限公司董事、新加坡报业控股有限公司董事和时报出版有限公司董事、新加坡经济发展局主席等职,主持创办裕廊工业区,被称为“新加坡工业之父”“新加坡经建教父”。曾担任联合国秘书长助理、联合国亚洲工业大会首席顾问,协助规划多个国家的经济发展计划。

张国威

张国威(1931—2005 年),全椒县人,中国人民解放军将军,新中国军事测绘工作领导人之一。

1939 年抗日战争中,举家迁至桐城,1947 年毕业于桐城中学,为桐中第 39 届初中毕业生。1949 年渡江战役时参军,为第二野战军军政大学第 3 期学员,毕业后任排长随二野进军云南,参加解放大西南战役。1951 年后,先后进入中国人民解放军西南高级步兵学校及西南测绘学校学习深造,此后,一直在中国人民解放军总参谋部军事测绘局工作,历任秘书、测量队长、科技处长、军事测绘局副局长、军事测绘学院院长、军事测绘局局长等职,并任中国测绘学会常务理事、中国军事科学学会理事。

张国威一直从事军事测绘生产、科研、教学和战勤保障的业务管理工作,参与和组织领导了我国天文大地网布测和全国基本比例尺测图、全国卫星大地网布测、青藏高原测图会战、与周边国家边界测绘、西沙与南沙群岛岛屿联测、地面网与空间网联合平差、航天遥感测绘等重大国防工程和科研任务的计划论证与组织实施工作；并长期领导实施国防尖端工程“两弹一星”（原子弹、氢弹、人造卫星）的多项测绘技术保障任务，在担任我国返回式科学实验卫星工程应用系统总设计师工作中，1988 年获得国务院国防科学技术工业委员会颁发的荣誉状，同年中国人民解放军恢复军衔制，被授予少将军衔；1980 年代后期，出任中国人民解放军测绘学院（现为解放军信息工程大学）院长。

张国威曾主持研究编写《2000 年的中国军事测绘技术》专题，主编《中国军事百科全书》中“军事地理学”学科分册，担任《当代中国的测绘事业》及《军官地图集》副主编、副主任委员。发表《海湾战争中的现代军事测绘保障》《高技术条件下局部战争中军事测绘工作的地位及任务》等论文。其业绩被收入《中国当代地球科学家大辞典》《中国专家人才库》等书。

第四节　部分校友简介

范光陵　1932 年生，潜山县人。

1944 年春至 1946 年冬就读于桐城中学初中部，1949 年随父范苑声先生去台湾，毕业于台湾大学法律系。后去美国留学，任美国加州大学院士，世界文化总会主席，是台湾科技界、文化界名人，著名电脑专家，有“三冠”才子之誉。他曾三度获诺贝尔文学奖提名。著有《飞鸟集》《爱心集》等十几部作品。他致力于祖国和平统一大业，1986 年 6 月 25 日，出任团长带领台湾第一支海峡两岸经济文化观光探访团抵达北京。此后，频繁往来于海峡两岸，与大陆经济、文化、科技各界进行了广泛交流，受到江泽民、李鹏、朱镕基、李瑞环等领导人的接见。

杨宗震　1934 年生，桐城人。

1953 年毕业于桐城中学，考入合肥矿业学院，1955 年 10 月毕业后被分配到淮南矿务局工作，从基层矿区技术员干起，直到担任淮南矿务局局长，为中国煤炭工业奋斗了 40 个春秋，曾获得国家煤炭部科技进步特等奖和国家科技进步奖二等奖。1990 年获“中国煤炭工业优秀企业家”称号，1992 年起享受国务院特殊津贴。

李健民　1938 年生，桐城人。

1957 年毕业于桐城中学，考入安徽大学物理系，1961 年毕业被分配到中国科学院华东自动化元件及仪表研究所工作。1975 年至 1977 年在省地质局 664 地质队工作。1977年年底调入中国科学技术大学化学物理系工作，1987年获国家科技进步奖二等奖。在国内外学术刊物上发表论文近150篇，其中有120余篇刊载国际刊物并被美国《科学引文索引》(简称SCI)收录。历任中国科学技术大学教授、博导、教研室主任、校学术委员会副主任、校教代会常务副主席等，享受国务院特殊津贴。曾任第八届安徽省政协常委，2003年受聘为安徽省政府参事。

陆大道 1940年生，桐城人。

1958年毕业于桐城中学，考入北京大学地质地理系经济地理专业，1963年考入中国科学院地理研究所读研究生，毕业后留所工作。1995年至1997年任中科院地理研究所副所长，1997年至1999年任所长，1999年11月起任中国地理学会理事长，2003年当选为中国科学院院士，2013年被聘为甘肃省城市发展研究院名誉院长。曾担任中国科学院"中国区域发展问题"研究组负责人，组织编制了《1997年中国区域发展报告》和《1999年中国区域发展报告》。撰写理论专著3部，主编并担任主要作者完成著作11部，发表论文60余篇，获国家级和中科院院级奖14次。在工业地理、经济地理、区域经济等领域作出了突出的贡献。

曹新国 1940年生，桐城人。

1959年毕业于桐城中学，1964年毕业于中国人民解放军军事电信工程学院，被分配到中国人民解放军某部，历任技师、总体室主任、第二试验站副部长、酒泉卫星发射中心高级工程师、副总工程师、总工程师。先后获得全国科学大会奖1项、全军科技进步奖二等奖2项、全军科技进步三等奖6项。被空军党委授予先进工作者称号3次，荣立三等功5次。1992年起享受国务院特殊津贴。1993年荣获空军"重大贡献奖"，1996年晋升为技术四级，1998年7月获专业技术少将军衔，2000年晋升为技术三级，兼任空军高级职称评审委员会委员，空军军队科技进步奖评审委员会委员，全军军队科技进步奖评审委员会委员。2001年7月回母校桐城中学参观，题词"百年树人，功比天高"。

陈邦国 1943年生，桐城人。

1962年毕业于桐城中学，考入清华大学，1968年9月毕业被分配到兵器工业部497厂工作，先后任厂部办公室秘书、副主任。1983年1月任重庆市南岸区委副书记，1986年任南岸区委书记，1992年9月任重庆市政法委副书记，1993年起先后任重庆市委常委、政法委书记，公安局局长兼党组书记，市政协副主席。

储　波 1944年生，桐城人。

1962年毕业于桐城中学，考入天津大学，毕业后先后任解放军某部工程指挥部助理员，总后化工生产管理局办公室秘书，岳阳化工总厂办公室秘书、副科长、副主任，岳阳化工总厂副厂长、党委副书记，岳阳市委副书记、市长、市委书记，湖南省副省长，湖南省委副书记、省长。在中共十五大上当选为中共中央候补委员。2001 年任中共内蒙古自治区党委书记、人大常委会主任。2009 年 12 月任全国人大财政经济委员会副主任委员。系中共第十五届中央候补委员，第十六届、第十七届中央委员。第八届至第十一届全国人大代表。

李凤鸣　1944 年出生，桐城人。

1963 年毕业于桐城中学，1967 年毕业于安徽商学院会计学专业，后被分配到西藏军区生产部工作。1982 年调至内地工作，先后在安徽财贸职业学院、中山大学以及南京审计学院执教，1978 年晋升为会计师，1986 年晋升为副教授，任硕士生导师，1991 年晋升为教授，被批准为中国注册会计师，1993 年，被授予国家“有突出贡献中青年专家”称号，享受国务院特殊津贴，1996 年被批准为江苏省注册咨询专家，任南京审计学院副院长、教授。撰写学术论文 80 余篇，教材及专著 25 部，并担任全国统编教材《审计学原理》等主编。其著作先后 6 次分别获得国家级、省部级哲学社会科学优秀成果一二三等奖。1999 年被评为江苏省优秀学科带头人。

肖胜利　1946 年出生，桐城人。

1964 年毕业于桐城中学，1969 年 7 月毕业于西安交通大学无线电系。历任国营永红器材厂工程师、车间主任、副厂长、厂长，天水华天电子集团股份有限公司董事长，天水华天科技股份有限公司董事长。甘肃省第十届至十三届人大代表。先后被评为中国半导体行业十大领军人物、中国“优秀企业家”，荣获甘肃省“五一劳动奖状”、全国“五一劳动奖状”、“2008 中国信息产业年度经济人物”、“改革开放 40 年感动甘肃人物”等荣誉称号。2022 年，向桐城中学教育发展基金会捐资 80 万元。

刘珍贵　1947 年生，桐城人。

1966 年毕业于桐城中学，历任中国银行安庆分行行长，安徽省分行副行长，河北省、山东省分行行长。2004 年至 2009 年任香港中银集团投资有限公司董事长。2009 年至 2013 年任山东省人民政府特邀金融顾问，曾连任 2 届山东省人民政府参事，享受国务院特殊津贴。热爱公益事业，关注母校发展，任桐城中学校友会第一届、第二届理事会会长。

李学农　又名李旺生，1946 年生，桐城人。

1965 年毕业于桐城中学，考入清华大学电机工程与应用电子技术系（简称“电机系”）。1970 年清华大学毕业并留校任教，1983 年任讲师，1990 年任副教授，1997 年任研究员。1991 年至 1993 年任清华大学计算机与信息管理中心副主任，1993 年至 2009 年任中国教育和科研计算机网络（CERNET）中心、清华大学信息网络工程研究中心副主任，2010 年 5 月任北京市教育信息化专家委员会委员，2012 年至 2020 年被北京航空航天大学计算机学院聘为北京市网络技术重点实验室学术委员会副主任。1976 年至 1990 年获国家科技发明专利一项，省部级科技进步奖三项，承担的“教学资源信息网络化建设与应用”项目荣获 2001 年北京市教育教学成果一等奖和 2001 年国家级教学成果一等奖，2004 年 12 月教育部科技司授予“在中国教育和科研计算机网络（CERNET）十年建设中作出突出贡献”先进个人。自 1990 年起承担 30 项国家 863、211 和 985 网络建设与科研项目，主编、参编或主审著作 20 余部，发表各类论文 30 余篇，其中国际会议论文 1 篇。

李承友 1947 年生，桐城人。

1965 年毕业于桐城中学，考入东北财经大学，获经济学博士。1970 年起在齐鲁石化工作，1987 年起担任总经理，创出“五个世界新水平”，获山东省重点工程优秀建设者勋章，当选为第八届全国人大代表。1995 年起先后任深圳南油集团党委书记、总经理，1998 年 11 月任深圳市莱英达集团公司董事长、党委书记。在莱英达集团工作期间，使濒临破产的企业扭亏为盈，开创债务重组先河。曾获深圳市“优秀企业家”称号（金牛奖）。先后在全国性刊物上发表 20 多篇论文，2001 年出版专著《资本市场与企业制度创新》。2020 年为桐城中学捐款 1 000 万元，设立“李承友教育专项基金”。

严桂夫 1947 年生，桐城人。

1965 年毕业于桐城中学（“大改班”首届毕业生）。1969 年 9 月大学毕业后参加工作。曾任安徽省档案局（馆）局（馆）长、安徽省工商行政管理局局长、安徽省政协提案委员会主任。安徽省第八次党代会代表，安徽省政协第九届、第十届委员、常委。研究馆员职称，安徽大学兼职教授。

杨善林 1948 年生，怀宁人。

1966 年毕业于桐城中学，1978 年进入合肥工业大学学习，1985 年 2 月合肥工业大学研究生毕业，获工学硕士学位，同年任教于合肥工业大学。1994 年任管理系主任、计算机网络系统研究所所长、预测与发展研究所所长。1996 年任副校长兼任管理学院院长。先后主持国家自然科学基金、中央财政专项课题、国家教育部重点课题、博士点基金项目、安徽省攻关课题和企业委托课题 30 多项，先后获省部级科技进步奖一等奖、二等奖各 1 项，三等奖 1 项以及其他多个奖项。发表学术论文 40 余篇，主编教材 2 部。在计算机信息系统、决策支持系统、计算机网络、计算机仿真与控制系统等方面有深厚造诣。2013年当选为中国工程院院士。

苏泽泉　1949年生，桐城人。

1968年毕业于桐城中学，1968年12月回乡务农。1970年12月被招工到铜陵特区井边铜矿当矿工。1972年4月被推荐到安徽劳动大学政治系读书，1974年8月被分配到安徽省教育局工作。1982年1月任省委组织部组织处巡视员（正科级），1983年8月起先后任省委办公厅副处级秘书、正处级秘书。1987年3月挂职任中共巢湖市委副书记，1990年5月先后任中共巢湖市委书记，巢湖地委委员、市委书记（副厅级）。1992年12月起先后任安徽省人事局党组成员、副局长，省人事厅党组副书记、副厅长、巡视员（正厅级）。2001年2月任省委企业工委（省国资办）常务副书记、常务副主任，2004年2月任省委政法委常务副书记，2009年8月起先后任省人大内务司法委员会副主任、主任。

中共安徽省第七届、第八届党代会代表，安徽省第十一届人大常委会委员。

桂四海　1950年生，桐城人。

1967年毕业于桐城中学，1972年被推荐到安徽大学外语系学习。香港远航集团有限公司董事长，被称为“香港新船王”，其公司系香港三大船东之一。香港安徽联谊总会永久名誉会长，联谊总会第二、第三届理事会会长。热心于教育事业，2007年在桐城中学设立“四海助学基金”。

彭　年　1957年生，桐城人。

1974年毕业于桐城中学。任桐城中学物理高级教师，先后获全国模范教师、安徽省劳动模范、安徽省优秀教师、安徽省首届“江淮好老师”等称号。曾担任安徽省物理学会理事、安庆市物理学会副会长、安庆市中学高级教师任职资格评审委员会委员、桐城市中学初级教师职务评审委员会委员。发表论文多篇，《高中物理解疑》一书由安徽教育出版社出版，并获安庆市普通教育优秀科研成果（论文）奖，曾获安徽省物理奥赛“一级教练员”、全国“优秀科技辅导员”等称号。

李　定　1957年生，桐城人。

1975年毕业于桐城中学，1977年起在中国科技大学等离子体物理专业攻读学士与硕士学位，1984年毕业留校任教，1985年考上中国科学院等离子体物理所博士生。1992年4月起先后任中科院等离子体所科研人员、副研究员、室副主任、研究员，博士生导师。1997年8月调入中国科技大学，先后任教授、博导，系主任、校长助理、副校长。2007年2月调入中国科学院机关，先后任基础科学局局长、监察审计局局长。曾获国家杰出青年科学基金奖、中国科学院自然科学奖二等奖和安徽省自然科学奖二等奖各1项，安徽省“五一劳动奖章”、安徽省高校优秀德育工作者称号。入选国家首批“百千万人才工程”，获国务院政府特殊津贴，被评为安徽省“十大杰出教师”。

章　钢　1958年生，桐城人。

1976年毕业于桐城中学，1978年考入安徽师范大学，1982年毕业被分配到贵池县殷汇中学任教师，1984年5月加入中国共产党。1983年6月至1993年4月先后任桐城县委宣传部干事、理论科科长，桐城县委办公室副主任兼秘书科长，桐城县委办公室副主任、政研室主任；1990年10月至2012年8月先后任桐城县委常委、办公室主任，桐城市委副书记、市长，潜山县委书记，安庆市政府副市长，宣城市委常委、常务副市长，宣城市委副书记；2012年9月以来先后任中国国际贸易促进委员会安徽省委员会主任、党组书记，省政协港澳台侨和外事委员会副主任，省政协经济委员会副主任。2021年6月退休。

徐宏明　1959年生，桐城人。

1976年毕业于桐城中学，1978年入合肥工业大学内燃机专业本科学习，毕业后考入安徽工学院攻读硕士研究生，1984年8月毕业后留校任教。1990年9月赴英国帝国理工学院攻读博士学位，1995年毕业留校任博士后高级研究员。2000年入职英国捷豹汽车公司研发部，先后任项目工程师、团队负责人、技术专家、英国远视汽车项目(CHARGE@CHASE)负责人，福特汽车公司全球HCCI技术指导委员会委员。2005年任伯明翰大学机械工程系副教授，2009年起任主任教授、伯明翰大学车辆与发动机研究中心主任，清华大学车辆和运载学院国家特聘专家级教授，国际期刊《应用能源》副主编，全英华人汽车工程师协会主席，全英华人教授协会副主席。2011年获“伯明翰英雄”称号。

陈晓剑　1960年生，桐城人。

1978年毕业于桐城中学，进入中国科学技术大学工程热物理专业学习，后在中国科学技术大学运筹学专业学习，获硕士学位。1993年10月晋升副教授，1996年10月晋升教授，1992年4月任中国科学技术大学管理科学系党总支副书记，1996年10月任管理科学系常务副主任，2004年1月任管理学院副院长，2008年11月任中国科学技术大学校长助理，2010年4月起任中国科学技术大学副校长。系全国公共管理硕士(MPA)专业学位教育指导委员会委员、中国科学院人力资源管理研究会第一届理事会理事、中国人民解放军炮兵学院兼职教授等，先后担任多家公司独立董事或管理顾问。主持国家自然科学基金、国家社会科学基金、教育部和省自然科学基金等科研项目8项，企业管理咨询委托项目50多项，在管理类学术期刊上发表100余篇学术论文、出版著作4部。荣获中国电子科技集团公司管理创新成果第一名、国防科技工业企业管理创新成果一二等奖、国家级企业管理创新成果二等奖。

彭　寿　1960年生，桐城人。

1978年毕业于桐城中学，1982年毕业于武汉建筑材料工业学院无机材料工程（玻璃）专业，系玻璃新材料专家，博士生导师。现任中建材蚌埠玻璃工业设计研究院院长、浮法玻璃新技术国家重点实验室主任、国际玻璃协会顾问委员会主席、中国硅酸盐学会副理事长；中共十七大代表，第十二届、十三届全国人大代表。曾任第23届国际玻璃协会主席。长期从事玻璃新材料科研、设计和产业化工作，建立了我国玻璃工业技术创新体系，特别是针对高品质浮法玻璃、高透光伏玻璃、超薄触控玻璃、高世代液晶玻璃基板等多种玻璃新材料长期被国外垄断的现状，取得了系列原创性成果，实现了产品进口替代及规模化推广应用，支撑了我国多个新兴产业的快速发展，引领了我国玻璃科技与产业跻身世界先进行列。以第一完成人获国家科技进步奖二等奖3项、省部级科技进步奖一等奖5项，主持制定国家标准7项，授权发明专利65件，出版专著5部，发表论文100余篇；获国际玻璃协会终身成就奖、光华工程科技奖、美国陶瓷学会硅酸盐技术创新领袖奖、何梁何利基金科学与技术创新奖、全国勘察设计大师等。带领团队获首届"师昌绪新材料技术奖"、中国工业大奖等。2019年当选中国工程院院士。

钟自然　1962年生，桐城人。

1979年毕业于桐城中学，考入合肥工业大学矿产普查与勘探专业本科学习，毕业后在化工部化学矿山规划设计院工作。1985年考入中国地质科学院研究生部获硕士、博士学位，1991年到地质矿产部工作。历任中国地质环境监测院院长、党委副书记，国土资源部地质勘查司司长，中国地质调查局局长、党组书记，国土资源部总工程师，中国地质科学院院长等职。参与《矿产资源法》修改立法工作和矿产开发管理工作。1998年起，任APEC/GEMEED（亚太经济合作组织矿产能源勘探开发专家组）委员，1999年起，任总部设在美国科罗拉多的*RESOURCES POLICY*（《资源政策》，国际刊物）编委会委员。

张　敏　1962年生，桐城人。

1979年毕业于桐城中学，考入上海交通大学。中欧国际工商学院EMBA，教授级高级工程师、董事。中国轻工行业劳动模范，上海市劳动模范，全国劳动模范，2015年至2016年全国优秀企业家，2018年度上海市优秀企业家，2019年6月入选科学技术部创新人才推进计划科技创新创业人才。上工申贝（集团）股份有限公司第四届至第八届董事会董事长，并兼任中国轻工业联合会特邀副会长、中国缝制机械协会副理事长。

汪艾东 1962年生，桐城人。

1979年毕业于桐城中学，同年11月参加工作，1987年10月入南京大学中文系作家班学习。第十二届至第十四届桐城市政协副主席。安徽省第十一届人大代表，第十二届安徽省政协委员。中国作家协会会员、安徽省作家协会理事、安庆市作家协会副主席、桐城市作家协会名誉主席。公开发表文学作品百余万字，曾获中国作家协会、中华文学基金会第二届庄重文学奖、文化部第三届蒲公英少儿读物奖、安徽省政府第五届安徽文学奖、第二届安徽社科文艺奖（文学类）、安徽省第十届“五个一工程”奖等。

汪胡根 1963年生，桐城人。

1979年桐城中学毕业。1984年至1986年在芜湖县水电局设计室工作。1987年至2011年在国家电网华东送变电公司工作，历任项目经理、总工程师、副总经理兼总工程师、总经理兼党委副书记。2012年至今在中国电力建设集团公司工作，历任装备制造事业部副总经理（主持工作），装备制造事业部总经理、党工委副书记，中国电建国际公司、装备集团公司专职外部董事。其中2014年至2021年兼任中国电建装备研究院有限公司院长，党委书记。2010年8月7日起任桐城中学上海校友会会长。

罗　群 1962年生，肥东人。

1980年毕业于桐城中学，1985年参加工作，在职研究生学历，工学博士学位。2005年任第十四研究所所长；2009年任南京市副市长；2014年任南京市委常委，江北新区党工委（筹）副书记、管委会（筹）副主任；2017年任南京市委常委，江北新区党工委专职副书记，南京高新技术产业开发区工委书记（兼），南京化学工业园区工委书记（兼）；2021年任南京市人大常委会党组副书记，江北新区党工委专职副书记，南京高新技术产业开发区工委书记（兼），南京化学工业园区工委书记（兼）；2022年任南京市人民代表大会常务委员会副主任。中共十七大代表，中共江苏省十一次、第十四次党代会代表，全国“五一劳动奖章”获得者，省劳动模范，享受国务院特殊津贴。

江　艺 1962年生，全椒人。

1980年毕业于桐城中学，考入同济医科大学，获腹部外科学器官移植专业博士。任南京军区福州总医院肝胆外科主任，全军肝胆外科专业委员会常委，南京军区肝胆外科专业委员会主任委员，南京军区肝胆外科研究所所长，南京军区器官移植研究所副所长，南京军区卫生系列高级专业技术资格评审委员会委员，国家级重点学科及全军器官移植研究所肝移植中心主任，福建省外科学会副主任委员，福建省器官移植学会常委，福建省外科分会器官移植学组主任委员，中国研究型医院学会消化外科专业委员会副主任委员、器官移植专业常委。中国人民解放军第二军医大学、厦门大学医学院、福建医科大学外科学教授、硕博士研究生导师，博士后工作站主任。南京军区"334"科技人才培养工程领军人才。获军队科技进步高等级奖5项，南京军区及福建省重大科技项目资助、全军"十五"规划课题资助，享受国务院特殊津贴。福建省第十届人民代表大会主席团成员，授文职少将军衔。

章小浒　1962年生，桐城人。

1980年毕业于桐城中学，考入武汉大学，1984年7月毕业后到合肥通用机械研究院工作，先后任第二工程部副部长、部长、经营管理部部长、院长助理，获研究员、教授级高工职称。先后获得国家科技进步奖一等奖1项、省部级科技进步奖特等奖1项、省部级科技进步奖一等奖3项。为全国锅炉压力容器标准化技术委员会委员、全国钢标准化技术委员会委员、中国压力容器学会常务理事、中国压力容器学会材料专业委员会主任、ASME第八卷材料中国国际工作组成员。负责起草国家和行业标准8项。获得中国机械工业集团劳动模范，安徽省"五一劳动奖章"，享受国务院政府特殊津贴。2019年9月任国机通用公司总经理职务。

朱荣生　1962年生，桐城人。

1980年毕业于桐城中学，同年考入华东石油学院（现中国石油大学）机械系学习石油矿场机械专业学习，1984年7月被分配到北京石油勘探开发研究院工作。1990年9月获油气田开发专业硕士学位。1994年12月至1995年12月为国家教委公派赴法国路易巴斯德大学访问学者，获中国石油集团科技进步奖二等奖，国家科技进步奖三等奖。1995年12月起任中国石油勘探开发研究院人事处副处长、处长，2001年11月任中国石油勘探开发研究院副总经济师兼人事处处长，2005年11月任中国石油股份有限公司人事部副总经济师兼机关人事与综合处处长，2007年12月任中国石油集团公司人事部副总经济师兼机关干部处处长，2008年6月任中国石油华南销售公司党委书记、副总经理（副局级），2012年10月任中国石油广东销售公司党委书记、工会主席。

程和平　1962年生，桐城人。

1980年毕业于桐城中学，1984年毕业于北京大学，1987年获北京大学硕士学位，留校任教于无线电电子学系，1989年赴美国攻读生理和生物物理博士学位，次年转学至美国马里兰大学医学院，从事心脏细胞收缩机制的研究，1995年获美国马里兰大学医学院博士学位，1996年获美国心脏学会青年科学家奖，1998在北京大学组建细胞钙信号研究室，获国家杰出青年科学基金，2000年获聘教育部“长江学者奖励计划”特聘教授，2013年当选为中国科学院院士。现为北京大学教授、北京大学分子医学研究所钙信号研究室主任、美国国家卫生研究院衰老研究所研究员、中国人民解放军第四军医大学客座教授、中华人民共和国教育部长江计划特聘教授。作为主要完成人的“细胞钙信号及分子调控”项目获2017年度国家自然科学奖二等奖。

胡为胜 1962年生，桐城人。

1980年毕业于桐城中学，1984年毕业于山东大学哲学系；1984年至1998年在水利部丹江口培训中心担任工商管理专业教师，1999年至2007年在中国汽车贸易中南公司担任副总经理，2007年创立湖北贤良汽车投资有限公司。贤良集团旗下现有汽车4S店29家，年营业收入40亿元，总资产9.5亿元，员工1 200余人。曾担任武汉市第十一届、十二届人大代表，武汉市汉阳区第十届、十一届、十二届人大代表，湖北省汽车流通协会创始会长、名誉会长。2022年8月，向桐城中学教育发展基金会捐资172万元。

胡阿祥 1963年生，桐城人。

1980年毕业于桐城中学，考入复旦大学历史系，先后师从历史地理学泰斗谭其骧先生、文史大家卞孝萱先生，获得复旦大学历史学硕士、南京大学文学博士学位。1987年起在南京大学执教，任南京大学历史学院中国历史系教授、博士生导师、中国古代史学科负责人，中国地理学会历史地理专业委员会委员，中国魏晋南北朝史学会副会长，中国唐代文学学会韩愈研究会副会长，江苏省中国六朝史学会会长。在历史地理学和魏晋南北朝史领域成为国内顶尖的研究者。出版著作20余种，发表文章300多篇，主编丛书与著作多部。多次主讲“百家讲坛”，并作“中国地名大会”嘉宾，3次名列“高校名人网络热度榜200强”。

余宏胜 1963年生，桐城人。

1980年毕业于桐城中学，同年考入原解放军电子工程学院（现国防科技大学电子对抗学院）雷达工程专业学习。1984年7月本科毕业，被分配到空军某试验训练基地工作，2013年6月电子科技大学软件工程硕士毕业。历任助工、工程师、高工、总工程师等。2019年12月专业技术三级，正高级工程师，2022年6月晋升为专业技术少将。

吴明星 1963年生，桐城人。

1980年毕业于桐城中学。医学博士，主任医师，硕士生导师。主要从事白内障摘除及人工晶体植入方面的临床科研工作。作为主要完成人的“白内障复明手术体系的创建及其应用”项目获 2014 年度国家科技进步二等奖。

方 无 1963 年生，桐城人。

1981 年毕业于桐城中学，1984 年 8 月参加工作，1992 年 2 月入党，研究生学历，现任安徽省委第二巡视组组长。历任安徽省外经贸厅财会处主任科员、副处长、处长，计划财务处处长。2003 年 4 月，任安徽省省属国有企业监事会主席，2009 年 2 月任安徽省人民政府国有资产监督管理委员会纪委书记、党委委员，2016 年 9 月任安徽省纪律检查委员会驻省政府国有资产监督管理委员会纪律检查组组长、党委委员，2018 年 3 月，任安徽省委第二巡视组组长。安徽省纪律检查委员会第九届、十届委员会委员。

余枝广 1963 年生，桐城人。

1981 年毕业于桐城中学，考入复旦大学物理二系，1985 年 7 月毕业，获“优秀毕业生”称号，1988 年 7 月获复旦大学物理化学硕士学位，后至中国科学技术大学化学物理系任助教，1990 年 12 月任该系讲师。1991 年 8 月赴美深造，1995 年 12 月获生物化学博士学位。1996 年元月至 1997 年 7 月在美国俄亥俄州立大学化学系做博士后，从事组合化学研究。1997 年 8 月进入美国亚培制药公司任资深研究员，从事医用化验试剂的开发。

唐承沛 1964 年生，桐城人。

1981 年毕业于桐城中学，考入合肥工业大学水利工程系水利水电工程建筑专业学习，毕业后在合肥工业大学党委宣传部、党委学生工作部工作，任合肥工业大学团委副书记兼学工部副部长、人事处处长。1997 年任共青团安徽省委副书记、党组成员。1998 年任安徽农业技术师范学院党委副书记、院长。2000 年任安徽省科技厅党组书记、厅长。2003 年以来先后任宿州市委副书记、市长、市委书记、市人大常委会主任。2008 年后任安徽省人民政府副省长、省政府党组成员，安徽省委常委、宣传部部长、省委秘书长。2017 年以来先后任贵州省委常委、省委秘书长、办公厅主任、省委政法委书记。2018 任民政部党组成员、副部长。中共十七大、十八大代表，中共第七届、第八届安徽省委委员，第八届安徽省政协常委。

琚诒光 1964 年生，桐城人。

1981 年毕业于桐城中学，考入清华大学，1988 年获清华大学硕士学位，学习期间曾任清华大学研究生会主席和全国学联主席。1990 年赴日本东北大学留学，1994 年获得工学博士学位，任日本东北大学助教、讲师、副教授。1999 年受聘为美国普林斯顿大学兼职研究员。2000 年 9 月回国工作,任教育部“长江学者奖励计划”清华大学特聘教授和美国普林斯顿大学研究员。2000 年至 2001 年为清华大学特聘教授、工程热物理研究所所长。2001 年至 2007 年任美国普林斯顿大学助理教授,2007 年至 2011 年任美国普林斯顿大学副教授,2011 年以后任美国普林斯顿大学教授、可持续能源专科主任。

李成龙 1964 生,桐城人。

1981 年毕业于桐城中学,1985 年北京大学化学系毕业,1988 年北京大学物理化学研究所硕士,2000 年美国康奈尔大学生物物理学博士,历任俄亥俄州立大学终身教授、佛罗里达大学尼古拉斯·博多尔终身讲席教授、国家教育部“长江学者”讲座教授、中国科学技术大学与西安交通大学客座教授,佛罗里达大学癌症中心、脑研究所、计算中心、药物研究所研究员,药物研究所副所长。主要从事分子设计、分子识别研究,发表学术论文 150 余篇,专利 10 余项。

胡向东 1964 年生,桐城人。

1981 年毕业于桐城中学,考入浙江大学计算机系。2017 年 5 月,获得“全国创新争先奖”。现任上海高性能集成电路设计中心主任兼总工程师,高级工程师。经中国工程院主席团审议,名列中国工程院 2021 年院士增选有效候选人名单。

蒋天赐 1964 年生,桐城人。

1981 年毕业于桐城中学,考入中山大学地理系。1985 年起在安徽省计划委员会从事经济研究、投资管理等工作。1997 年创办大步车业,专营汽车销售服务,现为安徽信步之道汽车销售公司董事长,从事汽车 4S 店经营工作。信步之道企业诚信经营,管理科学,市场口碑好,社会责任感强,先后获得合肥市政府“光彩之星”、安徽省“著名商标”、省徽商协会“最受尊敬新徽商企业”、省汽车商会“车市贡献奖”等诸多荣誉表彰,曾列全省民营百强。此外,蒋爱好读书写作,热心文化教育事业,先后任桐城中学教育发展基金会第二任理事长、桐城中学校友会副会长、省汽车商会常务副会长、合肥桐城商会名誉会长。曾向桐城中学教育发展基金会捐资 50 万元。

魏文斌 1965 年生,桐城人。

1981 年毕业于桐城中学。北京同仁医院副院长,国内著名眼底病专家,国家“有突出贡献中青年专家”。从事眼科临床、科研、教学、管理工作 30 多年,在玻璃体视网膜疾病、眼内肿瘤学界享有盛誉,在全国性专业学术期刊发表学术论文 300 余篇,编著 20 余部,承担国家自然基金等国家级和省部级科研项目 21 项,获省部级科技进步奖 4 项,获“全国十大杰出青年岗位能手”、北京市“优秀青年知识分子”、北京市“五四奖章”、第七届北京“十大杰出青年”、北京市“优秀共产党员”、北京市劳动模范等荣誉称号。2009年获“中华眼科学会奖”，2012年荣登“中国名医百强榜”，获“白求恩奖章”。为中宣部、国家卫生健康委联合发布的2020年“最美医生”。

刘合年 1965年生，桐城人。

1981年毕业于桐城中学，1985年毕业于华东石油学院。中国石油勘探开发研究院博士毕业，教授级高级工程师，博士研究生导师。从事油气田勘探、开发科研、技术管理、生产管理30多年，多次担任国家重点科技攻关项目、国家973计划项目、国家科技重大专项负责人。曾任中国石油勘探开发研究院油气田开发研究所副所长、海外研究中心副主任，中国石油阿姆河（土库曼斯坦）天然气勘探开发有限公司总地质师、副总经理，中国石油国际勘探开发有限公司总地质师、副总经理，现任中国石油西非公司总经理。作为主要完成人，2019年和2014年分别获国家科技进步奖一等奖、二等奖，获省部级科技进步奖一等奖7次、二等奖4次，2013年获中国国际矿业大会最佳开发奖，国内外发表论文50余篇，出版专著3部。

陈宗海 1963年生，桐城人。

1983年毕业于桐城中学，考入中国科学技术大学控制理论与控制工程专业，1991年获硕士学位后留校任教。先后承担国家自然科学基金项目、安徽省自然科学基金项目、部委重点实验室基金项目、985工程建设项目、省市科技计划项目、人才基金项目以及若干大中型企业科技攻关项目等。获得省部级科技进步奖12项，发表学术论文200余篇，出版学术著作2部。现为中国科学技术大学教授、博士生导师、校长助理、中国自动化学会理事，中国系统仿真学会常务理事、中国自动化学会系统仿真专业委员会主任、中国计算机用户协会仿真机分会副理事长、《系统仿真学报》等刊物编委、教材编审委员会委员。

方复全 1964年生，桐城人。

1983年毕业于桐城中学，考入华中科技大学数学系，后获吉林大学数学系博士、南开大学数学系博士后、德国美因茨约翰内斯古滕贝格大学数学系博士后。2005年起任首都师范大学特聘教授，南方科技大学数学系讲席教授，教育部“长江学者”特聘教授，国家杰出青年科学基金主持人，科技部973计划核心成员，教育部创新团队负责人，国家自然科学基金面上项目主持人，北京市教委重点项目主持人，教育部科学技术委员会数理学部委员。并获“新世纪百千万人才工程国家级人选”，国家首批“万人计划”领军人才，首批“北京学者”等荣誉。曾获杰出青年学者奖、国家自然科学奖二等奖。2016年5月任首都师范大学副校长，2017年当选中国科学院院士。现为教育部奖励委员会委员、教育部科学技术委员会数理学部副主任，第十三届全国人大代表，第十一届至十三届北京市政协委员。

何兰生 1964年生，桐城人。

1983年毕业于桐城中学，1987年毕业于北京大学中文系，进入《农民日报》社工作，历任《农民日报》社科教新闻中心《现代农业周刊》副主编、评论部主任、要闻中心副主任、总编室主任、编委会办公室主任、农民日报社秘书长、农民日报社副总编辑，2017年11月出任《农民日报》社总编辑。从事新闻工作30多年来，作品30多次获国家级和省部级新闻奖，9次获得“中国新闻奖”。先后被评为全国优秀新闻工作者、“全国新闻出版行业领军人才”、文化名家暨“四个一批”人才，享受国务院政府特殊津贴。

吴曼青 1965年生，桐城人。

1983年毕业于桐城中学，考入中国人民解放军国防科学技术大学读本科和研究生。工作后致力于中国雷达探测科技事业的发展与创新，创新发展了数字阵列雷达技术，成为引领雷达发展的新方向。先后任中国电子科技集团公司第38研究所所长，中国电子科技集团有限公司董事、总经理、党组副书记，“社会安全风险感知与防控大数据应用”国家工程实验室主任，中央军委科技委网络信息领域专家委员会主任、全军综合电子信息系统顶层设计与推进工程总设计师、科技创新2030重大科技项目“天地一体化信息网络”专家组组长。荣获国家科技进步一等奖1项、二等奖2项。2009年当选中国工程院院士。中共十七大、十八大代表。中共安徽省第八次、九次党代会主席团成员。第九届至十二届安徽省人大代表。享受国务院特殊津贴。

操学诚 1965年生，桐城人

1983年毕业于桐城中学，同年考入山东大学哲学系，1986年3月加入中国共产党，1987年7月参加工作。1990年9月至1993年7月在南开大学社会学系读研究生，其间任南开大学研究生会主席。毕业后在团中央、大同市、朔州市等多单位工作，历任中国预防青少年犯罪研究会党委书记、山西省旅游发展委员会副主任(正厅级)、山西省朔州市委副书记(正厅级)。2020年4月任山西省太原市政协主席、党组书记。

谢柏松 1965年生，桐城人。

1983年毕业于桐城中学，考入武汉华中工学院(现为华中科技大学)力学系，1987年毕业后考入北京大学攻读硕士学位，1997年在北京应用物理与计算数学研究所获博士学位，又在北京师范大学低能核物理所做博士后，出站后留所工作，主持和参加10多项国家自然科学基金和教育部基金等研究项目，发表SCI论文140多篇。

现为北京师范大学研究员、博士生导师，中国物理学会等离子体物理分会理事，中国物理学会高能量密度物理专业委员会委员，意大利国际理论物理中心协联成员(Regular Associate of ICTP，2003—2008)。2004年入选教育部“新世纪优秀人才支持计划”。

胡国汉 1965年生，桐城人。

1983年毕业于桐城中学，1996年毕业于第二军医大学，获博士学位。现任海军军医大学(原第二军医大学)附属长征医院神经外科主任医师、教授，博士生导师。先后赴日本、美国进修和进行博士后研究，主要专长为脑及脊髓肿瘤的显微外科手术治疗。先后任中国医师协会全国常委、委员，胶质瘤委员会委员，中华医学会第七届神经肿瘤委员会委员，上海市神经科学协会理事，医师协会神经外科分会副会长，全军神经外科协会常委，抗癌协会神经外科分会上海市分会常委。作为主要研究者参与国家“863”项目1项，主持国家自然科学基金面上项目3项，上海市科学技术委员会医学发展重点基金3项，获得上海市科学技术进步一二等奖多项，被评为上海市首届“医苑新星”青年医学人才。同时兼任《中华临床与解剖杂志》常务编委、《中国临床神经外科杂志》和《中国微侵袭神经外科杂志》编委。

许金明 又名许健民，1966年生，桐城人。

1984年毕业于桐城中学，以安徽省高考理科第一名的成绩被第二军医大学录取，荣立三等功1次，毕业后留校，先后任医师助教、主治医师、讲师，1995年赴美国华盛顿大学医学院从事神经系统脑血管病防治的基础及临床研究。1997年获硕士学位，1999年被录取为第二军医大学神经病学专业博士研究生。多次荣获优秀党员、优秀教员称号并获得嘉奖，发表论文近10篇，参与《现代疾病预防学》等专著的编写工作。对神经系统常见病多发病有着扎实的理论知识和丰富的临床诊治经验。2007年获苏州市“白求恩式卫生工作者”光荣称号。

桂从友 1965年生，桐城人。

1984年毕业于桐城中学，中国人民大学法学硕士。1991年至1994年任中国共产党中央政策研究室科员、副主任科员、主任科员。1994年至1997年任中华人民共和国驻俄罗斯联邦大使馆三秘。1997年至2003年任外交部欧亚司三秘、二秘、副处长、处长。2003年至2009年任驻俄罗斯联邦大使馆参赞。2009年至2010年任外交部欧亚司参赞。2010年至2015年任外交部欧亚司副司长。2015年至2017年任外交部欧亚司司长。2017年8月至2022年1月任中华人民共和国驻瑞典王国特命全权大使。

程湘爱 1966年生,桐城人。

1984年毕业于桐城中学,考入国防科技大学,先后取得硕士、博士学位,并留校任教。现任国防科技大学前沿交叉学科学院某研究室教授、博士生导师。她30年如一日倾心教书育人、矢志国防科研,和团队探索总结出"基础理论—军事应用—专题拓展—课程实验"的"四阶递进"教学方法,先后获得国家科技进步奖二等奖、军队科技进步奖一等奖、军队院校育才奖金奖、全军优秀教师、"全国三八红旗手标兵"等称号。

崔大祥 1966年生,桐城人。

1984年毕业于桐城中学,上海交通大学特聘教授,博士生导师,国家杰出青年科学基金获得者,科技部纳米重大研究计划项目首席科学家,长江学者。1995年在第四军医大学获医学硕士学位,1998年获生化与分子生物学专业博士学位。2000年晋升为副教授。2004年7月,晋升为上海交通大学教授,此后获上海市"浦江人才"、教育部"新世纪优秀人才"、上海市优秀学科带头人等称号。2010年3月起,任薄膜与微细技术教育部重点实验室副主任。2012年晋升为特聘教授,2013年组建纳米生物医学工程研究所并任所长。2014年入选"长江学者"奖励计划,获国家科技进步二等奖。2015年入选国家"百千万人才工程",并被授予"有突出贡献中青年专家"荣誉称号。

张文明 1966年生,桐城人。

1985年毕业于桐城中学,考入厦门大学财经系,1989年毕业后进入厦门华联商厦工作。1991年任厦门大同实业股份有限公司进出口部经理。1998年创业从事医疗设备代理销售和租赁业务。2001年成立了上海第一家全身伽马刀医疗中心。2002年收购了濒临破产的安庆市第一制药厂,投资近亿元,经过几年努力使企业不断发展壮大,2006年所在企业被评为全国社会劳动保障优秀民营企业。2008年开始经营上海威克特投资管理有限公司,先后成功投资安徽徽商银行、大连万达商业地产等几十家企业。关注教育,热心公益事业,积极推动桐城中学校友会、桐城中学教育发展基金会的成立和发展,为桐城中学教育发展基金会首任理事长。

程黎明 1968年生,桐城人。

1986年毕业于桐城中学,考入第二军医大学,2000年获博士学位。现任同济大学附属同济医院院长、骨科主任。系主任医师、教授、博士生导师,入选国家"百千万人才工程",并获国家"有突出贡献中青年专家"、国家重点研发计划首席科学家,国家"万人计划"科技创新领军人才等称号。主持国家重点研发计划1项、国家自然科学基金重点项目1项、国家自然科学基金国际合作重点项目1项及省部级项目等共计20余项。发表论文100余篇，主编专著教材5部。获上海市劳动模范、上海市模范教师、上海市“新长征突击手”等多项荣誉。

毛万标 1969年生，桐城人。

1987年毕业于桐城中学，少将军衔。现任西昌卫星发射中心副总工程师、海南文昌航天发射场技术负责人。长期在西昌卫星发射中心工作，被称为“火箭电路系统的活图纸”。长期为火箭“体检”，又被称为“火箭医生”。参与海南文昌航天发射场建设，填补了中国低纬度发射区域的空白。从西昌到文昌，毛万标和他的同事们从“沿海发射场建设零经验”开始逐步积累，克服了“高盐雾”的环境带来的挑战，最终为中国南海之滨建起了一座现代化的航天发射场。2016年6月25日，文昌航天发射场建成之后执行第一次发射任务，长征七号运载火箭成功点火升空。

张文斌 1969年生，桐城人。

1987年毕业于桐城中学，1994年毕业于中国矿业大学，法学硕士。留校以后先后在校团委、党委办公室、党委宣传部工作，2008年调入教育部高等学校社会发展研究中心任办公室主任，2012年任教育部办公厅信息处处长，2015年2月任教育部思想政治工作司副司长，2022年7月出任中国教育报刊社党委书记、社长。在教育部工作以来，参与研究起草了关于高校党的建设和思想政治工作大量政策性文件，参与高校基层党组织条例等党内法规的修订工作，组织全国高校开展“青春告白祖国”等文化活动，为高校思想政治工作守正创新和高质量发展作出了积极贡献。

曹小林 1970年生，桐城人。

1989年毕业于桐城中学，曾任外交部新西兰处处长、驻肯尼亚使馆参赞、涉外安全事务司副司长。2020年1月任汤加王国特命全权大使。

程堂明 1972年生，桐城人。

1989年毕业于桐城中学，考入北京航空航天大学，毕业后被分配到中国运载火箭技术研究院总体设计部工作。历任中国航天科技集团一院长征七号火箭副总设计师、长征七号改遥二运载火箭总设计师、长征七号遥三火箭总设计师。2020年10月28日专程回母校参加母校纪念钱学森归国65周年暨桐城中学“钱学森班”揭牌仪式。

段路明 1972年生，桐城人。

1990年毕业于桐城中学，被保送到中国科学技术大学学习，1998年获博士学位，获“中科院院长特别奖”，博士论文入选“全国优秀博士学位论文”，毕业后留任中国科学技术大学，先后任副教授、教授、博士生导师、实验室副主任。1998年获第四届中国饶毓泰基础光学奖一等奖，2000 年获霍英东基金青年教师奖一等奖，2001 年 6 月入选中国科学院引进国外杰出人才“百人计划”。自 2003 年在美国密歇根大学任教，2007 年获得终身教席，2009 年当选美国物理学会会士，2012 年任密歇根大学费米讲席教授，2011 年兼任清华大学姚期智讲座教授，2019 年 4 月 24 日获聘首位“清华大学基础科学讲席教授”。

彭志恩 1973 年生，桐城人。

1990 年毕业于桐城中学，考入南开大学化学系，1994 年 7 月毕业后任北京玻璃钢研究设计院工程师，1998 年 3 月至 2002 年 10 月，任上海迪赛诺国际贸易有限公司销售部副总经理，2002 年 11 月以后在奥锐特任职，2017 年 6 月至今任奥锐特药业股份有限公司董事长。2007 年以来，出资 20 多万元先后资助桐中 16 位英语老师赴新西兰学习培训，设立“奥锐特教师奖”作为奖励桐中优秀教师的专项资金，首批注入资金 100 万元，2022 年再次捐资 500 万元。

张幸红 1972 年生，桐城人。

1991 年毕业于桐城中学，1995 年毕业于安徽工程大学热加工专业。现任哈尔滨工业大学教授、特种环境复合材料技术国防科技重点实验室副主任。作为主要完成人的“超高温条件下复合材料的热致损伤机理和失效行为”项目获 2014 年度国家自然科学奖二等奖。

陈卫国 1973 年生，桐城人。

1991 年毕业于桐城中学，同年高考成绩为安徽省理科第一名。1999 年至 2003 年就读于美国威斯康星大学麦迪逊分校化学系，主要研究高分子在液体界面的粘弹性能，以及通过表面处理的手段来提高各种医疗器械在核磁共振成像仪中的成像。2003 年获物理化学博士学位，2004 年至今，在美国排名第一的水处理公司 Nalco Chemical Company（纳尔科化工公司）从事研发工作，现已申请 3 个专利。

江　涛 1970 年生，桐城人。

1991 年至 1992 年在桐城中学学习，2004 年在华中科技大学获得博士学位，华中科技大学二级教授，博士生导师，2013 年获得国家杰出青年科学基金，2016 年入选第二批国家“万人计划”科技创新领军人才以及教育部“长江学者”特聘教授，并享受国务院政府特殊津贴，2018 年当选 IEEE Fellow，2019 年任国家第六代移动通信技术研发总体专家组成员。以第一完成人身份获得国家技术发明奖二等奖、省部级科技奖励一等奖多项。所提出的校验级联极化码（PCCPolarCode）被正式采纳为 5G 标准。

陈全胜　1973年生，桐城人。

1992年毕业于桐城中学，2007年于江苏大学博士毕业，学位论文获“全国优秀博士学位论文”提名，现为江苏大学教授、博士生导师、研究生院副院长，主要从事食品营养安全与智能化检测技术研发。近年来，累计完成20余项国家及省部级项目，出版学术著作2部，发表论文200余篇，授权发明专利50余件（含国际专利4项）。先后获国家技术发明奖二等奖、江苏省科学技术奖一等奖、教育部自然科学奖二等奖、国家“万人计划”科技创新领军人才、科技部青年科技领军人才、“中国青年科学之星”等国内外奖励和荣誉。

李东升　1978年生，桐城人。

1995年毕业于桐城中学，博士，国防科技大学计算机学院教授、并行与分布处理国家级重点实验室常务副主任。国家杰出青年科学基金获得者，曾获首批国家优秀青年基金、全国优秀博士学位论文，入选教育部“新世纪优秀人才支持计划”。兼任军委科技委某领域专家和中国计算机学会体系结构专委会副主任等职。主要从事并行与分布式计算、高性能数据中心、数据智能处理等方面研究工作，在《中国科学》、IEEE/ACM Transactions等重要学术期刊和会议上发表学术论文100余篇，主持研制的系统在国家重要领域得到应用。曾获国家科学技术进步二等奖、湖南省科学技术奖一等奖和中国青年科技奖等。

高宗标　1978年生，桐城人。

1996年毕业于桐城中学，2004年任上海瑞高投资有限公司执行董事，2019年5月任江苏云智星河网络科技股份有限公司董事，2021年8月任江苏瑞智中和新能源科技有限公司执行董事兼总经理；2022年4月至今任公司董事长。2022年6月向学校捐资50万元。

黄　鹏　1984年生，桐城人。

2001年毕业于桐城中学，现任深圳大学医学部副主任、医学院副院长，马歇尔生物医学工程实验室执行主任，分子影像系主任，深圳市孔雀团队负责人。主要从事分子影像学和纳米医学方面的研究，迄今共发表SCI论文260余篇，25篇入选封面文章，21篇入选1%ESI高被引论文。论文总引用超过23 000次，H - index为80。2020年至2021年连续2年入选科睿唯安“全球高被引科学家”，2020年至2021年连续2年入选美国斯坦福大学全球前2%科学家科学影响力排行榜（2019、2020年度），2021年入选美国斯坦福大学“终身科学影响力排行榜”、全球顶尖前10万科学家，2018年获第二届“中国肿瘤青年科学家奖”和深圳市青年科技奖。

王孝宇 1985年生，桐城人。

2002年毕业于桐城中学。美国密苏里大学电子计算机工程博士及统计学硕士。2012年起任职NEC美国研究院，带领团队获ImageNet 2013全球第二名，美国国家技术与标准局人脸性别识别第一名与年龄识别第二名。2015年参与Snap研究院的组建并任计算机视觉领域主席。拥有240余项专利或专利申请，发表40余篇国际顶级论文，IEEE CVPR等国际会议领域主席。他是国内唯一在系统、芯片、算法三个方向获得“吴文俊人工智能科技进步奖”一等奖的AI学者。2017年作为联合创始人加入深圳云天励飞技术股份有限公司，任董事、首席科学家。2019年获得深圳市科技进步奖一等奖，2020年被深圳市政府授予深圳市青年科技奖。同时任香港中文大学(深圳)、西安电子科技大学、深圳大学、湖南大学兼职教授。

黄文焘 1988年生，桐城人。

2005年毕业于桐中，2015年毕业于上海交通大学，获博士学位。现任上海交通大学电子信息与电气工程学院党委副书记、副教授、博士生导师；教育部能源与交通学部科技委委员，电力传输与功率变换控制教育部重点实验室副主任等。其在大型舰船综合电力系统技术与装备研发上成果显著，主持研制了功率变换控制器等多项国产化装备，核心参数达到或超过国际同类产品。曾获上海市科技进步奖一等奖，中国造船工程学会科技进步奖一等奖，日内瓦国际发明展金奖等。因在国防领域的杰出成果与贡献，2022年获第26届“中国青年五四奖章”。

第五节 历任省级以上党代表、人大代表和政协委员教职工名录

一、党代表

高之文 安徽省第五次党代会代表

汪年生 安徽省第六次党代会代表

二、人大代表

张致远 安徽省第二届人大代表

慈昌淦 全国第三届人大代表

安徽省第五届人大代表

邓国栋 安徽省第六届人大代表

吴良兴 安徽省第七届人大代表

杨怀志 安徽省第八届人大代表

陈玉莲 安徽省第九届人大代表

第十二章　荣　誉

1958年,学校被定为安徽省重点中学。

1960年,校长、主任、教研组长赴省参加大中小学万人誓师大会,荣获锦旗一面;出席省文教群英会;出席北京全国文教群英会,校长史耀民前往参加,获得由邓小平亲自题写的“教育先进单位”锦旗一面。

1962年,高考各科成绩人均达到80分以上,升入高校本科率80%以上,被称为“双八十”,名列安徽省第一。居全国第二。

1978年,省教育厅恢复桐城中学为安徽省重点中学,列为全省重点办好的7所重点中学之一。

1983年,省教育厅、卫生厅、体委、六安行署教育局等单位来校检查验收体育、卫生两个《暂行规定》的落实情况,并将桐中评为“良好”,发给合格证书。

1984年,学校被评为安庆地区爱国卫生先进单位。

1985年,学校被评为安庆地区教育系统先进单位。

1986年,学校被评为安徽省《国家体育锻炼标准》先进单位。

1988年,学校团委荣获省教委、团省委、省新闻出版局颁发的“读书评书活动先进集体”奖状。

1989年,学校获全国青少年第三届“东华杯”竞赛团体冠军。

1990年,在“东华杯”化学竞赛中,学校获“华东六省一市团体冠军”。

1991年,在“东华杯”化学竞赛中,学校再获团体冠军。

1994年,全国青少年“祖国万岁”读书教育活动组织奖,被评为安徽省招飞先进单位,被安庆市政府命名为“花园式单位”。

1995年,全国“中国精神”读书教育活动组织奖、团体优胜奖,安徽省贯彻《学校体育卫生工作条例》先进学校。

1996年,学校党委被评为安庆市先进基层党组织。

1998 年，安徽省青少年“爱祖国、讲文明”歌咏比赛三等奖，安庆市一等奖。

1999 年，学校被教育厅命名为“安徽省示范高中”，安徽省学校体育卫生国防教育先进集体。

2000 年，学校被命名为安徽省“模范职工之家”，安徽省“电教设备一类达标学校”，安庆市爱国主义教育示范学校。

2001 年，安徽省“花园式单位”，安徽省爱国主义教育示范学校。

2002 年，教育部授予“实验教学先进集体”称号，荣获安徽省第八届青少年爱国主义读书教育活动组织奖，安庆市命名为“安庆市全民国防教育基地”。

2003 年，学校先后被命名为“安庆市绿色学校”“安徽省绿色学校”。

2004 年，安庆市科学技术协会、安庆市教育局 2004 年安庆市青少年科技创新大赛高中英语水平测试项目三等奖，“论随机化算法与蒙特罗卡法”优秀奖，学校《清流》杂志被安徽省教育厅评为校园刊物一等奖。

2005 年，学校被评为安庆市文明单位。

2008 年，学校政治、语文、数学、化学 4 个教研组被评为安庆市先进教研组。

2009 年，学校被安徽省文明委命名为“安徽省未成年人思想道德建设示范学校”、安庆市文明单位。

2010 年，《桐城中学赋》获全省征稿评选一等奖，安庆市普通高中学业水平测试成果奖。

2011 年，安庆市普通高中教学水平进步奖（省示范高中）第一名，安庆市普通高中教学质量突出贡献奖，安庆市五好离退休干部党支部。

2012 年，学校入选 2012（第二届）《中学百年名校》，“中华百年名校”，安庆市高中教学质量突出贡献奖，安庆市高中教学水平进步奖，安庆市第十二届运动会贡献奖，校政治组获“安庆市先进教研组”称号，课题“中学感恩教育活动研究”被中国科学院心理研究所评为课题成果一等奖，全国绿化委员会授予“全国绿化模范单位”。

2013 年，安庆市文明单位标兵，安庆市教育先进集体，安庆市高考优胜奖。

2014 年，安庆市最美校园，高考一本达线率名列安庆市第二名，安庆市青少年科技创新大赛优秀组织奖，安庆市先进教研组（政治教研组、地理教研组）。

2015 年，安庆市文明单位，安庆市第九届优秀教科研成果一等奖（政治教研组省级课），安庆市优秀中学生社团（桐城中学清流文学社），安庆市先进班集体。

2016 年，安徽省教育工会工作先进集体，安庆市文明单位，安庆市最美校园，安庆市第十三届运动会贡献奖，安庆市先进教研组（历史教研组）。

2017年,全国零犯罪学校,空军招飞先进单位,安庆市文明校园,安庆市消防安全宣传教育示范学校,安庆市防震减灾科普示范学校,高中数学特色教研活动设计展评安庆市二等奖(数学组)。

2018年,省空军招飞工作先进单位,安庆市文明单位,安庆市优秀学生资助单位,“以德育人,师生共建和谐校园”第三届安徽省中小学优秀德育实践案例评二等奖,安庆市防震减灾科普示范学校,第二十四届“时刻听党话永远跟党走”安徽省青少年爱国主义读书教育活动优秀组织奖。

2019年,中国化学奥林匹克组织工作突出贡献奖,安徽省空军招飞工作先进单位。

2020年,第一届安庆市高中生生涯规划大赛最佳组织奖,安庆市先进班集体,安庆市先进教研组(语文组)。

2021年,北京大学首批“博雅人才共育基地”,全国中学生科普科幻作文大赛优秀生源基地,安庆市教育系统先进单位。

附 录

一、诗文辑存

与桐城绅士

吴汝纶

十五日，发日本东京。十九日，至长崎，早川先生约在此上船，是日追至。二十一日，抵上海。二十二日，接伦兄、节弟来书，并封寄通伯各函，具悉一一。其第一要义，应提公款一二百金，为早川君到日支应，缘彼处已有金尽裘敝之势。此间每日需三四圆，无钱立窘。别作寄柏松如一函，望伦兄即日派人专送，并加函约令速行，先至皖省，简料一切。通伯、玉岑两兄，亦请先行至省，以便面论各节。此次某先斩后奏，究属不合。其建造学堂一事，山如及四乡诸君听采刍论，临崖勒马，具见诸君子折节虚衷，此似吾县人材将兴之豫兆，私用为喜。若无通伯弟在家苦心经营，亦决不能翕然齐一如此，至慰至慰！通伯弟所称删除各项名目，专为造就人才之用，至为卓见。下走数十年用心在此，先府君、先兄未成之志事，敢不竭力助成盛举！讥谤嫌怨，所不恤也。窃念中国危亡呼吸，妇孺尽知。论者往往谬分大清与中国为二，不知大清事去，即寰宇内无复有中国，而黄炎苗裔，始而奴僇，继而断灭，世界中绝痛心之事，无大于此者。欲救此厄，必在培才。但培才亦正不易言。昨见杭州学堂教习，据称开学已五年，学徒仍讲普通。初阶如此，则河清难俟。又言汉文未通之学徒，难收成效。此是阅历之谈。此次招考出题，不必过难，但阅卷最宜认真。此事望通伯弟即在县毛遂自荐。往年戴存庄办理桐乡书院，即是如此，绝不辞让，鄙人至今佩仰之。桐城后辈人材振兴与否，其命脉全系在吾辈数人。若人各用其长，于公不无裨益。昨见乡试题名，中者甚多，殊以为喜。但在今日，科第已是驽末，小儿欲试，吾毅然不许。此次招考取入学堂之诸生，将来荣誉，不止过于科第，即一邑盛衰，基胎于此，无任殷盼。其学堂将来管理经费，必求廉洁而明智，能以公事为私事者，乃为胜任。玉澄兄似不得辞。中国办事人有二弊：敷衍，一也；始勤终怠，二也。吾辈此次办理学堂，期于有进无退，人不善换人，法不善换法，决无止息之期；并时时求同志者预备接替。提五乡公租，系属正办。闻近日五乡诸公，皆读书立品之君子，断无阻挠之事。至各乡书院之公款，则万不可提归。缘开倡新学，一县不可止立一学，各乡皆须立学，学堂愈多，愈能收效，不宜化多为少。鄙见如此。某不能久于故乡，光炯自可相助。但其人家贫身弱，须自谋衣食，不能久于学堂。独开办之始，又与早川君同行相熟，不能不往照料，渠亦不辞也。学堂初办，不能依外国中、小学堂功课。小学校乃六岁至九岁，所学之书，不足更讲。中学校学科十四事，必备教习六七辈，乃能分教，亦非财力所能逮。及现在考取学徒，专讲新学，不宜复以中国旧学分其日力。惟学堂竟无中学之师，易招不知者诟厉，拟请通伯弟为中文教习，就近主持一切，谅通伯亦不容辞。余俟面论。不具。

（原载安徽教育出版社 2002 年版《桐中百年》）

与桐城县令蒋少由

吴汝纶

前与同县在省诸君，公上一书，敬贺履新大喜，并陈拟开学堂梗概，计达记室。嗣后马通伯来言，尊旨极以开学为是，仰见教育盛心，桑梓蒙福，忭喜无量。现经众议，拟定章程十七条公呈稿一件，附呈览核。已经呈递各大府，俟奉批示，再行奉闻。现在教习来此已久，业于十月支给俸金，似急宜招考生徒，俾得迅速开学。因敢琐琐上渎，敬求老父台代为督考，由教习寄题考试，试后封寄试卷到省，由教习详定去留。其考试费用，执事示定考期，由学堂派人承办。教习之意，拟照议章考取正额六十名，学堂给予火食，额外附取六十名，另讲汉文、算学，本生自备火食。现在县中尚无合用房屋，已向中丞方伯借定省城旧武备学堂，先行开学。四乡道里不甚悬远，凡讲新学宜在省会、通都见闻较广之地。省城比县城似胜，一俟县中学堂有地，仍即移归县城。以上名额及借地二事，均请示内列明。风气未开，恐投考者无几，专望执事设词激励，使之鼓舞振兴。谅执事于此等创办之件，必不假手幕吏。某十年前从吴兰石、吴子明二君处得闻高才雄笔，子明又转示《鹿邑县志》，尤佩著作大才。今幸莅临敝县，实士人之大福，某亦以得事大贤为荣，故敢冒昧论列，伏求亮鉴。不具。

（原载安徽教育出版社 2002 年版《桐中百年》）

创立学堂说帖

吴汝纶

国家惩前毖后，诏行省、府、县分立大、中、小学堂，讲求新学。县当立小学，小学乃教育十岁以下之幼童，宜三里五里即立一学。若一县之大，仅立一家，乃止教育十岁以下之幼童，则颠倒殊甚。《汉志》天子立大学，诸侯立少学，此与八岁入小学、十五入大学者自是两事，决非举天下十五以上之弟子，尽入天子之大学，此义甚明。然则今州、县议立之小学，正如古诸侯之少学，非蒙养之小学也。或谓外国公学，必由中、小学堂卒业，乃入大学，今欲立学，必以中、小学堂为始基。此论似是，而实未尽然。今外国之小学，教科止四门，修身一、读书二、习字三、算学四，此四者皆用本国旧有之法，以幼童脑中不知有所谓他国学问也。其高等小学，教十岁十一岁之童子，乃增用历史、地理及理化博物之初阶。十二以上，遂入中学，门类甚多，大约分十四科，而每日功课止五小时（一点钟为一小时）。以五小时之日力学此十四科，其势不能遍学。于是七日一周，其科又有轻重，往往有七日之中仅能学一小时者、两小时者，于初学无大益，而东西诸国翕然并骛，谓是公学。近人有深识其未善，而无术改良，某尝以问日本文部大臣菊池君，菊池君为言，近今各国学校，均奉德国为师，今德国于此事尚无善法，中国立学，可置为后图。各国初立学，无不先从大学入手，其中、小学堂开办，皆在文明开通之后。菊池教育名家，其言如此，最有卓识。今吾县创立学堂，既不宜但立蒙养之小学，其普通之中学，无论贪多不精，立法未善，即令法善，而我财力不足，无此多数教习、多数讲堂，势不能不依菊池置为后图之说。蒙养之学、普通之学，今皆不必立。其大学则程度绝高，非初学所能骤及，念用功最简，收效最速者，无如专门学校。专门之业，如天文、理化、博物、制造等，皆精奥难学，不易得师，其农工商业虽家国富强，基础必不可缓之之事，而吾国尚区而别之，以为非士人之业，今亦未便创兴。今所延之师，长于法学、理财学，此二学，尤吾国所急需。今拟考选吾县年二十内外秀异子弟数十人，招致入学，先教东文东语，数月之后，习此二科，期以三年，必有成就。庶风气渐开，外国致用之学，吾县可渐研习，后来才俊，可望振兴。一面拓充学校规模，使名额加增，筑舍增师，以兴教育，仍使四乡闻风兴起，各开学堂，以承其后。是则下走所刮目悬望祀而求者也。今所立专门学堂，虽专重法学、理财，而科学初阶，教习亦能随宜讲授。早川先生又精于研究学。研究学者，哲学之一端也。诸生专心向学，即此数者，恐已有应接不暇之势。故意不欲多增门目，转致务广而荒。若诸君子以缺略不备诮我，则逊谢不知所对矣。但有一言与诸君相约，师生每日教学时刻，必以六小时为限，不得再多，致生羸疾，此教育所宜三致意者也。壬寅十月，吴某记。

（原载安徽教育出版社2002年版《桐中百年》）

学堂招考说帖

吴汝纶

吾县招考生童，取入学堂肄业，闻前次投考者千余人，至以为喜。但经费不充，止能延聘一师，不能多教生徒，因定额取六十名。此六十名，必皆一乡秀出之士，其滥竽充数、自知难取者，无须空费考资。其文学识解足孚议格者，又恐退缩不前。某等久阅时局，略有见闻。窃谓今后世界与前古绝不相同，吾国旧学实不敷用。今外国所以强，实由学术微奥，成效昭著。各国骎骎面内，各用其学战胜，吾学弱不能支。今所开学堂，乃为诸君求充实学问。前数十年即耳食西学，尚可勉强支拄，此后诸国内犯日深，非有实在本领，不足与外国人才相抵。一不能抵，则优胜劣败，不惟无处可谋衣食，兼恐种类遂为勍者所兼并，此其痛迫切身，实非小故。某衰老且死，或可侥幸苟免。诸君年力鼎盛，不从此勉强学问，取长辅短，仍傲然自足，不肯低心取益，将来与各国来客并立，有用无用，巧拙悬殊，何以自全视息？窃为诸君危之！倘蹶然奋起，不甘为人奴隶，请自今日来考学堂为始。入学之后，稍窥新学藩篱，即保全人种之心，必日加日甚，非学至与外国竞胜不止。今举世称赞俄君彼得。彼得以一国之主，出为他国工匠，以求传其工学，此等人岂非前古所无。今吾国以学问衰颓，至种类岌岌不保，如何仍不以彼得诸公为法。今县中创开学堂，乃复裹足不赴，或入学仍复因循，岂不可愧，后日追悔，复何及哉！勉思鄙言为幸。某谨白。

（原载安徽教育出版社2002年版《桐中百年》）

开办学堂呈稿

吴汝纶

呈为开办学堂，恳请批饬遵照事。伏查近年迭奉上谕，饬各行省府县兴办学堂，现经京师管学大臣奏定大中小学章程，颁行天下。乡曲后生。自废革时文，不知应学何等。五洲列强又复蚁附中国，风潮绝大，自非通晓欧美公学，不足并立于万国之间。应诏兴学，刻难延缓。惟中国风气未开，师资难得，求师欧美，所费不訾，非一县一邑力所能逮。独日本维新三十年余，教育规制不亚欧美，其学校卒业人员最多，与中国邻近，招延甚易。职等公同筹议，业由日本聘到教习一人，拟即招考生徒，刻日开学。民力雕敝，经费难筹，遵旨将书院改为学堂。书院所入甚微，万难敷用。此外旧有查归公用之废、庵田及崇文洲业，向设五乡公局承办要工，现经公议，裁撤此局，以租入并归学堂。其文庙考棚各田租，亦一律归并。文庙岁修及考试卷费、桌凳，由学堂支付。其一切浮费，悉数裁除。近日加垦崇文洲地，与省学堂中分利入。合此数项，岁收中稔，约可得四千金。一有灾歉，即难如数。开办之初，止延得一师，又无宽敞校舍，止能收教生徒六十名，仍须给与火食，以广招徕。别延中国教习，以崇德育，以稔年计算，出入仅仅相抵。所有各项租入，系属民捐民办，应请俯允批饬立案，免其造册报销。此只肇开端绪，俟将来别筹经费，仍应设法拓充，庀材相地，建筑学舍，增延数师，推广学徒名额，乃能仰称诏书，投合程度。学校为一县大政，经理虽由绅民，主持必赖官长。拟请饬派县主为学堂监督，庶冀维持扶植，有所依仗。所有拟定章程十七条，理合随禀上呈，伏乞批示只遵。某等谨呈。

（原载安徽教育出版社 2002 年版《桐中百年》，收入本书时略作修改）

撰联并跋

阮　强

池可浴，亭可风，想诸君偕游其间，当寻孔颜乐处。

中益精，西益博，愿邃心深造自得，好成欧亚通材。

忆昔督斯校，忽忽垂二十年。今忽过此校，南新建图书馆，北罗县后山以为园。园筑亭池，各名以义。花木秾郁，迥异旧观。孙君闻园苦心教育可想也。索联榜此用书以共勉。癸亥秋八月阮强撰识。

（原载安徽教育出版社 2002 年版《桐中百年》）

爱景亭记

马 翊

校西隅有地一区，诸生方治园，以其废地，晨夕运瓦砾其中，久之成阜，高广愈丈，可登览。于是名曰：惜阴台。既而，吾校所捐救国储金见还，师与弟议曰："吾辈储金本以爱国，今还，谁复收者，曷以建亭为爱国纪念乎？"因鸠工庀材作亭台上，不逾月，亭成。于是又并惜阴爱国之意而名之曰：爱景亭。课余之暇，时游息焉。昔陶侃为广州刺史，独以致力中原，过尔优逸恐不堪事，尝谓人曰："禹圣人惜寸阴，吾辈众人当惜分阴。"其后，侃奔走国事，平王敦，除苏峻，卒维东晋偏安之局。夫惜阴之说发于陶公，而能爱国者固亦莫陶公若也。共和以来，世变日亟，稍有识者动亦以国为忧，而文恬武嬉，日纵于无穷之欲，若不复知有沦胥以之戚者，举目皆然。嗟乎！清谈误国。乱起五胡，其祸得毋复见于今欤？吾校师弟居常讲学，每相诘于古人中自居何等？今是亭也，既并取惜阴爱国之意，而默然念时局，又兴陶公所处之若无异焉，则偶登是亭，念及律身谋国，取法陶翁，是矣。若夫春秋佳日，弟于此流连光景，或东临桐子，西北眺龙眠，南望江湖，回首五六年间，沧桑迭变，相与感念河山，效新亭之泣焉，则非所期也。民国六年马翊撰。

（原载安徽教育出版社 2002 年版《桐中百年》）

爱景亭联

马 翊

无限好河山，莫徒为救国空谈，重效新亭名士泣。

有时此游息，应还念发人深省，飞来投子晓钟声。

（原载安徽教育出版社 2002 年版《桐中百年》）

跋

方 侃

乙丑夏，既修葺爱景亭，闻园师出子潜师此联，命书以张之。余念斯亭之建去今殆十稔矣。竭泽而渔，刮毛涤髓，食民而肥，而国事日非。求得如斯亭以百数十师生集合之资，巍然卓立于中原者，渺不可得，国民当日之义愤，亦几与逝波杳冥，则登斯亭者宜如何唏嘘，努力挥戈回日乎？又况终始斯亭之事者，顾瞻身世，其感喟更何如哉！因书以付唐生庆文叶生寿山刻之，并志之如此，是岁国耻纪念后十日方侃识。

（原载安徽教育出版社2002年版《桐中百年》）

抗战中之桐中

史化成

桐城一度沦陷，桐中废弛半载，化成以民国二十七年冬督导莅临桑梓，睹兵燹后之萧条，席邦人士之意见；时值吾皖教育复兴之际，觉难使有历史之学校长久停顿，因代请于上峰，以图恢复，旋奉厅旨，即以筹备开学之责相加；自量材铨，冰渊知凛，所幸各方人士，莫不尽其最大助力。

犹忆二十八年春开办伊始，经费一文不名，初商假于财委会之款虽微，而为奠定恢复之基实巨。及办旧生复学与新生入学之手续既竣，成立五班上课，经费渐入常轨，随得厅方补救。同年秋，增招新生三班，冬，毕业一班。翌年，分春秋二季补招新生各两班，冬，又毕业一班。本年春，为应各方失学青年之请，因呈备案，准予恢复高中，开始招收新生一班外，另招初中新生一班。秋，因县行政会议议决附设简易师范科，招收新生一班，现全校共成七级计十三班，办理迄今，三易寒暑。每当学期开始，必招新生一次；最念莘莘学子向学之多，形成供不应求之势，纵尽突破往例之收容，亦颇难免取一遗十之憾。且萃数百人于一校，地复接近沦陷区域；自居城市授课以还，时有空袭之警，为求六七百人之身心安全，计从经费挹注之节余，兼得职教薪金之折损，曾于二十八年冬买地距城数里之山河，建筑茅屋校舍十余所。晴朗之辰，卯而出酉而返，师生习以为常，阴雨之期，则留本校授课，以故敌机先后肆虐，轰炸之惨，计一岁中，少亦数次，多则十次以上；城市校舍，迭被其殃，物质损失，匪可言喻；而吾师生性命竟以郊外安全。化成何能？任艰巨于破败之余，供劳役于危殆之地，犹得从容建设，不辍弦歌，虽欲无言，然感邦人士之对本校赞助乐成，与夫在校园人之热心镇静，其力其诚，俱有不可以泯也！

夫脆弱惛厌之狃，有其渐矣！青年既纷于钟鼓旌旗之宜，复摄于风霜雨露之变。以言知识，则文武莫能合一；以言身心，则术德犹难兼收，是则执教育者顾可辞其咎耶。方今世界杀伐，中国亦值军兴之际，需材孔亟，自有资于教育之储，故为能应抗战之急与供建国之期,责任之被,乃有不可忽视教之与育,再得踱行以施也!体校训之孔昭,期青年以实践,诚有刻不容缓者!故凡遇事之所适,必使诸生以习于礼;行之所宜,必使诸生能游于义;心之所安,必使诸生以明于廉;气之所养,必使诸生能勇于耻。然又虑其不知兴也,则时鼓以生,时歆以乐,利生物之天性,图青年以感发。教育固以求生为旨,必如何以求生存?则非奋斗不可以冀也;如何以延生存?尤非获胜不可以冀也。教育亦以就乐为鹄,倘非经由最苦之途,讵是以达其望哉。凡此皆欲遍观青年所学之进益而期身心能得专注,非敢自云必有当也,亦愿以奉教于世之君子云!

中华民国三十年十二月史化成记于桐中

(原载安徽教育出版社 2002 年版《桐中百年》)

赠　序

朱伯健

尝思本校创立,远在逊清之季,迄今四十有四年矣。当时西学倡明,欧风渐被,富国强民之道,舍此末由。故吴挚甫先生首创此校,广罗人才,陶之铸之,冀为国用,其苦心可想矣。而历届毕业君子瞻仰先生之遗容,服膺先生之遗训,咸能感发兴起,勤苦淬励,而以"勉成国器"相与勖惕;吾邑素称文物之邦,昔贤流风余韵,至今弗坠者,皆先生之功矣。

伯健承乏本校,日深惴慄,殚精竭虑,力图恢张;诚恐远负吴先生创业之苦心,近违乡父老嘱托之意耳。两载以还,幸得社会人士热心扶持;校内同仁,艰苦赞助;而诸生又能深体时艰,尊师爱校,朝夕力学励行;校务得以推行,学风渐能整饬。从知精神力量之伟大,无往不克,洵非区区物质所可之也。迩者诸生修业期满,即将离此远去,各谋前程。伯健愿以平日所自勉者以勉诸生,所自期者以期诸生,愿诸生亦宜深谅斯旨,自强自重,以警以惕,则母校之前途,将因诸君之努力,而发扬光大矣。

昔人有言"黯然销魂者,唯别而已矣"。诸生相聚数载,情逾手足,依依惜别,能无黯然?虽然朋友之交,信义为贵,精神契合,靡远弗至;所谓江天云树落月屋梁,徒行骸事耳。异日者学就名立,荣归故乡,则半山阁下,后乐亭前,行见诸君把臂重游,促膝道故,弥足乐也。

中华民国三十四年冬朱伯健赠言

(原载安徽教育出版社 2002 年版《桐中百年》)

第十二届高中毕业生《同学录》序

孙闻园

民国三十六年七月，吾邑中学高中部学生又告第十二期毕业。人才辈出，气象日新，诚一乐事！一日，诸生来乞言于余，以弁《同学录》。余思诸师长教育有年，今别矣，必各有嘉言为赠，何取余之赘辞？惟时感学潮澎湃，全国各大学师生数十万人奔走呼号，废光阴，荒学业，或失身体之自由，更有生命为之斫丧。轩然大波，起伏无极，国家元气伤耗良多，不亦恫欤！

如斯现象，何以发生？亦以抗战胜利，以逻匈奴虽灭，庆父未除，鲁难未已。内战日烈，一般群众尤其有血性青年感受政治不良，经济压迫，引起教育之危机，以致请缨无路，负笈无门，即求一最简单之教学生活亦不可得。于是无穷之悲愤，一腔之热血，相激相荡，发为呼吁和平、乞求统一之哀声。

迨学潮既起，各方当局应如何谋治本的弭平，毋徒为治标的防御。乃不用教育家之风范，反利用各党派互讦自残之机会，以事制箝。不伸张道义上权威，专滥用军事上武力，以资高压。岂知压力愈高，反动力愈大，防民之口甚于防川，相搏相撞至于极端，安有不轰然崩溃而泛滥天下？履霜坚冰，由来已渐，岂一朝一夕之故哉！

夫家有子弟而强暴为之改容，国有学生所阈自更重大，所谓天下兴亡，匹夫有责，国家安危尤系青年。在昔北宋之季，金人入寇，陈东太学生数千人伏阙上书，进贤黜恶。国祚虽未永延，乾坤究留正气。十九世纪中，意大利分崩离析，马志尼特组青年党起而革命，卒统一宗邦，恢复罗马。近如北平学生五四运动之一击，陆章奸徒罢去，日本侵略灭杀我国文化开一新纪元。又如安庆学生“六二”姜周之一死，结果选举澄清，军阀消灭，教育经费独立增加。考之古今中外历史，国家当危急存亡之秋，若有大量知识青年集中意力振发大无畏之精神，起而奋斗，必能救亡图存收革故鼎新之效。

虽然天下无道则用青年之力量推动政治改造国家，其心甚苦，其功自不可没！但惜为变态而非常态。常态者，天下有道则用政治之力量训练青年，以干国家耳！昔者谨庠序之教，教以礼乐，教以射御，教以书数，更本无党无偏王道便便之意义；进而训之政教修明，灿然可爱。今者学术风趋虽有不同，而教育宗旨岂有二致？盖真知之教育，在用道德之势力、真理之光明、艺术之作用，统一人类之生活。惟其如此，生活始能化民成俗，安定一人之生活推而安定千万人之生活也。

是故，在国家应及是时明其政刑，保持训练青年之常态，无使学生发生变态；在学生应知变态发生乃为不详情事，须速复常态，以安国家。盖集体之生活每生群众之运动，斯时也，要有冷静之头脑，分析理智，控制热烈之感情；要有自主之精神，独立不摇，克服多方之诱胁。万一迫于公义非奋勇不可，一动一静亦必光明俊伟，为有代价之牺牲；否则，是非不明，利害不辨，轻举盲从，多为营营苟苟，植党徇私。此所利用而不知，甚至明目张胆甘为祸国殃民神奸巨蠹之工具而悍然不辞，影响所及，祸乱相寻，势非造成上无礼、下无学、贼民兴、丧无日矣之惨境而不止，岂不大可惧哉！犹忆曾文正公有言：国家无兵不足忧，无饷不足畏，惟举国士大夫见利争先，见义退后，此足为痛哭流涕耳。最近报章社论有云：今日之时局，其危机不在政治，不在经济，不在教育，而在道德。诚哉是言！其如何恢复我民族固有之道德，明辨义利以弭大乱，是谁之责欤？今诸生毕业矣，将升为大学生矣，对闻余言，其有声应、求气之感乎？

是为序。

桐城中学(清末吴挚甫先生创办)三首

刘季高

其一

屋后青山作画屏，山泉引向石渠行。下流浣濯上流饮，便利斯民哲匠心。

其二

咸菜百缸芋满山，年荒可以保平安。两淮□□踵相接，方识前贤非等闲。

（吴氏办学时，定制后山种芋，山下种菜，入冬腌菜百缸，倘遇灾荒，可保师生无虞。）

其三

借得残书价百城，蠹钻獭祭正凝神。案头新买充饥饼，黠鼠潜来一半吞。

（同来王张二助教，赴县教育局等处借得方姚诸家书数百册，以供参考，手提担挑，极为劳累。）

（摘自刘季高《斗室文史杂著》）

一次难忘的校宴

——桂林栖与桐城中学

史耀民

桐城中学建校 90 周年了，我想起桐中的一次宴会和亲临宴席的原省委常务书记桂林栖。

1949年春,桂林栖因参加渡江作战指挥部桐城会议,到过桐城中学。后来,桂林栖留在安徽长期分管宣传文教工作,对教育特别重视。先后10多年间,几乎每年都要来桐中一趟。1960年旧历年除夕,在地委书记许少林夫妇陪同下,他随夫人曾玉(安徽省原科委秘书长)来到桐城。我拜见他时,他说:“这几年桐城中学办得不错,这很不容易,老师都很辛苦。你应该利用春节这个机会,请大家吃顿饭,表示慰问嘛!”我说:“一定照办,请桂书记等领导同志出席。”他立即欣然允诺。

桐中春节宴会,决定在正月初二晚上举行。当时正是生活艰难的岁月,菜的花样不少,可惜多为“瓜菜代”,与今日的宴席无法相比。但席间气氛热烈,在城里的老师都来了,桂林栖夫妇及地、县领导也都纷纷入席。席间,桂林栖逐桌敬酒,在同老教师吴智新碰杯时,发现吴清瘦多了,便说:“看来老师们身体状况不好,要注意身体。”转身问县委书记张安国:“老师们的特需供应问题解决了没有?”张回答:“我们马上解决。”桂说:“好!”散席时,桂林栖与全体教师一一握手,亲切慰问。最后,握着我的手说:“你要关心教师的身体,尽量把生活搞好些,越是困难时期越要关心他们。”

这次宴会,从表面看,桂林栖只不过是在生活上关心教师,其实意义远不止此。当时的背景是,自1957年以来,风声鹤唳,人人自危,我虑及桐中前途,忧心如焚。自桂林栖倡议和出席校园宴会之后,政治空气为之一变,我从政治压力中解脱了,老师们心情舒畅了。此后,桐城中学出现了连续3年高考平均成绩达80分以上、升学率达80%以上的“双八”好局面,桐城中学被列为全国文教战线先进单位而出席全国群英会。这种际遇实在是来之不易。

30多年过去了,当年宴会的情景仍历历在目。

(原载安徽教育出版社2002年版《桐中百年》,收入本书时略作修改)

楼上群书　楼下一指

——母校桐城中学百年校庆献祝

舒　芜

母校桐城中学百年校庆之际,我最不能忘的是母校当年的楼上群书和楼下一指。

我幼年居家,房间里有一个小书柜,里面装了许多新文学的书,经过岁月淘洗,记忆已经零落不全,忘不了的还有鲁迅的《彷徨》《朝花夕拾》《伪自由书》,周作人的《自己的园地》《谈龙集》,茅盾的《子夜》,郭沫若的《落叶》和他译的《少年维特之烦恼》,郭沫若、宗白华、田汉的《三叶集》,徐志摩的《志摩的诗》《翡冷翠的一夜》,陈梦家编选的《新月诗选》,冰心的《寄小读者》《繁星》《春水》,陈衡哲的《小雨点》,梁实秋译的《彼得·潘》和他的论文集《浪漫的与古典的》,朱光潜的《给青年的十二封信》等等。此外还有三四期《新月》杂志、十来期《东方杂志》、二十来期《小说月报》。这些书是谁的,当时根本想不到问一问,后来推想大概是大哥(堂兄)方玮德的。他也是桐城中学的老校友,我进桐城中学时他已经是在全国初露头角的新月派诗人(不幸抗战前早逝了),所以才会有那么多的新月派的书。书柜里还有不少少年儿童读物,上面说过的《彼得·潘》之外,翻译的还有《木偶奇遇记》《爱丽丝漫游奇境记》《爱的教育》《续爱的教育》《小妇人》《好妻子》,创作的有叶绍钧的《稻草人》,中学生辅导读物有夏丏尊、叶圣陶合著的《文心》,这一类大概是母亲专买给我的。还有《中学生》杂志,则是订阅的。

我守着这个书柜,翻来覆去看这些书刊,主要是在12岁之前读家塾的时候。家塾里读的是《四书》《五经》、唐诗宋词等等。课外,我自7岁读《三国演义》后,接着照例读了《水浒传》《封神榜》《西游记》《说岳全传》《说唐》《聊斋志异》《阅微草堂笔记》等等(《红楼梦》是进高中才读的),往往也废寝忘食,实际无非看故事,找热闹,谈不上文艺欣赏。能够把我初步引到文学艺术的趣味方面去的,还是小书柜里那些书。当时读了最受用的是《文心》,它用长篇小说似的形式讲中学语文知识,生动有趣,能把当时中学程度的少年引到中国古典文学的大门口,窥见门内的宫室之美,萌生探寻的兴趣,这对于我后来一直都有影响,至今我还认为这是好书,未知有什么后来居上的书能够代替它的。《中学生》也办得好,上面有名家之作,也有“中学生园地”,使读者有亲切之感。当时常见一位署名“苏州建华女中　彭雪珍”的女学生的作品,她就是后来的名记者子岗。

影响更长远的,还是那些新文学书。现在回想,那个小书柜里其实已经包括了中国新文学几大流派的精要。我在进初中之前就能时时亲近这些,熟悉这些,受到新的文艺空气的熏陶,是一大幸事。如果那些书确实是玮德大哥留在那里的,那就是他给我的无言之教,他就是我要永远感谢的第一个无言之师。我把那些书读来读去,没有任何人从旁指教,不知道怎么就喜欢上了鲁迅、周作人两个。别的书,包括少年儿童读物,顶多读两三遍,只有鲁迅、周作人的几本书,《彷徨》《朝花夕拾》《伪自由书》《自己的园地》《谈龙集》,不知反复阅读过多少遍。这几本书的封面、装帧、版式、纸张等等,我闭目如见。特别是那毛边装订,非常好看,觉得这2位作家的书就该这样装订,似乎别的作家的书还够不上用这个规格。今天来看，二周之书，一个 13 岁的孩子能读懂多少，天晓得。可是当时，我在似懂非懂之中，偏偏就感受到一种魔力吸引，反而增加了非探求不可的兴趣。至今我以 80 之年，回顾平生，舛误甚多，只有儿童时期一下子就选定了这两位作家，恰恰是中国新文学的并峙双峰，没有选错，当然至今还是远不敢说已经完全读懂。

1934 年，12 岁的我进入桐城中学，读完初中三年，这是我唯一完整读过的学校，后来在别的高中断断续续只读到高二为止。初中三年里，第一个国文老师殷善夫先生，是县里著名的资深国文老师。他完全是旧派，只教文言文，作文也只许用文言文。但是他选讲的文言文，也就是当时一般中学常讲的，都是《开明活页文选》里面有的。开明书店发行"活页文选"这个办法实在好，我们领到的每一篇国文教材，都是白纸铅印，整整齐齐，漂漂亮亮的，而不是纸张粗糙、字迹模糊的油印品，这就增加了学习的兴趣。可是，很对不起殷老师，我对他的课始终没有怎么用心学，大概凭着先前家里读写的经验，可以应付得过去就行，我着重的还是课外阅读。

这里我要深深感谢当时桐城中学图书管理员章昂霄先生。每次课间休息十分钟，我都飞快地跑上图书楼，章昂霄先生允许我进入书库，随意翻看，借出去也不限册数和日期，实际上我总是很快看完再来换新的。桐城中学当时藏书很可观，凡是 1930 年代以前出版的一二流的中国新文学创作和外国文学名著翻译书，后来遇到人说起的，我大概都在母校那个藏书楼上读过见过。章昂霄先生的桐城东乡口音至今仿佛尚在耳边，实际上他的话不多，经常只是以亲切的鼓励的笑容，默默地欢迎这个勤奋的读者，并以他的方式给予我最大的支持，而且显然赞同我的阅读方向和途径。如果他不是这样做，或者不是他而是别人，拘泥通常规则，课间休息 10 分钟，能看到什么？每次只能借一两本，又怎能满足我当时的生吞活剥的阅读速度？如果说玮德大哥是第一个用书来教育我的无言之师，章昂霄先生便是第二个用书来教育我的无言之师。可惜毕业以后，半个多世纪，我一直没有章昂霄先生的任何消息。前几年从桐城中学校史材料上才了解到，他是本校毕业，由本校送到安庆某个图书管理专业学校的，算是知道一点他的来历。

1936 年我升入初中三年级，国文老师换为吴步尹先生。听说他是北京大学毕业（不知是否确切），是新派。他讲授过哪些白话文文章，已记不清，只记得课外爱去他的宿舍，至少每天从家里一到校，第一处就要去他的宿舍谈一阵。他的宿舍正在图书楼下面。我最爱听他谈鲁迅、周作人。他说，他到过周作人家，书室内如何如何充满文化趣味，令我神往。1936 年 10 月，大约 21 日或者 22 日，我一早到学校，照例到吴老师宿舍去。他不像平日一样微笑相迎,而是阴沉着脸,一语不发。我有些惶惑,他默默地向桌上的《皖报》一指。我赶紧看,赫然一条新闻标题:“文豪鲁迅,在沪逝世”使我震惊。接着吴老师讲了鲁迅不可代替的伟大意义,话不多,而他那默默的沉痛的一指,永远留在我心中,指引我终生的方向。我说过:我平生思想有四个基本点,其一就是“尊五四,尤尊鲁迅”。我承认胡适应该也是一尊,但要把他摆在“尤尊”的地位代替鲁迅,我还是办不到。

与吴老师那一指一道永远留在我心中的,当然还有当年母校那么丰富的藏书,尽管它们早已不在,但正因如此,它们就更加深藏在我心中。那么,这里也就用“楼上群书,楼下一指”来作为我向母校百年校庆献祝的一份薄礼。

(原载安徽教育出版社 2002 年版《桐中百年》,收入本书时略作修改)

啊,小桥流水的桐城中学

——为桐城中学建校一百年作

张仁寿

回忆 1930 年代,上桐城中学时,先要走过被称为“古木参天”的林荫路,跨过有木栏杆的石桥,再走一小段路,才是属于桐中的大操场,而大操场稍后的两侧才是属于桐中的建筑,最初走过的地方,被称作桐城县公园。新中国成立后,公园交给学校管理,也就是桐中校园了。

桐中校园之所以风景优美,是由于校内有曲折的溪水流过,比如折一个纸船放进校内的溪流,下课以后家住校外桐溪旁的同学,就可以发现“船”泊在谁家,足见溪流的曲曲弯弯。而最令人难忘的是校园内的捣衣声和浣衣妇女们的欢歌笑语,在消息不甚灵通的过去,这里就是一条传播最快的热线,打发着小城的寂寞。板桥的右侧,沿溪水两岸,为假山、石柱、凉亭等。木桥的左边,沿下流的方向,曾用人工挖出一个水凼,引溪水为大洋,按五大洲的地形,砌成形状不一的五个岛,其中最大的亚洲可以席地坐十几个人,最小的大洋洲只能立一个人,北美洲与南美洲当时算一个洲,因而也最长。记得当时我们在“五大洲”“角逐”,常常不慎跌进“大洋里”,必请同学们援手,才上得来,大家因此也就握手言和了。五洲地图如今只剩得一个残碑,是书法家方守敦先生用汉碑体写的,由著名女石匠王紫瑛镌刻。她所刻的字不仅显现原书的机锋,而且不失原作的风韵,实为佳作。

旧公园里，距桐中旧操场不远，还有一株两人合抱的大树，枝繁叶茂，覆盖数百平米，树下用三合土砌成一个平台，下临溪水，是学生们看书谈天的好地方，进出桐中的人只要远远看见这棵树，就觉得一片冰心。可惜此树于1950年代末枯死，从此桐城中就再也看不到这样的大树了。

原桐中范围内的风景，也并不逊于所谓“公园”，那教室、办公室与图书楼之间的庭院，花木扶疏，流水弯弯，别有一番雅致，特别是原初中部圆门外一株紫藤，每当天暖，垂璎累累，花气袭人，引得同学们一窝蜂地跑去，坐在横斜的树干上摇呀摇，摇得花落满一身，直到上课钟响，才一溜烟地跑回教室。如今，凡是还乡的校友，到母校来看看，总要在紫藤树下站立良久。蓦然回首，旧图书馆大楼屋角下的铜钟，不觉又在心中响了起来，那悠扬的钟声，曾经迎来许多四乡八镇的少年，又把许多毕业的青年送往全中国，乃至全世界。如客死莫斯科的中国文学史专家叶丁易，如荣获香港荣誉博士的美学家朱光潜，如首任驻美国大使的黄镇，以及曾任联合国组织高级职员、现任新加坡某财团董事长的唐义方——我的同班同学，都是从这小桥流水的桐城中学走向世界各地的。

（原载安徽教育出版社2002年版《桐中百年》，收入本书时略作修改）

桐中生活琐忆

马茂书

1937年秋，我考进桐中初中，4个班200人。1938年上半年桐城沦陷，学校停办，1939年春季复学，1943年春我高中毕业。我是抗战期间桐中初、高中首届毕业生。我就读时的第一任校长是开济，桐城第一次沦陷后他去了大后方，并带走了学校实验室里一些宝贵的仪器，如白金锅之类，后来的校长有朱伯健、史化成。当时最受学生爱戴的老师有：吴挹清、吴智新、徐慎之、方不圆、方晓庵、许果然、宋君达（厚侃），还有一位能倒背范氏小代数的老师，和一位以讲韩非子为专长的尹老师。

尊老爱幼是桐中的传统。不论是校内还是校外，学生见到老师总是先行礼，然后让路，老师爱护学生如同子女。有年七七事变纪念日那天，阴沉沉的像要下雨，我们没有去毛家河校上课而去了城关，不料第一节课时，日机居然突袭，两架日机低空盘旋，乱扫机枪，乱丢炸弹，在这生死关头，我们几百师生在跑向后山防空洞时，也没有因逃生而忘记了尊敬师长。当时校后的防空洞有东、中、西三道门，进出道很窄，老师来了，我们纷纷让路让座。我班有个从关外流亡到桐城的学生叫王定中，是哈尔滨人，无依无靠，他的生活费除由自己代学校刻印抄书挣几个钱外，多亏吴挹清老师的悉心照顾，每逢节假日，吴挹清、方晓庵诸老师总是喊他去过节。

教师是榜样，是桐中的传统。不论是校内还是校外，老师从不穿背心、拖鞋走动。冬天上课，再冷，进课堂后也要脱帽、解围巾，更不用说酗酒了。老师与学生从来都是平等。要求学生按时完成作业，老师批改作业从不拖拉；要求学生书写工整，老师的板书从不信手乱涂；要求学生不说脏话，老师也从不口出恶言；要求学生不迟到早退，老师也从不误点误课；要求学生爱护公物，老师也不随便扔粉笔头。

治学谨严，也是桐中的传统。当年没有任何教学参考资料，各科教材完全由教师自己编写(起码1940年以前是这样)，老师讲课从不看书本或者其他资料，却能旁征博引，口若悬河，滔滔不绝。我在高一时的语文老师姓尹，他为我们选讲韩非子的《说难》，为了推敲一个字，他竟连举九解，让我们评判。数学老师要求我们在没有角尺圆规之类工具的帮助下，线直圆弧，他竟能面向我们反手板书作图与书无一差异(可惜这两位老师的姓名，我已记不清)，吴挹清老师讲英语也有反手板书无一差错之硬功夫。老师治学严谨的教态是无声的命令，学生是无法抗拒这种令人敬畏的魅力，并争相效仿。

育人为本，更是桐中的传统。叶圣陶先生有言："一切知识的根本就是道德，若不在德行上扎根，纵有知识并无是处。"桐中历来强调德育，难能可贵的是德育贯穿在日常细小的生活中。大概是1944年冬，安徽省政府主席李品仙来桐城视察，在桐中操场召集全县中学生和机关工作人员训话，会后，每人发大洋五角作为犒赏，当时不少人为之动容。这时，吴挹清老师走了过来，双手抱拳，意味深长地说："做人要做个正正当当的人!"这句话使在场的同学深受教育，我们至今仍记忆犹新，不少同学身体力行之，拒不接受犒赏。

桐中教学讲究方法。我觉得在教学上，桐中过去有个特点。一是强调记忆，不论是文科还是理科都强调通过背诵加强记忆。理科背定理定律和例题，文科背课文，英语背字典，史地背年代、图表。上新课之前，总是抽查背诵情况，同学们戏称之为"轰炸开始"。实践表明，十几岁时通过背诵方法，记忆一些天文地理等知识，要受用一辈子的。现在入选中学语文课本的课文，都是我当年背诵过的，很多地方只要提一句，我能再接上好几句，甚至复述全文。我的学生说我备课认真，殊不知是享了几十年前的福！二是不乱批评。对于学生在学习中存在的问题，从不简单地予以否定，总是循循善诱，让我们自己体会怎样做是对的，怎样是不对的。当时，有不少同学的作文是抗战八股，一开头就是“自从抗战以来”然后如何如何，不论先生出什么样题，学生都从背景写起，这当然不好。一次宋君达先生在初二作文课时说：“有篇《二郎庙碑文》开头是这样写的：二郎者，老郎之子，大郎之弟，三郎之兄也。庙前有古树一株，人皆曰树在庙前；余独曰：庙在树后……”大家听后不知何意，后来才哄堂大笑起来，原来，这种碑文，虽然字无可删，但全是废话。宋老师等大家笑够、谈足后要求大家打开作文本，找找有无类似碑文之处。在高一时，写议论文较多，不少的学生喜欢总起分说，千篇一律。国文老师方晓庵先生在作文课时给我们讲了一个笑话。他说从前有个读书人喜欢啰唆，常挨父亲训斥。一次，他在学校给父亲写了一封像便条似的信。内容是：父亲大人膝下敬禀者，望大人将油裹李带来，油者，油布也；李者，行李也；裹者，包裹也。所以不言油布行李包裹而言油裹李者，省笔也，省墨也，省天下之繁文也，遵大人之训也。这封信可将我们笑坏了，方老师然后要求我们动笔之前警惕有无“油裹李”。这个警惕，我至今犹记之不忘，并奉为座右铭。第三褒多贬少。在我记忆中很难找到同学们因学习态度、方法或效果不好而被老师指责的事，更不用说什么挖苦、讽刺了。对于普遍存在的问题总是想方设法从侧面循循善诱地提醒。对于个别人个别问题也从不批评而是由褒入手。我当时年纪小，父母又刚亡，兄弟姊妹几人分散跟着亲友生活，经济条件很差，学习用具常缺。往往把作业本弄脏了，可我的数学老师（一位能倒背范氏小代数的老教师）在一次上课前竟表扬我最近几天作业本很干净，并拿起让大家看，老师这一举动使我痛下决心，改掉因墨汁而弄脏本子还以为无所谓的陋习。吴扫清老师有句名言：“表扬像把火，能毁掉一切，也能重新获得生命。”

当时因战乱，学习条件极差。初中 2 年因无课本，各科教材全靠教师自编，于是上午不是上课而是抄课，即抄课文。下午讲课，当时既无钢笔又无铅笔，全是毛笔，用的纸都是潜山水吼岭纸厂造的，十分粗糙。没有墨汁，或临时磨一点用一点，或集中时间多磨一点墨汁用瓶装着用。最难抄的要算几何，在无三角尺、圆规的情况下，用毛笔制图是极不容易的事，我班同学伍世华平时爱动刀动剪子做手工，他把佛手牌水笔尖安在经过加工的小竹筒上，用棉花球溅满墨水放在竹筒内，竟能一次写几百字不用蘸墨，大大提高了抄写速度，一下子在各班传开，很多人都用上这种土自来水笔。到了高中，印刷条件好了，各科教材都用石印本。于是大多数同学都接受写石印教材任务，既可以增加收入，又复习了教材，一举两得。那时，课前课后和节假日各班教室里埋头写石印者成为一大景观。桐城中学学风纯正，学生学习努力刻苦。面临日本侵略者时刻进犯之可能，特别是日机的狂轰滥炸（我就有 2

次几乎被炸死的遭遇），大家学习情绪仍极为高涨。太阳还未升起，我们的英语字典起码背了一遍。由于学习努力，学生的成绩也很好（在没有任何参考材料的情况下），初中毕业时已能用英语作文。当时有也会考制度，我初中毕业时英语会考的作文题是："时日曷丧，吾即汝皆亡。"当时，上面派来督学检查考场，我完成作文时正在检查，吴挹清老师见我已基本完卷便将我的考卷拿给督学看，受到表扬，故此事至今仍记得。

因为战乱，学校常开展军训活动，生活受到严格管理。不论初中还是高中学生都受军训，由当时军管区派军官来校担任教练。桐中有六七个教官，都是校尉级。他们把学生当作壮丁管，野蛮得很，桐中每次学潮基本上都由他们而引发的，学生平日着军装，远看与国民党旧军队无差别。1942年春，日本侵略者第二次进犯大别山，桐城城关再次沦陷。我和几个同学去黄甲铺逃难，在土地岭脚下，大家坐下休息，姚刚、光鉴汉二同学去方便。我忽然看见山谷里走出一队打着日本旗的日本兵，便反身大喊逃跑，光鉴汉同学跑慢了一点被当作旧国军抓走，押回安庆当作战利品，后来查证他不是军人，便关了月余放回。学潮迭起，矛头专指教官。在我记忆中，桐中6年学习生活，几乎每个学期都有学潮，印象最深的是1940年11月10日晚的学潮，学生把教官的床上用品和日用品全打烂，并用火烧掉，那次学潮是由吃锅巴引起的。当时不够，锅巴只能让教官吃，学生不准吃，因而激起众怒。每次学潮，从不打教师，老师一见学潮便自动去净土莲社暂避。那次学潮时间不长，大概有两天没上课，一般的都只有一天停课。

为了防空，当时学校在毛家河山里建了一些简易教室，土墙，草屋，南北四个大洞当窗子，用竹篙遮风雨，桌凳都是用一条长板钉成，一走动，尘土飞扬，可以使人流泪。尽管条件极差，但看不到纸屑。教室与教室之间栽了整齐的树，日机来了，大家飞奔上山躲避，由于隐蔽得好，日机从未发现校舍，因此我们没有挨炸或遇扫射，师生基本平安无事，很不容易。

爱护公物，蔚然成风，也是桐中一大传统。过去男生宿舍前院有不少枇杷树，大操场的东西两侧有好几棵怪枣树，每年果实累累，但从来没有人动手采摘。成熟的怪枣落在地上也没人捡。从老教导处到初二教室的两条通道都比较狭窄，两旁有两块花圃草坪，也从来没有人抄近道把花草踩坏。

桐中百年，要编撰一部校史，确实是一件有意义的事。怀志打电话约我写稿，我欣然接受，写上述文字，表达对母校怀念之情。

（原载安徽教育出版社2002年版《桐中百年》，收入本书时略作修改）

严慈兼备 风范长存

——忆李湘珪老师

江鲲池

1980年8月5日,中共安徽省委第一书记张劲夫到桐城考察。县委书记王逸云汇报完工作后,张劲夫便说:“桐城在全国是很有名气的,因为桐城县出了个桐城派!还有一个桐城中学,也是名扬四海的,培养出一大批成就很大的学生,像朱光潜、黄镇、章伯钧等人,我们省委原来的秘书长高鸿也是桐中的学生。我是肥东人,当时很想进桐中但没有机会,至今仍感到遗憾。”说到这里,张劲夫环顾一下,道:“在座的谁在桐中读过书?”我便回答:“我是的。”张劲夫说:“你是幸运者。你能不能说说桐中办得那么好的主要原因是什么?”我说主要原因有两个,一个是桐中老师个个都过劲。桐中教育质量高,主要是教师质量高;另一个是桐城县城有浓厚的文化氛围,济南是家家泉水、户户垂杨,我们桐城县城是家家井水、户户梅花。张劲夫兴奋地跷起大拇指说:“你说到点子上了。”接着问我:“你在桐中读书时,哪位老师对你影响最大?也就是说,哪位老师使你受益最深?”我沉思片刻后,答道:“李相珪先生”。张劲夫问:“李先生教你什么课?他是哪个学校毕业的?”我说:“李相珪先生是日本早稻田大学毕业的,他是桐中老校长孙闻园的女婿,教生物,从1946年春开始,当桐中的教导主任。”张劲夫听后,说:“这位李老师了不起!一位日本名牌大学的毕业生,屈就于,不,应该说是乐于到中学教书,足见其风格是何等的高尚!”接着张劲夫对王逸云说:“逸云同志,县委对桐中要加强领导,省委也要大力支持,把桐中办得更好。桐中是安徽的一个宝啊!”

我为什么在众多的桐中名师中,唯独向张劲夫提到李相珪呢?因为我受教于李先生的三年中,使我深深感受到,这位满脸络腮胡子、不常开笑脸、看上去很威严的人,是一位博学多才、治校有方、严慈兼备的中学教师楷模。他对学生像一只热水瓶,外面是冰冷的,里面是滚热的。

我师从李先生是在1946年的春天,也就是初一下学期。新学期开始第一周的星期三上午第三节课是生物,上课钟刚敲完最后一响,李先生便走上讲台。他左手上托着点名板,点名板上面放着粉笔盒和一架我们没有看见过的显微镜,右手拿着一束植物标本。点完名后便开始讲课。他双手托起显微镜说:“这是能放大500倍的显微镜,是我从日本带回来的。等会同学们上台来看放大了的植物细胞。”讲完后,按顺序从后排同学先看，全班50名同学看完后，他才开始讲课。这种用显微镜看植物细胞的生物教学方法，在当时是十分新奇的。这堂课的最后5分钟，李老师从植物讲到他在日留学期间，于樱花盛开季节，和中国留学生们在樱花树下与日本人民同度樱花节的情形。讲得引人入胜，使人如临其境。这是书本上没有的知识。这第一堂课上完后，我对李先生的敬意油然而生，觉得他那满脸胡子和板着的面孔变得十分亲切和善了。

4月初，校园里风光旖旎，花也美丽，在那绿色的树荫下，还有那燕语莺啼。学校在大操场上召开全体师生大会。会上，李先生宣布省教育厅奖励1945学年上学期学业成绩好的学生名单，并报了各科平均总成绩的分数。当念到我的名字时，李先生大声说："江鲲池，总平均分数是95.8分。"这时他带头鼓掌，并说这是全校最高分。又说，教育厅奖励2担米。我万分高兴。当天下午，他把我喊到教导处和蔼地对我说："你家境太贫寒，这2担米可以管你全家吃3个月。我个人再给你1担米，这样，这个学期你家就不愁吃的了"。我落泪了。

还有一件事使我刻骨铭心。1947学年下学期，我上初三了。这学期的级长是训导主任章东澄(军统特务)指定的一个个头最高的同学担任。不知我在什么场合中戏说，这次级长不是民主选的(以往都是级任老师提几个候选人，由同学们举手选举)。而此话又不知怎么传到章东澄那里。一天下午，章东澄叫工友金雨把我叫到教导处。当时在场的有章东澄、李相珏和我的级任老师兼几何老师吴宗来。章东澄瞪着大眼厉声训斥我："你江鲲池这么小小年纪也要民主了，好哇，要民主是共产党的一套玩意，你说说谁叫你要民主？不说出谁，马上开除你！"此时，李先生立即接过话头说："江鲲池是说着玩的，绝对不能处罚！"说时用手摸摸我的头，十分亲切地对我说："我说你是说着玩的，是吧？"他又转眼对章东澄说，"这次级长没有让同学们选举，是个欠缺，学生组织要自治嘛！"这样章东澄再没说什么了。但此时吴宗来对李先生说："江鲲池这次几何月考考得不好，只有80分。"李先生听后严肃起来了，板着面孔对我说："你怎么这么不争气！你家那么穷，学校对你这么好，年年给奖学金，你要好好学习，才对得起你母亲，对得起学校。否则我要取消你的奖学金"。李先生这一摸一打，对我教育极深，使我感受到慈父般的爱。

李先生在桐中任教导主任期间，在教学管理方面很有开拓创新精神，把教学搞活了。

第一，举办了全校运动大会。这次运动会规模之大、参与学生之多、社会反响之强烈，可谓罕见。他请刘心如先生担任全校体育老师，刘先生是位通才，在这次运动大会上他大显身手。运动项目包括田赛径赛的各个项目。赛跑有100米、200米、400米、800米和3 000米，跳高（含撑竿跳），跳远（含三级跳），铅球，铁饼，标枪，球类包括足球、篮球、排球、乒乓球、网球，体操有鞍马、单双杠、团体操，等等只是没有游泳。运动会利用7天春假开了7天。高三吴仲俭同学获总分第一、全能冠军，奖品是光元鲲先生画的一幅下山虎，由孙闻园先生颁奖。这次运动会兴起了全校体育之风，后来桐中篮球队打败了国民党176师师部的专业篮球队。1947年冬，又击败国民党25军军部的专业足球队，大振桐中体育雄风。李先生还要刘心如老师教会初中每个班的学生一套国术。我们班学的是“小五虎”，32个路数，打起来像一阵风。至今我还天天打这套拳。

第二，请著名学者和社会名流来校举办讲座。1946年5月的一天，李先生请来著名物理学家、巴黎大学理学博士、居里夫人的学生吴锐（字叔侯）。吴锐1919年毕业于桐中，为第10届初中毕业生。这位物理学家讲的是当时最热门的课题——原子弹问题。吴先生穿了件长大褂，不修边幅，剃的是光头，头特别大，俨然是个大科学家。吴先生站着讲了一上午，讲得深入浅出。学过物理的高年级同学听后特别高兴。我们还没有学物理的低班学生，听后也知道原子弹的基本知识。6月上旬的一天，李先生又请来进步人士李则纲先生来学校演讲。演讲是在大饭厅里举行的，内容是讲国共两党重庆谈判和“双十协定”。李则纲在演讲中谈到毛泽东等中共领导人大智大勇赴重庆与国民党当局谈判，诚心诚意谋求全国和平。李则纲与李相珏同是桐城东乡人，私交很深。他明知李则纲是“左”倾人士，但不畏政治风险请李则纲先生来校讲民主政治，这是需要很大的胆略和勇气的。李则纲1927年任国民革命军总政部秘书，抗战时任安徽省行动委员会委员，1947年参加中国民主同盟，新中国成立后担任民盟安徽省委副主委，安徽省博物馆馆长等职，是我们党的诤友。

第三，从1946年春季开始，李先生制订了一个特殊的课外知识传授制度。即每个月的第一周的周一早操课，请学校一位老师讲“课外课”，时长1个小时。第一次是施孟胥先生讲火箭和人类登月问题。施先生讲得令同学们都听呆了，又听乐了。他讲到，人类登月将很快成为现实，怎么登？乘火箭！讲了火箭的基本原理，讲了月球的地心吸引力比地球低7倍。说同学们在地球跳高如只能跳一米，到月球上就可以跳8米，而且由于火箭飞行速度极快，从地球到月球可以早出晚归。这不仅激发了同学们的学习兴趣，而且扩大了知识面。

第四，李先生在学校开展各种竞赛：演讲竞赛、作文竞赛、课外知识竞赛。1946

年春全校演讲赛的题目是李先生出的:“春天是我们读书的季节”。我参加了此次竞赛,得了第一名,李先生表扬了我。课外知识竞赛出了20题,如“为什么猫从高处跳到地上没有声音?”,有一道题出得很怪:“鹤龄图书馆(建立在学校后山上的一座造型如欧洲古城堡的图书馆,为县里所管)的台阶共有多少级?”我答对了,84级。他非常高兴。有一次下午课外活动时,他带我和孙开来等同学到这座图书馆参观,图书馆前厅正中墙上挂着一幅不像国画的画,画的是一棵松树。我便问李先生这叫什么画?他说:“这是西洋画,叫油画。这松树是黄山上的有名的迎客松。这幅画的作者是潘玉良,是潘赞化先生的夫人,现在法国深造。”由此又说开去,讲了张大千、徐悲鸿、刘海粟等美术大家的一些事。讲这些人和事时,李先生一改平时的严肃而笑容满面了。这些都是课堂上和书本上学不到的东西。

1946年春,李先生改革了原先的管理体制,即设立初中部和高中部,并将初高中教室和宿舍完全分开。初中3个年级6个班的教室、宿舍、饭厅全部搬到操场西边的校舍,东边(即半山阁这边)是高中部。请刘心如先生任初中部主任。刘心如是童训团长,全称是中国童子军159团团长而高中受军训。这样一分开,学校就能按年龄段和学业段对初高中学生进行不同的管理,应该说是一种改革。

李先生爱生如子。每天晚上都要到各班教室检查学生晚自修情况,学生就寝后,他又到每个宿舍检查学生是否睡了,他是不准学生开夜车而影响身体健康的。冬天,他要检查学生被子是否盖好,没盖好的,他必为之盖严实。他还检查工友是否将尿桶放到了学校规定的地方。冬天他要求学生夜间起床小便,一定要穿好衣服,以免冻着。

1949学年下学期,桐城中学与桐城师范,合并为皖北安庆行政区第一中学。我当时革命热情高涨,一心一意要参加革命,不想念书了。10月中旬,学校已开学1个月,我还未去报到,李先生到我家里来3次,力劝我读书,以后上大学深造。我未听先生劝告,放下书本,参加工作了。在往后50多年的人生征程中,我始终因没有听先生的话、书读得少而感到深深遗憾,也深深觉得对不起李先生对我的一片厚望。

在李先生的教育下,我们这个班级学生的初中3年基础打得较牢,整体素质较高,后来凡是继续学业考大学的几乎都被录取了。但奇怪的是,绝大多数上了大学的同学都是教书。就我现在所知的有,胡效伯,华东师范大学研究生毕业后在安徽大学无线电系当教授并任系主任;高鸿昌,安徽师范大学毕业后在合肥第一中学教化学,现在是与叶永烈齐名的科普作家;孙开来,中国医科大学毕业,十一届三中全会后去美进修,归国后任该校副校长;金云轩,安徽师范大学毕业留校,后任化学系教授;吴国芸，安徽农学院毕业后留校任教，当过农学系党总支书记；汪谋超，西北大学中文系毕业，后在桐城石河高中任高级教师；张先畴，清华大学物理系毕业后任宁夏大学物理系教授；吴中强，同济大学毕业后在太原建筑总公司任总工程师。这8位同学中除吴中强一人外，都是选择教师这个职业。这可能是受李先生当年反复强调的重教思想潜移默化的影响吧。还有，李先生的子女也是教师。他的大女儿李格非小学毕业后当上了教师，按经济条件，李先生是可以供格非学姐上普通中学的，但李先生要她进师范，格非学姐后来从教成就斐然，当过桐城实验小学校长，特级教师，是故乡教育界之佼佼者。先生的儿子孙五伦（随母姓），考入华东师范大学，成了先生的教育传人。

1994年农历正月初二，相珪先生给他的学生们留下了无限深沉的悲哀，留下了无穷的思念，永远地走了，享年87岁。先生虽然走完了人生之路，但他严慈兼备的教书育人风范，将载入桐中史册，与桐中长存。

（原载安徽教育出版社2002年版《桐中百年》，收入本书时略作修改）

十年沧桑赋一首

金诚睿

溪流，溪流，昼夜不停留。
来自白云深处，走遍万壑千沟。
疑是九天银河落，恰似百炼绕指柔。
没有江河激浪，只有涓涓细流。
不比大海宽广，却是百川源头。
一掬甘泉，解渴忘忧；
一湾绿水，种荷插柳。
悬冰百丈报春讯，潺潺浅唱润九畴。
不管山回路转，不问冬夏春秋，
流，流，流……

——《溪之歌》

桐城中学80周年校庆的日子，我在《安徽日报》上发表了这首小诗，因为它与桐城中学有一段不解之缘。

20 世纪 60 年代初，我任教桐城中学，正赶上学校创办 60 周年大庆。教育工会要出一期特刊，约我写篇稿子。桐城中学是座古老的校园，古木参天，钟声悠扬，环境十分优美。尤其是从龙眠河淌来的一条小溪，穿校而过，清流见底，垂柳夹岸，更增添了无限生机。我一时触景生情，随手写下了“溪流，溪流，昼夜不停留……不管山回路转，不问冬夏春秋，流，流，流……”的《溪之歌》来，以交卷塞责。

这期校庆特刊，很快就贴在半山阁西端的山墙上。不愧是文都的最高学府，我读到不少脍炙人口的诗文，印象最深要数外语教研组马光昌和张家章 2 位老师的古体长诗了。马先生是位教学通才，数理化都能教，古文功底更厚实。他以中国古诗的形式，译莎士比亚十四行诗，颇有韵味。我们曾一度彼此为邻，他每译一首，我总是先读为快，我觉得他译莎翁诗的某些章节，其文字水平应在郭沫若之上。听说，他当年的译作，早已问世，我真想再找来好好读一读。张先生是清朝名相张英的后裔，俄语教得好，是学生尊敬的教师之一，曾翻译一部俄罗斯小说，学校图书馆有存本，读起来很有异域风情。他下得一手好棋，其弈术与众不同：不以消灭有生力量为手段，而是步步为营，层层紧逼，让对方自相拥挤，相互阻碍，无法自救，以致他不吃敌手一马一炮，而能屈人之兵。张先生这篇长诗是写境主求雨的历史故事，歌颂造福一方的清官。笔触清丽，颇具浪漫色彩，足见其才气之高。看了大家的诗文，我感到很羞愧。当时，我刚步入社会，阅历既浅，又仓促成文，完全是为了应付差事。回头冷静一想，我这《溪之歌》实在太肤浅，我自恨孟浪轻率。此后 10 多年间，除无法推托的奉令作文外，我从不轻易动笔，并且为自己找到一个遁词，叫“述而不作”——孔老夫子的遗训——还是一心一意去教书吧！再后来，我当上了《安庆报》的记者，弄得非笔耕不可了。尽管在省市报刊上发了一些散文、杂文、通讯和人物传记之类文字，也是随写随丢。近年有人劝我结集成册，我却一笑了之。

1969 年，我被下放到故乡杨桥小龙湾。妻子举家被遣送到农村种田。有时上山砍柴，暑渴难当，便走进阴凉的山涧，捧上一口溪水，真是暑乏全消，倒也自得其乐。有一次，江承发老师到安庆开会，特绕道来农村看望我们，不巧这天我们夫妇又上山去了。他按邻居的指点，循山路与我们在半道上相遇。他见到我们疲惫憔悴的样子，竟伤心地落泪了。农村生活十分清苦，但回到大自然怀抱，亦有山水之乐。所以我们反而劝慰江老师，我们不是好好的吗，你不要难过。

待到桐城中学 80 年校庆时，又不由想起这首诗，便改写出新的《溪之歌》。

（原载安徽教育出版社 2002 年版《桐中百年》，收入本书时略作修改）

些小事细说当年

吴永清

这里说的全是1960年代初期发生在桐城中学的一些小事。但是,从这些小事中却可以清楚地看出当年桐中师生的精神面貌,触摸到桐中校史上那辉煌的一页。时间已经过去近40年,然而好多往事却仍然历历在目,一种眷恋和向往之情令人不能自已。

记得1960年代初期,桐城中学师生普遍抱有这样一种想法:学校就是家,大家都要为这个家贡献自己的力量。爱护学校一草一木,珍惜学校声誉,关注学校前途的发展,成为全体师生的共同心愿和自觉行动。

这里讲2个小例子。那些年,差不多每天黄昏,总会看到有几位老先生在校园内转悠,主动把学生忘记带回的篮球、椅凳或其他物件,逐一收捡起来,再分送到各处。有的老先生还要语重心长地给学生讲上一番道理,像艰苦奋斗,勤俭办学校,爱护公物人人有责等等。学生也都很耐心地听着。提起"方百管",人们就很自然地想起数学教师方不圆先生。方先生,教学任务繁重,又患有严重肺结核,长年咯血,但却偏偏爱管学校"闲事"。他不是体育教师,但是胸前却整天挂着一只体育教师用来整队练操的哨子。每天,一到课间休息时间,他总要伛偻着身子,在校园这里那里地奔走。如果发现上课前数分钟,仍有学生在玩球或追逐嬉闹,他不管何班何年级,立即哨声一响,不由分说地把他们赶进教室,还边喃喃地说着:"都快上课了,还不进去静静地坐一下"。时间一长,学生远远地看到他,就马上自动走进教室。这样,"方百管"的雅号便逐渐传开了。

教师的言传身教对学生影响极大。比如,为了节省学校开支,许多学生从家里带来工具,利用周末和星期天,细心修理破损的课桌凳和生产劳动工具,做到修旧利废,整旧如新。还有,遇到刮风下雨的夜晚,好多学生爬出热被窝,迎风冒雨,检查教室门窗,把没有关好的给关严,免遭风雨损坏。当时,在学生中损坏学校公物被视为犯罪和耻辱。

关怀和爱护学生是桐城中学教师的优良传统。老师们不尚空谈说教,而是把这种关爱落实到一件件细小的事情上,出之以诚,动之以情,力求做到润物细无声。从那段岁月走过来的人都会清楚地记得,当时的物质供应是极度贫乏的。但是一遇上学生生病,特别是班主任,立刻将自己的一份饭菜,送到学生床头,好言抚慰。病情稍重,则延医拿药,是常有的事。1962年秋,5年制大改班有一位新来的学生,十六七岁,还每夜尿床,又极力隐瞒,不让同学知道。班主任很快发现,便在每天早操时间,趁学生都不在,走进宿舍,摸一摸这位学生的被窝,看看尿湿了没有。晴天给他晾晒,阴雨天给他备火烘烤,而且尽可能不让班上同学知道。还一面请医生治疗。这位学生曾经屡次要求休学,但屡次都被班主任婉言劝止。后在班主任的悉心关怀之下,尿床的毛病,终于得到好转。

1990 年代初,本校蔡长宇老师曾经对我讲了一件令他感动的事。那还是他调来桐中之前,有一次外出乘车,中途上来一位老者,车厢里一下子站立起六七位中年人。一面亲切地喊着"先生"(学生称老师为"先生",以示尊敬),一面恭敬地让座。接着,这班中年人就热烈地谈起当年桐中的学习生活,谈起老先生对他们无微不至的关怀,语言间充满着感激与依恋。全体乘客都被深深感动。时光一晃,过去了数十年,但是师生邂逅,依旧亲如家人。可见当年桐中教师对学生的关怀爱护至深至细,至真至诚,因而使学生终生难忘。

1960 年代初期,国步维艰,但崇尚英雄、追求理想则蔚然成风。这种时代风气,体现在桐城中学师生身上,则是自尊自律精神的充分发扬。

这里讲一个有关桃林的事。记得当年学校教学小楼与后山厕所之间,隔着一片桃林,中通小径。学生如厕,必须穿林而过。每当桃熟时节,红透的鲜桃,压低枝丫。白天黑夜,学生频繁地穿行于桃林之中,鲜红的桃子擦肩碰顶,随手可摘。而且学校从来不派人员看管。尤其是夜晚,谁都可以随意摘上一兜桃子,躲进后山,饱吃一顿,根本无人知晓。但是,摘桃子的事,却从来没有发生过。那时,学校果木多,杏、桃、枇杷差不多随处可见。学校有个惯例,总是等到成熟以后,利用周末统一收摘,然后分发各班,供全校师生品尝。即使在物质条件极端困难的 1960 年代初期,这一惯例也没有改变。从今天看来,几只桃子又算得了什么,也值得这样大提特提?但是,把事情放在那个特定年代,决没有像现在这样想得轻松。然而在当年校友的思想上,一致认为决不可因此就可以不顾自己的品德修养而去偷食学校的鲜桃。这是一种多么可贵的自尊自律的精神啊!校友吴海生曾经激动地同我谈起这往事,他说:"讲实在话,看着那水生生的桃子,怎么不想?谁都想。但是,我们都有一个信念:总不能拿自己的人格去换取一只桃子吧!"校友吴海生的话,把当年桐城中学的学生,当然也包括老师们,那种自尊自律的精神说得再透彻不过了。于细微处见精神。我是带着一种激动,也有一点沉重,拉拉杂杂地写下这些细微小事的。如果人们能从这些小事中多少领悟到一点更深层的东西,那我也就感到莫大的满足了。

(原载安徽教育出版社 2002 年版《桐中百年》,收入本书时略作修改)

母校难忘

陈所巨

母校90诞辰。桐城中学创办于清末的1902年,创办人系中国近代著名教育家、文学家吴汝纶先生。吴先生桐城人,他以京师大学堂总教习身份赴日本考察教育,回家乡后创办这所学校的。我见过珍存在母校的他的画像,虽有些模糊,但仍可隐隐看出先生那潜在的渊博与不凡的气度,也见过珍藏于母校的吴先生手书校匾与楹联。匾曰:"勉成国器。"联曰:"后十百年人才奋兴胚胎于此,合东西国学问精粹陶冶而成。"联与匾集中地体现了吴先生的教育思想。我是1960年考桐中的,一个乡下孩子怀着好奇与好学之心,进入这所省重点中学,开始有声有色的人生。可以说,中学时代对一个人的成长与发展是起决定作用的。我在此读书的5年,按部就班学好基础知识,接受人生观、世界观方面必要的教益与熏陶。也是在这所学校里,萌生了当作家的愿望。我们是桐中首届5年一贯制试点班学生,1965年毕业。后来才知道正是那个"5年一贯制",让我们跑步赶上了"文化大革命"前高校招生的末班车。

人们对母校的依恋情结或不亚于依恋母亲,这也属必然,母校总盛着每个人最美好的记忆。以后许多年里,我不止一次梦回母校,读书于滢滢桐溪,在大操场做早操,在教室荧光灯下写作文,也常梦见考试,试题做不出来急得汗流浃背……最难忘怀的是我们那些忠诚教育事业,全身心扑在教学上的敬爱的老师们。

我的古典文学教师姚沛生老先生,今年88岁,那时不到60岁,他是桐城派姚氏后裔,是位慈祥长者。他总拎一块已写满文字的小黑板上课堂,个子不高,碎步走路,但他却以特有的渊博让我们崇拜。他讲课听着平淡,却不知用什么魔法让你过耳不忘。他讲《孔雀东南飞》让学生流泪,自己也流泪。他为我打下了扎实的古文基础,终生受用不尽。

我二三年级的语文教师吴永清先生,他那时极年轻,看上去也像学生。吴先生枞阳人,家境贫寒,穿着普通,但吴先生随和、开朗、风趣。他讲课灵活,爱穿插些小掌故,让人爱听。他讲过"竹林七贤"和"五柳先生"。吴先生写一手好文章,那时让我羡慕至极。

四年级语文教师石刚年先生,听说是辽宁人。先生那时不到40岁,独身,房间里一床一桌一椅而已。但他有一台那时极稀罕的半导体收音机。那阵子安徽人民广播电台广播配乐散文《北京的早晨》,先生感觉优美,就在重播时招来我们班上几个语文尖子,大家找些椅子板凳之类围坐在他那长条桌边,拉开架势,准备记录。先生手持一根细竹丝,敲到谁头上,谁就记下那一句,按顺序往下记,然后按顺序拼合,竟一字不漏。先生让我们每人抄一份常读读,他说:“散文写到这功夫不易!”

课余,石先生便带我们到投子山、龙眠河一带“跑野”。回来他先写一首诗或是一篇短文,贴在教室后门上,我们便也仿效,将自己的诗文贴在下边。很快便红红绿绿贴了半扇门的纸片,先生与我们一起读着笑着评着,很惬意。此举很快提高了我们的作文水平,不知石先生当时出于有意还是无意……

此外,留给我很深印象的授课老师还有:陈维谐、马光昌、朱长久、王铎、余世恒、凤良仪、章钟涛、金诚睿等先生。他们现在或因年迈退休,或调外地工作,或仍在母校执教。作为学生,我将永远感谢他们,感谢他们授予我许多知识和本领。

恰同学少年,风华正茂。我当时的那些同学们呢?毕业之后皆星散各地,各自有着不尽相同的成就、建树和人生经历,但我们毕竟有着共同的母校,有着共同的人生最美的时光,我盼着母校校庆之际,同学们来个大聚会,有许多同学竟是27年没见面了。

近年来,桐城中学发展迅速,校容校貌焕然一新,教学质量不断提高,仅这所学校,每年就要为各类高等院校输送数百合格新生,也为本地经济建设培养不少实用人才。这是一所历史悠久,知名度很高的学校,如今更加为国内外瞩目。母校青春焕发,风度潇洒,在改革大潮中昂扬奋进,这是我为之高兴与自豪的事。母校阳光灿烂,我深深地为母校祝福!

(原载安徽教育出版社2002年版《桐中百年》,收入本书时略作修改)

永恒的怀念

杨怀志

他不是桐城人,但他热爱桐城,热爱桐城中学,他把自己一生最宝贵的精力奉献给了桐城人民,他用自己的心血铸造了桐城中学的辉煌。

其实,他不是一位学人,他是带着战场上的硝烟步入校园的。他是一位战士,一位教育战线上的“外行”,但他这位“外行”比内行更内行。他懂得严师出高徒的道理,要办好一所学校,必须要有一支品学兼优的高质量的教师队伍。要把桐城中学办成“人才的摇篮”,成为名校,就要造就一支业务过硬的教师队伍。

然而，在20世纪50年代中期，特别是1960年代，能做到这一点谈何容易啊！过去的知识分子，或多或少都难免带有一些旧时代的思想，在那个特殊的年代，他持心公正。即使有些老师在政治运动中受到冲击，被下放到校农场劳动，待环境稍为平静，他又把他们请回学校，送上讲堂。

不但在政治上，在生活上他给教师的关心也是多方面的。1960年代初是一个物质贫乏的年代。他组织并带领师生种植蔬菜和粮食，做到了自给有余。桐中教师食堂办得令当时县里别的单位职工羡慕不已。有一次，他发现一位语文老教师穿一双布鞋，冒着大雨去上课。当时，他也没有胶靴，有个朋友给了他一张买胶靴的票，他赶紧冒雨上百货公司，下课铃响，他已把新胶靴买回，站在教室门边等候了。老教师怎么也不肯接受。他说："你感冒了，病倒了，谁给学生上课啊！我是为学生着想啊，你不穿胶靴就是对学生不负责！"

其实，他对学生的关心也是说不完道不尽的。当时桐中高三有4个班，共有180多人，待到高三毕业前夕，他差不多能叫出每个学生的名字，了解每个学生的情况。高考前夕"摸底排队"会上，能说出某某学生某科"跛腿"，令班主任和课任老师惊诧不已。他用自己的行动实践了校长办公室门前的八个字，深入群众　不尚空谈。

"文化大革命"后他离开了桐中，过去的学生只要到安庆总要去拜望他。听说这次生病，安庆的学生亲自开车送他上飞机去北京治疗。京城的学生不论职位多高，学术成就多大，听说他来了，都纷纷去医院看望他，怕他寂寞，还在病房里为他安了一部临时电话，保持联系。这些不也是他和学生情深谊厚的体现吗?

我是他的学生，受过他的教诲。他离开桐中，我和他交往不算少，谈起桐中，他总是那么一往情深。桐中90周年校庆时，他曾兴奋地对我说："桐中100周年校庆我还来!"言犹在耳，谁知他竟意外地走了，怎能不令人悲伤！但我相信，不仅是我们，今后桐城中学的一届届学生都会记住这个名字：史耀民！

史公不朽!

（原载安徽教育出版社2002年版《桐中百年》，收入本书时略作修改）

我的老师

杨怀志

我教了30多年的语文，且乐此不疲，这得益于我的语文老师，而最使我想念的便是宋君达先生。

宋先生一直是教高中的。他接初二的语文，是临时"打短工的"。但我对宋先生并不陌生，尽管他不认识我，而我对他早已敬畏得五体投地了。记得初一下学期，学校开了一个文学讲座，主讲人就是宋先生，主题是《拖拉机站站长与总农艺师》的艺术欣赏。这是一本苏联文学名著。听众的对象是高中生，初中每班只发 5 张票，我有幸得了 1 张。地点在饭厅。我钻进人群，挤在最前面。宋先生的风采我看得最清楚：身材高大，匀称，穿一身蓝色中山服，四方脸，白皙面，眉宇下闪烁着一对睿智的眼睛，书生气十足。我屏声息气地坐着，整个饭厅挤得水泄不通，静悄悄的。先生讲课单刀直入，口若悬河，先概述故事情节，后分析艺术特色，声音洪亮，吐字清晰，语言生动风趣，他不时地挥动右手，听得人如痴如醉，他把我们带到作品的艺术境界里去了。这哪里是听课，简直是享受！最后，宋先生面对学生们持续不断的掌声，深深地鞠了一躬，态度是那么的谦和——时时想起，历历在目。

能够有这样知识渊博的名师教课是最大的幸运。令我羞愧的是，我的语文成绩不好，作文也不起色。第二学期语文还是宋先生教，记得他上第一节时，全班同学为之雀跃，为之叫好，教室里长时间安静不下来，先生不得不把黑板擦连拍三下。令我感到惊诧的，3 周后学校举行作文比赛，每班 5 名，他把眼光盯住我，我不解其意，他走下讲台，用宽厚的大手，摸着我的头说："怎么？不敢吗？参加比赛！"老师的信任就是最大的鼓舞！我报名参赛了，竟出人意外地获得了二等奖！

从此，我爱上了语文，拼命地读文学作品，是宋先生把我引入文学殿堂。后因家境贫寒，我考入桐城师范，而宋先生也荣调省城一所高校执教。

大约是 1960 年，我从合肥回来，拜望桐中师友，在广场碰上宋先生，我疾步上前，喊了一声，而他看了我一眼，便转过脸，匆匆走开，仿佛不认识我似的。我站着，望着他的背影，他低着头，步履蹒跚地走着。第三日，我又在去医院的巷道撞上宋先生。我喊了一声，他也站住了，我端详着他，当年的风采消失了，苍老多了。他笑了笑，缓缓与我说起话来。当时他正身处逆境，不愿影响学生。这是何等纯洁的灵魂，何等高尚的人品啊！什么叫为人师表？宋君达先生就是典范！

每当我懈怠教学或厌烦批改作文时，我的眼前就浮现出宋先生的声容笑貌，是他教会我怎样教语文，教会我怎样写文章，更教会我怎样做人！

（原载安徽教育出版社 2002 年版《桐中百年》，收入本书时略作修改）

忆王铎先生

杨怀志

我应该写一点纪念王铎先生的文字，因为他是我的老师，后来我又来桐中执教，与他共事甚久，他的为人，特别是他的敬业精神，对我影响甚大。

先生是1955年来桐中执教的，教我生物学。他给我的第一印象，生活极其简朴，衣着粗朴，且不修边幅，从他身上似乎看不到一点师道尊严的影子。他冬天常穿一件破旧的浅蓝色短大衣。上课时，有时黑板擦不见了，他就不假思索地撩起衣袖擦黑板，而且把黑板擦得干干净净，板书字体粗壮、工整，他怕坐在后面的同学看不见。一次上课，他讲人体心脏，同学们都希望看看心脏模型，他突然像变把戏似的，从口袋里掏出一个。教室里气氛顿时活跃起来。先生鼻音重，但声音洪亮，语言生动有趣，幽默诙谐，在他的课上想睡觉，那是绝对不可能的。他曾得意地说："老师讲课，学生瞌睡，不能怨学生，只能怨老师——谁叫你讲课成了催眠曲呢！"

先生进取心特别强，希望学有所成，记得1956年学校召开了一次"向科学进军"的大会，作为青年教师的代表，先生登台表态，有句话我至今不忘："我要在5年内获副博士的学位"赢得了台下学生们一阵热烈的掌声。

高考制度恢复后，先生回桐中，成了我的同事，并且成了我的搭档。我们朝夕相处，对他的了解也就多了深了。他依旧那么朴素、那么乐观，对教学那么一往情深、那么专注。生物辅导课安排在晚自修，预备钟一响他就上课了，下课钟响了许久，他才依依不舍地离开教室，有时甚至被下一节课的老师"请出"教室。他主张生物课要背，要学生放声背他的讲义。为此，我常常在教室走廊外不安地徘徊，他却在教室里心安理得地踱步。我憋不住了，向他招手示意，他出来了。我说："王老，晚自修让学生放声背诵讲义不好，影响左右隔壁教室里的同学，再说……"他板着脸，极其认真地说："你也这样讲？语文早读为啥放声读？不放声读记不住！"我笑着说："早读大家都读，谁干扰谁？晚自修不行啊！"他说："那好，不读也行，考不好，我不负责！让人骂你这个班主任无能，你别怪我拖后腿啊。"先生知识渊博，高水平，教学又有方，每次高考他所授生物课成绩都位居第一，为我"托色"！

后来，高考取消了生物，先生有一阵子不快活，但他授课依然一丝不苟。语文组与生物组办公室相邻，一有空闲，我就喜欢去生物组，和他开玩笑，摆"龙门阵"。他为人和善，笑口常开，因为胖，富态可掬。同组唐述禐老师送给他一个雅号"大熊猫"。

他不仅不生气，而且乐不可支，哈哈笑了一阵后，连声说："好，好！妙，妙！我是国宝！"为了活跃气氛，我忘了往日我们师生之分，也和他逗几句，他也从不生气。

他到了退休的年龄，离开了生物组。时隔 2 年，他竟然患了不治之症。我惊呆了，这么一个乐观善良的人，怎么会患不治之症呢？在我的记忆里他从未因生病缺一节课，他身体壮实啊！一天，述�先生对我说："他专心致志教书，对退休没有一点思想准备，他太热爱教育事业，太爱学生，一旦他离开讲台，看不到学生，他就感到难受和空虚。退休后，他终日不出门，望着书架上的教科书和自己编写的一本本讲义，发呆、叹息。一天，他终于把架上的教科书和讲义统统搬到地上，划一根火柴，烧了。他默然无语，望着灰烬，他终于落泪了。这种心情谁受得了？能不生病吗？"也许这就是他得病的缘由。先生这种对工作执着的精神，使我敬佩，又使我感叹："春蚕到死丝方尽，蜡炬成灰泪始干"。这不正是对先生的写照吗？是的，先生别无所好，不抽烟，不饮酒，不打扑克，不打麻将，除了会教书，他什么都不会！一旦失去教书的权利，他觉得生活无味，就失去光彩，就失去欢乐，他厌恶寂寞，但又甩不掉寂寞，他生命的弦只能演奏苦恼的曲调，能不病吗？

他去省城医院做了手术，不理想。回来住市医院，同志们都去看望他，说他瘦得失去原样，我曾几次想看看他，但终究没有去。原因只有一个，我想在我的记忆画壁上永远保留王先生那满脸笑容、和善亲切、富态可掬的完美形象！

（原载安徽教育出版社 2002 年版《桐中百年》，收入本书时略作修改）

四十七年忆桐中

方　明

大约在 1970 年代初，我在桐城中学高中部读了两年书。半山阁、后乐亭、游泳池、紫藤树前，"惜抱轩"银杏树下留下了一个个青年学子的身影。一代大师吴汝纶"勉成国器"的校训，"勇当大任，志在争先"的桐中精神激励着我们，开始反思自己今后的前途。在这宝贵的时间里拿起了文化书，开始文化理论的研读。

为了防止同学们读死书，老师除了必要的期中考试、年终考试外，还加强了课堂提问。同学们之间掀起了"比、学、赶、帮、超"的热潮。那时，桐中高中部只有 2 个班。分为高二(1)、高二(2)班。每个班大约四十五六个同学。当时的高二(1)班班主任是崔甸甲老师，高二(2)班班主任是吴德文老师。他们对同学们都无微不至，对教书都是勤勤恳恳、认真负责。我那时在高二(1)班读书。记得崔甸甲老师除了不折不扣地完成自己教学任务外,还经常召开不同的同学会,有小组会、有班级会、有班委会、有团支部会等。这些不同的会议主要是对教学,对学习,甚至是同学们的校外活动提意见。会议先摆出问题,再提出要求,最后讨论解决的办法。大家都十分活跃,踊跃参加。比如说,在讨论化学课教学时,有同学提出不能光读死书,要开展科学小实验。班主任崔老师听到同学们这一要求,认为是十分合理的事。他把这个要求认真地记在笔记本上,向学校领导汇报后开始实践。在当时的校办工厂里,化学老师王尔珩,物理老师王元强老师带着我们一边温习课本,一边做实验,用动物油脂做肥皂。用水、猪油、烧碱进行溶解、加热、煮沸,之后开始皂化,然后分离甘油,凝固皂基,肥皂成型。大家都从自己的家里带来了肥肉、猪油。我记得徐江华同学,他家庭经济条件比较优越,那天光他一个人就带来了 2 斤肥猪肉,还有的同学带来了酒精和酒精灯。烧碱在学校实验室里有充足的货源。况且王尔珩老师,王元强老师也怕大家不小心,让烧碱烧坏了皮肤,就由他们亲自准备。大家干劲十足,热情十分高涨。虽然做的肥皂颜色黑乎乎的,比较难看,但是,这是自己的科研成果。大家都露出了由衷的笑容。

我们生物课老师是唐述诚老师,他讲课十分风趣,大家都非常爱听他的课。有一次,他讲起农民插秧,既要保持秧苗的行距,也要注意秧苗的棵距,同时从秧床上插到水田里还要保证秧苗的成活率。他讲起了“小苗带土移栽”的科学知识。他讲到小苗带土移栽有三个主要原因:一是小苗移栽的时候因为根部暴露,会散失大量水分,容易枯死;二是小苗的根系和根毛在移栽的时候容易损伤;三是小苗往往适应原来的土壤。这些都是“小苗带土移栽”的根本原因所在。大家听得都是心服口服。那时,学校在郊区的翻身大队有一块农场。在学习之余的时间里,同学们就在唐述诚老师的带领下来到校办农场开始试验。一块小田地不用带土移栽的办法,其他田地都用“小苗带土移栽的办法”,来比较实际效果。半个月后,用“小苗带土移栽办法”的小苗成活率大大高于单纯移栽的小苗。就这样,我们在实践中不断提高自己,加深知识印象。结果大家不但学到了书本上的知识,也学到了实践的知识。

除了学习以外,我们的课余生活也是十分丰富的。记得 1972 年 12 月 10 日,中央在转发国务院《关于粮食问题的报告》时传达了毛主席“深挖洞、广积粮、不称霸”的指示。我们学校也和社会上一样,挖起了防空洞。在学习之余,我们班在学校西边的小山头上挖起了防空洞。大家找来了锄头、畚箕、扁担。说是挖洞,但进度很慢。同学们大多数是城关人,在家都没做过体力活,心有余而力不足。快 1 个多月,全班才挖了三个容不下一个人的半圆洞口。白天上课,晚上要上晚自习。只有在下晚自习后，大家才开始挖洞。没事时，大家一边挖土，一边讲故事。我印象最深的是，有同学讲的当时疯传全国的惊险故事“一双绣花鞋”。这部手抄本故事把人们带到了新中国成立初期的重庆，一个深冬的夜晚，老更夫在一个幽深的巷子里巡更，突然发现一个被查封的小洋楼上闪起了亮光。当他上楼查看时，在一个布满灰尘的玻璃镜框上发现了一双紫色的绣花鞋在移动……惊险曲折、引人入胜的故事，使我们度过了一个又一个难眠的夜晚。据说这个故事后来在原来的基础上改编成了电视剧，收视率很高呢。

桐城中学是一所有着深厚文化底蕴的学校，在这里，教育界名流群英荟萃。那时学校里还有姚沛生、慈昌淦、马光昌、吴良兴、吴世发等著名教师活跃在文化和教育平台上，他们的求学精神一直熏陶影响着我们。同学们除了参加社会实践外，对学习更加重视，在我们中间有不少同学参加了1977年恢复的第一次高考，进入了大学校园，如徐江华、项宗敏等多位同学，成为各行各业的佼佼者。

在学校里，我们经常听班主任崔老师说起一代学者姚沛生老师爱书的故事。他一生爱书胜过自己的生命。崔甸甲老师讲起姚先生就是要启发我们爱书本、爱读书。吴世发老师不但教地理好，还会一套武术，且十分精湛。后来，我在市医院上班，他家属还经常来我办公室咨询。他专门送给我一套古装书《西游记》，至今我还在珍藏。2013年，他100岁大寿时，时任学校领导还到他家祝贺生日，桐城网也专门刊登了这一消息。

1972年冬天，部队在桐中征兵，我们班有十几个男同学，一个女同学应征入伍。临离别时大家都流下了泪水。班主任崔老师在与入伍同学照相留念时慷慨献词：“是七尺男儿生能舍己，做千秋雄鬼死不还家。”在崔老师的影响下，大家离别时心里都多了一份慷慨悲壮。接着七三年，我们都面临着毕业。留下的同学都去了农村接受贫下中农再教育。从此，我们高中的同学们各奔东西，转战南北。

岁月沧桑，光阴荏苒。转眼，47年过去了。同学们虽然身处四面八方，但只要回到桐城，都会来到桐中母校。追忆过去的时光，追忆那一段难忘的师生情。

（原载2020年8月5日《合肥晚报》，收入本书时略作修改）

桐城中学赋

吴鸣震等

皖中名邑，方姚故里。物阜民淳，山清水丽。龙光萃集，桐城派名扬九州；人文勃兴，诗画文誉播四海。晚清末造，科举废黜；纪元之初，西学东渐。吴公汝纶，殚竭思虑，开启新学先河；一代鸿儒，造福桑梓，创办桐中学堂。“后十百年人才奋兴胚胎于此，合东西国学问精粹陶冶而成。”诲语谆谆，春风化雨；先贤拳拳，筚路蓝缕。呕心沥血，践先生之宏愿；传道授业，育国家之中坚。

投子山下，校园旖旎；龙眠河畔，铜钟清悠。音乐凝固，半山阁呈奇观；境界崇高，后乐亭显胸襟。节义青云，左公祠宇依旧；文章白雪，惜抱轩窗如新。见银杏而仰梦谷，睹石柱以忆守敦，紫藤摇曳，经风霜而愈茂；流水无声，穿山石而韵丰。“毋忘国耻”，瞻碑刻而扬民族之精神；渡江旧址，思前辈以抒爱国之心怀，春日花生树，秋来桂传香。石上清泉，闻自然之鸣珮；水心云影，见乾坤之华章。一步一景，感识造物生机；一事一诗，镌刻前贤志情。

感斯校也，做人清流见底，为学高峰入云。孜孜园丁，焚膏油以继晷；莘莘学子，历寒窗而成器。群英会上，邓公题词；名校榜里，桐中醒目。

百年历程，光辉灿烂；崭新世纪，宏图大展。传播火种，不忘忧勤美德；塑造灵魂，铭记淡泊高风。科研兴校，夯实发展基础；名师工程，引领时代潮流。“四制”改革，营造和谐环境；“三高”标准，确保名校繁荣。中外携手，攻玉借他山之石；青蓝交替，成才架登顶之梯。人文与自然同步，艺术和科技并肩。继往开来，弦歌不绝于耳：与时俱进，杏坛再谱新篇。

尊师以礼，喜见春华秋实；以生为本，乐育济世良材。美学宗师，朱光潜享此雅望；一代大哲，方东美膺兹殊荣。折冲樽俎，黄镇外交风范；肝胆相照，伯钧参政至友。两弹飞天，方正知功在史册；钢铁泰斗，孙德和福泽民众。慈氏云桂，计算机之旗手；疏氏松桂，自动化之先驱。陆氏大道，地理科学之魁儒；吴氏曼青，雷达技术之巨擘。百载校园，奇葩岂止数朵？万千学子，明星应如河汉。

美哉桐中，桃李岁岁芬芳；壮哉桐中，精神生生不息。勉成国器，魂铸桐中千秋；代起人豪，再领时代风骚。躬逢盛世，科教兴国，展望蓝图，感慨万端，因诗赞之：时逾桐中百载期，春风吹绿碧梧枝。校园培育鲲鹏在，他日同趋凤凰池。识贯古今须报国，学兼中外莫忘师。吴公故园魂游再，应赞后贤正尔期。

桐 溪 塥 记

汪文涛

桐之西北峰峦踊跃。山间林木葱郁，野花散放，断崖横堑之上，悬泉清溪急急奔流。沿溪也，散布竹篱茅舍、禅林旧馆，书声出屋，樵唱时来。溪水浅浅，历乱石老根，沙洲迁延，陡岩跳波，赴会川峡之口。熏风其来，急水横流，而轰然崩落。其下也，长河浩荡，川草凝绿，田渔欢歌摇曳其上；其远也，泽国汪洋，烟水空濛，杳不知其所往。

有贤者引流入城，过衙署，萦泮池，经禅院，穿行旧家庭馆，接于郊野荒烟，坊称桐溪塥也。世族园林浚之为沼，筑水阁亭廊，三五月夜，偃仰啸歌其上。是水也，日洗市廛，夜诵经声，为一城之督脉。桐城吴公东瀛归来，卜地而建学堂，爱其清澈浏亮，乃临流筑室。孙公闻园俾为园囿，增设山石亭宇，名曰桐城公园，以为师生游息之所。

区区一园，水光摇漾。自城北观野岩入，盘曲于斋堂庑院、花坞丛林，为潭，为湍，为池，为沼。或清浅见底，跳珠鸣环；或积色成黛，水风沦涟。春则花树掩留，秋则岸影清疏。轻波容与，吞吐云影；朝暾夕晖，漫洒天光。水岸则古木森森，青萝铺翠，杂花生树，群莺乱飞。柱石亭台映带其次，为碑亭，为溪阁，为阜台，覆之以茅，或施之以甍。又有海洲舆图，象纳万里，擎云石柱，意指遥天。

师生优游自处，或以听溪，或以啸吟，辗转从容而忘身矣。春生碧萝，诗心惘惘；霜落长天，秋思沉沉。倚轩栏以沐长风，抚碑石而瞻青云。烟销云敛，则升高台望江山之远近；月白风和，则临清流观鱼鸟之浮沉。风响林木，月空楼台，身心蹀躞，而邈邈神意生矣。瘦影倾欹，乃沉吟世事坎坷；烛窗幽明，方格致仁义名实。雄节迈论，寄妙理于豪放；扬眉瞬目，放奇思于逸兴。则斯园也，何啻林壑之乐耶？

古人云：水者，善万物而利众生。而况桐溪塥之水乎？其水也，生于莽莽群山，时则为气，时则成雾，时而露，时而霜，岁时变化，舒卷腾没。日星之隐曜，闲云之往还，草木之荣谢，虫鸟之鸣喧，皆与表里相生。是水也，具万象之形，而得天地精神。其与风相遭乎涧泽，如縠如电，如燧如鹭，交横绸缪，备极风水之观也。邑之世家名宦，功遂名成，莫不往来山中安仁闲居，朝岚夕烟，赏林壑之胜；诗酒琴茶，极隐沦之趣。水之放流乎山川，得其蕴藉，而澄澹雍容，有仁者之风矣。孙、吴二公深得精髓，挹以泽人，则百廿年来吾邑之俊采星驰，术业兴隆，不有自欤？邑人阮强词曰："池可浴，亭可风，想诸君偕游其间，当寻孔颜乐处；中益精，西益博，愿邃心深造自得，好成欧亚通才。"

今者塥流壅淤，识者致意，当局欣然从之，鸠工庀材，复其旧观。水之洋洋，畅乎其流，通乎其风，则吾邑人文之昌盛，岂有既哉？

二、重要文件辑存

关于同意桐城中学为安徽省示范性普通高级中学的函

（安徽省教育委员会教基〔2000〕30号）

安庆市人民政府：

你市《关于对桐城中学进行省示范高级中学评估验收的函》(宜政秘〔1999〕172号)悉。根据我委赴桐城中学省级示范性普通高中评估专家组的评估报告，经研究，同意桐城中学为安徽省示范性普通高级中学。

桐城中学为清末安徽省创办最早的新式学堂之一，历史悠久，文化底蕴丰厚。近年来，桐城中学以创建省示范高中为契机，对学校进行整体规划，加大投入，改善办学条件，修缮和整理校园内众多的人文遗产，使老校焕发出新的生机和活力。学校在改善办学条件的同时，从坚持和完善常规管理入手建立健全一系列规章制度，领导班子以身作则，带头严格执行学校的规章制度，从而保证了学校各项工作高效有序地开展。学校注重加强教师队伍建设，积极实施“名师工程”，为青年教师成长创造良好环境，学校积极实施素质教育，保持较高的教育教学水平。

桐城市委、市政府重视和支持桐城中学创建省示范高中工作，多渠道增加对桐城中学经费投入，积极实施初高中分离等措施，为桐城中学的创建工作提供了多方面的保障。

希望桐城市委、市政府进一步加大投入，继续改善办学条件，桐城中学在保存百年老校丰富的文化遗产同时，加快教育现代化建设步伐，加快实施“名师工程”，努力把桐城中学建设成高水平、有特色的示范性高级中学。

附件：对桐城中学省级示范普通高中的评估报告

安徽省教育委员会

2000年3月19日

省教委对桐城中学省级示范性普通高中评估报告

1999年12月20日至22日，省教委示范高中评估组对桐城中学进行了省示范高中评估。评估组认真听取了桐城市政府、市教委关于桐城市教育发展情况的介绍和桐城中学关于创建省示范高中情况汇报;检查了校园环境、教学设施、学生活动及生活设施,检查了有关学科课堂教学,观看了部分活动课教学、学生文艺演出和学生体育活动;查阅了各类资料;分别召开学生、教师和中层干部座谈会。经综合分析,评估组一致认为,桐城中学在创建省示范高中过程中取得了显著成绩。

一、领导重视支持,外部环境优化。安庆市、桐城市具有重教兴学的传统,桐城市在顺利通过省“双基”验收后,把争创省示范高中工作作为发展高中教育的突破口,牢牢抓住不放。一是成立了高规格的争创领导小组;二是明确目标。市委、市政府把桐城中学争创省示范高中列入全市发展规划,作为全市实施的“233 教育工程”之一;三是实施桐城中学高初中脱钩,停止桐中初一年级招生;四是多渠道加大投入,市政府协调贷款 500 万元,其中市政府贴息贷款 100 万元,城建、供电、供水等有关部门对学校建设的增容费等项费用给予减免或缓缴,物价部门适当放宽对学校所收择校费的标准,给桐城中学的发展提供优良的外部环境。

二、班子团结务实,享有较高威望。桐城中学的班子,是一个团结务实的班子,廉洁奉公的班子,班子老中青结合,结构合理,优势互补。(1) 争创意识强:桐城中学班子把争创省示范高中作为学校发展的契机,抓住机遇,不失时机地争创省示范高中,工作扎扎实实,做到有计划、有目标、有措施、求实效,在近几年时间内,在老校改造中走出一条切实可行的路子,突出了桐城中学的特色,丰富了桐城中学的文化内涵。(2) 改革力度大:近几年学校进行了一系列重大改革,实行校长负责制、教职工聘任制,制定完善了岗位目标责任制。(3) 坚持民主治校,学校建立健全约束机制。1987 年以来实行了教职工代表大会制度,成立了校务委员会,定期召开教代会、校务委员会,教职工代表和校务委员审议学校工作报告、改革方案、奖惩条例、财务预决算等,多年坚持评议学校管理工作,评议校长和中层干部,参与重大问题的决策。(4) 做到勤政廉政。校级领导严于律己,严格控制招待费和严禁用公款参与高消费娱乐,出差和外出学习等均按制度报销。在分房、评职称、招聘等热点问题上,坚持“公正、公平、公开”的原则,受到广大教职工的好评。

三、校园改造注意文化内涵的丰富,规划布局合理。在争创省示范高中的过程中,桐城中学在校园改造上做了大篇文章。一是美化、绿化、净化、硬化、亮化校园,绿化面占校园的 30%以上。二是修复历史文物,丰富学校文化底蕴。近年来,学校修复了校园内的左忠毅公祠、半山阁、渡江指挥部、后乐亭、碑刻、石柱、钟楼等,进一步增强了校园文化氛围。三是兴建了400米跑道标准田径场、学生公寓楼、学校大门楼、逸夫楼,改造了教学大楼、科学馆等。四是改善了教师居住条件,先后建起教师宿舍169套,解决了教师住房问题,使教师安居乐业。

从学校规划可以看到,学校正在扩大图书馆的面积,正在筹建科教馆和女学生公寓,计划兴建体育馆,这些项目的兴建和规划,将进一步改善桐城中学的办学条件。

四、抓住常规管理,推进素质教育。桐城中学在不断改革和创新的过程中,始终如一地抓好常规管理。一是提高教师素质,坚持把培养名师作为教师队伍建设的目标,学校开展老教师传、帮、带,青年教师结对子拜师活动,学校制定实施了“名师工程”方案,同时组织教师到外地学习和参加各种业务培训。目前桐城中学一大批青年教师脱颖而出,成为各学科的带头人和业务骨干。二是加强德育建设,在桐中实施了德育“1341”工程,德育工作逐步走上科学化,规范化、实效化的道路。三是完善各种制度,制定了“三定”“三统一”的备课制度,开展了“公开课”“示范课”“优质课”活动,把评教与评学结合起来。为减轻学生作业负担,学校还制定了《作业量控制表》,不断对照检查,切实减轻学生负担。四是搞好“学”“研”结合,成立教科室,加强教研力量,改革传统的教学方法,摒弃落后的教学手段,通过优化教学模式、优化教学方法、优化教学手段,达到优化课堂教学的目的,真正使课堂成为实施素质教育的主渠道。近年来,学校置了大量图书、仪器、电脑、电化教学设备,运用现代化教学手段,把“声、光、电、磁”引入课堂。

通过经常抓、抓常规,桐城中学的教学质量不断提高,学生素质不断提高,数年来,桐城中学为高一级学校和社会输送了大批的优秀人才,得到社会和教育界的肯定。

为更好地发挥桐城中学的示范和辐射作用。我们特提出如下建议:

一、桐城中学是省内外的名校,有着丰富的文化底蕴,希望当地政府和学校,在学校改造和建设过程中,要保持其百年老校的风格,恢复姚鼐“惜抱轩”书屋和朱光潜故居等。

二、希望进一步加快教育现代化的步伐,继续加大对桐城中学的投入,尽早兴建起“科技馆”“体育馆”“图书馆”等硬件设施,并配齐图书和实验设备等。

三、大力推广普话,特别是提高教师普通话授课水平。

省教委赴桐城中学示范高中评估组

1999年12月20日

三、新中国成立以来上级领导(部分)莅临桐城中学视察情况一览表

年　份	姓　名	时　任　职　务
1954	光　昇 汪世铭	安徽省教育厅厅长 全国政协委员
1956	房秩五	安徽省政协副主席
1958	黄　镇 黄　岩	中国驻印度尼西亚大使 安徽省人民政府省长
1960	桂林栖	安徽省委书记处常务书记
1965	李　达	上将、中华全国体育总会副主席
1980	黄　镇	中宣部第一副部长兼文化部部长
1983	胡克实 杨纪珂 骆子程	全国人大常委会委员、科教文委员会主任 安徽省人民政府副省长 中国经济研究中心秘书长
1984	魏心一 王世杰 朱仇美 应宜权 李健生	安徽省人大常委会副主任 安徽省教育厅原厅长 安徽省教育厅厅长 安徽省妇联主任 全国政协常委、农工民主党常委(章伯钧夫人)
1985	兰干亭 苏　桦 袁　振	中共安徽省顾问委员会副主任 安徽省人大常委会第一副主任 中共安徽省顾问委员会副主任
1987	徐乐义 牛小梅	中共安徽省委副书记 中共安徽省委宣传部部长
1988	黄　镇	中央顾问委员会常委
1989	方兆祥 汪荣华	中共安庆市委书记 (刘伯承夫人)
1990	孙祥凝 赵培根 戴　岳	国际友谊促进会顾问 中共安徽省委副秘书长 中共安徽省委原宣传部部长
1992	杜宜瑾	安徽省人民政府副省长
1993	韦　钰 朱　霖 金汉杰	国家教委副主任 (黄镇夫人) 安徽省教委副主任

续 表

年　份	姓　名	时 任 职 务
1995	卢声道	安徽省人大常委会副主任
1997	杜　诚	中共安徽省委宣传部部长
1998	徐根应 魏心一 欧远方	安徽省教委副主任 安徽省人民政府原副省长 中共安徽省委宣传部原部长
1999	陈锦华 季家宏 回良玉 卢荣景 杜宏本	全国政协副主席 安徽省政协副主席 中共安徽省委书记 中共中央委员、安徽省政协主席 安徽省人大常委会副主任
2000	方兆祥 赵培根 陈贤忠 蒋作君	中共安徽省委副书记、省政协主席 中共安徽省委副秘书长 安徽省教委主任 安徽省人民政府副省长
2001	曹新国 石云生 金　矛	中国人民解放军空军少将 中国人民解放军海军上将、海军司令员 中国人民解放军海军装备部部长、少将
2002	杜宜瑾	全国人大常委、致公党中共常务副主席
2005	章师明	全国人大常委、全国政协常委、中国农工民主党副主席
2007	盛华仁 陈小娅 陈邦国	全国人大常委会副委员长、秘书长 国家教育部副部长 重庆市政协副主席
2008	孟富林 刘春良	安徽省人大常委会原主任 中共安徽省委常委、纪委书记
2009	任启亮 金春忠	国务院侨办副主任 中共安徽省委组织部副部长
2011	徐立全 童明康	中共安徽省委常委、省政法委书记、省公安厅厅长 国家文物局副局长
2012	李　斌	安徽省人民政府省长
2013	郑少三	湖北省高院原院长
2014	曹征海	中共安徽省委宣传部部长

续 表

年 份	姓 名	时 任 职 务
2018	贾庆林 贺国强 朱善璐	中共中央政治局原常委、全国政协原主席 中共中央政治局原常委、中央纪委原书记 北京大学原党委书记
2021	张祥安 葛剑雄	中共安庆市委书记 十二届全国政协常委、复旦大学图书馆原馆长

编纂始末

桐城中学90周年校庆时编印了一本《勉成国器》简明校史，100周年校庆时出版了《百年桐中》校史，110周年校庆时编印了纪念画册，2022年即将迎来120周年校庆，用什么来宣传存史，展示名校风采？编纂一部记载桐城中学历史和现状的校志，志往鉴今，修志问道，成为学校领导层的共识。2020年8月，经校党委书记汪习军同志提议，学校决定启动编纂《桐城中学志》。

桐城中学历史悠久，声名远播，120年漫长岁月，120年厚重历程，编写校志，殊非易事。学校反复研究，由周治副校长负责此项工作，物色几名资深教师，聘请熟悉地方志业务的有关同志，组成编纂组，共同担纲，承编校志。2020年10月，邀请桐城市原地方志办公室主任罗德泉同志制定了编纂方案和编纂大纲，11月份桐城中学语文教师胡双全、历史教师黄祥林同志接受了编纂任务，12月份《文昌街道志》原副主编王孝峰同志加入编纂组，众人分头开始了紧锣密鼓的编纂工作。因为校庆在即，学校要求2021年年底形成征求意见稿，2022年暑期成书。一般来说，编纂一部志书，总得需要三年五载，甚至十年磨一剑，而《桐城中学志》编纂，如此少的人员，如此短的时间，要完成任务其难度可想而知。好在编纂组几位人员，都是退休前后的老同志，他们有着一股执着的事业情怀，对桐城中学的厚重历史满怀敬佩之情，在征集资料和编纂过程中，夜以继日，孤灯黄卷，不辞劳苦；好在桐城中学这所百年名校，弦歌琅琅，史料丰富，编纂者多多采撷而已！

全志设书首彩插、凡例、概述、大事记、专志、附录等部分，专志部分设12章4个板块。黄祥林同志负责大事记、后勤板块的资料征集和编纂（大事记、第一章建制沿革第一节沿革、第七章艺术与体育、第八章基础设施、第九章后勤管理、第十章校园文化与校园安全）；王孝峰同志负责政治、人物、附录部分的资料征集和编纂（第一章建制沿革第二节机构及负责人、第六章政治思想教育、第十一章人物、第十二章荣誉、附录）；胡双全同志负责教学板块的资料征集和编纂（第二章教职工、第三章学生、第四章教学、第五章高考)。编纂组成员分工协作,互相配合。2021 年暑期,各承编人员将分纂稿交由罗德泉同志总纂合成,9 月份形成总纂修改意见后反馈给各承编人员,进行第一轮修改,2021 年年底进行了第二轮修改,同时聘请市委组织部原副部长、安徽省艺术摄影学会会员高习之同志负责书首彩插图片资料的征集与整理工作。2022 年春节期间,编纂组成员对二轮修改稿进行了交叉互审,随后作了第三轮修改,同时将“概述”初稿交由“六尺巷文化”公众号推文,征求读者意见,以便修改完善,至此形成了征求意见稿。2022 年 4 月,编纂组将征求意见稿上交学校,征求校领导班子意见,接着进行了反馈修改,形成第二次征求意见稿。之后再次征求校领导班子意见,同时征求学校二级机构、各教研组、有关老同志的意见,编纂组 6 月份进行了再次修改,形成了第三次征求意见稿。在此期间,副校长葛志参与分管此项工作,多次主持修改。工会副主席汪文涛等同志提出了宝贵的修改意见,接着经校领导班子集体研讨,形成定稿。

本志资料主要来源于学校档案室、省市档案馆、省市图书馆,以及校友及社会人士撰写的文章和提供的实物及图片资料、口述资料,百年校庆时编纂的《桐中百年》是本志重要的资料来源,还有《桐城教育志》《勉成国器》《桐城县志》《桐城市志》《桐城年鉴》,以及学校官网、网络资料等都是重要的参考资料,学校档案室田湘云老师为资料查询提供了便利条件,修改阶段市委史志室湛峰同志提供了宝贵资料,在此一并致谢。

桐城中学已届“双甲”,史料浩繁芜杂,但有些资料已经缺失,时间紧迫来不及广征详考,资料征集或许挂一漏万,再加编纂水平有限,本志不尽完善,错讹之处在所难免,谨此恭请方家指正。

《桐城中学志》编纂组

2022 年 7 月

图书在版编目(CIP)数据

桐城中学志/《桐城中学志》编纂委员会编. —上海：复旦大学出版社，2022.9
ISBN 978-7-309-16395-7

Ⅰ. ①桐…　Ⅱ. ①桐…　Ⅲ. ①安徽省桐城中学-校史　Ⅳ. ①G639.285.44

中国版本图书馆 CIP 数据核字(2022)第161861号

桐城中学志
TONGCHENG ZHONGXUE ZHI
《桐城中学志》编纂委员会　编
责任编辑/朱　枫　陈沛雪

复旦大学出版社有限公司出版发行
上海市国权路579号　邮编：200433
网址：fupnet@fudanpress.com　http://www.fudanpress.com
门市零售：86-21-65102580　团体订购：86-21-65104505
出版部电话：86-21-65642845
江阴市机关印刷服务有限公司

开本 787×1092　1/16　印张 26.25　字数 469 千
2022 年 9 月第 1 版
2022 年 9 月第 1 版第 1 次印刷

ISBN 978-7-309-16395-7/G · 2407
定价：128.00 元